मुद्रा, बैंकिंग
एवं
वित्तीय प्रणाली

मुद्रा, बैंकिंग एवं वित्तीय प्रणाली

प्रो. सी.एम. चौधरी

इशिका पब्लिशिंग हाउस
जयपुर दिल्ली

इशिका पब्लिशिंग हाउस

ए -25, ''गणेश सदन'', गली न. 4, आदर्श बस्ती,
बी.एल. हाउस के पास, टोंक फाटक,
जयपुर-302018 (राजस्थान) भारत
फोन : 0141-2761280, Mob. 9887532741
Email: ishikapublishinghouse@yahoo.in

दिल्ली कार्यालय : 102, प्रथम मंजिल, 'सत्यम हाउस'
4324/3, अंसारी रोड़, दरियागंज, नई दिल्ली - 110 002
फोन : 011-45652440

ISBN: 9789382629269

टाइपसेटिंग : बी.एस. कम्प्यूटर्स, जयपुर

मुद्रक : थॉमसन प्रेस, नई दिल्ली

प्रस्तावना

"मुद्रा, बैंकिंग एवं वित्तीय प्रणाली" का हिन्दी संस्करण आपके समक्ष प्रस्तुत करते हुए हमें अपार हर्ष हो रहा है। इस पुस्तक के अंग्रेजी संस्करण को प्राध्यापक बन्धुओं तथा छात्रों द्वारा स्वीकार कर हमारे मनोबल में वृद्धि की है। प्रस्तुत संस्करण जय नारायण व्यास विश्वविद्यालय, जोधपुर, एम.एल. सुखाड़िया विश्वविद्यालय, उदयपुर एवं अन्य विश्वविद्यालय जहाँ यू.जी.सी. पाठ्यक्रम लागू है, बी.कॉम. के विद्यार्थियों के लिए निर्धारित पाठ्यक्रमानुसार लिखी गयी है। इस प्रथम हिन्दी संस्करण को सरलतम एवं नवीनतम सामग्री के रूप में प्रस्तुत किया जा रहा है।

यह पुस्तक न केवल बी.कॉम. के छात्रों के लिए उपयोगी सिद्ध होगी बल्कि पेशेवर छात्र, सामान्य पाठक तथा नीति निर्धारक भी इससे लाभान्वित होंगे।

हम उन सभी महानुभावों, मित्रों तथा प्राध्यापकों के आभारी हैं जिन्होंने पुस्तक का हिन्दी संस्करण लिखने के लिए प्रेरित किया है। प्राध्यापक बन्धुओं से पुस्तक को और अधिक उपयोगी बनाने के लिए अपने बहुमूल्य सुझाव सादर आमन्त्रित करते हैं।

प्रो. सी.एम. चौधरी

अनुक्रम

1

मुद्रा की परिभाषा एवं कार्य

(Definition and Functions of Money)

आधुनिक अर्थव्यवस्था में बड़े पैमाने पर उत्पाद किया जाता है जिसके अन्तर्गत श्रम विभाजन एवं विशिष्टीकरण अपनाया जाता है। व्यापार एवं वाणिज्य के लिए वस्तु विनिमय के कारण असुविधा एवं अनेक कठिनाइयाँ आती हैं। मनुष्य के सामाजिक एव आर्थिक उन्नयन में बाधाएँ उत्पन्न होती हैं। वस्तु विनिमय प्रणाली की विभिन्न कठिनाइयों एवं सीमाओं के परिणामस्वरूप मुद्रा का विकास हुआ है। अधिक सभ्य समाज तथा जटिल आर्थिक संगठन के लिए विनिमय माध्यम का एक आधार आवश्यक था। विनिमय का यन्त्र क्रय एवं विक्रय से पृथक करना आवश्यक था। आधुनिक सभ्यता के लिए वस्तु विनिमय के स्थान पर मुद्रा विनिमय का आविर्भाव हुआ है।

मुद्रा की परिभाषा (Definition and Functions of Money)

"मुद्रा" शब्द लेटिन शब्द 'मोनेटा' से बना है जो दि जूनो नाम की देवी थी। प्रारभिक वर्षों में जूनो देवी के मन्दिर में ही मुद्रा की ढलाई का कार्य होता था। प्राचीन काल में भारत के मुद्रा राजाओं के राज्य का चिन्ह समझा जाता था। इससे शासक की पहिचान की जाती थी। मुद्रा की विभिन्न अर्थशास्त्रियों तथा विद्वानों ने अलग-अलग परिभाषायें दी हैं। कुछ ने संकीर्ण परिभाषा दी है तथा अन्यों ने मुद्रा का अर्थ एवं परिभाषा व्यापक अर्थों में प्रस्तुत की है। सामान्य स्वीकृति, कार्यों के आध ार तथा वैधानिक स्वीकृति आदि के आधार पर विभिन्न मुद्रा की परिभाषायें विभिन्न अर्थशास्त्रियों तथा विद्वानों ने प्रस्तुत की हैं।

मुद्रा को परिभाषित करने के कई विकल्प एवं आधार प्रस्तुत किये गये हैं। मुद्रा को परिभाषित करना एक आसान कार्य नहीं है। प्रोफेसर क्राउथर (Professor Crowther) ने सही कहा है, "व्यवहार में प्रत्येक व्यक्ति मुद्रा के अर्थ को समझता है लेकिन वह इसकी उचित परिभाषा नहीं दे सकता है जिससे कि हम मुद्रा को अन्य वस्तुओं से अलग कर सकें।"

मुद्रा के अर्थ एवं परिभाषा को तीन आधारों पर वर्गीकृत किया गया है, वे निम्नांकित हैं :

1. अर्थशास्त्रियों के दृष्टिकोणों पर आधारित परिभाषायें (Definitions based on the Approaches of Economists)
2. मुद्रा की प्रकृति पर आधारित परिभाषायें (Definitions based on the Nature of Money)
3. अन्य परिभाषायें (Other Definitions)

उपर्युक्त मुद्रा की परिभाषाओं के आधारों को निम्न चार्ट से प्रदर्शित किया जा सकता है:

चार्ट I

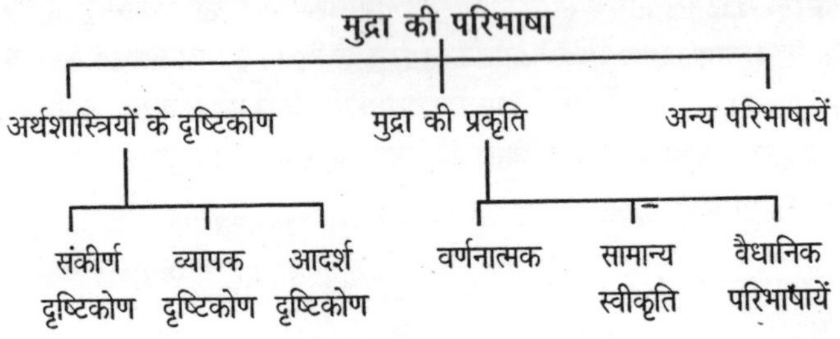

उपर्युक्त चार्ट के आधार पर वर्गीकृत मुद्रा की परिभाषाओं का वर्णन इस प्रकार है :-

I. अर्थशास्त्रियों के दृष्टिकोण पर आधारित परिभाषायें
(Definitions based on the Approaches of Economists)

विभिन्न अर्थशास्त्रियों ने अपने दृष्टिकोणों के आधार पर मुद्रा की अनेक परिभाषायें दी हैं। इन अर्थशास्त्रियों ने मुद्रा को परिभाषित करने के लिए विभिन्न दृष्टिकोणों को आधार बनाया है। वे आधार निम्नांकित हैं :

(i) **संकीर्ण दृष्टिकोण** (Narrow Approach) - कुछ अर्थशास्त्रियों ने मुद्रा को संकीण दृष्टिकोण से परिभाषित किया है। प्रो. रोबर्टसन ने मुद्रा की परिभाषा का यह आधार अपनाया है। **प्रोफेसर रोबर्टसन** (Professor Robertson) के अनुसार, "कोई भी वस्तु जिसे वस्तुओं के भुगतान हेतु सामान्यतः स्वीकार किया जाता है अथवा व्यावसायिक दायित्वों को पूरा करने के लिए अपनाया जाता है, मुद्रा कहलाती है।"

यह परिभाषा संकीर्ण परिभाषा है जिसमें किसी भी वस्तु को मुद्रा के कार्य को सम्पन्न करना माना गया है। यह केवल धातु मुद्रा है। इसके अनुसार मुद्रा का क्षेत्र सीमित है। आधुनिक समय में इस परिभाषा को स्वीकार नहीं किया जा सकता है क्योंकि पत्र मुद्रा तथा साख मुद्रा मुख्य मुद्रा के रूप में आ चुकी हैं।

(ii) **व्यापक दृष्टिकोण** (Wider Approach)—कुछ अर्थशास्त्रियों ने मुद्रा को व्यापक अर्थ में परिभाषित किया हैं। इसके अन्तर्गत सभी प्रकार के विनिमय सम्मिलित हैं—स्वर्ण, रजत, ताँबा, धातु के सिक्के, कागजी नोट, चैक, विनिमय बिल इत्यादि। इस दृष्टिकोण पर आधारित परिभाषायें हार्टले विदर्स, आर पी. केण्ट तथा जी.डी.एच कौल ने दी है।

हार्टले विदर्स के अनुसार, "मुद्रा वह है जो मुद्रा का कार्य करती है।" प्रोफेसर **आर.पी. केण्ट** के शब्दों में "कोई वस्तु मुद्रा हो सकती है जो सामान्यतः और सामान्य रूप से विनिमय माध्यम अथवा मूल्य मापक के रूप में काम आती है तथा स्वीकार की जाती है।" **जी.डी.एच. कोल** के अनुसार, "क्रय शक्ति जिसका उपयोग किसी के क्रय हेतु किया जाता है।"

व्यापक दृष्टिकोण के अन्तर्गत विभिन्न अर्थशास्त्रियों द्वारा दी गई परिभाषायें मुद्रा को उचित ढंग से परिभाषित नहीं करती हैं। इन परिभाषाओं में सभी वस्तुओं एवं उपकरणों को शामिल किया गया है जिनका उपयोग विनिमय माध्यम तथा मूल्य मापक के रूप में किया जाना है। लेकिन चैक, विनिमय बिलों को मुद्रा में शामिल नहीं किया गया है क्योंकि उन्हें सामान्यतः स्वीकार नहीं किया जाता है तथा इनके पीछे की वैधानिक स्वीकृति नहीं है एव इन्हें रखना संभव नहीं होता है।

(iii) **आदर्श दृष्टिकोण** (Ideal Approach)—इस वर्गीकरण के अन्तर्गत मुद्रा की परिभाषायें न संकीर्ण होती हैं और न व्यापक होती हैं। **प्रो. एली** (Ely) के अनुसार, "कोई भी वस्तु जो विनिमय माध्यम के रूप में एक हाथ से दूसरे हाथ में स्वतंत्र रूप से जाती है तथा सामान्यतः ऋणों के अन्तिम निपटारे के काम स्वीकार की जाती है।" **प्रोफेसर अल्फ्रेड मार्शल** के अनुसार, "दे समस्त वस्तुयें जो किसी भी स्थान एवं समय पर सामान्यतः बिना किसी संदेह के अथवा विशेष जाँच के

वस्तुओं तथा सेवाओं के क्रय हेतु एक साधन के रूप में स्वीकार की जाती है तथा व्ययों को स्थगित करने के काम में होती है।''

प्रोफेसर मिल्टन फ्रीडमैन के अनुसार, बैंक जमाओं को भी मुद्रा में शामिल किया गया है। इससे भुगतान आसानी से किया जाता है। चैक तथा अन्य साख पत्रों को मुद्रा में शामिल किया गया है।

इस श्रेणी की परिभाषाओं में उचित मुद्रा तथा धातु के सिक्कों को भी शामिल किया गया है। इस प्रकार की मुद्रा का निर्गमन सरकार द्वारा किया जाता है और इनकी प्रकृति सामान्य स्वीकृति की होती है। इस दृष्टिकोण के अन्तर्गत साख मुद्रा को मुद्रा की परिभाषा में शामिल नहीं किया गया है।

II. मुद्रा की प्रकृति पर आधारित परिभाषायें
(Definitions based on Nature of Money)

मुद्रा की प्रकृति पर आधारित परिभाषाओं को निम्नांकित तीन वर्गों में विभाजित किया जा सकता है :

(i) **वर्णनात्मक अथवा कार्यात्मक परिभाषायें** (Descriptive or Functional Definition)—इस प्रकार की परिभाषायें मुद्रा के कार्यों का वर्णन करती है तथा इनकी प्रकृति वर्णनात्मक है। हार्टले विदर्स, प्रो. थॉमस, प्रो. क्राउथर तथा प्रो. व्हिटले आदि ने इस आधार पर मुद्रा की परिभाषायें दी हैं।

प्रो. हार्टले विदर्स के अनुसार, ''मुद्रा वह है जो मुद्रा का कार्य करती है।'' इस परिभाषा द्वारा मुद्रा के विभिन्न कार्यों का वर्णन किया जाता है। **प्रो. थॉमस** के अनुसार, ''मुद्रा सामान्य व्यक्ति द्वारा चुनी गई वस्तु है जिसके द्वारा मूल्य का माप तथा विभिन्न वस्तुओं के बीच विनिमय का माध्यम का आधार माना जाता है। **प्रो. जफरी क्राउथर** के शब्दों में, ''कोई भी वस्तु मुद्रा हो सकती है जिसे विनिमय माध्यम के रूप में सामान्य रूप से स्वीकार किया जाता है तथा जिसे मुद्रा के मूल्य का मापक तथा मूल्य का संचय का आधार माना जाता है।

प्रो. निगारों के अनुसार, ''मुद्रा विनिमय माध्यम के रूप में कार्य करती है तथा यह मूल्य का एक सामान्य मापक है।''

उपयुक्त परिभाषाओं में मुद्रा के कार्यों की व्याख्या की गई है जबकि मुद्रा की सामान्य स्वीकृति (General Acceptability) तथा वैधानिक स्वीकृति (Legal Sanction) की उपेक्षा की गई है। आधुनिक अर्थव्यवस्था से किसी भी मुद्रा वस्तु को कहा जा सकता है यदि उसे जनता द्वारा सामान्य रूप में स्वीकार किया जाता है तथा इसके निर्गमन के पीछे वैधानिक स्वीकृति प्रदान की जाती है।

(ii) **सामान्य स्वीकृति पर आधारित परिभाषायें** (Definitions Based on General Acceptability) : कुछ अर्थशास्त्रियों ने मुद्रा की परिभाषा इसकी सामान्य स्वीकृति के आधार पर दी है। इन अर्थशास्त्रियों में प्रो. सैलिगमेन, प्रो. डी. एच. रोबर्टसन, प्रो. जी.डी.एच. कौल, आर.पी. केण्ट, प्रो. जे.एम कीन्स तथा प्रो. ए. सी. पीगू प्रमुख हैं।

प्रो. डी.एच. रोबर्टसन के अनुसार, ''मुद्रा कोई भी वस्तु हो सकती है जिसे व्यापक रूप से वस्तुओं के भुगतान के लिए अथवा अन्य व्यावसायिक दायित्वों के निपटारे के रूप में स्वीकार किया जाता है।''

प्रो. जी.डी.एच. कौल के अनुसार, ''कोई भी वस्तु जिसे आदतन एवं व्यापक रूप से भुगतान के साधन के रूप में उपयोग किया जाता है तथा दायित्वों के निपटाने के लिए सामान्यतः स्वीकार किया जाता है।''

प्रो. आर पी. केण्ट अनुसार, ''कोई भी वस्तु जिसे सामान्यतः विनिमय माध्यम के रूप में अथवा मूल्य मापक के रूप में सामान्य रूप से स्वीकार किया जाता है।'' प्रो. जे.एम. कीन्स के अनुसार, ''मुद्रा वह है जिसके देने से दायित्व एव कीमत प्रसंविदा का निपटारा किया जाता है तथा सामान्य क्रय शक्ति के रूप में जिसे रखा जाता है।''

प्रो. ए.सी. पीगू के शब्दों में, ''किसी भी वस्तु के रूप में मुद्रा को मुद्रा कहा जा सकता है जिसे विनिमय माध्यम के साधन के रूप में स्वीकार किया जाता है जिसका अर्थ यह है कि अधिकांश लोग वस्तुओं तथा सेवाओं के भुगतान के लिए इसे स्वीकार करते हैं।''

उपर्युक्त परिभाषाओं के अनुसार कोई भी वस्तु मुद्रा कही जा सकती है जिसे भुगतान के लिए सामान्य रूप में स्वीकार किया जाता है। इस प्रकार कोई भी वस्तु जिसे सामान्यतः सौदों एवं ऋण की अदायगी हेतु स्वीकार किया जाता है। इन परिभाषाओं में धातु मुद्रा तथा पत्र मुद्रा को शामिल किया गया है। विकसित देशों में विनिमय बिल, चैक आदि सामान्यत : स्वीकार किये जाते हैं जो कि मुद्रा का ही अभिन्न अंग है।

(iii) **वैधानिक परिभाषायें** (Legal Definitions) : मुद्रा को वैधानिक रूप में परिभाषित किया गया है। इन परिभाषाओं का आधार 'मुद्रा का राज्य सिद्धान्त (State Theory of Money) है। इन परिभाषाओं में किसी भी वस्तु को मुद्रा घोषित किया जा सकता है जिसे राज्य द्वारा वैधानिक स्वीकृति दी जाती है।

प्रो. नैप के अनुसार, "कोई भी वस्तु जिसे सरकार मुद्रा घोषित कर दे, मुद्रा कहलाती है।"

प्रो. हाट्रे (Hawtrey) के अनुसार, "मुद्रा के दो पहलू हैं। प्रथम, यह एक लेखा की इकाई है तथा द्वितीय, यह वैधानिक इकाई है।"

वैधानिक स्वीकृति के कारण कोई भी ऐसी मुद्रा को स्वीकार करने से मना नहीं कर सकता है।

इन परिभाषाओं में साख मुद्रा को शामिल नहीं किया गया है जिसके परिणामस्वरूप यह परिभाषा का आधार संकीर्ण है। वैधानिक स्वीकृति होना पर्याप्त नहीं है जब तक कि जनता सामान्य रूप से इसे स्वीकृति प्रदान नहीं करती है। यदि जन विश्वास समाप्त हो जाता है, तो वह मुद्रा नहीं कही जा सकती है जैसा कि 1923 में जर्मनी में हुआ।

III. **अन्य परिभाषायें** (Other Definitions)

मुद्रा की अन्य परिभाषायें दी गई हैं। इन परिभाषाओं में कार्ल हैल्फ्रिक (Kstsl Helfferich), प्रो. गस्टव कैसेल आदि प्रमुख हैं। **प्रो. कार्ल हैल्फ्रिक** के अनुसार, "मुद्रा एक जटिल साधन है जिसकी दी हुई आर्थिक प्रणाली तथा आर्थिक क्षेत्र में आर्थिक व्यक्तियों के बीच आर्थिक सहभागिता का कार्य करती है और इसे सुगमता प्रदान करती है।"

प्रो. गस्टव कैसल के अनुसार, "मुद्रा एक वस्तु है जिसके द्वारा वस्तुओं का मूल्य मापा जाता है। मुद्रा का आधारभूत एवं प्राथमिक कार्य वस्तुओं की कीमतों के निर्धारण की गणना करना है।

उचित परिभाषा (Suitable Definition) : मुद्रा की विभिन्न परिभाषाओं का वर्णन किया गया है। इन परिभाषाओं की अनेक सीमायें हैं। मुद्रा की उचित परिभाषा के अन्तर्गत मुद्रा किसी भी वस्तु को कहा जा सकता है जिसे जनता सामान्यतया स्वीकार करती है तथा विनिमय माध्यम के रूप में उपयोग किया जाता है एवं इसके पीछे वैधानिक स्वीकृति आवश्यक है।

मुद्रा के कार्य (Functions of Money)

विभिन्न अर्थशास्त्रियों ने मुद्रा के अनेक कार्यों का उल्लेख किया है। **प्रो. क्राउथर** नें उल्लेख किया है, मुद्रा के चार कार्य है : विनियम माध्यम, मूल्य मापक, प्रमापक एवं मूल्य का संचय। विभिन्न अर्थव्यवस्थाओं के आधुनिक विकास के कारण

मुद्रा के कार्यों का विस्तार हो गया है। मुद्रा के कार्यों को निम्न चार्ट से देखा जा सकता है :

चार्ट II
मुद्रा के कार्य

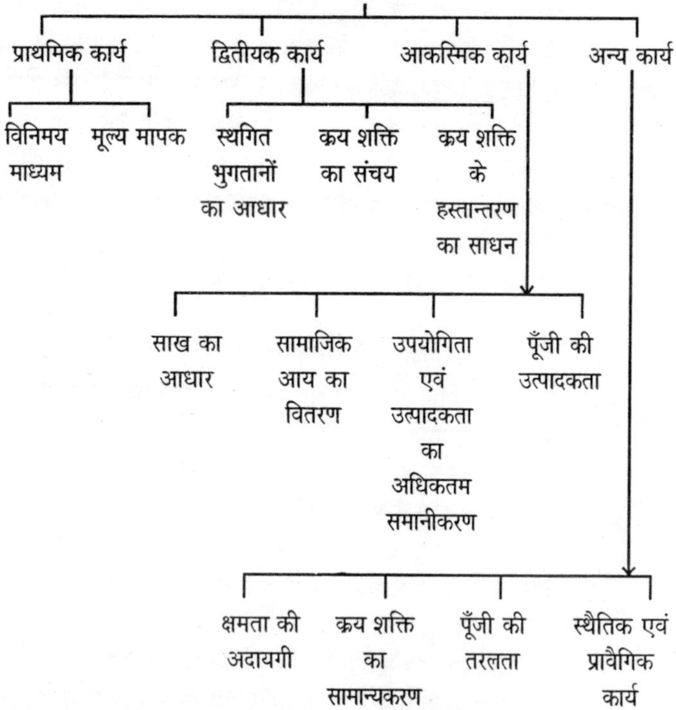

चार्ट में दिये गये मुद्रा के कार्यों का वर्णन इस प्रकार है :

I. **प्राथमिक कार्य** (Primary Functions)

इन कार्यों का सम्पादन मुद्रा प्रारम्भ से ही करती रही है। इन्हें मुद्रा के आधारभूत कार्य कहा जाता है। मुद्रा के प्राथमिक कार्य निम्नांकित हैं :

(1) **विनिमय माध्यम** (Medium of Exchange): मुद्रा विनिमय माध्यम का कार्य करती है। यह मुद्रा का एक आधारभूत कार्य है। मुद्रा सामान्य रूप से स्वीकार करने वाली वस्तु हैं। मुद्रा के माध्यम से सभी विनिमय किये जाते हैं। मुद्रा के आविर्भाव के पूर्व वस्तु विनिमय प्रचलित था। यह

वस्तु विनिमय कहलाता था। समय के साथ वस्तु विनिमय में अनेक कठिनाइयाँ तथा असुविधाये उत्पन्न हो गईं। वस्तु विनिमय में दोहरे संयोग का अभाव पाया जाता है। वस्तु विनिमय की विभिन्न कमियों एव कठिनाइयों के कारण मुद्रा का आविष्कार हुआ है। आधुनिक मुद्रा विनिमय प्रणाली के अन्तर्गत सभी वस्तुओं तथा सेवाओं की कीमतें मुद्रा में व्यक्त की जाती हैं। विनिमय सौदों को मुद्रा ने दो वर्गों में विभक्त कर दिया है। प्रथम, वस्तुओं तथा सेवाओं की बिक्री से मुदा प्राप्त होती है जिसे 'विक्रेता पक्ष (Sellers side) कहते हैं। इसकी ओर विक्रेता इन प्राप्त मुद्रा से अपनी आवश्यकता की वस्तुये तथा सेवायें खरीदता है जिसे 'क्रेता का पक्ष' (Purchaser's side) कहते हैं। इस प्रकार मुद्रा विभिन्न वस्तुओं के क्रय एवं विक्रय के मध्यस्थ का कार्य करती है। मुद्रा के माध्यम से विभिन्न क्रय एवं विक्रय क्रियाओं का विनिमय किया जाता है। मुद्रा के उपयोग के दोहरे संयोग के अभाव को समाप्त कर दिया गया है। मुद्रा के माध्यम से व्यक्ति, फर्म तथा प्रदेशों में श्रम विभाजन एवं विशिष्टीकरण संभव हुआ है। मुद्रा के स्वामी के पास जब चाहे अपनी वस्तुओं तथा सेवाओं को क्रय करने की शक्ति प्राप्त हो गई है।

(2) **मूल्य मापक** (Measure of Value) - मुद्रा का दूसरा प्राथमिक कार्य वस्तुओं तथा सेवाओं के मूल्य मापने का है। सभी वस्तुओं तथा सेवाओं की कीमतें मुद्रा में व्यक्त की जाती हैं। मुद्रा मूल्यों का एक सामूहिक मापक मानी जाती है। सभी कीमतें मुद्रा में व्यक्त की जाती हैं। समाज में विभिन्न वस्तुओं तथा सेवाओं की विनिमय दर का निर्धारण मुद्रा के माध्यम से आसानी से किया जा सकता है। वस्तु विनिमय प्रणाली के अन्तर्गत यह संभव नहीं था। इस प्रणाली के अन्तर्गत विभिन्न वस्तुओं तथा सेवाओं के बीच विनिमय दर निर्धारित करना आसान नहीं था। वस्तुओं तथा सेवाओं के मूल्य मापने को एक मोटा आधार मुद्रा रूपी मापक नहीं था। मुद्रा के आविष्कार से विभिन्न वस्तुओं तथा सेवाओं के मूल्य मापक को आसान बना दिया गया है।

मुद्रा के मूल्य मापक के साथ मुद्रा लेखे की इकाई (unit of account) का कार्य भी करती है। लेखा-जोखा मुद्रा के रूप में ही रखा जाता है, जैसे रुपया, डालर, पाउण्ड स्टार्लिंग आदि।

II. द्वितीय कार्य (Secondary Functions)

मुद्रा के इन कार्यों से प्राथमिक कार्यों के सम्पादन में सहायता प्राप्त होती है। इन कार्यों को सहायक अथवा द्वितीयक कार्य कहा जाता है। ये निम्नांकित हैं :

(1) **स्थगित भुकतानों का आधार** (Standard of Deferred Payment) वस्तु विनिमय के अन्तर्गत उधार लेने तथा उधार देने की क्रियाओं में कठिनाइयाँ उत्पन्न होती थी। मुद्रा के अभाव में उधार लिया गया धन वस्तुओं तथा सेवाओं में ही चुकाया जाता है लेकिन मुद्रा के आविष्कार से उधार लेने तथा उधार देने की प्रक्रिया को सुगम बना दिया गया है। अब उधार देने एव लेने की क्रियाओं का संचालन मुद्रा के माध्यम से ही किया जाता है। अब मुद्रा स्थगित भुगतानों के आधार का कार्य करती है। यह कार्य निम्न कारणों से किया जाता है :

(i) वस्तुओं तथा सेवाओं के मूल्यों की तुलना में मुद्रा का मूल्य अधिक होता है।

(ii) मुद्रा वस्तुओं तथा सेवाओं की तुलना में अधिक टिकाऊ है।

(iii) मुद्रा में सामान्य स्वीकृति (General Acceptabi!ity) की विशेषता पाई जाती है।

(2) **क्रय शक्ति का संचय** (Store of Purchasing Power) - वस्तु विनिमय के अन्तर्गत बचतें हतोत्साहित होती हैं। मुद्रा के अभाव में बचतें वस्तुओं के रूप में की जाती थीं। वस्तुओं की प्रकृति नाशवान होती है। वस्तुओं के रूप में बचतें स्थायी रूप से संभव नहीं होती थीं। मुद्रा के आविष्कार ने इन सभी कठिनाइयों को समाप्त कर दिया है। बचतें मुद्रा में की जाती हैं तथा वस्तु प्रणाली की तुलना में यह अधिक स्थायी होती हैं। मुद्रा के विकास से पूँजी संचय संभव हो सका है। मुद्रा धनसंचय का एक महत्वपूर्ण साधन सिद्ध हुआ है तथा इसे विपणन योग्य परिसम्पत्तियों में परिवर्तित किया जा सकता है जैसे भूमि, संयन्त्र, मशीनें आदि।

(3) **क्रय शक्ति के हस्तान्तरण का साधन** (Means of Transferring Purchasing Power) - आर्थिक विकास की प्रक्रिया से विनिमय के क्षेत्र का विस्तार हुआ है। वस्तुओं तथा सेवाओं का विनिमय दूरगामी स्थानों तक संभव हो गया है। इसके लिए एक स्थान से दूसरे स्थान पर क्रय शक्ति का हस्तान्तरण आवश्यक होता है। मुद्रा के माध्यम से इस कार्य को

आसानी तथा तीव्र गति से सम्पन्न किया जा सकता है। मुद्रा में सामान्य स्वीकृति का गुण पाया जाता है। कोई भी व्यक्ति अपनी जायदाद एक स्थान पर बेचकर दूसरे स्थान पर नई जायदाद का क्रय कर सकता है। उधार लेना तथा उधार देने भी मुद्रा के माध्यम से संभव होता है। मुद्रा की सामान्य स्वीकृति की विशेषता के कारण ही क्रय शक्ति का हस्तान्तरण एक स्थान से दूसरे स्थान पर आसानी से किया जा सकता है। इस कार्य से उधार क्रियायें मुद्रा के माध्यम से की जाती हैं तथा मुद्रा का उपयोग अधिक उत्पादन कार्यों में किया जा सकता है।

III. आकस्मिक कार्य (Contingent Functions)

प्रोफेसर किनले (Kinley) ने मुद्रा के कुछ कार्यों का वर्णन आकस्मिक कार्यों के रूप में किया है। मुद्रा के द्वारा विकसित देशों में कुछ अतिरिक्त कार्यों का सम्पादन किया जाता है जिनमें निम्नांकित कार्य प्रमुख हैं :-

(1) **साख का आधार** (Basis of credit) - विश्व के सभी देशों में विगत वर्षों में साख के महत्व में निरन्तर वृद्धि हुई है। साख पत्रों का उपयोग बड़े पैमाने पर किया जाने लगा है। प्रतिज्ञा पत्र, चैक तथा विनिमय बिलों के उपयोग विकसित देशों में निरन्तर बढ़े हैं। इस सभी साख पत्रों का आध ार मुद्रा है। मुद्रा के अभाव में इन साख पत्रों का निर्गमन संभव नहीं होता है। चैक का उपयोग जमाकर्ता द्वारा किया जाता है। जब उसका खाता बैंक में हो और उसमें पर्याप्त जमा राशि हो। व्यापारिक बैंक भी पर्याप्त समय एव माँग जमा होने पर साख सृजन का कार्य करते है।

(2) **सामाजिक आय का वितरण** (Distribution of social income) - मुद्रा के अभाव में वस्तु विनिमय प्रणाली के अन्तर्गत सामाजिक आय के वितरण का कार्य बड़ा कठिन था। लेकिन मुद्रा के उपयोग से इस कार्य को आसानी से संभव किया जा सकता है। आधुनिक उत्पादन विभिन्न उत्पादन के साधनों - भूमि, श्रम, पूँजी, उद्यमी एवं संगठनकर्ता - के सामूहिक प्रयासों का परिणाम है। प्रत्येक उत्पादन के साधन का उत्पादन में हिस्सा मुद्रा के रूप में निर्धारित किया जाता है। प्रत्येक उत्पादन के साधन को उसका पुरस्कार मुद्रा के रूप में ही किया जाता है।

(3) **सीमान्त उपयोगिताओं एवं सीमान्त उत्पादकताओं का समानीकरण** (Equalising marginal utilities and marginal productivities) -

प्रत्येक उपभोक्ता अपनी दी हुई आमदनी को खर्च करके अपनी सीमान्त उपयोगिताओं को अधिकतम करने का प्रयास करता है। इस उद्देश्य की पूर्ति विभिन्न वस्तुओं के क्रय करने पर उनसे मिलने वाली उपयोगिताओं को बराबर करने पर होती है। मुद्रा की भूमिका महत्वपूर्ण होती है क्योंकि सभी वस्तुओं की कीमतें मुद्रा में व्यक्त की जाती हैं।

मुद्रा के प्रयोग से ही सीमान्त उत्पादकताओं को समान किया जा सकता है। प्रत्येक उत्पादक का उद्देश्य न्यूनतम लागत पर अधिकतम उत्पादन करना होता है। इस उद्देश्य की पूर्ति हेतु उत्पादक प्रत्येक उत्पादन के साधन का संयोग इस प्रकार से करता है कि उनसे मिलने वाली सीमान्त उत्पादकता बराबर-बराबर हो जावे। उत्पादकताओं को मुद्रा में मापा जा सकता है और इसके माध्यम से यह कार्य सम्पन्न किया जा सकता है।

IV. अन्य कार्य (Other Functions)

मुद्रा के द्वारा कुछ अन्य कार्य भी सम्पादित किये जाते हैं, वे निम्नांकित हैं :

(1) **पुनर्भुगतान की क्षमता** (Repayment capacity) - मुद्रा में सामान्य स्वीकृति की विशेषता पाई जाती है। पुनर्भुगतान की क्षमता बनाये रखने के लिए प्रत्येक फर्म इसकी परिसम्पत्तियों का एक भाग तरल रूप में रखती है। इससे फर्म की पुनर्भुगतान की क्षमता बनी रहती है। इसी प्रकार बैंक, बीमा कम्पनियाँ, तथा सरकार अपनी पुनर्भुगतान की क्षमता को बनाये रखने के लिए कुछ भाग तरल रूप में रखते हैं और यह मुद्रा के माध्यम से ही संभव होता है।

(2) **क्रय शक्ति का सामान्यकरण** (Generalised Purchasing Power) - मुद्रा के रूप में संचित क्रय शक्ति का किसी भी रूप में उपयोग संभव है। यह आवश्यक नहीं है कि मुद्रा को जिस उद्देश्य के लिए बचाया गया है उसी में उसका उपयोग किया जा सके। उदारण के लिए एक व्यक्ति मकान निर्माण हेतु बचत करता है लेकिन वह चाहे तो इस बचत का उपयोग अन्य कार्य के लिए कर सकता है। यह बचत बच्चों की शिक्षा एवं शादी पर भी व्यय की जा सकती है। भविष्य अनिश्चित है और यह जरूरी नहीं है कि जिस उद्देश्य के लिए बचत की गई है उसके अलावा लाभकारी उपयोग पर इसे खर्च किया जा सकता है। परिस्थितियों में परिवर्तन के अनुसार इस बचत का उपयोग किया जा सकता है। मुद्रा एक सामान्यकरण

क्रय शक्ति के रूप में उपयोग किया जा सकती है क्योंकि ऐसी विशेषता मुद्रा में ही होती है। इसका उपयोग किसी भी उद्देश्य की पूर्ति में किया जा सकता है।

(3) पूँजी की तरलता (Liquidity to capital) - मुद्रा पूँजी का एक तरल रूप है। पूँजी मुद्रा के रूप में कही भी काम मे ली जा सकती है। यह सबसे तरलतम रूप है। **प्रो. कीन्स** के अनुसार मुद्रा तरल में रखी जाती है जिसका उपयोग निम्न उद्देश्यों की पूर्ति के लिए किया जाता है:-

(i) **आय उद्देश्य** (Income motive) - प्रत्येक व्यक्ति को अपनी दैनिक आवश्यकताओं की पूर्ति के लिए नकदी रखनी पड़ती है। उसे अपनी आमदनी एक निश्चित अवधि के पश्चात् प्राप्त होती है जैसे एक सप्ताह अथवा एक माह बाद। लेकिन उसे प्रतिदिन व्यय करना पड़ता है। ऐसी आवश्यकताओं की पूर्ति हेतु आय का एक भाग नकदी में रखना पड़ता है।

(ii) **लेन देन का उद्देश्य** (Transactions motive) - एक व्यवसायी को रोजाना अपनी आवश्यकताओं की पूर्ति हेतु लेन-देन करने के लिए आय का एक भाग नकदी में रखना पड़ता है। उसे कच्चा माल खरीदने तथा श्रमिकों को मजदूरी का भुगतान करने के लिए नकदी आवश्यक होती है। इस उद्देश्य की पूर्ति हेतु नकदी रखनी पड़ती है।

(iii) **सतर्कता उद्देश्य** (Precautionary motive) - प्रत्येक व्यक्ति को अपनी आय का एक भाग नकदी में उसकी आकस्मिक आवश्यकताओं की पूर्ति के लिए रखनी पड़ती है जैसे - सामाजिक एवं धार्मिक उत्सव, बीमारी, दुर्घटना आदि।

(iv) **सट्टेकारी उद्देश्य** (Speculative motive) - अनेक व्यवसायी सट्टेकारी प्रवृत्तियों के लिए पूँजी तरल रूप में रखते हैं जिससे कि ऐसी मदों में निवेश करके लाभ कमाया जा सकता है। इस उद्देश्य के लिए रखी जाने वाली नकदी ब्याज दर से प्रभावित होती है।

(4) **स्थैतिक एवं गत्यात्मक कार्य** (Static and dynamic function) - प्रोफेसर आइन्जिग ने मुद्रा के कार्यों को दो वर्गों में विभाजित किया है। ये कार्य हैं स्थैतिक कार्य (Static functions) तथा प्रावैगिक अथवा गत्यात्मक कार्य (Dynamic functions)।

मुद्रा के स्थैतिक कार्य वे कार्य हैं जिनसे अर्थव्यवस्था की कार्यप्रणाली आसानी

से चलाई जाती है। मुद्रा के विभिन्न कार्यों - विनिमय माध्यम, मूल्य मापक, मूल्य संचय तथा स्थगित भुगतानों का प्रमाप आदि को स्थैतिक कार्यों में शामिल किया जाता है क्योंकि इन कार्यों के अभाव में देश की अर्थव्यवस्था व्यवहार में नहीं संचालित की जा सकती है।

प्रावैगिक कार्य (Dynamic functions) मुद्रा के वे कार्य हैं जिनके माध्यम से अर्थव्यवस्था की आर्थिक क्रियाओं के स्तर में गति प्रदान की जाती है। साख के विस्तार से न केवल कीमत स्तर में वृद्धि होती है, बल्कि इससे आय, उत्पादन तथा रोजगार के स्तरों में वृद्धि होती है। इसके विपरीत साख संकुचन से अर्थव्यवस्था में आय, उत्पादन तथा रोजगार के स्तरों में कमी आने से मंदी की स्थिति उत्पन्न हो जाती है। मुद्रा के दोनों ही प्रकार के कार्यों - स्थैतिक एवं प्रावैगिक देश की अर्थव्यवस्था के प्रभावी संचालन के लिए परमावश्यक हैं।

इस प्रकार हम निष्कर्ष के रूप में कह सकते हैं कि मुद्रा के सभी कार्यों का संचालन सही तरीके से तभी होगा जब मुद्रा का मूल्य अथवा इसकी क्रय शक्ति में अत्यधिक उच्चावचन नहीं आते हैं।

2

मुद्रा की प्रकृति, महत्व एवं वर्गीकरण
(Nature, Importance and Classification of Money)

आधुनिक गतिशील अर्थव्यवस्था में मुद्रा की प्रकृति एवं इसके महत्व में काफी परिवर्तन आया है। अर्थव्यवस्था का प्रकार बदल गया है और इससे मुद्रा के प्रचलन में काफी परिवर्तन हुआ है। इस अध्याय में मुद्रा की प्रकृति, महत्व तथा वर्गीकरण का वर्णन किया जा रहा है।

मुद्रा की प्रकृति (Nature of Money)

मुद्रा की प्रकृति अथवा स्वभाव का अध्ययन करने के लिए मुद्रा के कार्यों का विश्लेषण आवश्यक है। कभी मुद्रा परमावश्यक होती है तथा अर्थव्यवस्था के संचालन के लिए मुद्रा उपयोगी होती है तथा दूसरी ओर यह अर्थव्यवस्था के लिए एक पर्दे का कार्य करती है। मुद्रा की प्रकृति का अध्ययन करने के लिए निम्न मतों का अध्ययन आवश्यक है :

(1) मुद्रा उपयोगी है अथवा एक पर्दा है।

(2) मुद्रा एक साधन है अथवा साध्य।

(3) मुद्रा उत्पादन एवं वितरण क्रियाओं में एक तेल का कार्य करती है।

(4) मुद्रा एक तरल सम्पत्ति है।

मुद्रा की प्रकृति की जानकारी हेतु मुद्रा पर उपर्युक्त मतों का अध्ययन करना आवश्यक है।

(1) मुद्रा उपयोगी है अथवा एक पर्दा है (Monry itself is useful or it is a veil) - मुद्रा की स्वयं की कोई उपयोगिता नहीं होती है। यह अर्थव्यवस्था में

एक निष्क्रिय साधन है। मुद्रा एक माध्यम है जिससे वस्तुओं की उपयोगिता का सृजन किया जाता है। प्रो. ए.सी. पीगू के अनुसार मुद्रा एक पर्दा है जिसके चारो ओर आर्थिक क्रियायें चक्कर काटती हैं।

कुछ अर्थशास्त्रियों का मत है कि मुद्रा एक सक्रिय साधन है जिससे अर्थव्यवस्था अभिप्रेरित एवं प्रभावित होती हैं। उत्पादन, विनिमय, वितरण, रोजगार आदि क्रियायें मुद्रा से अत्यधिक प्रभावित होती है। अतः मुद्रा अनुपयोगी नहीं है। इस प्रकार मुद्रा एक सक्रिय एवं उपयोगी तत्व है तथा यह अर्थव्यवस्था में एक पर्दे के रूप में नहीं है।

(2) मुद्रा एक साधन एवं साध्य है (Money is a means and an end) मुद्रा उपयोगी है तथा इसका उपयोग सौदों के भुगतान के रूप में किया जाता है। यह अपने आप में साध्य नहीं है। मुद्रा की उपयोगिता विभिन्न वस्तुओं तथा सेवाओं के क्रय में इसे विनिमय के माध्यम के रूप में है। मुद्रा के स्वामित्व से वस्तुओं तथा सेवाओं के क्रय का अधिकार प्राप्त होता है। यदि वस्तुओं तथा सेवाओं की उपलब्धि नहीं होती है तो मुद्रा का महत्व स्वयं ही घट जाता है। किसी भी देश में वस्तुओं तथा सेवाओं के उत्पादन के लाभ के आधार भी उसकी निर्धनता तथा धनाढ्यता निर्भर करती है। एक देश में मुद्रा है अथवा नहीं इससे कोई अन्तर नहीं पड़ता है। किसी भी देश की गरीबी मुद्रा की मात्रा में वृद्धि करके दूर नहीं की जा सकती है। अतः मुद्रा एक साधन मात्र है न कि साध्य। एक सामाजिक प्रणाली में धनी व्यक्ति समाजोपयोगी सेवाओं का सृजन कर सकता है और इससे उसकी प्रतिष्ठा में वृद्धि होती है। मुद्रा के माध्यम से सामाजिक प्रतिष्ठा का अर्जन किया जा सकता है। लेकिन जब मुद्रा को एक साधन के स्थान पर साध्य समझा जाता है तो मुद्रा के अनेक दोष उत्पन्न होने लगते हैं। इस प्रकार यह कहा जा सकता है कि मुद्रा एक अच्छी सेविका है लेकिन यदि इसका नियन्त्रण एवं नियमन नहीं किया जावे तो एक खराब सेविका सिद्ध हो सकती है। इस प्रकार निष्कर्ष के रूप में कहा जा सकता है कि मुद्रा एक साधन है न कि एक साध्य।

(3) मुद्रा उत्पादन वितरण क्रियाओं के तेल (Lubricant) के रूप में कार्य करता है (Mony acts as a Lubricant to the Production and Distribution Activities) : कुछ अर्थशास्त्रियों के अनुसार मुद्रा किसी भी कार्य को सम्पादित करने में सक्षम नहीं है। यह केवल उत्पादन एवं वितरण की क्रियाओं में तेल का कार्य करती है।

मुद्रा किसी प्रकार का उत्पादन नहीं करती है लेकिन पूँजी का संचय मुद्रा के माध्यम से ही संभव होता है। उत्पादन के लिए कच्चा माल, शक्ति, मशीनरी आदि का प्रबंध मुद्रा के माध्यम से ही होता है। उत्पादन के सभी व्ययों जैसे- मजदूरी, लगान, ब्याज, वेतन आदि का भुगतान मुद्रा के माध्यम से ही होता है। उत्पादन के सभी साधनों का भुगतान मुद्रा के रूप में ही किया जाता है। इस प्रकार उत्पादन का आधार ही मुद्रा है बिना मुद्रा के उत्पादन संभव नहीं है। इसी प्रकार वितरण में भी मुद्रा की भूमिका होती है। कीमतों का निर्धारण मुद्रा में ही होता है। वस्तुओं की बिक्री मुद्रा के माध्यम से ही होती है। वस्तुओं तथा सेवाओं के विपणन के लिए विज्ञापन, यातायात तथा पैकिंग आवश्यक होती है और इन सबकी पूर्ति मुद्रा के माध्यम से ही संभव होती है। इस प्रकार हम कह सकते हैं कि अर्थव्यवस्था में उत्पादन तथा वितरण मुद्रा के माध्यम से ही क्रियाशील होते हैं।

(4) **मुद्रा एक तरल परिसम्पत्ति है** (Money is a liquid Asset) : मुद्रा की प्रकृति सबसे भिन्न होती है क्योंकि अन्य परिसम्पत्तियों की तुलना में यह सर्वाधिक तरल परिसम्पत्ति है। यह हमेशा तरलता प्रधान होती है और प्रत्येक व्यक्ति इसे आसानी से स्वीकार करने को तत्पर होता है। प्रत्येक व्यक्ति अपनी आय का एक भाग मुद्रा के रूप में नकद रखता है। तरलता से आशय ऐसी परिसम्पत्ति से है जिसे आसानी से बिना किसी हानि के मुद्रा में बदला जा सकता है। मुद्रा को तरल रूप में रखने के लिए इसे बैंक जमाओं, सरकारी प्रतिभूतियों तथा प्रमाण-पत्रों के रूप मे रखा जाता है। विभिन्न प्रकार के प्रपत्रों को आसानी से बाजार में बेचकर मुद्रा के तरल रूप में प्राप्त किया जा सकता है।

मुद्रा का महत्व (Importance of Money):

कुछ अर्थशास्त्रियों के मतानुसार मुद्रा की अपने आप में कोई उपयोगिता नहीं है। **प्रो. ए.सी. पीगू** के अनुसार, "मुद्रा एक लपेटने की सामग्री है जिसके माध्यम से आपको वस्तुये प्राप्त होती है।" प्रतिष्ठित अर्थशास्त्रियों ने भी मुद्रा को एक अनुपयोगी वस्तु बताया है। इसे केवल एक विनिमय माध्यम मात्र का साधन माना गया है। लेकिन अब मुद्रा के महत्व में परिवर्तन हो गया है तथा इस प्रकार के मतों तथा कथनों में कोई सच्चाई नहीं है। मुद्रा की भूमिका एवं कार्य महत्वपूर्ण हैं। इससे विशिष्टीकरण को प्रोत्साहन मिला है। उच्च उपभोग हेतु उत्पादन संभव करती है तथा उत्पादन एवं उपभोग के नियोजन में सुविधाजनक होती है। आधुनिक आर्थिक प्रणाली का आधार ही मुद्रा है। **प्रो. गोल्डनसीजर** (Prof. Goldenseiser) ने सही

कहा है, "मुद्रा की उचित मात्रा एवं वितरण का भक्ति कल्याण के क्षेत्र में गौण स्थान है अथवा कोई स्थान नहीं है लेकिन आर्थिक कल्याण को बनाने में इसकी एक शक्तिशाली शक्ति जैसा स्थान है।"

आधुनिक समय में मुद्रा की भूमिका प्रावैगिक है। चाहे अर्थशास्त्र हो अथवा राजनीति, समाजशास्त्र हो अथवा दर्शनशास्त्र, वाणिज्य अथवा उद्योग, विज्ञान हो अथवा नैतिक शास्त्र, कला हो अथवा साहित्य, शान्ति हो अथवा युद्ध इस युग की पथप्रदर्शक शक्ति मुद्रा ही है। **प्रोफेसर अल्फ्रेड मार्शल** ने सही ही कहा है, "यह सत्य है कि मनुष्य जीवन में सबसे बड़ा आविष्कार मुद्रा है।"

मुद्रा अर्थव्यवस्था में प्रत्येक आर्थिक क्रिया की शाखा वस्तु अर्थव्यवस्था से भिन्न पाई जाती है। मुद्रा से उपभोग, उत्पादन विनिमय, वितरण एवं सार्वजनिक वित्त के क्षेत्र की सभी आर्थिक क्रियाओं को प्रभावित किया है तथा ये क्रियायें सुगम हो गई हैं। मुद्रा के महत्व का अध्ययन निम्न बिन्दुओं के अन्तर्गत किया जा सकता है :-

(1) उपभोक्ता को लाभ (Advantage to Consumer) : मुद्रा के आविष्कार से उपभोक्ता लाभान्वित हुए हैं। यदि किसी वस्तु की कीमत अधिक है तो उपभोक्ता इसके उपभोग को स्थगित कर देता है। मुद्रा की क्रय शक्ति को ध्यान में रखते हुए उपभोक्ता अपनी वैकल्पिक स्थिति के अनुसार मुद्रा का उपयोग करता है।

इसके अतिरिक्त उपभोक्ता मुद्रा की सहायता से विभिन्न वस्तुओं से मिलने वाली सीमान्त उपयोगिताओं को समान कर सकता है। मुद्रा से उपभोक्ता को चयन की स्वतंत्रता रहती है और विभिन्न उत्पादों की कीमतों को ध्यान में रखते हुए मौद्रिक स्थिरता से अपनी उपयोगिता को अधिकतम कर सकता है।

(2) उत्पादकों को लाभ (Advantage to the Producers) : मुद्रा की सहायता से विभिन्न उत्पादक विभिन्न रूपों में लाभ प्राप्त करते हैं जैसे कच्चे माल का क्रय, पूँजी उधार लेना, अन्तिम वस्तुओं का विज्ञापन तथा उत्पादन के विभिन्न साधनों के संयोगों को नियोजित करना। मुद्रा के अभाव में इन उत्पादक कार्यों का सम्पादन नहीं किया जा सकता है। मुद्रा की सहायता से उत्पादक के विभिन्न साधनों की कीमतों की गणना, उत्पादन लागत, उत्पादन की मात्रा तथा किस्म का निर्धारण कर सकते हैं। मुद्रा संयन्त्र की सहायता से समान में उपभोक्ता किस प्रकार की आवश्यकता की जानकारी तथा विभिन्न प्रकार की वस्तुओं की कितनी मात्रा आदि ज्ञात की जा सकती है।

(3) श्रम विभाजन एवं विशिष्टीकरण (Division of Labour and Specialisation) : आधुनिक उत्पादन प्रणाली का आधार श्रम विभाजन एवं

विशिष्टीकरण है। बिना मुद्रा के श्रम विभाजन एवं विशिष्टीकरण नहीं अपनाया जा सकता है। श्रम विभाजन के अन्तर्गत प्रत्येक उत्पादन प्रक्रिया को विभिन्न प्रक्रियाओं एवं उप-प्रक्रियाओं में विभाजित किया जाता है और अलग-अलग श्रम समूह इस क्रिया को सम्पन्न करते हैं। विभिन्न उप-प्रक्रियाओं में नियोजित श्रम समूहों को पुरस्कार मुद्रा में ही दिया जाता है। विभिन्न विभागों में विशेषज्ञ नियुक्त किये जाते हैं। इन विशेषज्ञों को उनकी विशेष सेवाओं के लिए भुगतान मुद्रा में ही दिया जाता है।

(4) वस्तु विनिमय के दोषों को दूर करना (Elimination of the Draw-backs of the Barter System) : मुद्रा के प्रयोग से वस्तु विनिमय प्रणाली की विभिन्न कठिनाइयों तथा दोषों को दूर करने में सहायता मिली है। दो व्यक्तियों की आवश्यकताओं के दोहरे संयोग के अभाव में विनिमय कठिन होता था। मुद्रा ने इस दोष को दूर कर दिया है। मुद्रा की सहायता से मूल्य को आसानी से तथा शीघ्रता से मापा जा सकता है। अविभाज्य वस्तुओं के विनिमय की समस्या उत्पन्न नहीं होती है। एक वस्तु के बदले दूसरी वस्तु के विनिमय की कठिनाई नहीं उत्पन्न होती है। मुद्रा के उपयोग से इसकी क्रय शक्ति के संचय की कठिनाई दूर हो गई है।

(5) बचतों का निवेश में परिवर्तन (Money has Transformed Savings into Investment) : मुद्रा के आविष्कार से व्यक्तिगत बचतों को निवेश में बदला जा सकता है। बैंकिंग संस्थाओं के माध्यम से व्यक्तिगत बचतें एकत्र की जाती हैं तथा इन बचतों से व्यक्तिगत उद्यमी निवेश में बदलने का कार्य करते हैं। इससे अर्थव्यवस्था में निवेश की प्रक्रिया में वृद्धि होती है।

(6) संसाधनों का आवण्टन (Allocation of Resources) : एक पूँजीवादी अर्थव्यवस्था में कीमत संयन्त्र के माध्यम से विभिन्न उद्योगों तथा उत्पादन की विभिन्न धाराओं में आर्थिक संसाधनों का आवण्टन होता है। कीमत संयन्त्र के अभाव में पूँजीवादी प्रणाली की सभी आर्थिक क्रियायें समाप्त हो जावेंगी। समाजवादी अर्थव्यवस्था में आर्थिक आयोग विभिन्न उद्योगों में संसाधनों के आवण्टन में कीमत संयन्त्र से निर्देशित होता है।

(7) मुद्रा व्यापार को सुगम बनाती है (Money Facilitates Trade) : मुद्रा विनिमय माध्यम का कार्य करती है जिससे व्यापार सुगम हो जाता है। मुद्रा के उपयोग से आधुनिक अर्थव्यवस्था में वस्तुओं का विनिमय आसानी से हो जाता है। कीमत संयन्त्र का आधार मुद्रा होती है जिसके माध्यम से सामुदायिक आर्थिक क्रियाओं का समायोजन होता है।

(8) पूँजी का उत्पादक उपयोग (Productive use of Capital): मुद्रा से पूँजी तरलतम हो जाती है। मुद्रा के उपयोग से पूँजी तरलता को प्राप्त होती है और इसकी गतिशीलता में वृद्धि करके अधिक उत्पादक बनाया जा सकता है। कम उत्पादक उपयोग से अधिक उत्पादक उपयोग में इसको गतिशील किया जा सकता है। पूँजी की उत्पादकता तथा गतिशीलता के कारण आर्थिक विकास को तीव्र किया जा सकता है।

(9) वर्तमान एवं भविष्य के बीच कड़ी (Link between the Present and the Future) : वस्तुओं में बचत रखने में दो कठिनाइयाँ उत्पन्न होती हैं- प्रथम, उससे संचय की समस्या उत्पन्न होती है तथा द्वितीय, संचित वस्तु की किस्म खराब होने की संभावना होती है। लेकिन मुद्रा से बचतकर्ता इन दोनों कठिनाइयों से छुटकारा प्राप्त कर लेता है। मुद्रा बचतकर्ता को विभिन्न वस्तुओं तथा सेवाओं के क्रय की भविष्य में गारण्टी देती है क्योंकि मुद्रा के माध्यम से विभिन्न वस्तुओं तथा सेवाओं का क्रय किया जा सकता है। इससे मुद्रा वर्तमान तथा भविष्य के बीच एक कड़ी का कार्य करती है। **प्रो.जे.एम. कीन्स** ने मुद्रा के महत्व पर जोर दिया है और कहा है, "मुद्रा का महत्व वर्तमान तथा भविष्य के बीच एक कड़ी के रूप में प्रवाहित होता है।"

(10) **भावी सौदे** (Future Transaction) : मुद्रा के आविष्कार से भावी सौदे सम्पन्न किये जा सकते हैं। एक पूँजीवादी व्यवस्था में भावी सौदों का एक महत्वपूर्ण स्थान होता है। भावी सौदों के मूल्य वर्तमान में निर्धारित होते हैं तथा भविष्य में इनका भुगतान किया जाता है। मुद्रा मूल्य के स्थायित्व के कारण संभव होते हैं और वस्तुओं से तुलना होती है। वर्तमान में भावी सौदों को अन्तिम रूप प्रदान किया जाता है जिसका माध्यम मुद्रा होती है।

(11) समान वितरण (Equitable Distribution) : उत्पादन के विभिन्न साधनों के पुरस्कार मुद्रा में लगान, मजदूरी, ब्याज, लाभ एवं वेतन के रूप में वितरित किया जाता है। यह भुगतान साधनों के स्वामियों को दिया जाता है। मुद्रा के आविष्कार से ही राष्ट्रीय आय का समान वितरण समाज में संभव हुआ है।

(12) सार्वजनिक वित्त में महत्व (Significane in Public Finance) : आधुनिक अर्थव्यवस्था के संचालन में सरकार का महत्वपूर्ण भूमिका होती है। सरकार द्वारा करों तथा गैर-करों से सार्वजनिक आय प्राप्त की जाती है और इस सार्वजनिक आय को विभिन्न विकास एवं गैर-विकास कार्यों पर मुद्रा के रूप में खर्च किया जाता है। मुद्रा के माध्यम से ही सार्वजनिक ऋण एवं घाटे की अर्थव्यवस्था अपनाना संभव

होता है। मुद्रा के अभाव में सरकार के राजकोषीय प्रबंधन की कल्पना करना संभव नहीं होगा।

(13) कुशल लेखांकन एवं बजट (Efficient Accounting and Budgeting): मुद्रा के माध्यम से लेखांकन एवं बजटीय कुशलता प्राप्त की जा सकती है। प्रत्येक व्यक्ति आराम एवं कार्य, व्यय एवं बचत, निवेश एवं संचय के बीच चुनाव करता है। व्यक्तियों तथा समाज के लिए मुद्रा के माध्यम से बजट एवं लेखांकन की क्रियाओं का संचालन आसानी से किया जा सकता है।

(14) जीवन निर्वहन (Standard of Living) : मुद्रा के संचालन के माध्यम से अर्थव्यवस्था क्रियाशील रहती है तथा लोगों के जीवन स्तर को उन्नत किया जा सकता है क्योंकि विभिन्न वस्तुओं तथा सेवाओं की पूर्ति मुद्रा से ही संभव होती है। आय एवं धन का समान वितरण भी मुद्रा द्वारा ही किया जाता है।

(15) सामाजिक स्वतन्त्रता (Social Freedom) : वस्तु विनिमय प्रणाली के अन्तर्गत श्रमिकों को भुगतान वस्तु में ही किया जाता है। उनकी दशा गुलामी से अच्छी नहीं थी क्योंकि वे अपनी इच्छा की वस्तुओं का चयन नहीं कर सकते थे। लेकिन मुद्रा के आविष्कार से उनको मजदूरी मुद्रा में दी जाती है और ऐसी स्थिति में अपनी इच्छित वस्तुओं का क्रय करके उपभोग कर सकते हैं। इससे सामाजिक स्वतंत्रता प्राप्त हो गई है और परम्परागत गुलामी से उनको छुटकारा प्राप्त हो गया है।

(16) सामाजिक कल्याण का माप (Measure of Social Welfare): **प्रोफेसर ए.सी. पीगू** के अनुसार आर्थिक कल्याण कुल कल्याण का वह भाग है जिसे मुद्रा रूपी पैमाने से मापा जा सकता है। विभिन्न वस्तुओं के उपयोग से प्राप्त उपयोगिता मुद्रा के माध्यम से व्यक्तिगत उपभोक्तओं द्वारा निकाली जा सकती है। समाज को प्राप्त विभिन्न उपयोगिताओं को मुद्रा रूपी पैमाने से आसानी से मापा जा सकता है।

(17) राष्ट्रीय एकता (National Unity): मुद्रा के आविष्कार से राष्ट्रीय एकता एवं एकीकरण को प्रोत्साहन मिला है। एक देश में सामाजिक अलगाव को समाप्त कर दिया गया है। मुद्रा से घरेलू व्यापार एवं वाणिज्य में ही वृद्धि नहीं हुई है बल्कि अन्तर्राष्ट्रीय बाजार में भी वस्तुओं तथा सेवाओं का प्रवाह बढ़ा है। देश के विभिन्न क्षेत्रों में तथा विश्व में आर्थिक सहयोग एवं व्यापार बढ़ाने में मुद्रा की भूमिका महत्वपूर्ण हो गई है। इससे राष्ट्रीय एकता एवं अन्तर्राष्ट्रीय आर्थिक सहयोग को प्रोत्साहन मिला है।

(18) भौतिक प्रगति (Material Progress) : आधुनिक भौतिक प्रगति का आधार औद्योगीकरण की तीव्रता रही है। पूँजी के संचय के अभाव में औद्योगीकरण संभव नहीं होता है। मुद्रा के उपयोग से ही पूँजीसंचयन संभव हुआ है।

इस प्रकार हम कह सकते हैं कि मुद्रा आधुनिक अर्थव्यवस्था का अभिन्न अंग है। आधुनिक अर्थव्यवस्था बिना मुद्रा के संचालित नहीं की जा सकती है। पूँजी संचय मुद्रा के उपयोग के माध्यम से ही संभव है। मुद्रा की उपयोगिता और इसका महत्व इसके नहीं होने पर ही जानी जा सकती है। क्या उत्पादन करना है, कितना उत्पादन करना है आदि सभी निर्णय मुद्रा के माध्यम से लिये जा सकते हैं। उपभोक्ता की आवश्यकताओं की पूर्ति मुद्रा के माध्यम से की जाती है। मौद्रिक प्रणाली की प्रकृति देश की अर्थव्यवस्था को प्रभावित करती है। मुद्रा के मूल्य में उच्चावचन (मुद्रा प्रसार एवं मुद्रा संकुचन) अर्थव्यवस्था के विभिन्न क्षेत्रों तथा समाज के विभिन्न वर्गों को प्रभावित करते हैं। संक्षिप्त में यह कहा जा सकता है कि आधुनिक समय में सुसंगठित सामाजिक, आर्थिक एवं राजनीतिक जीवन बिना मुद्रा के उपयोग के संभव नहीं होता है। **प्रोफेसर जे.के. गैलब्रेथ** ने सही कहा है, "कार, उद्योग, नौकरानी तथा कैंसर आदि उन लोगों के लिए महत्वपूर्ण हैं जो इनके स्वामी हैं। इसके विपरीत मुद्रा जिनके पास है और जिनके पास नहीं है सभी के लिए समान रूप से महत्वपूर्ण है।"

मुद्रा के दोष (Evils of Money) :

आधुनिक समाज में मुद्रा एक महत्वपूर्ण वस्तु है। मुद्रा के महत्व की उपेक्षा नहीं की जा सकती है लेकिन जब मुद्रा के कार्यों का दुरुपयोग मानव द्वारा किया जाता है तो इससे मुद्रा के दोष उत्पन्न हो जाते हैं। **प्रोफेसर रोबर्टसन** ने सही कहा है, "मानव जीवन के लिए मुद्रा कई वरदान का स्त्रोत है लेकिन यदि इसका नियन्त्रण नहीं किया जाता है तो यह दुख एवं भ्रम का स्त्रोत हो जाता है।"

आगे इसका उल्लेख करते हुए कहा है कि "यह मानव के लिए वरदान सिद्ध हुई है लेकिन यह वरदान अभिशाप से मुक्त नहीं है।" एक पूँजीवादी अर्थव्यवस्था में मुद्रा के दोषों का दूरगामी प्रभाव पड़ता है लेकिन मिश्रित एवं समाजवादी अर्थव्यवस्थायें भी मुद्रा के दोषों से मुक्त नहीं हैं। मुद्रा के प्रमुख दोष निम्नलिखित हैं :

(1) **आय एवं धन की विषमतायें** (Inequalities of Income and Wealth): मुद्रा एक तरल परिसम्पत्ति है। मानव मुद्रा का अधिक से अधिक उपयोग करता है। मुद्रा के अधिक संचय से समाज में आय एवं धन की विषमताओं में निरन्तर वृद्धि होती है।

(2) **कुछ ही हाथों में आर्थिक सत्ता का केन्द्रीकरण** (Concentration of Economic Power in Few Hands) : मुद्रा से क्रय शक्ति बढ़ती है। धनी वर्ग उत्पादन के विभिन्न साधनों के स्वामी हो जाते हैं तथा मुद्रा के माध्यम से औद्योगिक लाइसेंस प्राप्त कर लेते हैं। परस्पर समझौते, विलीनीकरण तथा अधिकाधिक शेयर खरीदना आदि बहुउद्देश्यीय कम्पनियों द्वारा व्यक्तिगत हितों की पूर्ति की जाती है। इसके परिणामस्वरूप कुछ ही हाथों में आर्थिक सत्ता का केन्द्रीकरण हो जाता है।

(3) **बढ़ती ऋणग्रस्तता** (Mounting Indebtedness) : मुद्रा के कारण उधार लेना आसान हो जाता है। प्रजातान्त्रिक देशों में सरकार ऐसे बजट प्रस्तुत करती हैं। जिसे ऋण लेना आसान होता है। सरकार के अनुत्पादक कार्यों - प्रशासन, फिजूलखर्ची तथा कल्याणकारी कार्यों के लिए उधार लेना आवश्यक है। सरकार की सस्ती लोकप्रियता के कारण ऋणग्रस्तता में निरन्तर वृद्धि हो रही है। सरकार द्वारा अपनी आय का लगभग आधा भाग संस्थापना व्यय एवं ब्याज अदायगी पर व्यय कर दिया जाता है।

(4) **वर्ग संघर्ष** (Class Struggle) : समाज में धनी एवं निर्धन वर्ग के बीच अन्तर बढ़ता है और बढ़ते अन्तर के परिणामस्वरूप वर्ग संघर्ष उत्पन्न होता है। इतिहास इस बात का साक्षी है कि मुद्रा के कारण ही धनी एवं निर्धन वर्ग समाज में उत्पन्न हो गये हैं। मुद्रा के कारण हमेशा वर्ग संघर्ष की स्थिति उत्पन्न हो गई है।

(5) **विश्वासहीन सेवक** (Faithless Steward) : प्रत्येक व्यक्ति भविष्य के उपयोग के लिए वर्तमान में मुद्रा का संचय करता है ! मुद्रा का संचय श्रम एव वर्तमान उपभोग के स्थगन पर निर्भर करता है। लेकिन मुद्रा प्रसार के परिणामस्वरूप मुद्रा का मूल्य घट जाता है तथा समाज में व्यक्तियों पर प्रतिकूल प्रभाव पड़ता है। इससे मुद्रा पर लोगों का विश्वास घटने लगता है और जन आक्रोश में वृद्धि होती है।

(6) **व्यापार चक्र** (Business Cycles) : व्यावसायिक क्रियाओं में सम्पन्नता एवं मंदी की स्थिति के कारण व्यापार चक्र उत्पन्न हो जाते हैं। व्यापार चक्र मुद्रा के कारण उत्पन्न होते हैं। जब देश में वस्तुओं तथा सेवाओं की तुलना में मुद्रा अधिक होती है तो स्फीतिकारी दशायें उत्पन्न हो जाती हैं और इसके विपरीत वस्तुओं तथा सेवाओं की मात्रा की तुलना में अधिक होती है, तो मुद्रा संकुचन उत्पन्न हो जाता है। इससे कीमतों में निरन्तर कमी आती है तथा बेरोजगारी फैलती है।

(7) **झूँठी सामाजिक प्रतिष्ठा** (False Social Prestige) : अनुचित तरीकों से झूँठी सामाजिक प्रतिष्ठा के प्रदर्शन के लिए व्यक्ति मुद्रा का संचय करते हैं। आज बुद्धिमानी, कुशलता, ईमानदारी, त्याग तथा मेहनत जैसे मानवीय गुण मुद्रा के सामने गौण बन गये हैं। मुद्रा के आधार पर लोग सामाजिक प्रतिष्ठा प्राप्त कर रहे हैं और समाज में दासता पैदा कर रहे हैं जो कि एक गलत साधन बन गया है।

(8) **भौतिकवादी विश्व** (Materialistic World) : मुद्रा एक ऐसी वस्तु है। जिसके माध्यम से आरामदायक एवं विलासिता की वस्तुओं का क्रय किया जाता है। "सादा जीवन एवं उच्च विचार" का स्थान "खाओ, पीओ एवं मस्त रहो" (Eat, Drink and be merry) की संस्कृति ने ले लिया है और यह भौतिकवादी रहन-सहन मुद्रा के कारण ही संभव हुआ है। इससे मानवीय जीवन धर्म तथा भक्तिभाव से परे हो गया है।

(9) **भ्रष्टाचार एवं अनैतिकता में वृद्धि** (Increase in Corruption and Immorality) : मुद्रा एक विनिमय का माध्यम है जिसके कारण वस्तुओं तथा सेवाओं का क्रय किया जाता है। धनी वर्ग अनेक अनैतिक कार्य जैसे महिला, शराब तथा धन में लिप्त होने लगते हैं। मुद्रा से अनेक समाज विरोधी क्रियाओं जैसे जुआखोरी, देहव्यापार, संग्रहखोरी, काला बाजारी, तस्करी, रिश्वतखोरी आदि प्रोत्साहित होने लगते हैं। प्रशासनिक अधिकारी विधायिका एवं न्यायपालिका भ्रष्टाचार के घेरे में आने लगते हैं।

(10) **प्रजातन्त्र एक मात्र दिखावा** (Democracy becomes Mockery) : जब मानव मूल्यों एवं गुणों की तुलना में मुद्रा को श्रेष्ठ समझा जाता है तो राजनीति भी मुद्रा की बुराइयों से ग्रस्त हो जाती है। जब विधानसभा या संसद में स्पष्ट बहुमत किसी एक दल का नहीं होता है तो विधायकों एवं सांसदों से सौदेबाजी करके सरकार का गठन किया जाता है। इसको रोकने के लिए भारत में दल-बदल कानून लाया गया है लेकिन इसका भी मखौल उड़ाया गया है तथा लोकतान्त्रिक व्यवस्था मुद्रा के सामने मखौल बनकर रह गई है। इससे राजनीतिक भ्रष्टाचार पनपा है।

(11) **राजनीतिक अस्थिरता** (Political Instability) : राजनीतिक व्यवस्था समाज सेवा के लिए राजनीति परम्पराओं तथा सुदृढ़ राजनीतिक इच्छा पर आधारित होनी चाहिए। लेकिन लालची राजनीतिज्ञों ने इन गुणों की उपेक्षा की है। वे एक पेशेवर वर्ग (Professional class) के रूप में मुद्रा का संचय करने में लिप्त हैं और इसके संचय के लिए अनुचित कार्य करते

हैं। राष्ट्रीयहित उनकी दृष्टि में गौण हो गया है तथा व्यक्तिगत हित सर्वोपरि हो गया है जिसके कारण मुद्रा का संचय बढ़ा है और भ्रष्टाचार में निरन्तर वृद्धि हुई है।

मुद्रा के विभिन्न दोषों से स्पष्ट है कि मुद्रा मानव जीवन के लिए एक अभिशाप तथा भ्रम बन गई है लेकिन मुद्रा के महत्व से स्पष्ट है कि यह मानव जीवन की शक्तिदायिनी वस्तु है। मुद्रा अपने आप में कोई बुरी वस्तु नहीं है बल्कि इसके गलत उपयोग से मुद्रा के अवगुण उत्पन्न होते हैं।

मुद्रा का कोई विकल्प नहीं है। आधुनिक उद्योगों का आधार मुद्रा है तथा इसके अभाव में अनेक सौदे सम्पन्न नहीं किये जा सकते हैं। अनेक वित्तीय, बैंकिंग तथा बीमा सम्बन्धी कार्य सम्पन्न नहीं हो सकते हैं। मुद्रा को समाप्त नहीं किया जा सकता है लेकिन इसके अवगुणों को दूर करना आवश्यक है। इसके लिए मुद्रा के संचय का नियन्त्रण एवं नियमन आवश्यक है। उत्पादन के साधनों का केन्द्रीयकरण, मौद्रिक तथा आर्थिक क्रियाओं में सन्तुलन स्थापित करना आवश्यक है। नियन्त्रित मुद्रा के माध्यम से देश तथा समाज सही तरीके से संचालित होगा।

मुद्रा के प्रकार (Types of Money) :

विभिन्न अर्थशास्त्रियों ने मुद्रा के अनेक प्रकारों का वर्गीकरण किया है। मुद्रा के विभिन्न पहलुओं का विवेचन किया गया है। मुद्रा के वर्गीकरण या प्रकार को निम्न चार्ट से प्रदर्शित किया जा सकता है :-

चार्ट I

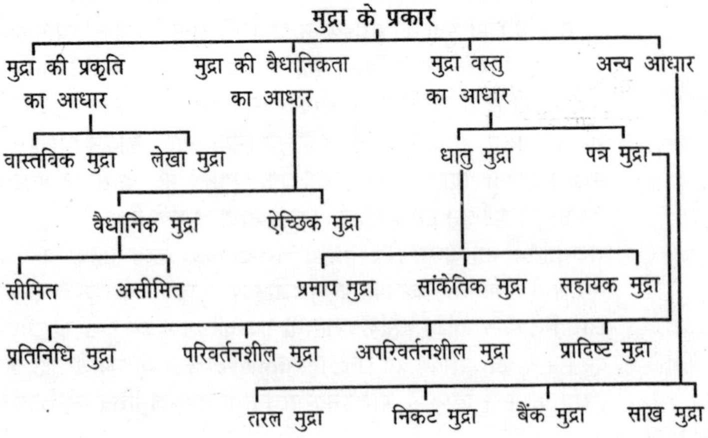

उपर्युक्त चार्ट में प्रदर्शित मुद्रा के प्रकार का विवरण निम्न प्रकार से दिया गया है :-

I. मुद्रा की प्रकृति पर आधारित मुद्रा का प्रकार (Types of Money on the Basis of Nature of Money)

प्रोफेसर जे. एम. कीन्स ने मुद्रा की प्रकृति के आधार पर मुद्रा का वर्गीकरण दो रूपों में किया है। वे हैं :-

(1) वास्तविक मुद्रा (Actual Money)

(2) लेखा की मुद्रा (Money of Account)

(1) वास्तविक मुद्रा (Actual Money) : देश में वर्तमान समय में प्रचलन में जो मुद्रा होती है वह वास्तविक मुद्रा कहलाती है। यह विनिमय का माध्यम होती है तथा स्थगित भुगतानों का आधार होती है। बाजार में वस्तुओं तथा सेवाओं का क्रय विक्रय किया जाता है। वास्तविक मुद्रा के रूप में ही मुद्रा की क्रय शक्ति का संचय किया जाता है। भारत में रुपये सिक्के, रुपये नोट एवं 50 पैसे के सिक्के प्रचलन में हैं। यह वास्तविक मुद्रा का ही रूप हैं।

(2) लेखा की मुद्रा (Money of Account): जिस मुद्रा में देश का लेखा-जोखा रखा जाता है वह लेखा मुद्रा कहलाती है। ऋण, कीमतें, क्रय शक्ति आदि मुद्रा के लेखे के रूप में व्यक्त की जाती है। सामान्यतया वास्तविक मुद्रा तथा लेखा की मुद्रा एक ही होती है। भारत में वास्तविक मुद्रा तथा लेखा मुद्रा एक ही है। लेकिन यह दोनों प्रकार भिन्न-भिन्न भी हो सकते हैं। उदाहरणार्थ प्रथम विश्व युद्ध में जर्मन मार्क्र वहाँ की वास्तविक मुद्रा थी जबकि लेखा की मुद्रा फ्रान्स की फ्रैंक तथा यूएस डालर थी।

II. **वैधानिकता का प्रकार** (On the Basis of Legality)

वैधानिकता के आधार पर मुद्रा को निम्नलिखित दो श्रेणियों में विभक्त किया जा सकता है :-

(1) वैधानिक मुद्रा (Legal Tender Money)

(2) ऐच्छिक मुद्रा (Optional Money)

इनका वर्णन निम्न है :

(1) वैधानिक मुद्रा (Legal Tender Money): यह वह मुद्रा है जिसका उपयोग सरकार तथा जनता द्वारा भुगतान के साधन के रूप में किया जाता है। इसकी प्रकृति विधिग्राह्यता की होती है। इसका निर्गमन विधान के

अनुसार किया जाता है। विधिग्राह्य मुद्रा के दो प्रकार होते हैं। वे निम्नलिखित हैं :-

(i) सीमित विधिग्राह्यता (Limited Legal Tender)

(ii) असीमित विधिग्राह्यता (Unlimited Legal Tender)

इनका वर्णन निम्न है :-

(i) **सीमित विधिग्राह्यता** (Limited Legal Tender): इस प्रकार की मुद्रा वह है जो एक सीमित मात्रा तक ही स्वीकार की जाती है। इससे अधिक मुद्रा की मात्रा स्वीकार करने के लिए किसी प्रकार की वैधानिक कार्यवाही नहीं की जा सकती है। सरकार ने इसके लिए विधान द्वारा एक निश्चित सीमा निर्धारित कर दी जाती है। उदाहरणार्थ भारत में 1, 2, 5, 10, 20, तथा 25 पैसे के सिक्के इस श्रेणी की मुद्रा के अन्तर्गत आते हैं। 15 रुपये तक इन सिक्कों को स्वीकार किया जा सकता है। इससे अधिक सीमा तक स्वीकार करने के लिए कोई भी व्यक्ति इन्कार कर सकता है।

(ii) **असीमित विधिग्राह्यता** (Unlimited Legal Tender): इस प्रकार की मुद्रा को असीमित मात्रा तक स्वीकार किया जा सकता है तथा कोई भी व्यक्ति ऐसी मुद्रा को स्वीकार करने से मना नहीं कर सकता है। भारत में 50 पैसे का सिक्का तथा किसी भी आकार के कागजी नोट असीमित विधिग्राह्य मुद्रा के अन्तर्गत आते हैं।

(2) **ऐच्छिक मुद्रा** (Optional Money): इस प्रकार की मुद्रा ऐच्छिक रूप से जनता द्वारा स्वीकार की जा सकती है। इसके पीछे विधिग्राह्यता की विशेषता नहीं पाई जाती है। किसी भी व्यक्ति द्वारा इस मुद्रा को स्वीकार करने के लिए दूसरे व्यक्ति पर दबाव नहीं डाला जा सकता है। बैंक नोट, चैक, विनिमय बिल आदि ऐच्छिक मुद्रा की क्षेणी में आते हैं। इसे ऐच्छिक मुद्रा इसलिए कहा जाता है कि कोई ऋणदाता ऋण की अदायगी के लिए इन्हें स्वीकार अथवा अस्वीकार करने के लिए स्वतंत्र होता है।

III. मुद्रा-वस्तु के आधार पर वर्गीकरण
(Classification on the Basis of Money Commodity)

मुद्रा किस वस्तु की बनी हुई होती है, के आधार पर भी मुद्रा का वर्गीकरण किया जा सकता है। यह वर्गीकरण दो प्रकार का होता है जो निम्नांकित है :-

(1) धातु मुद्रा (Metallic Money)

(2) कागजी मुद्रा (Power Money)

(1) धातु मुद्रा (Metallic Money) : इसी प्रकार की मुद्रा धातु द्वारा निर्मित होती है जैसे स्वर्ण, ताँबा, जस्ता आदि। धातु मुद्रा का वर्गीकरण निम्न रूपों में किया जा सकता है --

(i) **प्रमापित मुद्रा** (Standard Money): इस प्रकार की मुद्रा पूर्ण निकाय मुद्रा (Full bodied money) अथवा प्रमुख मुद्रा कहलाती है। यह मुद्रा स्वर्ण अथवा रजत से निर्मित होती है।

(ii) **सांकेतिक मुद्रा** (Token Money): इस प्रकार की मुद्रा का उपयोग छोटे भुगतानों के लिए किया जाता है। यह प्रमाणिक्ष मुद्रा की सहायक मुद्रा का कार्य करती है। यह सस्ते धातु द्वारा निर्मित की जाती है। जैसे ताँबा एवं जस्ता आदि।

(iii) **सहायक मुद्रा** (Subsidiary Money): छोटे भुगतानों को आसानी से निपटाने के लिए सहायक मुद्रा का निर्गमन किया जाता है। इस मुद्रा की विशेषता छोटे मूल्य के सिक्कों को प्रचलन में लाया जाता है। कम मूल्य की वस्तुओं तथा सेवाओं के विनिमय के लिए इस मुद्रा का उपयोग किया जाता है। यह मुद्रा सांकेतिक तथा सीमित विधिग्राह्यता की विशेषताओं पर आधारित होती है।

(2) पत्र मुद्रा (Paper Money): इस मुद्रा का विकास धातु मुद्रा के स्थानापन्न के रूप में किया गया है। कागजी मुद्रा में सरकार अथवा केन्द्रीय बैंक द्वारा निर्गमित नोट होते हैं। कागजी मुद्रा को निम्न चार श्रेणियों में विभक्त किया जा सकता है :

(i) **प्रतिनिधि मुद्रा** (Representative Money): यह मुद्रा पूर्णतया स्वर्ण तथा रजत की आड़ में निर्गमित की जाती है। इस मुद्रा के निर्गमन का उद्देश्य धातु के अपव्यय को रोकना है क्योंकि धातु मुद्रा में घिसावट होती रहती है तथा ग्रेशम का नियम क्रियाशील होता है।

(ii) **परिवर्तनशील पत्र मुद्रा** (Convertible Paper Money): इस प्रकार की मुद्रा प्रमाणित सिक्कों में परिवर्तनशील होती है और कोई भी मुद्रा का धारक इसे स्वतंत्र रूप में सिक्कों में बदला जा सकता है।

(iii) **अपरिवर्तनशील पत्र मुद्रा** (Inconvertible Paper Money): इस प्रकार की मुद्रा किसी भी प्रकार के सिक्कों अथवा बहुमूल्य धातु में परिवर्तनीय नहीं होती है। केन्द्रीय बैंक भी इस प्रकार की मुद्रा को परिवर्तन करने की गारण्टी नहीं देता है। वर्तमान भारतीय मुद्रा इसका उदाहरण है।

(iv) **प्रादिष्ट मुद्रा** (Fiat Money): यह मुद्रा भी अपरिवर्तनशील कागजी मुद्रा का एक प्रकार है। इस प्रकार की मुद्रा का निर्गमन आपातकाल में किया जाता है। इस मुद्रा के निर्गमन के पीछे किसी प्रकार के कोष नहीं रखे जाते हैं।

IV. अन्य आधार (Other Basis)

मुद्रा के अन्य आधारों पर वर्गीकरण किया जा सकता है। यह वर्गीकरण मुद्रा की तरलता के आधार पर किया जाता है। यह निम्नांकित हैं :-

(i) **तरल मुद्रा** (Liquid Money): तरल मुद्रा वह है जो प्रत्यक्ष रूप से वस्तुओं तथा सेवाओं के क्रय हेतु काम में आती है तथा इसकी विनिमय शीलता तरल रूप में बदली जाती है। सामान्य स्वीकृति के कारण इस मुद्रा में तरलता का गुण पाया जाता है। सिक्के, कागजी मुद्रा तथा तथा परिसम्पत्तियाँ आदि में तरलतम रूप मुद्रा में पाया जाता है।

(ii) **निकट मुद्रा** (Near Money) : यह मुद्रा पूर्णतया तरल नहीं होती है। लेकिन इस मुद्रा की ऋण अदायगी के लिए मुद्रा में परिवर्तनशील नहीं किया जा सकता है ट्रेजरी बिल, बॉण्डउस तथा ऋण पत्र इस मुद्रा की श्रेणी में आते हैं।

(iii) **बैंक मुद्रा** (Bank Money): इस प्रकार की मुद्रा का निर्गमन बैंकों द्वारा अपने ग्राहकों की जमाओं के आधार पर किया जाता है। ग्राहकों को उनकी जमाओं के आधार पर बैंक ऐसी मुद्रा को निर्गमन करके विभिन्न कार्य सम्पादित करते हैं। चैक, बैंक ड्राफ्ट, यात्री चैक आदि इस प्रकार की मुद्रा के अन्तर्गत आते हैं।

(iv) **साख मुद्रा** (Credit Money): इस प्रकार की मुद्रा के अन्तर्गत वे सभी प्रपत्र सम्मिलित हैं जिसका उपयोग विनिमय माध्यम के रूप में किया जाता है। इस प्रकार के प्रथम किसी व्यक्ति अथवा बैंक के नाम जारी किये जाते हैं। चैक, विनिमय बिल, हुण्डी, प्रतिज्ञा-पत्र आदि साख मुद्रा के उदाहरण हैं।

3

मौद्रिक मान

(Monetary Standard)

मौद्रिक मान का अर्थ (Meaning of Monetary Standard)

मौद्रिक मान से आशय किसी एक देश में मुद्रा के मान के प्रकार से है। प्रमाप मुद्रा एक वैधानिक मुद्रा है जिसके द्वारा सरकार अपने दायित्वों का निपटारा करती है। इस प्रकार मौद्रिक मान प्रमाप मुद्रा (Standard Money) का पर्यायवाची है जो देश की मौद्रिक अधिसत्ता द्वारा अपनाया जाता है। यदि प्रमाप मुद्रा स्वर्ण की बनी होती है तो इसे देश का स्वर्ण मान (Gold Standard) कहा जाता है। यदि यह प्रमाप मुद्रा कागज की बनी होती है तो इसे पत्र मुद्रा मान (Paper Standard) कहा जाता है।

एक मौद्रिक मान की प्रकृति राष्ट्रीय होती है, क्योंकि देश की सरकार आन्तरिक आवश्यकताओं की पूर्ति के लिए इसका उपयोग विनिमय माध्यम तथा मूल्य मापक के रूप में देश की भौगोलिक सीमाओं में करती है। लेकिन मौद्रिक मान का अन्तर्राष्ट्रीय महत्त्व भी है। इससे अन्तर्राष्ट्रीय भुगतान आसान होते हैं। एक सुदृढ़ मौद्रिक मान के दो प्रमुख उद्देश्य होते हैं। वे निम्नांकित हैं :

(1) मूल्य स्थायित्व बनाये रखना अथवा मुद्रा के आन्तरिक मूल्य को बनाये रखना।

(2) विनिमय स्थायित्व बनाये रखना अथवा मुद्रा के बाह्य मूल्य को बनाये रखना।

मौद्रिक मान के प्रकार (Types of Monetary Standard)

मौद्रिक मान के अनेक प्रकार होते हैं। इन्हे निम्न चार्ट की सहायता से समझा जा सकता है :

चार्ट I

मौद्रिक मान

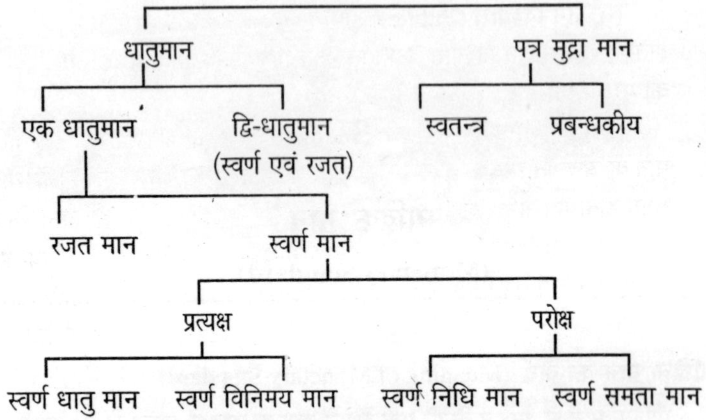

उपर्युक्त मौद्रिक मानों का विवेचन नीचे किया जा रहा है :-

धातुमान (Metallic Standard) :

इस मौद्रिक मान के अन्तर्गत मौद्रिक इकाइयाँ धातु के सिक्कों के रूप में होती हैं जो प्रमापित सिक्के होते हैं। धातुमान दो प्रकार के होते है जो निम्नांकित हैं :-

एक धातुमान (Monometallism) : जब प्रमापित सिक्के एक मौद्रिक प्रणाली के अन्तर्गत केवल एक धातु के बनाये जाते हैं तो इसे एकाकी धातुमान कहते हैं। इसके अन्तर्गत सिक्के पूर्ण निकाय (Full bodied) तथा असीमित विधि ग्राह्य होते हैं। एकाकी धातुमान भी दो प्रकार के होते हैं जो निम्नांकित हैं :

(i) रजत मान (Silver Standard)

(ii) स्वर्ण मान (Gold Standard)

सन् 1893 तक भारत में रजत मान विद्यमान था जबकि इंग्लैण्ड में सन् 1931 तक स्वर्ण मान प्रचलन में था।

एकाकी धातुमान के गुण (Merits of Monometallism)

इस मौद्रिक मान के निम्नांकित गुण हैं :-

(i) **सरलता** (Simplicity) : इस मान में सरलता का गुण विद्यमान है, क्योंकि

मूल्य मापक में एक ही धातु का उपयोग किया जाता है तथा एक सामान्य व्यक्ति भी इसे आसानी से समझ सकता है।

(ii) **जन विश्वास** (Public Confidence) : यह मान स्वर्ण या रजत का बना होता है। इससे जन विश्वास पैदा होता है तथा एक मौद्रिक मान की आवश्यक शर्त को पूरा करता हं।

(iii) **विदेशी व्यापार सुगम** (Facilitates Foreign Trade) : इस मौद्रिक मान के अन्तर्गत सिक्के, रजत अथवा स्वर्ण के होते हैं। इससे देश का विदेशी व्यापार सुगम होता है। अन्तर्राष्ट्रीय भुगतान आसानी एवं सरलता से होते हैं। जैसा कि हम देख चुके हैं प्रथम विश्व युद्ध के पूर्व स्वर्ण मान ने विश्व व्यापार को बढ़ाया है।

(iv) **ग्रेशम का नियम लागू नहीं** (Non-operation of Gresham's Law): इस मान के अन्तर्गत सिक्के केवल एक धातु के निर्मित होते हैं, जिससे ग्रेशम का नियम क्रियाशील नहीं होता है। यह नियम द्वि-धातुमान (स्वर्ण एव रजत के सिक्के) के अन्तर्गत आसानी से क्रियाशील होता है।

एकाकी धातुमान के दोष (Demerits of Monometallism)

एक धातुमान की अपनी सीमायें होती हैं। इस धातुमान के निम्नांकित दोष हैं:

(i) **सर्वव्यापी नहीं** (Universally Not Applicable) : सभी देश इस मान को स्वर्ण या रजत के रूप में आसानी से अपना नहीं सकते हैं, क्योंकि विश्व में इन बहुमूल्य धातुओं की पूर्ति सीमित है।

(ii) **बेलोचदार** (Lack of Elasticity) : एक अच्छे मौद्रिक मान का गुण इसका लोचदार होना है। देश की बढ़ती हई आवश्यकता की पूर्ति के लिए मुद्रा की पूर्ति का विस्तार आवश्यक है। एकाकी धातुमान लोचदार का गुण नहीं रखता है। देश की अर्थव्यवस्था की आवश्यकता के लिए मुद्रा पूर्ति का विस्तार तभी सम्भव है जब देश में स्वर्ण एवं रजत का स्टॉक विद्यमान है। यही कारण है कि प्रथम विश्व युद्धकाल में कुछ योरोपीय देशों ने इस मान का परित्याग कर दिया था।

(iii) **आर्थिक विकास पर प्रतिकूल प्रभाव** (Adverse Affect on Economic Growth) : इस मान की प्रकृति बेलोचदार है जो देश के विकास में बाधक है। सतत् एवं निर्बाध आर्थिक विकास हेतु समय-समय पर देश की अर्थव्यवस्था के लिए मुद्रा का विस्तार आवश्यक है। लेकिन इस मौद्रिक मान के अन्तर्गत मौद्रिक अधिसत्ता स्वर्ण या रजत के अपर्याप्त स्टॉक के कारण मुद्रा की पूर्ति का विस्तार नहीं कर सकती है।

(iv) मूल्य स्थायित्व का अभाव (Lack of Price Stability) : इस मान के अन्तर्गत धातु के मूल्य में उच्चावचन होने के कारण देश में मूल्य स्थायित्व सम्भव नहीं होता है। धातु का मूल्य इसकी माँग और पूर्ति के आधार पर निर्धारित होता है। धातु के मूल्य में उच्चावचन होने के कारण कीमत स्तर भी बदलता रहता है।

रजत मान (Silver Standard)

एक धातुमान रजत मान क रूप में भी हो सकता है। इसके अन्तर्गत मौद्रिक इकाई का मूल्य रजत में निर्धारित एवं रखा जाता है। प्रमाप सिक्का रजत का बनाया जाता है। रजत के सिक्के निश्चित भार एवं विशुद्धता के होते हैं। ये असीमित विधि-ग्राह्य होते हैं। इसके अन्तर्गत रजत का आयात स्वतन्त्र होता है।

रजत मान अनेक देशों में एक लम्बी अवधि तक प्रचलन में रहा है। अधिकांश देशों में इस मान का प्रचलन सन् 1873 तक रहा है। अमेरिका ने इस मान का परित्याग सन् 1873 में कर दिया था जबकि चीन तथा भारत ने इसका परित्याग सन् 1835 तथा 1893 में किया। भारत में रजत मान 1835 से 1893 तक प्रचलन में रहा है। रुपया भारत में एक प्रमाप सिक्का (Standard Coin) रहा है। इस सिक्के का वजन 180 ग्राम तथा विशुद्धता 11/12 थी। सिक्के की ढलाई निःशुल्क थी। जनता अपनी चाँदी से टकसाल में जाकर सिक्कों की ढलाई निःशुल्क कराने को स्वतन्त्र थे। उन्हें सिक्कों को धातु में पिघलाने की भी छूट थी। विश्व में चाँदी की कीमतों में गिरावट के कारण भारत ने इस मान का परित्याग सन् 1893 में कर दिया।

रजत तथा स्वर्ण मान के नियमों तथा कार्य प्रणाली में कोई आधारभूत अन्तर नहीं है। लेकिन रजत मान के अन्तर्गत मुद्रा के आन्तरिक तथा बाह्य मूल्य में अस्थिरता पाई जाती है, क्योंकि सोने के तुलना में रजत की कीमत में अधिक उच्चावचन होते रहते हैं।

स्वर्ण मान (Gold Standard)

इंग्लैण्ड प्रथम देश था जिसने सर्वप्रथम स्वर्ण मान स्वीकार किया। इसके पश्चात् योरोपीय देशों तथा अमेरिका ने इस मान को अपनाया। प्रथम विश्व युद्ध के पश्चात् सन् 1931 में इंग्लैण्ड ने स्वर्ण मान का परित्याग किया और इसके पश्चात् अधिकांश देशों ने स्वर्ण मान का परित्याग कर दिया।

स्वर्ण मान एकाकी धातु का एक प्रमुख स्वरूप था। इसे दो श्रेणियों में विभक्त किया जा सकता हैं। वे निम्नांकित हैं :-

(i) प्रत्यक्ष स्वर्ण मान (Direct Gold Standard)

(ii) परोक्ष स्वर्ण मान (Indirect Gold Standard)

प्रत्यक्ष स्वर्ण मान स्वर्ण सिक्का प्रमाप (Gold Coin Standard) अथवा स्वर्ण मुद्रा मान (Gold Currency Standard) भी कहलाता है।

परोक्ष स्वर्ण मान (Indirect Gold Standard) प्रमुख रूप से चार प्रकार का होता है। यह निम्नांकित है :-

(i) स्वर्ण धातु मान (Gold Bullion Standard)

(ii) स्वर्ण विनिमय मान (Gold Exchange Standard)

(iii) स्वर्ण निधि मान (Gold Reserve Standard)

(iv) स्वर्ण समता मान (Gold Parity Standard)

उपयुक्त स्वर्ण मान के स्वरूपों में कुछ सामान्य विशेषतायें पाई जाती हैं।

स्वर्ण मान की प्रमुख विशेषतायें
(Salient Features of Gold Standard)

स्वर्ण मान की निम्नांकित विशेषतायें हैं :-

(i) **प्रमाप मुद्रा की स्वर्ण में परिभाषा** (Definitions of Standard Money in terms of Gold): स्वर्ण मान के अन्तर्गत प्रमुख मौद्रिक इकाई का मूल्य वजन तथा विशुद्धता स्वर्ण में व्यक्त की जाती है। स्वर्ण में मुद्रा के मूल्य को व्यक्त करने के दो तरीके हैं :

प्रथम : मौद्रिक अधिसत्ता द्वारा मौद्रिक इकाई में स्वर्ण की विशुद्धता की घोषणा द्वारा।

द्वितीय : मौद्रिक अधिसत्ता द्वारा स्वर्ण की टकसाल कीमत का निर्धारण।

प्रथम विधि इंग्लैण्ड में अपनाई गई थी जबकि दूसरी विधि संयुक्त राज्य अमेरिका में अपनाई गई थी।

(ii) **स्वर्ण मुद्रा असीमित विधि ग्राह्य** (Gold Money is Unlimited Legal Tender) : सभी प्रकार के भुगतानों के लिए स्वर्ण सिक्के असीमित विधि ग्राह्य मुद्रा के रूप में कार्य करते थे। सभी प्रकार के भुगतान, ऋणों का भुगतान स्वर्ण मुद्रा या स्वर्ण में परिवर्तनशील मुद्रा के माध्यम से किया जाता था।

(iii) **मौद्रिक सत्ता द्वारा स्वर्ण का क्रय-विक्रय** (Purchase and Sale of Gold Standard by Monetary Authority) : स्वर्ण मान के अन्तर्गत एक

निर्धारित कीमत पर स्वर्ण का क्रय-विक्रय असीमित मात्रा में मौद्रिक अधिकारी द्वारा किया जाता है। इस निर्धारित कीमत पर जनता भी मौद्रिक अधिकारी से स्वर्ण का क्रय-विक्रय किसी भी सीमा तक कर सकती है।

(iv) **स्वर्ण का निःशुल्क टंकन** (Free Coinage of Gold) : इस मान के अन्तर्गत टकसाल जनता के लिए खुली रहती है। जनता अपने सोने को सिक्कों में किसी भी सीमा तक परिवर्तित करवा सकती है।

(v) **अन्य प्रकार की मुद्रा का स्वर्ण में परिवर्तन** (Convertibility of Over Types of Money into Gold) : स्वर्ण सिक्कों के अतिरिक्त धातु सिक्के तथा कागजी नोट देश में प्रचलन में होते हैं। सभी प्रकार की मुद्रा प्रत्यक्ष एवं परोक्ष रूप से स्वर्ण से जुड़ी होती है और इन्हें स्वर्ण में परिवर्तित किया जा सकता है।

(vi) **स्वर्ण के आयात-निर्यात पर कोई प्रतिबन्ध नहीं** (No Restriction on Import-Export of Gold): देश में स्वर्ण के आयात तथा निर्यात पर किसी प्रकार के प्रतिबन्ध नहीं होते हैं। सरकार बिना किसी प्रतिबन्ध के स्वर्ण के आयात-निर्यात की अनुमति देती है।

स्वर्ण मान के कार्य (Functions of Gold Standard)

स्वर्ण मान के दो प्रमुख कार्य हैं। वे निम्नांकित हैं :-

(1) आन्तरिक मूल्य स्थिरता (Internal Price Stability) : स्वर्ण मान का यह एक महत्त्वपूर्ण कार्य है। इस भान के द्वारा आन्तरिक मूल्य स्थिरता बनाये रखने का महत्त्वपूर्ण कार्य किया जाता है। बिना स्वर्ण कोषों के अतिरिक्त मुद्रा का निर्गमन नहीं किया जाता है। इसके अन्तर्गत मुद्रा तथा स्वर्ण का सीधा सम्बन्ध पाया जाता हैं। स्वर्ण कोष असीमित मात्रा में नहीं होते हैं। इसलिए मुद्रा प्रसार असम्भव नहीं होता है।

(2) विनिमय दर स्थायित्व (Exchange Rate Stability) : विनिमय दर स्थायित्व से देश के विदेशी व्यापार का विस्तार सम्भव होता है। स्वर्ण मान के अन्तर्गत स्वर्ण का स्वतन्त्र आयात तथा निर्यात होता है। अन्तर्राष्ट्रीय भुगतानों का निपटारा स्वर्ण के माध्यम से किया जाता है। जब आयातकर्ता विदेशी भुगतान स्वर्ण में करता है तो विदेशी मुद्रा की माँग घट जाती है तथा विदेशी विनिमय दर नहीं बढ़ेगी। इस प्रकार स्वर्ण मान के अन्तर्गत विनिमय दर स्थिरता प्राप्त की जा सकती है।

स्वर्ण चलन मान (Gold Currency Standard)

यह सर्वाधिक पुराना मान है। प्रथम विश्व युद्ध पूर्व इंग्लैण्ड, फ्रांस, जर्मनी तथा अमेरिका ने इस मौद्रिक मान को अपनाया था। लेकिन युद्धोपरान्त अमेरिका को छोड़कर अन्य देशों को कठिनाइयों को सामना करना पड़ा।

विशेषतायें (Features): स्वर्ण चलन मान की निम्नांकित विशेषतायें हैं :

(i) **स्वर्ण सिक्कों का प्रचलन** (Circulation of Gold Coins) : इस मान के अन्तर्गत स्वर्ण सिक्के वास्तव में प्रचलन में होते हैं। सिक्कों में स्वर्ण की मात्रा निमय के अन्तर्गत निर्धारित की जाती है। 1914 के पूर्व इंग्लैण्ड में स्वर्ण सिक्का प्रचलन में था जिसका वजन 123.17447 ग्रेन था तथा विशुद्धता 11/12 थी। एक सिक्का 17 शिलिंग और 10.50 पैसे के बराबर था।

(ii) **कागजी एवं अन्य प्रकार की मुद्रा का प्रचलन** (Circulation of Paper and Other Type of Money): इस मान के अन्तर्गत सांकेतिक सिक्के (Token Coins) तथा कागजी नोट प्रचलन में थे। इससे स्वर्ण की बचत होती है। लेकिन सभी प्रकार की मुद्रा स्वर्ण में परिवर्तनीय होती है।

(iii) **स्वतन्त्र टंकन** (Free Coinage) : इस मान के अन्तर्गत स्वतन्त्र एवं निःशुल्क प्रमापित सिक्के पाये जाते हैं। जनता उनके सोने से टकसाल में जाकर सिक्के की ढलाई निःशुल्क करवा सकती है।

(iv) **सरकार द्वारा स्वर्ण को क्रय-विक्रय** (Purchase and Sale of Gold by Government) सरकार एक निश्चित कीमत पर इस मान के अन्तर्गत स्वर्ण का क्रय-विक्रय करती है। सरकार द्वारा स्वर्ण के क्रय-विक्रय से प्रमापित सिक्के का अंकित मूल्य तथा धातु मूल्य के बीच समता बनाये रखी जाती है।

(v) **स्वर्ण का स्वतन्त्र का आयात एवं निर्यात** (Free Import and Export of Gold) : इस मान के अन्तर्गत सरकार स्वर्ण के आयात और निर्यात पर किसी प्रकार का प्रतिबन्ध नहीं लगाती है। स्वर्ण बाजार स्वतन्त्र होता है। जनता स्वर्ण की कितनी ही मात्रा खरीदने के लिए स्वतन्त्र होती है। स्वर्ण का बहिर्गमन एवं अन्तर्गमन देश की मुद्रा के संकुचन एवं विस्तार के रूप में देखा जाता है।

(vi) **स्वर्ण मूल्य मापक** (Gold is the Measure of Value) : सभी मूल्य स्वर्ण में व्यक्त किये जाते हैं। स्वर्ण सभी प्रकार के भुगतानों का असीमित विधिग्राह्य होता है। मुद्रा की मात्रा का प्रवाह देश में स्वर्ण कोषों की मात्रा पर निर्भर करता है।

गुण (Merits)

स्वर्ण चलन मान के निम्नांकित गुण हैं :-

(i) **सरलता** (Simplicity) : यह स्वर्ण मान का सरलतम स्वरूप है। यह सामान्य व्यक्ति की आसानी से समझ में आता है तथा विनिमय सिक्कों तथा मुद्राओं के मूल्यों के मापने तथा गणना के लिए इसका उपयोग किया जा सकता है।

(ii) **जन विश्वास** (Public Confidence) : यह मान स्वर्ण निर्मित होता है। स्वर्ण एक महँगी धातु होता है तथा इसे विश्व में सभी स्वीकार करते हैं। यदि स्वर्ण सिक्कों को विमुद्रीकरण (Demonetisation) किया जाता है तो भी किसी प्रकार का नुकसान नहीं होता है, क्योंकि सिक्कों को पिघलाया जाता है तथा धातु के रूप में इन्हें बेचा जाता है। इसके अतिरिक्त सांकेतिक सिक्के तथा कागजी मुद्रा पूर्णतया स्वर्ण में परिवर्तनशील होते हैं।

(iii) **स्वचालित** (Automatic Working) : इस मान का सबसे बड़ा गुण इसकी स्वयं संचालनता है। इसके संचालन के लिए सरकार को कोई प्रयास नहीं करना पड़ता है। मुद्रा की मात्रा मौद्रिक अधिकारी के पास स्वर्ण कोषों की मात्रा पर निर्भर करती है। देश में स्वर्ण कोषों की मात्रा में परिवर्तन के अनुसार मुद्रा की मात्रा में परिवर्तन होता रहता है। स्वर्ण कोषों की मात्रा तथा मुद्रा की मात्रा में सीधा सम्बन्ध पाया जाता है। उदाहरणार्थ यदि देश का भुगतान सन्तुलन प्रतिकूल है तो ऋण चुकाने हेतु स्वर्ण का निर्यात किया जाता है। इससे स्वर्ण कोष कम होंगे तथा मुद्रा की मात्रा भी इसी अनुपात में कम करनी पड़ती है। इसके परिणामस्वरूप आन्तरिक मूल्य स्तर कम होगा। इससे प्रतिकूल भुगतान सन्तुलन ठीक हो जायेगा। विदेशी स्वर्ण निर्यात करेंगे। स्वर्ण के आयात से देश के स्वर्ण कोष बढ़ेंगे और कीमत स्तर में वृद्धि होगी। इस प्रकार स्वर्ण के स्वतन्त्र निर्यात तथा आयात के कारण विश्व कीमतों में समता स्थापित होगी।

(iv) **मूल्य स्थायित्व** (Price Stability) : एक सुदृढ़ मौद्रिक प्रणाली आन्तरिक कीमत स्थायित्व बनाये रखती है। इस आधार पर स्वर्ण चलन मान एक आदर्श मान है, क्योंकि इस मौद्रिक प्रणाली के अन्तर्गत मूल्य स्थायित्व प्राप्त किया जाता है। स्वर्ण की पूर्ति में बार-बार परिवर्तन नहीं होता है और स्वर्ण की पूर्ति में वार्षिक परिवर्तन का कोई विशेष महत्त्व नहीं होता है। स्वर्ण की पूर्ति में काई परिवर्तन नहीं होता हैं।

(v) **विदेशी विनिमय स्थायित्व** (Foreign Exchange Stability) : स्वर्ण चलन मान विदेशी विनिमय दरों में स्थिरता बनाये रखता है। विदेशी व्यापार के विकास के लिए विदेशी विनिमय दर स्थायित्व आवश्यक है। यदि विनिमय दरों में

उच्चावचन होते हैं तो देश के विदेशी व्यापार पर प्रतिकूल प्रभाव पड़ता है। प्रथम विश्व युद्ध के पश्चात् योरोपीय देशों द्वारा स्वर्ण मान का परित्याग कर दिया गया था। इससे विदेशी विनिगय दरों में भारी उच्चावचन हुए और इन देशों के विदेशी व्यापार पर प्रतिकूल प्रभाव पड़ा था। स्वर्ण चलन मान के अन्तर्गत स्वर्ण का आयात-निर्यात स्वतन्त्र होने से विदेशी विनिमय दर स्थायित्व प्राप्त किया जा सकता है।

दोष (Demerits)

स्वर्ण चलन मान के निम्नांकित दोष हैं :-

(1) **स्वर्ण का अपव्यय** (Wastage of Gold): इस मान के अन्तर्गत स्वर्ण का अपव्यय होता है। चलन में स्वर्ण सिक्के होने के कारण मूल्य ह्रास से राष्ट्रीय हानि होती है। पत्र मुद्रा भी स्वर्ण में परिवर्तनशील होने से पूर्णकाय मुद्रा होती है। निर्धन देशों के पास स्वर्ण कोष सीमित होते हैं इसलिए इनके द्वारा यह मान नहीं अपनाया जाता है। यह प्रणाली मितव्ययी नहीं है।

(2) **अच्छे समय का मित्र** (Fair Weather Friend) : यह मान अच्छे समय का मित्र है। यदि देश में कोई संकट उत्पन्न हो जाता है तो यह मान देश की संकट में कोई मदद नहीं करता है। इसके कई उदाहरण हैं जब संकट में विभिन्न देशों ने इस मान का परित्याग कर दिया था। जब संकट उत्पन्न होता है तब देश अपने स्वर्ण कोषों में वृद्धि नहीं कर सकता है। संकट काल में इस मान में लोच नहीं होने के कारण परित्याग कर दिया गया था।

(3) **स्वचालन का अभाव** (Lack of Automatic Operation) : यह स्वर्ण मान स्वचालित है लेकिन जब अन्तर्राष्ट्रीय सहयोग नहीं होता है, यह मान स्वचालित नहीं रह सकता है। प्रथम युद्धकाल में अनेक देशों में स्वर्ण के स्वतन्त्र प्रवाह पर प्रतिबन्ध लगा दिये थे जिसके परिणामस्वरूप मुद्रा की पूर्ति देश के स्वर्ण कोषों के अनुरूप परिवर्तित नहीं हो सकी और इस मान का परित्याग किया गया।

(4) **काल्पनिक मूल्य स्थायित्व** (Imaginary Price Stability) : स्वर्ण चलन मान के अन्तर्गत मूल्य स्थायित्व वास्तविक न होकर काल्पनिक होता है। जब स्वर्ण की कीमत में परिवर्तन होता है तो आन्तरिक मूल्य में भी परिवर्तन होता है। स्वर्ण कोष अनेक तत्त्वों से प्रभावित होते हैं, जैसे : स्वर्ण का आयात-निर्यात, स्वर्ण के उत्पादन में वृद्धि, तकनीकी में परिवर्तन तथा स्वर्ण की नई खानों की खोज आदि। इन परिस्थितियों के अन्तर्गत स्वर्ण की कीमतें नहीं रहती हैं तथा आन्तरिक कीमत स्तर प्रभावित होता है।

(5) **विनिमय दर स्थायित्व असंभव** (Exchange Rate Stability is not Possible) : इस मान की आलोचना यह है कि देश में इससे विनिमय दर स्थायित्व प्राप्त नहीं किया जा सकता है। स्वर्ण चलन मान के बिना विनिमय दर स्थायित्व प्राप्त किया जा सकता है। प्रबंधित चलन प्रणाली विनिमय दर स्थायित्व को बनाये रख सकता है यदि विश्व के विभिन्न देशों में आपसी सहयोग है।

(6) **मुद्रा संकुचनकारी** (Deflationary Oriented) : श्रीमती जॉन रोबिन्सन के अनुसार स्वर्ण चलन मान मुद्रा संकुचनकारी होता है, क्योंकि जब देश का भुगतान सन्तुलन प्रतिकूल होता है तो स्वर्ण कोष कम हो जाते हैं और देश की चलन में मुद्रा की मात्रा कम करनी होती है। इस प्रकार यह मान मुद्रा संकुचन की स्थिति उत्पन्न करता है।

स्वर्ण धातुमान (The Gold Bullion Standard)

यह मान स्वर्ण चलन मान का संशोधित स्वरूप है। इस मान को प्रथम महायुद्ध के पश्चात् कुछ योरोपीय देशों में स्वीकार किया था। इंग्लैण्ड ने इसे सन् 1925 में स्वीकार किया था तथा हिल्टन यंग कमीशन की सिफारिश के आधार पर भारत ने इसे सन् 1926 में स्वीकार कर लिया। फ्रांस ने इस मान का वर्ष 1936 में परित्याग कर दिया।

विशेषतायें (Features)

स्वर्ण धातु की निम्नांकित विशेषतायें हैं :-

(1) **स्वर्ण सिक्कों का चलन में न होना** (No Circulation of Gold Coins): इस स्वर्ण मान के अन्तर्गत स्वर्ण सिक्के चलन में नहीं होते हैं। आन्तरिक मुद्रा सस्ते धातु तथा कागजी नोट के रूप में चलन में होती है। लेकिन इन सिक्कों तथा कागजी नोटों का मूल्य स्वर्ण में व्यक्त किया जाता है।

(2) **स्वर्ण के निःशुल्क सिक्कों का न होना** (No Free Coinage of Gold): इस मौद्रिक प्रणाली के अन्तर्गत जनता अपने स्वर्ण को टकसाल में जाकर निःशुल्क टंकण नहीं करवा सकते हैं।

(3) **कागजी मुद्रा पूर्णकाल नहीं** (Paper Money Not Backed by Gold): इस स्वर्ण मान के अन्तर्गत कागजी मुद्रा शत-प्रतिशत रूप से स्वर्ण कोषों की आड़ के आधार पर नहीं होती है। केवल एक मार्ग स्वर्ण की आड़ में होता है।

कागजी मुद्रा स्वर्ण में एक निश्चित दर पर परिवर्तनीय होती है। सरकार कागजी नोटों को शत-प्रतिशत परिवर्तनशील करने की गारण्टी देती है।

(4) **स्वर्ण का क्रय एवं विक्रय एक निश्चित दर पर** (Purchase and Sale of Gold on Fixed Rate) : इस मौद्रिक मान के अन्तर्गत निश्चित कीमत पर सरकार स्वर्ण की असीमित मात्रा का क्रय एवं विक्रय करने को तत्पर होती है। कोई भी व्यक्ति स्वर्ण की अनिश्चित मात्रा दी हुई कीमत पर क्रय करने को स्वतन्त्र होता है। इंग्लैण्ड में सोने की न्यूनतम मात्रा जनता को बेचने की सीमा 400 औंस थी जबकि भारत में यह निश्चित दर 1056 तोला थी।

(5) **स्वर्ण का स्वतन्त्र आयात एवं निर्यात** (Free Import and Export of Gold) : इस मौद्रिक मान के अन्तर्गत स्वर्ण के आयात एवं निर्यात पर किसी प्रकार के सरकारी प्रतिबन्ध नहीं होते हैं। किसी भी कार्य के लिए जनता सरकार से स्वर्ण का क्रय कर सकती है। स्वर्ण धातु मान के अन्तर्गत स्वर्ण सिक्के प्रचलन में नहीं होते हैं। आन्तरिक मुद्रा में सांकेतिक सिक्के (Token Coins) तथा कागजी नोट पाये जाते हैं। लेकिन सभी प्रकार की मुद्रा स्वर्ण छड़ों में परिवर्तनशील नहीं होती है।

यह स्वर्ण मान इंग्लैण्ड तथा भारत में 1931 तक प्रचलन में रहा है। इंग्लैण्ड ने इस मान का परित्याग सन् 1931 में किया और भारत ने भी इसका अनुसरण किया। 1933 में संयुक्त राज्य अमेंरिका ने इसका परित्याग कर दिया।

गुण (Merits)

स्वर्ण धातु मान के निम्नांकित विशेषतायें पाई जाती हैं :-

(1) **मितव्ययी** (Economical) : इस मौद्रिक मान के अन्तर्गत स्वर्ण सिक्के प्रचलन में नहीं होते हैं जिससे महँगे धातु का अपव्यय नहीं होता है। कागजी मुद्रा के पीछे शत-प्रतिशत स्वर्ण नहीं रखा जाता है। कोषों के रूप में स्वर्ण बेकार नहीं पड़ा रहता है।

(2) **लोचदार** (Flexibility) : एक सुदृढ़ मौद्रिक प्रणाली की यह विशेषता होती है कि वह मुद्रा की पूर्ति में लोचदार हो। इस मौद्रिक मान में यह गुण विद्यमान है। इसके अन्तर्गत कागजी मुद्रा के पीछे शत-प्रतिशत स्वर्ण कोष नहीं रखे जाते हैं। स्वर्ण कोषों की मात्रा में थोड़ी सी वृद्धि करके बड़ी मात्रा तक मुद्रा की पूर्ति सम्भव होती है। मौद्रिक अधिकारी द्वारा कागजी मुद्रा की मात्रा में वृद्धि बड़ी सीमा तक सम्भव है।

(3) **स्वर्ण का अधिकतम उपयोग** (Optimum Use of Gold) : इस मान के अन्तर्गत स्वर्ण कोष सरकार के पास रखे जाते हैं तथा इन कोषों का उपयोग जनता के हित में किया जा सकता है।

(4) **विदेशी विनिमय स्थायित्व** (Foreign Exchange Stability): इस मौद्रिक प्रणाली के अन्तर्गत स्वर्ण के अयात तथा निर्यात पर किसी प्रकार के प्रतिबन्ध नहीं होते हैं। इसके परिणामस्वरूप विदेशी विनिमय स्थायित्व रखा जा सकता है। विनिमय दरों में परिवर्तन को स्वर्ण के आयात तथा निर्यात के माध्यम से निष्प्रभावी किया जा सकता है।

(5) **स्वतः संचालन** (Automatic Operation) : यह मान स्वर्ण चलन मान की तरह स्वतः संचालित होता रहता है। मुद्रा की माँग कम होने पर जनता सरकार से स्वर्ण खरीदने को तत्पर हो जाती है। इसके परिणामस्वरूप स्वर्ण कोष कम होने लगते हैं तथा मुद्रा की पूर्ति भी चलन में कम हो जाती है और इस मान के स्वतः संचालन से मुद्रा की माँग और इसकी पूर्ति में साम्य स्थापित हो जाता है। इससे विनिमय दर का स्थायित्व प्राप्त किया जा सकता है।

(6) **सरलता** (Simplicity) : इस प्रकार का मान सबसे सरलतम है। जनसाधारण इसकी कार्य-प्रणाली को आसानी से समझ लेता है तथा इसका संचालन भी मितव्ययी है।

(7) **आर्थिक जन विश्वास** (More Public Confidence) : सरकार इस मान के अन्तर्गत सांकेतिक सिक्कों तथा कागजी मुद्रा को माँगने पर स्वर्ण में परिवर्तन करने को तत्पर होती है। इसलिए इस मुद्रा मान में अधिक जनविश्वास पाया जाता है।

दोष (Demerits)

इस मौद्रिक मान के निम्नांकित दोष हैं :-

(1) **संकटकाल में विफल** (Fails at a Time of Crisis) : यह मौद्रिक मान भी स्वर्ण चलन मान की तरह सुख का साथी है। यह मान संकटकाल-युद्ध में विफल रहता है और सरकार को इसका परित्याग करना पड़ता है। युद्धकाल में वस्तुओं की कमी होने से माँग बढ़ जाती है और सरकार इसकी पूर्ति करने में असफल रहती है। स्थानीय मुद्रा को स्वर्ण में परिवर्तन करने को सरकार स्थगित कर देती है। इस प्रकार यह मान सामान्य परिस्थितियों में ही कार्यशील रहता है।

(2) **प्रबंधित चलन प्रणाली** (Managed Currency System) : यह मान स्वयं संचालित नहीं होता है। यह एक नियमित/प्रबंधित चलन प्रणाली है, क्योंकि इसके अन्तर्गत सरकार सांकेतिक मुद्रा (Token Money), पत्र मुद्रा तथा स्वर्ण कोषों का प्रबन्ध करती है। इस प्रकार बिना सरकारी हस्तेक्षप के यह मान स्वयं संचालित नहीं हो सकता है।

(3) **अमितव्ययी** (Uneconomical) : सरकारी कोषों में बड़ी मात्रा में स्वर्ण कोष बेकार पड़े रहते हैं। स्वर्ण कोषों का प्रबंधन बड़ा महँगा होता है तथा इसका उपयोग अन्य जगह नहीं किया जा सकता है। इसलिए यह एक महँगा मौद्रिक मान है।

(4) **कम जनविश्वास** (Less Public Confidence) : स्वर्ण चलन मान की तुलना में इस मौद्रिक मान में कम जन विश्वास पाया जाता है। इसका कारण प्रचलन में स्वर्ण सिक्कों का न होना है। सांकेतिक और कागजी मुद्रा विदेशी विनिमय के उद्देश्य से स्वर्ण में परिवर्तनशील होती हैं न कि घरेलू कार्य के लिए।

स्वर्ण विनिमय मान (The Gold Exchange Standard)

यह मौद्रिक मान 19 वीं शताब्दी में विकसित किया गया था। बीसवीं शताब्दी के प्रारम्भ में इस मान को भारत तथा अन्य देशों में स्वीकार किया गया था। भारत द्वारा इस मान का परित्याग प्रथम विश्व युद्ध में किया गया था। यह मान विकासशील देशों में लिए उपयुक्त समझा गया। इस मान के अन्तर्गत घरेलू आवश्यकताओं की पूर्ति के लिए आन्तरिक चलन को स्वर्ण में परिवर्तनं करने की जिम्मेदारी सरकार लेती है। सरकार स्थानीय मुद्रा को दूसरे देश की मुद्रा में परिवर्तित करती है जिससे विदेशी भुगतान सम्भव हो सके। इस प्रकार देश की आन्तरिक मुद्रा के स्वर्ण से कोई प्रत्यक्ष सम्बन्ध नहीं होता है। लेकिन आन्तरिक मुद्रा दूसरे देश की मुद्रा से एक निश्चित विनिमय दर से जुड़ी रहती है जिसको सरकार निश्चित विनिमय दर के आधार पर स्वर्ण में परिवर्तित करती है।

प्रमुख विशेषतायें (Salient Features)

स्वर्ण विनिमय मान की निम्नलिखित विशेषतायें पाई जाती हैं :-

(1) **सांकेतिक मुद्रा और अपरिवर्तनशील मुद्रा का प्रचलन** (Circulation of Token Money and Inconvertible Paper Currency) : इस मौद्रिक प्रणाली के अन्तर्गत देश में स्वर्ण सिक्के प्रचलन में नहीं होते हैं तथा कागजी मुद्रा

स्वर्ण में परिवर्तनशील नहीं होती है। आन्तरिक मुद्रा में सांकेतिक मुद्रा सस्ते धातु की बनी होती है तथा अपरिवर्तनशील कागजी मुद्रा होती है।

(2) **स्वर्ण से परोक्ष सम्बन्ध** (Indirect Link with Gold) : इस मौद्रिक मान का प्रत्यक्ष रूप से स्वर्ण से कोई सम्बन्ध नहीं होता है। इसे दूसरे देश की मुद्रा में एक निश्चित दर पर परिवर्तित किया जा सकता है जो कि स्वर्ण मान पर आधारित है।

(3) **विदेशी भुगतानों में स्वर्ण** (Gold Use in Foreign Payment) : इस मौद्रिक मान के अन्तर्गत सरकार केवल विदेशी भुगतानों के लिए स्वर्ण उपलब्ध कराती है।

(4) **स्वर्ण बाजार का स्वतन्त्र नहीं होना** (No Free Gold Market) : स्वर्ण विनिमय मान के अन्तर्गत स्वर्ण का स्वतन्त्र बाजार नहीं होता है। स्वर्ण का नियन्त्रण एवं नियमन सरकार के हाथों में होता है। व्यक्तियों को स्वर्ण का आयात एवं निर्यात की छूट नहीं होती है।

(5) बाहरी भुगतान स्वर्ण या अन्य मुद्राओं में स्वीकार किया जाता है जो कि स्वर्ण विनिमय मान पर आधारित होती है।

(6) **वस्तुओं तथा सेवाओं का मूल्य स्वर्ण कीमत से परोक्ष रूप से निर्धारित** (Price of Gold and Services is Determined Indirectly by Price of Gold) : स्वर्ण न तो विनिमय माध्यम के रूप में और न मूल्य मापक के रूप में काम में आता है। इसके बावजूद वस्तुओं तथा सेवाओं का मूल्य परोक्ष रूप से स्वर्ण की कीमत से निर्धारित होता है।

गुण (Merits)

स्वर्ण विनिमय मान के निम्नांकित गुण हैं :-

(1) **मितव्ययी** (Economical) : यह मौद्रिक मान मितव्ययी एव कम महँगा है, क्योंकि इसके अन्तर्गत स्वर्ण सिक्के प्रचलन में नहीं होते जिससे महँगी धातु का अपव्यय नहीं होता है तथा सरकार स्थानीय मुद्रा के बदले स्वर्ण देने की जिम्मेदारी नहीं लेती है। इसलिए सरकार अथवा मौद्रिक सत्ता को स्वर्ण कोष रखने की आवश्यकता नहीं पड़ती है। स्वर्ण कोषों का उपयोग अन्य लाभदायक कार्यों में किया जा सकता है।

(2) **लोचदार** (Flexibility) : सरकार को कागजी मुद्रा की आड़ में स्वर्ण कोष रखने के दायित्व का निर्वहन नहीं करना पड़ता है। देश की अर्थव्यवस्था की

आवश्यकताओं की पूर्ति हेतु मुद्रा की पूर्ति बढ़ाई जा सकती है। ऐसी स्थिति में मौद्रिक प्रणाली बड़ी लोचदार है।

(3) **सरकार को आर्थिक लाभ** (Economic Gains to Government) : इस मान के स्वीकार करने से सरकार को आर्थिक लाभ होता है, क्योंकि विदेशी विनिमय कोषों पर सरकार को ब्याज प्राप्त होता है तथा विदेशी विनिमय के क्रय-विक्रय के कारण भी लाभ प्राप्त होता है।

(4) **विनिमय दर स्थायित्व** (Exchange Rate Stability) : इस स्वर्ण मान के अन्तर्गत सरकार का दायित्व विनिमय दर स्थायित्व प्राप्त करना है। विनिमय दर स्थायित्व से विदेशी व्यापार में सुगमता उत्पन्न होती है तथा विदेशी व्यापार में वृद्धि होती है।

(5) **स्वर्ण मान के सभी लाभ** (All the Benefits of Gold Standard) : स्वर्ण सिक्कों के प्रचलन में नहीं होने पर भी इस मुद्रा मान के अन्तर्गत सभी परम्परागत लाभ देश को मिलते हैं। इसलिए स्वर्ण विनिमय मान पिछड़े तथा अर्द्ध-विकसीत देशों के लिए अनुकूल है।

दोष (Demerits)

स्वर्ण विनिमय मान के निम्नांकित दोष हैं :

(1) **जटिल मान** (Complicated Standard) : इस मान की कार्य-प्रणाली सरल नहीं है तथा इसकी संचालन प्रक्रिया भी जनसाधारण के समझ में नहीं आ सकती है।

(2) **कम जन विश्वास** (Less Public Confidence): इस मान में जन विश्वास कम पाया जाता है, क्योंकि सरकार स्थानीय मुद्रा के बदले स्वर्ण का विक्रय नहीं करती है। सरकार स्थानीय मुद्रा के बदले विदेशी विनिमय प्रदान करती है लेकिन स्वर्ण से कोई सीधा सम्बन्ध नहीं पाया जाता है।

(3) **स्वयं संचालन का अभाव** (Lack of Autonomy) : स्वर्ण विनिमय मान स्वयं संचालित मान नहीं है। इस मौद्रिक मान के संचालन के लिए सरकार को हस्तेक्षप करना पड़ता है। इसीलिए यह मान प्रबंधित मान (Managed Standard) कहलाता है।

(4) **बेलोचदार** (Inflexibility) : स्वर्ण मान एक लोचदार मान नहीं है। इसके अन्तर्गत बिना स्वर्ण कोषों में परिवर्तन के मुद्रा का विस्तार आसानी से किया जा सकता है, लेकिन पहले से ही चलन में मुद्रा की पूर्ति को कम करना कठिन है।

(5) महँगापन (Expensiveness) : यह मान महँगा मान है। सरकार को अनेक प्रकार के कोष रखने पड़ते हैं और इन कोषों के रख-रखाव के लिए व्यय करना पड़ता है। बीसवीं शताब्दी के प्रारम्भ में भारत सरकार को तीन प्रकार के कोष रखने पड़ते थे। इस कठिनाई के कारण हिल्टन यंग कमीशन की सिफारिश के आधार पर इस मान का परित्याग करना पड़ा था।

(6) मौद्रिक स्वतन्त्रता का हनन (Loss of Monetary Feedom) : इस मौद्रिक मान के अन्तर्गत मौद्रिक स्वतन्त्रता का हनन होता है। इस मान को प्रमुख देश की मौद्रिक नीति के अनुसार कार्य करना पड़ता है। प्रमुख देश द्वारा इस मान का परित्याग करने पर अन्य देशों को भी इसका परित्याग करना पड़ता है। इस प्रकार प्रत्येक देश को मुख्य देश पर व्यापार, वाणिज्य तथा निवेश के लिए निर्भर रहना पड़ता है।

(7) प्रमुख देश की मौद्रिक प्रणाली की असुरक्षा (Insecurity of the Monetary System of Planet Country) : इस मान के अन्तर्गत प्रमुख देश की मौद्रिक प्रणाली असुरक्षित रहती है, क्योंकि स्वर्ण कोष सीमित होते हैं। दूसरे देश प्रमुख देश की मुद्रा से जुड़े होते हैं और कोषों का सीधा सम्बन्ध पाया जाता है।

स्वर्ण कोष मान (Gold Reserve Standard)

स्वर्ण कोष मान पश्चिमी योरोप में 1936 से 1939 की अवधि में अच्छी तरह कार्यशील रहा है। इस मान का उद्देश्य विनिमय दरों में स्थिरता प्राप्त करना है। इस मान का परित्याग इंग्लैण्ड, अमेरिंका तथा फ्रांस द्वारा क्रमशः सन् 1931, 1933 तथा 1936 में कर दिया गया था। इस मान के परित्याग के पश्चात् इन देशों में विनिमय दरें बड़ी अस्थिर रही हैं जिससे विदेशी व्यापार पर प्रतिकूल प्रभाव पड़ा है। ब्रिटेन, अमेरिका तथा फ्रांस ने सन् 1936 में एक त्रिपक्षीय मौद्रिक समझौता (Tripartite Monetary Agreement) तैयार किया। हॉलैण्ड, बेल्जियम तथा स्विट्जरलैण्ड भी इस समझौते में शामिल हो गये। इन देशों द्वारा स्वर्ण निधि मान स्वीकार किया गया। विनिमय दर स्थायित्व के उद्देश्य की पूर्ति में यह समझौता सफल रहा लेकिन यह समझौता दीर्घ काल तक जारी नहीं रह सका और द्वितीय महायुद्ध के प्रारम्भ होते ही इस समझौते का परित्याग कर दिया गया।

मुख्य विशेषतायें (Salient Features)

स्वर्ण निधि की प्रमुख विशेषतायें निम्नांकित हैं :-

(1) **स्वर्ण से कोई सम्बन्ध नहीं** (No Link with Gold) : स्वर्ण मौद्रिक मान के अन्तर्गत न तो विनिमय माध्यम और न ही मूल्य मापक का कार्य किया था। आन्तरिक मुद्रा में कागजी मुद्रा तथा सांकेतिक सिक्के (Token Coins) सस्ते धातु के निर्मित सम्मिलित थे। सरकार भी इस आन्तरिक मुद्रा को स्वर्ण में परिवर्तन करने की कोई गारण्टी नहीं देती है।

(2) **स्वर्ण के आयात-निर्यात पर प्रतिबन्ध** (Restrictions on Import-Export of Gold) : निजी व्यक्ति स्वर्ण को आयात-निर्यात नहीं कर सकते हैं। सरकार स्वर्ण के आयात-निर्यात में एक मान एकाधिकारी है। स्वर्ण का आयात-निर्यात केवल मौद्रिक उद्देश्यों के लिए होता है।

(3) **विनिमय समानीकरण कोष** (Exchange Equalisation Fund) : इस मान के अन्तर्गत विनिमय दर स्थायित्व के लिए एक विनिमय समानीकरण कोष का सृजन किया गया था। इस कोष में स्थानीय मुद्रा, विदेशी मुद्रा तथा स्वर्ण रखे जाते हैं। यदि विदेशी विनिमय की माँगें बढ़ती हैं तो दूसरी मुद्राओं में इसका मूल्य बढ़ जाता है। उस विदेशी मुद्रा का खुले बाजार में विक्रय करने पर विनिमय समानीकरण कोष उस मुद्रा के मूल्य में वृद्धि पर अंकुश लगाता है।

(4) **कोषों की गोपनीयता** (Secrecy of Reserves) : इस मौद्रिक मान के अन्तर्गत सदस्य देशों द्वारा कोषों की मात्रा तथा मिश्रण को गोपनीय रखा जाता है। एक देश से दूसरे देश को इस कोष में स्वर्ण की गतिशीलता तथा स्वर्ण के क्रय एवं विक्रय के बारे में कोई जानकारी नहीं होती है। जनता भी स्वर्ण तथा विदेशी विनिमय के बारे में नहीं जानती है, क्योंकि यह गोपनीय है।

(5) **विनिमय स्थायित्व** (Exchange Stability) : इस मौद्रिक मान के अन्तर्गत सदस्य देश की आन्तरिक अर्थव्यवस्था में बिना हस्तक्षेप के विनिमय स्थायित्व बनाये रखी जा सकती है। विनिमय समानीकरण कोषों के माध्यम से सरकार विदेशी मुद्रा की माँग और पूर्ति के बीच सन्तुलन स्थापित करती है।

स्वर्ण समता मान (Gold Parity Standard)

यह मौद्रिक मान स्वर्ण मान का आधुनिक स्वरूप है। इस प्रकार का मान 1946 में अन्तर्राष्ट्रीय मुद्रा कोष (I.M.F) की स्थापना के पश्चात् अस्तित्व में आया। अन्तर्राष्ट्रीय मुद्रा कोष के प्रत्येक सदस्य राष्ट्र को अपनी मुद्रा का मूल्य स्वर्ण में व्यक्त करना पड़ता है। अधिकांश देशों की विनिमय दर स्वर्ण मूल्य के आधार पर निर्धारित की जाती है।

प्रमुख विशेषतायें (Salient Features)

स्वर्ण समता मान की प्रमुख विशेषतायें निम्नांकित हैं :-

(1) **स्वर्ण से कोई सम्बन्ध नहीं** (No Link with Gold) : इस मौद्रिक मान के अन्तर्गत विनिमय माध्यम तथा मूल्य मापक के रूप में स्वर्ण का उपयोग नहीं किया जाता है। देश में स्वर्ण प्रचलन में नहीं होता है। सस्ती धातु से निर्मित सांकेतिक मुद्रा तथा पत्र मुद्रा स्थानीय चलन के रूप में होती है। चलन स्वर्ण सिक्कों, धातु अथवा विदेशी विनिमय स्वर्ण में परिवर्तनशील नहीं होती है।

(2) **मुद्रा की स्वर्ण में परिभाषा** (Definition of Money in Terms of Gold) : प्रत्येक सदस्य देश का दायित्व है कि वह अपनी मुद्रा का स्वर्ण मूल्य समता मूल्य के रूप में परिभाषित कर अन्तर्राष्ट्रीय मुद्रा कोष को सूचित करे। अन्य सदस्य देशों की मुद्राओं से सम्बन्ध स्वर्ण मूल्य घोषित मुद्रा के आधार पर स्थापित होता है।

(3) **स्वतन्त्र मौद्रिक नीति** (Independent Monetary Policy) : प्रत्येक सदस्य देश अपनी स्वतन्त्र मौद्रिक प्रणाली का अनुसरण करने को स्वतन्त्र होता है। एक देश की मौद्रिक नीति का प्रत्यक्ष अथवा परोक्ष सम्बन्ध दूसरे देश की मौद्रिक नीति से नहीं होता है।

(4) **विनिमय दरों का लचीलापन** (Flexibility of Exchange Rate) : इस प्रणाली के अन्तर्गत विनिमय स्थायित्व बनाये रखने के लिए अन्तर्राष्ट्रीय मुद्रा कोष सदस्य देशों को विदेशी मुद्रायें उधार देता है। सदस्य देश एक निर्धारित सीमा तक अपनी मौद्रिक इकाई की दर परिवर्तित कर सकता है।

(5) **अन्तर्राष्ट्रीय मुद्रा कोष द्वारा ऋण का प्रावधान** (Provision of Loan by IMF) : इस मौद्रिक मान के अन्तर्गत अन्तर्राष्ट्रीय मुद्रा कोष सदस्य देशों को विदेशी विनिमय उधार दे कर विदेशी विनिमय स्थिरता के उद्देश्य को पूरा करता है। इस मौद्रिक मान में स्वर्ण का कोई महत्त्व नहीं है। सदस्य देशों की मुद्राओं के बीच सम्बन्ध स्थापित करने में स्वर्ण महत्त्वपूर्ण माध्यम है।

स्वर्ण मान के नियम (Rules of Gold Standard)

प्रोफेसर क्राउथर के अनुसार स्वर्ण मान एक ईर्ष्यालु देवता है। (Gold Standard is a Jealous Gold): यह सही रूप से कार्य करेगा यदि इस पर पूर्णतया निर्भरता होती है.। स्वर्ण मान की सफलता एवं कार्य संचालन तथा उद्देश्यों की प्राप्ति तभी सम्भव है जब निम्न नियमों का पालन किया जाता है :

1. स्वतन्त्र व्यापार नीति अपनाना।
2. स्वर्ण का स्वतन्त्र आयात तथा निर्यात।
3. लोचपूर्ण अर्थव्यवस्था।
4. घरेलू नीतियों में कोई हस्तक्षेप न होना।

स्वर्ण मान का पतन (Downfall of the Gold Standard)

स्वर्ण मान एक भूतकालीन मौद्रिक मान का इतिहास मात्र है। इसके पतन के प्रमुख कारण निम्नांकित हैं :-

1. स्वर्ण मान के नियमों का उल्लंघन।
2. स्वतन्त्र व्यापार की नीति का परित्याग।
3. स्वर्ण स्टॉक का असन्तुलित वितरण।
4. युद्ध के हर्जाने का भुगतान।
5. आर्थिक राष्ट्रवाद का उदय।
6. तीसा की महान् मन्दी (1929 - 33)।
7. विदेशी पूँजी पर प्रतिबन्ध।
8. राजनीतिक अस्थिरता।
9. आन्तरिक कीमतों में युद्धोपरान्त बेलोच।
10. विश्व के राष्ट्रों में सहयोग का अभाव।

द्विधातु मान (Bimetallism)

इस मौद्रिक मान के अन्तर्गत मूल्य मापक के रूप में दो धातुओं : स्वर्ण एवं रजत का उपयोग किया जाता है। सरकार मुद्रा की परिभाषा स्वर्ण एवं रजत के रूप में एक साथ व्यक्त करती है। स्वर्ण एवं रजत सिक्के प्रमाणित सिक्के होते हैं जो कि पूर्ण वैधानिक ग्राह्य मुद्रा होते हैं।

प्रमुख विशेषतायें (Salient Features)

द्विधातु मान की प्रमुख विशेषतायें निम्नांकित हैं-

1. देश की मुद्रा प्रमाणित स्वर्ण एवं रजत के सिक्कों के रूप में एक साथ ही प्रचलन में होती है।
2. सरकार शुरू में ही इन दोनों सिक्कों की विमिमय दर का निर्धारण कर देती है।

3. दोनों ही प्रकार के सिक्के पूर्णकाय सिक्के (Full Bodied Coins) होते हैं जिनमें अंकित मूल्य तथा आन्तरिक मूल्य (Face Value and Intrinsic) बराबर होते हैं।
4. इसमें निःशुल्क एवं असीमित सिक्कों की ढुलाई होती है।
5. इन धातुओं के आयात तथा निर्यात पर किसी प्रकार के प्रतिबन्ध नहीं होते हैं।

19वीं शताब्दी में पश्चिमी यूरोप के अनेक देशों तथा संयुक्त राज्य अमेरिका में यह मौद्रिक मान प्रचलन में था। फ्रांस ने भी इस मान को स्वीकार किया तथा यह मान 1803 से 1853 तक सफलतापूर्वक चलता रहा। सन् 1853 में फ्रांस, स्विट्ज़रलैण्ड, बेल्जियम तथा इटली ने इस मौद्रिक मान को स्वीकारने हेतु एक मौद्रिक संघ (Monetary Union) का गठन किया। लेकिन अचानक रजत की पूर्ति बढ़ने पर इन देशों में ग्रेशम का नियम क्रियाशील हो गया। इसके परिणामस्वरूप रजत सिक्के चलन में रह गये जबकि स्वर्ण सिक्के चलन से बाहर हो गये। इन देशों के मौद्रिक संघ का पतन हो गया।

इंग्लैण्ड जैसे देश जिसमें स्वर्ण मान था कड़ा, का विरोध होने के कारण द्विधातु मान को क्रियान्वित नहीं किया जा सका और इसका केवल ऐतिहासिक महत्त्व रह गया है।

गुण (Merits)

द्विधातु मान की निम्नांकित विशेषतायें हैं :-

(1) मुद्रा की अधिक आपूर्ति (More Supply of Money) : इसमें दो तरह के धातुओं के सिक्कों की ढलाई होती है तथा जनता के लिए पर्याप्त मुद्रा की मात्रा उपलब्ध हो जाती है।

(2) मूल्य स्थिरता (Price Stability) : द्विधातु मान एक आदर्श प्रणाली है जिसके अन्तर्गत देश में मूल्य स्थायित्व रहता है। यह अन्तर्राष्ट्रीय स्तर पर स्वीकार किया जाता है। एक धातु की कमी को दूसरी धातु के उत्पादन में वृद्धि करके पूरा किया जाता है। इससे दोनों धातुओं की मूल्य स्थिरता पाई जाती है।

(3) विदेशी व्यापार में वृद्धि (Increase in Foreign Trade) : इस मौद्रिक मान के अन्तर्गत स्वर्ण एवं रजत सिक्के प्रचलन में होते हैं और देश स्वर्ण मान तथा रजत मान से सम्बन्धित देशों से व्यापार सम्बन्ध स्थापित कर लेता है। दोनों ही प्रकार के सिक्कों के बीच विनिमय दर निर्धारित की जाती है।

(4) **मितव्ययता** (Economy) : स्वर्ण तथा रजत सिक्के प्रमाणित सिक्के होने के कारण सरकार द्वारा कोषों की पूर्ति में मितव्ययता की जाती है। ये सिक्के असीमित विधि ग्राह्य होते हैं। बैंक उनके कोष रखने में स्वतन्त्र होते हैं।

(5) **निम्न ब्याज दर** (Low Interest Rate) : इस मौद्रिक मान के अन्तर्गत दो पृथक् धातुओं के सिक्के बनाये जाते हैं। कुल मुद्रा की पूर्ति इसकी माँग से अधिक होती है जिससे ब्याज दरें गिर जाती हैं। निम्न ब्याज दर पर बैंक उद्योगपतियों तथा व्यावसायियों को ऋण एवं अग्रिम देते हैं। इसे उत्पादन में वृद्धि होती है।

दोष (Demerits)

द्विधातु मान के प्रमुख दोष निम्नांकित हैं :-

(1) **ग्रेशम नियम लागू होना** (Application of Gresham's Law) : जब अन्तर्राष्ट्रीय स्तर पर अनेक देशों द्वारा इसे स्वीकार किया जाता है तो यह एक स्थाई मौद्रिक मान बन जाता है। जब केवल एक ही देश इस मौद्रिक मान को अपनाता है तो तुरन्त इसमें ग्रेशम का नियम लागू हो जाता है। टकसाल दर स्वर्ण तथा रजत सिक्कों में विद्यमान धातु की मात्रा के आधार पर निर्धारित होती है। जब स्वर्ण की बाजार कीमत टकसाल दर से अधिक हो जाती है तो स्वर्ण-चाँदी की तुलना में श्रेष्ठ सिक्का बन जाता है। इससे एकल धातु मान (Single Metal Standard) की स्थिति उत्पन्न हो जाती है। खराब मुद्रा (रजत सिक्के) अच्छी मुद्रा (स्वर्ण सिक्के) को चलन से बाहर निकाल देती है।

(2) **टकसाल दर तथा बाजार दर में समानता रखने में कठिनाई** (Difficult to Maintain Equality between Mini Rate and Market) : द्विधातु मान की सफलता इस बात पर निर्भर करती है कि बाजार दर तथा टकसाल दर समान है। जब धातु की आपूर्ति एक ही दिशा में परिवर्तित होती है तो दोनों दरों में समानता स्थापित नहीं की जा सकती है।

(3) **सट्टेबाजी** (Speculation) : इस मौद्रिक मान के अन्तर्गत जब स्वर्ण एवं रजत की कीमतों में परिवर्तन होता है तो सट्टेकारी गतिविधियों को प्रोत्साहन मिलता है।

(4) **विदेशी व्यापार को कम प्रोत्साहन** (Less Encouragement to Foreign Trade) : जब तक द्विधातु मान अन्तर्राष्ट्रीय स्तर पर नहीं अपनाया जाता है तब तक इसके अन्तर्गत विदेशी व्यापार को प्रोत्साहन नहीं मिलता है।

पत्र मुद्रा मान (Paper Currency Standard)

इस मौद्रिक मान को प्रबंधित मुद्रा मान (Managed Currency Standard) भी कहा जाता है। इस मान के अन्तर्गत कोई प्रमाणित सिक्के (Standard Coin) नहीं होते हैं। देश में प्रमुख मुद्रा कागजी मुद्रा होती है। छोटे भुगतान सुगम करने के लिए जनता द्वारा सस्ती एवं हल्की धातु के सिक्कों का उपयोग किया जाता है। कागजी मुद्रा किसी धातु में परिवर्तनशील नहीं होती है तथा यह असीमित विधि ग्राह्य मुद्रा होती है।

सन् 1931 में सभी देशों द्वारा स्वर्ण मान का परित्याग करने के पश्चात् कागजी मुद्रा स्वीकार की गई थी। वर्तमान अवस्था कागजी मुद्रा मान की अवस्था है।

गुण (Merits)

कागजी मुद्रा मान के निम्नलिखित गुण हैं :-

(1) **मूल्य स्थायित्व** (Price Stability) : इस मौद्रिक मान के अन्तर्गत मौद्रिक अधिकारी अथवा केन्द्रीय बैंक देश में मुद्रा की पूर्ति का नियमन, नियन्त्रण एवं निर्देशन करता है। यदि देश में व्यापार और वाणिज्य में वृद्धि से मुद्रा की माँग बढ़ती है तो केन्द्रीय बैंक बिना धातु कोषों में वृद्धि से मुद्रा की पूर्ति में वृद्धि कर देता है।

(2) **प्रबन्धन में स्वतन्त्रता** (Freedom in Management) : इस मान के अन्तर्गत देश की मुद्रा किसी धातु से जुड़ी नहीं होती है तथा केन्द्रीय बैंक देश की व्यापार आवश्यकताओं की पूर्ति हेतु मुद्रा की पूर्ति का प्रबन्धन करता है।

(3) **संसाधनों का पूर्ण रोजगार** (Full Employment of Resources) : श्रीमती जॉन रोबिन्सन के अनुसार स्वर्ण मान मुद्रा संकुचनोन्मुखी (Deflation Oriented) होता है। स्वर्ण मान के अन्तर्गत संसाधनों का पूर्ण उपयोग नहीं होता है और परिणामस्वरूप बेरोजगारी बढ़ती है। लेकिन कागजी मुद्रा मान के अन्तर्गत प्रत्येक देश अपनी मुद्रा की पूर्ति का इस प्रकार प्रबंधन करता है कि संसाधनों का उत्पादकता में उपयोग सम्भव हो जाता है। कागजी मुद्रा मान के अन्तर्गत प्रत्येक देश की सरकार अपनी मौद्रिक नीति का निर्धारण करने में स्वतन्त्र होती है। इससे देश का तीव्रतम विकास सम्भव होता है।

(4) **मुद्रा की पूर्ति में लोच** (Flexibility in Money Supply) : कागजी मुद्रा मान लोचदार होता है। देश की सरकार व्यापार की आवश्यकताओं के अनुसार मुद्रा

की पूर्ति का समायोजन कर सकती है। स्वर्ण मान के अन्तर्गत ऐसी सुविधा नहीं होती है, क्योंकि पत्र मुद्रा मान देश की सरकार/केन्द्रीय बैंक द्वारा प्रबंधित होता है।

(5) **बाह्य स्थिरता** (External Stability) : इस मौद्रिक मान के अन्तर्गत दूसरे देशों में उत्पन्न अस्थिरता के प्रभावों से बचा जा सकता है। इस मान का प्रबन्धन देश की सरकार सर्वोच्च निकाय-केन्द्रीय बैंक के माध्यम से करती है। इससे बाह्य स्थिरता प्राप्त की जा सकती है।

(6) **आर्थिक विकास के अनुकूल** (Favourable to Economic Development) : पत्र मुद्रा मान पिछड़े तथा अल्प विकसित देशों के अनुकूल मान है, क्योंकि इस मान के अन्तर्गत घाटे की अर्थव्यवस्था अपनाकर देश अपने संसाधनों- भौतिक, मानवीय तथा वित्तीय - का अधिकतम उपयोग कर सकता है तथा करारोपण एवं सार्वजनिक ऋण की आवश्यकता नहीं पड़ती है।

(7) **संकटकाल में उपयुक्त** (Suitable During Emergency) : पत्र मुद्रा मान किसी देश में संकटकाल - युद्ध तथा प्राकृतिक विपदाओं - में बड़ा उपयुक्त है। यह धातुमान की अपेक्षा अधिक प्रभावी ढंग से लागू किया जा सकता है। द्वितीय महायुद्ध काल में सभी देशों ने पत्र मुद्रा मान अपनाया तथा इस संकट को असानी से झेल लिया।

दोष (Demerits)

पत्र मुद्रा मान के निम्नांकित दोष हैं :-

(1) **स्फीतिकारी** (Inflationary) : पत्र मुद्रा मान किसी भी धातु मान से सम्बद्ध नहीं होने के कारण स्फीतिकारी होता है। मुद्रा की पूर्ति आसानी से बढ़ाई जा सकती है। इस प्रणाली के अन्तर्गत केन्द्रीय बैंक या मौद्रिक अधिकारी बिना किसी धातु कोषों में वृद्धि किये मुद्रा की पूर्ति में वृद्धि कर देता है। युद्ध काल तथा मन्दी काल में सरकार अपने व्ययों की पूर्ति मुद्रा की मात्रा में वृद्धि करके करती है जिसका प्रभाव स्फीतिकारी होता है।

(2) **मूल्य अस्थिरता** (Price Instability) : पत्र मुद्रा मान के अन्तर्गत आन्तरिक कीमतों में उच्चावचन (Fluctuations) होते हैं। मुद्रा का मूल्य घटकर शून्य हो जाता है और मुद्रा का मूल्य किसी भी सीमा तक नीचे जा सकता है। धातु मान के अन्तर्गत ऐसा सम्भव नहीं होता है जबकि पत्र मुद्रा मान में कीमतें कितनी ही बढ़ सकती हैं।

(3) **विनिमय दर अस्थिरता** (Exchange Rate Instability) : इस मान के अन्तर्गत मुद्रा का किसी धातु से सम्बन्ध नहीं होता है। विदेशी विनिमय दरों में अत्यधिक उतार-चढ़ाव होने के कारण देश के विदेशी व्यापार पर प्रतिकूल प्रभाव पड़ता है। स्वर्ण मान के अन्तर्गत विनिमय अस्थिरता नहीं पाई जाती है, क्योंकि देश की मुद्रा स्वर्ण से सम्बद्ध होती है।

(4) **स्वचालन का अभाव** (Lack of Automatic Working) : पत्र मुद्रा मान में स्वचालन की कमी होती है। स्वर्ण मान में स्वचालन का गुण पाया जाता है, लेकिन पत्र मुद्रा मान के संचालन के लिए सरकार को समय-समय पर हस्तक्षेप करना पड़ता है।

निष्कर्ष (Conclusion) : वर्ष 1931 में स्वर्ण मान के परित्याग के पश्चात् विश्व में अधिकांश देशों में पत्र मुद्रा मान अपनाया। इस मौद्रिक मान अपनाने से विदेशी व्यापार और अन्तर्राष्ट्रीय लेन-देन में अनेक कठिनाइयाँ उत्पन्न हो गईं। पत्र मुद्रा की कठिनाइयाँ अन्तर्राष्ट्रीय मुद्रा कोष (IMF) तथा अन्तर्राष्ट्रीय पुनर्निर्माण एवं विकास बैंक (IBRD) की स्थापना के पश्चात् कम हुई है। अन्तर्राष्ट्रीय भुगतान इन संस्थाओं के माध्यम से किये जाने लगे हैं। इन संस्थाओं के प्रमुख उद्देश्य निम्न हैं :-

1. विनिमय दर स्थायित्व (Exchange Rate Stability)
2. अन्तर्राष्ट्रीय स्तर पर मूल्य स्थायित्व (Price Stability)
3. विदेशी पूँजी का आयात-निर्यात सुगम
4. पिछड़े तथा अर्द्ध-विकसित देशों के आर्थिक विकास में सहायता
5. अन्तर्राष्ट्रीय उधार में प्रोत्साहन
6. सदस्य देशों में मौद्रिक सहयोग प्रोत्साहित करना।

एक अच्छे मौद्रिक मान की विशेषतायें
(Characteristics of a Good Monetary Standard)

एक सुदृढ़ मौद्रिक प्रणाली की प्रमुख विशेषतायें निम्नांकित हैं :-

1. सरलता (Simplicity)
2. लोचदार (Elasticity)
3. मितव्ययता (Economy)

4. परिवर्तनशीलता (Convertibility)
5. वैधानिकता (Legality)
6. स्वतः संचालन (Automatic Operation)
7. मूल्य स्थिरता (Price Stability)
8. विनिमय दर स्थायित्व (Exchange Rate Stability)।

4

नोट निर्गमन विधियाँ

(Methods of Note Issue)

एक देश में पत्र मुद्रा का नियमन देश की केन्द्रीय बैंक द्वारा निर्धारित प्रणाली के अन्तर्गत होता है। नोट निर्गमन की प्रमुख विधियाँ निम्नांकित हैं :-

1. निश्चित विश्वाश्रित प्रणाली
2. निश्चित अधिकतम विश्वाश्रित प्रणाली
3. आनुपातिक कोष प्रणाली
4. प्रतिशत प्रणाली
5. सरल जमा प्रणाली
6. सरकारी बॉण्ड जमा प्रणाली
7. न्यूनतम कोष प्रणाली।

उपरोक्त पद्धतियों की विवेचना निम्नांकित है :-

(1) **निश्चित विश्वाश्रित प्रणाली** (Fixed Fiduciary System) : इस प्रणाली के अन्तर्गत एक निर्धारित सीमा तक नोट निर्गमित किये जाते हैं और इस सीमा तक किसी भी धातु कोष की आड़ नहीं होती है। इस सीमा के पश्चात् नोट निर्गमन करने पर मौद्रिक अधिकारी द्वारा शत-प्रतिशत स्वर्ण क़ोष रखे जाते हैं। इस प्रणाली का उद्देश्य पत्र मुद्रा को परिवर्तनशील करना होता है। इस पद्धति को ब्रिटेन द्वारा एक लम्बी अवधि तक स्वीकार किया गया था। भारत ने भी इस पद्धति को 1862 से 1920 तक अपनाया था। जापान, इटली, फिनलैण्ड तथा नार्वे ने इस पद्धति का एक संशोधित स्वरूप अपनाया था।

गुण (Merits)

नोट निर्गमन की इस पद्धति के निम्नांकित लाभ हैं :-

(1) यह कागजी की परिवर्तनशीलता को आश्वस्त करती है। एक सीमा के पश्चात् निर्गमित कागजी मुद्रा के पीछे शत-प्रतिशत स्वर्ण कोष रखे जाते हैं।

(2) इसमें जन विश्वास पाया जाता है, क्योंकि सरकार इस पद्धति के अन्तर्गत निर्गमित मुद्रा को परिवर्तित करने की गारण्टी देती है।

(3) अधि निर्गमन (Over Issue) का भय नहीं होता है, क्योंकि एक निश्चित सीमा के पश्चात् शत-प्रतिशत स्वर्ण कोष रख जाते हैं। स्वर्ण सीमित मात्रा में पाया जाता है इसलिए मुद्रा का अधिक निर्गमन नहीं होता है।

दोष (Demerits)

नोट निर्गमन की इस पद्धति के निम्न दोष हैः-

(1) इस पद्धति में लोच का अभाव (Lack of Elasticity) पाया जाता है जो कि एक अच्छी मौद्रिक प्रणाली का गुण है। एक सीमा के पश्चात् मौद्रिक सत्ता द्वारा शत-प्रतिशत कोष रखकर मुद्रा का निर्गमन किया जाता है। आर्थिक संकटकाल या आपातकाल में अतिरिक्त मुद्रा का निर्गमन नहीं होता है।

(2) यह नोट निर्गमन की महँगी प्रणाली (Expensive System) है। इसे वही देश अपनाता है जिसके पास पर्याप्त मात्रा में स्वर्ण के स्टॉक होते हैं। एक गरीब देश इस पद्धति को नहीं अपना सकता है।

(3) यह प्रणाली असुविधाजनक (Inconvenience) है, क्योंकि जब स्वर्ण स्टॉक कम हो जाते हैं तो मुद्रा को वापिस लेने के लिए कार्यवाही करनी पड़ती है। इससे अर्थव्यवस्था में मुद्रा के चयन की कमी हो जाती है।

(2) निश्चित अधिकतम विश्वाश्रित पद्धति (Fixed Maximum Fiduciary System) : इस पद्धति के अन्तर्गत सरकार अधिकतम सीमा निर्धारित करके पत्र मुद्रा का निर्गमन करती है। मौद्रिक अधिकारी अथवा केन्द्रीय बैंक को अधिकृत किया जाता है कि नोट निर्गमन की इस अधिकतम मात्रा तक किसी भी प्रकार के धातु कोष नहीं रखे जावें । कागजी मुद्रा का धातु कोषों से कोई सम्बन्ध नहीं होता है। किसी भी परिस्थिति में मौद्रिक अधिकारी इस सीमा से अधिक नोट निर्गमित नहीं कर सकता है। नोट निर्गमन की सीमा का निर्धारण करते समय व्यापार एवं उद्योग की आवश्यकताओं को ध्यान में रखा जाता है। संकटकाल/आपातकाल में

अधिक मुद्रा की आवश्यकता पड़ने पर नोट निर्गमन की इस अधिकतम सीमा को बढ़ाया जा सकता है। यह नोट निर्गमन की पद्धति 1870 से 1928 की अवधि में फ्रांस में लागू थी। देश की व्यापार की आवश्यकताओं को ध्यान में रखते हुए फ्रांस ने इस प्रणाली के अन्तर्गत नोट निर्गमन की सीमा को समय-समय पर बढ़ाया है। इस पद्धति को दूसरे विश्व युद्ध के पश्चात् इंग्लैण्ड ने अपनाया था।

गुण (Merits)

नोट निर्गमन की इस पद्धति के निम्नांकित गुण हैं :-

(1) इस पद्धति के अन्तर्गत कोई धातु कोष नहीं (No Metallic Reserves) रखने पड़ते हैं जो कि सबसे बड़ा गुण है। स्वर्ण तथा रजत धातु कोष बेकार नहीं पड़े रहते हैं।

(2) यह पद्धति लोचदार (Elastic) है, क्योंकि व्याापार एवं उद्योग की आवश्यकताओं के आधार पर मुद्रा का निर्गमन करते हुए अधिकतम सीमा निर्धारित की जाती है। सरकार इस अधिकतम सीमा में आवश्यकता पड़ने पर परिवर्तन कर सकती है।

दोष (Demerits)

इस नोट निर्गमन की पद्धति के निम्नांकित दोष हैं :-

(1) इस पद्धति का दुरुपयोग (Misuse) किया जा सकता है। आपातकाल में सरकार इसके अन्तर्गत नोट निर्गमन की सीमा में वृद्धि करके अधिक मौद्रिक संसाधन जुटा सकती है। इससे कागजी मुद्रा का अधिक निर्गमन सम्भव हो सकता है।

(2) यह प्रणाली बेलोचदार (Inelastic) बन सकती है। यदि सरकार नोट निर्गमन की अधिकतम सीमा में संशोधन नहीं करती तो देश के व्यापार एवं उद्योग की आवश्यकताओं की पूर्ति के लिए पर्याप्त मुद्रा उपलब्ध नहीं हो सकेगी।

(3) आनुपातिक कोष प्रणाली (Proportional Reserves System) : इस प्रणाली के अन्तर्गत नोट निर्गमन की मात्रा तथा धातु कोषों के बीच सम्बन्ध देश की मौद्रिक अधिसत्ता द्वारा नियम के अन्तर्गत स्थापित किया जाता है। जिस सीमा तक नोट निर्गमन की आड़ में कोई कोष नहीं रखे जाते हैं वह विश्वाश्रित प्रणाली कहलाती है। यह नोट निर्गमन की सीमा सरकारी प्रतिभूतियों की आड़ में रहती है। नोट निर्गमन की एक सीमा तक धातु कोषों की आड़ होती है। रिजर्व बैंक ऑफ इण्डिया अधिनियम, 1934 के अन्तर्गत 40 प्रतिशत आनुपातिक कोष रखने के

प्रावधान हैं। इन कोषों में स्वर्ण धातु, स्वर्ण सिक्के तथा विदेशी प्रतिभूतियों को शामिल किया जाता है। यह कोष किसी भी समय 40 करोड़ रु. से कम नहीं होना चाहिए।

इस प्रणाली को रिजर्व बैंक ऑफ इण्डिया अधिनियम, 1934 से 1956 में संशोधित करके 400 करोड़ रुपये विदेशी प्रतिभूतियों तथा 115 करोड़ रुपये स्वर्ण धातु एवं स्वर्ण सिक्कों का प्रावधान किया गया था। 1957 में इसमें संशोधन करके 200 करोड़ रु. की न्यूनतम निधि का प्रावधान किया गया। इसमें 115 करोड़ रुपये का स्वर्ण मू. होगा। इस प्रकार भारत में वर्तमान में प्रचलन में न्यूनतम कोष प्रणाली (Minimum Reserve System) है।

आनुपातिक कोष प्रणाली संयुक्त राज्य अमेरिका में भी प्रचलन में रही है।

गुण (Merits)

नोट निर्गमन की आनुपातिक कोष प्रणाली के निम्न गुण हैं :-

(1) इस प्रणाली का सबसे बड़ी लाभ इसमें पत्र मुद्रा की परिवर्तनशीलता (Convertibility of Paper Currency) है। इसमें नोट निर्गमन के पीछे एक सीमा तक आनुपातिक धातु कोष होते हैं।

(2) यह प्रणाली लोचदार (Elastic) हैं। इसके अन्तर्गत नोट निर्गमन के लिए शत-प्रतिशत धातु कोष नहीं रखे जाते हैं। इसमें जिस सीमा तक धातु कोष रखे जाते हैं, उससे कही अधिक सीमा तक नोट निर्गमन किया जा सकता है।

दोष (Demerits)

इन नोट निर्गमन की प्रणाली के निम्नांकित दोष हैं:-

(1) मुद्रा संकुचन (Contraction of Money) कठिन होता है। इस प्रणाली के अन्तर्गत मुद्रा प्रसार करना आसान है लेकिन इसमें कमी नहीं की ज़ा सकती है।

(2) नोट निर्गमन की इस प्रणाली में कागजी मुद्रा का निर्गमन एक महँगी पद्धति (Expensive System) है, क्योंकि स्वर्ण सिक्के तथा स्वर्ण धातु कोषों के रूप में बेकार पड़े रहते हैं। इनका लाभकारी उपयोग इसकी जगह सम्भव नहीं है।

(iii) काल्पनिक परिवर्तनशीलता (Imaginary Convertibility) इस नोट निर्गमन प्रणाली का एक अन्य दोष है। व्यवहार में बड़े आकार के नोट छोटे आकार के कागजी नोटों में परिवर्तनशील होते हैं न कि सिक्कों में।

(4) **प्रतिशत प्रणाली** (Percentage System) : नोट निर्गमन की यह पद्धति आनुपातिक कोष प्रणाली का एक संशोधित प्रारूप है। इसमें धातु कोषों के अनुपात

का निर्धारण करने से पूर्व न्यूनतम धातु कोषों का निर्धारण किया जाता है। इसमें स्वर्ण तथा रजत कोषों के अतिरिक्त विदेशी प्रतिभूतियाँ भी पाई जाती हैं। सन् 1956 के पूर्व भारत में यही पद्धति प्रचलन में थी। निर्गमन अधिकारी नोट निर्गमन करते समय कागजी मुद्रा के 40 प्रतिशत धातु कोष तथा विदेशी प्रतिभूतियों का प्रावधान था। शेष 60 प्रतिशत हिस्सा अन्य विदेशी प्रतिभूतियों के रूप में रखा जाता था। स्वर्ण के कोष कम-से-कम 40 करोड़ रुपये होना आवश्यक था तथा स्वर्ण का मूल्य 21 रुपये तीन आना तथा 10 पैसे रखा गया था।

गुण (Merits)

नोट निर्गमन की इस पद्धति के निम्नांकित गुण हैं :-

(1) नोट निर्गमन की इस पद्धति का प्रमुख गुण मितव्ययता (Economy) है। इसके अन्तर्गत समस्त नोट निर्गमन के पीछे स्वर्ण रखना आवश्यक नहीं है। इस प्रकार स्वर्ण का उपयोग अन्य लाभकारी कार्यों में किया जा सकता है।

(2) यह प्रणाली लोचदार (Elastic) तथा परिवर्तनशीलता (Convertibility) के गुणों पर आधारित है जो कि आनुपातिक कोष प्रणाली से सम्बन्ध रखते हैं।

दोष (Demerits)

इस प्रणाली के वे सभी दोष ए सीमायें हैं जो नोट निर्गमन की आनुपातिक कोष प्रणाली में पाई जाती हैं।

(5) **सरल जमा पद्धति** (Simple Deposit System) : इस नोट निर्गमन पद्धति के अन्तर्गत नोट निर्गमन करने वाली अधिसत्ता द्वारा निर्गमन किये गये नोटों की आड़ में स्वर्ण एवं रजत की समान मात्रा में धातु कोष रखे जाते हैं। इस प्रणाली के अन्तर्गत निर्गमित पत्र मुद्रा प्रतिनिधि मुद्रा (Representative Money) बन जाती है, क्योंकि इस कागजी मुद्रा के पीछे शत-प्रतिशत कोष रखे जाते हैं।

गुण (Merits)

सरल जमा पद्धति के निम्नांकित गुण/लाभ होते हैं :-

(1) इस प्रणाली के अन्तर्गत पूर्ण परिवर्तनशीलता (Full Convertibility) की गारण्टी दी जाती है, क्योंकि मौद्रिक अधिकारी द्वारा निर्गमित कागजी मुद्रा के पीछे शत-प्रतिशत धातु की आड़ रखी जाती है।

(2) इस कागजी मुद्रा प्रणाली का अन्य प्रमुख गुण जन विश्वास (Public Confidence) होना है, क्योंकि शत-प्रतिशत कोषों की आड़ में ही मुद्रा का निर्गमन किया जाता है।

(3) अधिक निर्गमन का भय नहीं (No Danger of Over Issue) इस मुद्रा प्रणाली का अन्य गुण है। क्योंकि इसके निर्गमन में धातु कोष रखे जाते हैं।

दोष (Demerits)

नोट निर्गमन की इस पद्धति के निम्नांकित दोष हैं:-

(1) यह नोट निर्गमन की पद्धति महँगी (Expensive) है, क्योंकि स्वर्ण तथा रजत कोष रखे जाते हैं जिनका कोई उपयोग नहीं होता है।

(2) लोच का अभाव (Lack of Elasticity) कागजी मुद्रा निर्गमन की इस पद्धति का एक अन्य दोष है, क्योंकि नोट निर्गमन की इस पद्धति में मुद्रा का विस्तार करने हेतु शत-प्रतिशत धातु कोषों की व्यवस्था करनी पड़ती है।

(6) सरकारी बॉण्ड जमा प्रणाली (Government Bond Deposit System): नोट निर्गमन की इस पद्धति के अन्तर्गत केन्द्रीय बैंक अथवा मौद्रिक अधिकारी को नोट निर्गमन के लिए किसी भी प्रकार के धातु कोष रखने की आवश्यकता नहीं पड़ती है। नोट निर्गमन करते समय कागजी मुद्रा के मूल्य के बराबर सरकारी बॉण्ड्स अथवा ट्रेजरी बिल रखने पड़ते हैं। इस प्रकार के बॉण्ड्स/ट्रेजरी बिल सरकार द्वारा अल्पकाल के लिए निर्गमन किये जाते हैं। नोट निर्गमन करने वाले मौद्रिक अधिकारी को ये बॉण्ड्स/ट्रेजरी बिल सुपुर्द कर दिये जाते हैं।

गुण (Merits)

नोट निर्गमन की इस पद्धति के निम्नांकित गुण हैं :-

(1) **अधिक निर्गमन का भय नहीं** (No Fear of Over Issue) यह इस नोट निर्गमन पद्धति का प्रमुख गुण है। मौद्रिक अधिकारी बिना ट्रेजरी बिल अथवा सरकारी बॉण्ड्स के नोट निर्गमन का कार्य नहीं कर सकता है।

दोष (Demerits)

नोट निर्गमन की इस पद्धति के निम्नांकित दोष हैं:-

(1) **लोच का अभाव** (Lack of Elasticity) नोट निर्गमन की इस पद्धति का प्रमुख दोष है। जब तक ट्रेजरी बिलों/सरकारी बॉण्ड्स की पूर्ति में वृद्धि नहीं की जाती है तब तक अतिरिक्त नोटों का निर्गमन नहीं किया जा सकता है।

भारत सरकार ने इस प्रणाली को आंशिक रूप से 1902 में स्वीकार किया लेकिन 1905 में विदेशी विनिमय संकट के कारण इसका परित्याग कर दिया। संयुक्त राज्य अमेरिका ने इस पद्धति को 1913 में अपनाया लेकिन इसमें लोच का अभाव होने के कारण इसका परित्याग करना पड़ा।

(7) न्यूनतम कोष प्रणाली (Minimum Reserve System) : इस पद्धति के अन्तर्गत नोट निर्गमन के लिए न्यूनतम कोष रखने का प्रावधान होता है। इन कोषों में स्वर्ण धातु, स्वर्ण सिक्के तथा विदेशी प्रतिभूतियों को शामिल किया जाता है। इस पद्धति के अन्तर्गत केन्द्रीय बैंक राष्ट्रीय हित में जितनी मुद्रा को आवश्यक समझती है उसका निर्गमन कर सकती है। भारत में न्यूनतम कोष पद्धति सन् 1956 में स्वीकार की गई थी। इसके पहले आनुपातिक कोष पद्धति प्रचलन में थी।

गुण (Merits)

नोट निर्गमन की इस पद्धति के निम्नांकित गुण/लाभ हैं :-

(1) यह नोट निर्गमन पद्धति **अधिक मितव्ययी** (More Economical) है। इसके अन्तर्गत स्वर्ण एवं रजत धातु कोष बेकार नहीं पड़े रहते हैं। इसके अन्तर्गत स्वर्ण एवं रजत के शत-प्रतिशत कोष नहीं रखे जाते हैं, केवल न्यूनतम कोष रखे जाते हैं।

(2) नोट निर्गमन की यह पद्धति **लोचदार** (Elastic) है, क्योंकि न्यूनतम कोष रखकर सरकार/केन्द्रीय बैंक किसी भी सीमा तक नोट निर्गमन का कार्य कर सकती है।

दोष (Demerits)

नोट निर्गमन की इस पद्धति के निम्नांकित दोष हैं:-

(1) नोट निर्गमन की यह पद्धति **स्फीतिकारी** (Inflationary) होती है, क्योंकि नोट निर्गमन के लिए न्यूनतम कोष के पश्चात् कोई धातु कोष नहीं रखने पड़ते हैं।

(2) इस नोट निर्गमन का एक दोष है **परिवर्तनशीलता की कोई गारण्टी नहीं** (No Guarantee of Convertibility) होना है। इसके कारण मौद्रिक सत्ता द्वारा निर्गमित मुद्रा में जन विश्वास पैदा नहीं होता है।

5

भारत में मुद्रा की पूर्ति के वैकल्पिक माप
(Alternative Measures of Money Supply in India)

किसी भी देश में आर्थिक क्रियाओं के सफल संचालन हेतु सुनियोजित मुद्रा आपूर्ति की आवश्यकता होती है। मुद्रा आपूर्ति एक विकासशील अर्थव्यवस्था के विकास के लिए एक महत्वपूर्ण तकनीक है। एक सुनियोजित मुद्रा आपूर्ति प्रणाली आर्थिक विकास की तीव्र दर स्थायित्व के साथ प्राप्त करने के लिए आवश्यक है। सामान्यतः किसी भी अर्थव्यवस्था में मुद्रा की आपूर्ति का नियमन एवं नियन्त्रण देश की केन्द्रीय बैंक द्वारा किया जाता है। मुद्रा अ.पूर्ति में मुद्रा निर्गमन की पद्धति, नोट निर्गमन की प्रणाली, मुद्रा की आवश्यकता तथा नोट निर्गमन से सम्बन्धित समस्याओं को शामिल किया जाता है। इसके अतिरिक्त मुद्रा के विदेशी मूल्य, विनिमय दर प्रणाली आदि भी मुद्रा आपूर्ति के अभिन्न अंग हैं। देश में मुद्रा की आपूर्ति विनिमय दरों के उतार-चढ़ाव, भुगतान सन्तुलन की अनुकूलता तथ प्रतिकूलता, व्यापार में उतार-चढ़ाव तथा औद्योगिक जगत आदि से भी प्रभावित होती है।

इस प्रकार मुद्रा आपूर्ति के अन्तर्गत मुद्रा के निर्गमन, इसके नियोजन, निर्देशन, नियन्त्रण तथा अन्तर्राष्ट्रीय परिस्थितियों से सम्बन्धित पहलुओं का अध्ययन किया जाता है।

भारत में मुद्रा आपूर्ति प्रणाली (Money Supply System in India)

भारत में वर्तमान समय में मुद्रा आपूर्ति की एकमात्र जिम्मेदारी रिजर्व बैंक ऑफ इण्डिया की है। रिजर्व बैंक भारत का केन्द्रीय बैंक है तथा यह सर्वोच्च बैंकिंग अधिकरण (Apex Banking Authority) है। भारतीय रुपया मुख्य मुद्रा है। यह

लेखा मुद्रा, विनिमय माध्यम तथा मूल्य मापक का आधार है। लेन-देन को आसान बनाने के लिए सांकेतिक मुद्रा के रूप में छोटे सिक्कों का निर्गमन किया जाता है। मुद्रा के मूल्य में गिरावट तथा स्फीतिकारी दबावों से सिक्कों का प्रचलन कम हो गया है। सामान्यतः 50 पैसे तथा 1, 2, 5, 10 रुपये के सिक्के प्रचलन में हैं क्योंकि सिक्कों का लेखा इकाई के रूप में महत्व निरन्तर घटता जा रहा है।

देश की आधारभूत मुद्रा-रुपया (Basic Currency of Country—Rupee)

भारत की आधारभूत मुद्रा प्रचलन में रुपया है। यह 16 आने के बराबर था। लेकिन अप्रैल 1957 से दशमलव प्रणाली अपनाने के कारण एक रुपया 100 पैसे के बराबर हो गया है। वर्तमान में रिजर्व बैंक ऑफ इण्डिया विभिन्न आकार के नोट निर्गमन करने के लिए अधिकृत है जैसे 2 रुपया, 5 रुपया, 10 रुपया, 20 रुपया, 50 रुपया, 100 रुपया, 500 रुपया तथा 1000 रुपया। इन सभी नोटों पर रिजर्व बैंक के गवर्नर के हस्ताक्षर होते हैं और इन नोटों के बदले नोट देने की प्रतिज्ञा गर्वनर द्वारा की जाती है। यह एक विधिग्राह्य मुद्रा के रूप में परिवर्तनशील है। यह परिवर्तनशीलता पुराने नोट के स्थान पर नये नोट पर निर्भर करती है।

भारत में नोट निर्गमन की विधियाँ (Methods of Note Issue in India)

नोट निर्गमन का एकाधिकार रिजर्व बैंक ऑफ इण्डिया का है। रिजर्व बैंक ने नोट की विभिन्न विधियों का उपयोग किया है। इन नोट निर्गमन की विधियों का विवरण इस प्रकार है :

नोट निर्गमन की आनुपातिक पद्धति (Proportionate System of Note Issue) : नोट निर्गमन की इस पद्धति के अन्तर्गत नोट निर्गमन तथा धातु कोष के बीच सम्बन्ध वैधानिक आधार पर निश्चित किया गया है। धातु कोषों का एक निश्चित अनुपात वैधानिक रूप से रखना आवश्यक है। रिजर्व बैंक ने इस पद्धति के अन्तर्गत मुद्रा की कुल पूर्ति का 40 प्रतिशत हिस्सा स्वर्ण तथा विदेशी प्रतिभूतियों में रखा था। 40 करोड़ रुपये मूल्य का स्वर्ण तथा 60 प्रतिशत चाँदी, सरकारी प्रतिभूतियों, प्रतिज्ञा पत्रों, आदि के रूप में रखना आवश्यक था। देश की मुद्रा में जन विश्वास को बनाये रखने के लिए अधिक स्वर्ण तथा अन्य निर्धारित कोष रखे जाते थे। इस नोट निर्गमन पद्धति की निम्न विशेषतायें थीं :

(i) प्रचलित मुद्रा के 40 प्रतिशत भाग स्वर्ण तथा सरकारी प्रतिभूतियों एवं अन्य कोषों में रखे जाते थे।

(ii) रिजर्व बैंक को 40 करोड़ रुपये का स्वर्ण रखना आवश्यक था।

(iii) शेष 60 प्रतिशत भाग मुद्रा की आपूर्ति का चाँदी तथा अन्य सरकारी प्रतिभूतियों के रूप में रखना आवश्यक था।

स्वतंत्रता प्राप्ति के पश्चात् भारत ने आर्थिक विकास के लिए नियोजित प्रणाली को स्वीकार किया। आर्थिक विकास के कार्यों पर अधिक निवेश की आवश्यकता थी और अधिक मुद्रा की आपूर्ति आवश्यक हो गई थी। नोट निर्गमन की आनुपातिक पद्धति आवश्यक हो गई थी। नोट निर्गमन की आनुपातिक पद्धति के अन्तर्गत अधिक मुद्रा का निर्गमन संभव नहीं था क्योंकि यह पद्धति लोचपूर्ण नोट निर्गमन पद्धति नहीं थी। ऐसी स्थिति में नोट निर्गमन का आनुपातिक पद्धति के स्थान पर न्यूनतम निधि अनुपात पद्धति को अपनाया गया।

भारत की वर्तमान मौद्रिक प्रणाली
(India's Present Monetary System)

भारत में वर्तमान समय में कागजी मुद्रा मान पर आधारित मुद्रा प्रचलन में है। रिजर्व बैंक ऑफ इण्डिया अधिनियम, 1934 (RBI Act 1934) की धारा 22 के अन्तर्गत देश में मुद्रा निर्गमन का एकाधिकार रिजर्व बैंक को प्राप्त है। लेकिन एक रुपये का सिक्का, नोट तथा अन्य आकार के सिक्के जैसे 50 पैसे, 25 पैसे, 20 पैसे, 10 पैसे तथा 5 पैसे भारत सरकार द्वारा भारतीय सिक्का अधिनियम के अन्तर्गत निर्गमित किया जाते हैं। यद्यपि एक रूपये का नोट, सिक्के तथा अन्य सिक्के निर्गमन का कार्य केन्द्रीय सरकार द्वारा किये जाते हैं लेकिन इनको चलन में प्रवाहित करने का दायित्व रिजर्व बैंक ऑफ इण्डिया का है। एक रुपय के नोट पर सचिव, वित्त मन्त्रालय, भारत सरकार के हस्ताक्षर होते हैं जबकि अन्य मूल्य के नोटों पर हस्ताक्षर गवर्नर, भारतीय रिजर्व बैंक के होते हैं।

भारतीय मौद्रिक प्रणाली नोट निर्गमन के बैंकिंग सिद्धान्त पर आधारित है। इस सिद्धान्त के अन्तर्गत कागजी मुद्रा निर्गमन के लिए एक निश्चित अनुपात स्वर्ण व अन्य कोषों के रूप रखना पड़ता है लेकिन ऐसे कोष शत-प्रतिशत रखना मौद्रिक अधिसत्ता के लिए आवश्यक नहीं होता है। अर्थव्यवस्था की आवश्यकता को ध्यान में रखते हुए सरकार मौद्रिक अधिसत्ता के माध्यम से मुद्रा की मात्रा में कमी अथवा वृद्धि कर सकती है। इस प्रणाली के अन्तर्गत नोट निर्गमन लोचदार है तथा सुरक्षा सिद्धान्त से जुड़ा हुआ नहीं है।

नोट निर्गमन की न्यूनतम कोष पद्धति
(Minimum Reserve System of Note Issue)

वर्ष 1956 से भारत में नोट निर्गमन की न्यूनतम कोष पद्धति को अपनाया गया है। नोट निर्गमन के पीछे धातु तथा विदेशी प्रतिभूतियों का एक न्यूनतम कोष रखना आवश्यक होता है। ये कोष मुद्रा की आपूर्ति से सम्बन्ध नहीं रखते हैं। न्यूनतम कोष रखने के पश्चात् मुद्रा का निर्गमन किसी भी सीमा तक किया जा सकता है। वर्तमान पद्धति के अन्तर्गत भारत सरकार 200 करोड़ रुपये के न्यूनतम कोष रखती है और किसी भी मात्रा में नोट निर्गमन संभव है। इन 200 करोड़ रुपये के कोषों में कम से कम 115 करोड़ रुपये के स्वर्ण कोष तथा शेष 85 करोड़ रुपये के कोष विदेशी प्रतिभूतियों में रखना आवश्यक है। इस प्रकार भारत में नोट निर्गमन जिस पद्धति के अन्तर्गत किया जाता है उसे न्यूनतम निधि प्रणाली (Minimum Reserve System) कहा जाता है।

1957 में एक संशोधन के अनुसार भारत सरकार की अनुमति से विदेशी विनिमय रखने की आवश्यकता नहीं है।

न्यूनतम कोष पद्धति के गुण
(Merits of Minimum Reserve System)

(1) मितव्ययी (Economical) : नोट निर्गमन की यह पद्धति मितव्ययी है क्योंकि इसके अन्तर्गत चलन के पीछे शत-प्रतिशत धातु कोष रखने की आवश्यकता नहीं है। स्वर्ण या रजत के रूप में कोष रखने की आवश्यकता नहीं पड़ती है।

(2) लोचपूर्ण (Flexibility) : इस प्रणाली का एक गुण इसकी लोचपूर्णता है जिसके कारण मौद्रिक अधिसत्ता को मुद्रा निर्गमन के लिए न्यूनतम स्वर्ण एवं विदेशी प्रतिभूतियों के रूप में कोष रखने पड़ते हैं। इन न्यूनतम कोषों के पश्चात् किसी भी सीमा तक पत्र मुद्रा का निर्गमन किया जा सकता है।

(3) व्यापक उपयुक्तता (Wider Suitability) : इस प्रकार की नोट निर्गमन की प्रणाली किसी भी देश में व्यापाक रूप में उपयोगी होती है चाहे आर्थिक विकास की स्थिति कैसी भी हो तथा मुद्रा की आवश्यकता कितनी भी हो। निर्धन देशों में जहाँ धातुओं तथा अन्य कोषों की कमी होती है वहाँ यह पद्धति अधिक उपयुक्त होती है क्योंकि इन देशों में आर्थिक विकास के लिए अधिक वित्त की आवश्यकता पड़ती है।

न्यूनतम प्रणाली के दोष
(Demerits of Minimum Reserve System)

भारत में नोट निर्गमन की न्यूनतम कोष प्रणाली के निम्न दोष हैं :

(1) स्फीति का भय (Fare of Inflation) : इस प्रणाली का सबसे बड़ा दोष इसके स्फीतिकारी प्रभाव (Inflationary effects) हैं क्योंकि सरकार असीमित मात्रा में नोट निर्गमन करने की स्थिति में होती है। नोट निर्गमन के लिए न्यूनतम कोष के पश्चात् कोई कोष नहीं रखने पड़ते हैं इसलिए मुद्रा की मात्रा तथा वस्तुओं एवं सेवाओं की पूर्ति के बीच अन्तराल (Gap) उत्पन्न हो जाता है और इससे देश में स्फीतिकारी दुष्प्रभाव उत्पन्न हो जाते हैं।

(2) जन विश्वास की कमी (Lack of Public Confidence) : नोट निर्गमन की इस पद्धति में जन विश्वास कम पाया जाता है क्योंकि नोट निर्गमन के पीछे शत-प्रतिशत कोष नहीं रखे जाते हैं। स्फीतिकारी प्रकृतियों से वस्तुओं तथा सेवाओं की कीमतों में निरन्तर वृद्धि होती है तथा मुद्रा के मूल्य में गिरावट आती है जिसके परिणामस्वरूप जन विश्वास में कमी आ जाती है।

(3) अपरिवर्तनशीलता (Inconvertibility) : भारत में पत्र मुद्रा का निर्गमन रिजर्व बैंक द्वारा किया जाता है जिसके अन्तर्गत केवल 200 करोड़ रुपये के न्यूनतम कोष रखने पड़ते हैं। देश की मुद्रा स्वर्ण अथवा विदेशी विनिमय में परितवर्तनशील नहीं होती है केवल मुद्रा के बदले मुद्रा परिवर्तनशील होती है।

(4) घटता हुआ आन्तरिक मूल्य (Decreasing Internal Value) : भारतीय मुद्रा निर्गमन की वर्तमान पद्धति ने रुपये के आन्तरिक मूल्य में स्थायित्व प्रदान करने में असफलता प्राप्त की है। आन्तरिक कीमत स्तर में निरन्तर वृद्धि के कारण प्रतिवर्ष भारतीय रुपये का मूल्य घटता जा रहा है। यही कारण है कि आजादी के पश्चात् भारतीय रुपये का कई बार अवमूल्यन किया जा चुका है।

मुद्रा आपूर्ति के स्त्रोत
(Sources of Money Supply)

मुद्रा आपूर्ति का आशय किसी समय बिन्दु पर मुद्रा की कुल मात्रा से है जिसका उपयोग वस्तुओं तथा सेवाओं के विनिमय के रूप में किया जाता है। मुद्रा आपूर्ति में जनता द्वारा बैंक जमाओं में जमा राशि को शामिल नहीं किया जाता है लेकिन

बैंक जमा विनिमय माध्यम के रूप में महत्वपूर्ण भूमिका का निर्वहन कर रहे हैं। बैंक जमा परोक्ष रूप से विनिमय माध्यम का एक महत्वपूर्ण स्त्रोत है। बैंक खातों में विभिन्न प्रकार के बैंक जमाओं को मुद्रा आपूर्ति में शामिल किया जाता है। मुद्रा आपूर्ति के अनुमान लगाते समय एक व्यापक दृष्टिकोण अपनाया जाता है। मुद्रा आपूर्ति के निम्नलिखित स्त्रोत अपनाये जाते हैं :

(1) रिजर्व बैंक द्वारा निर्गमित मुद्रा (Money Issued by the RBI) : भारतीय चलन अधिनियम के अन्तर्गत रिजर्व बैंक ऑफ इण्डिया विधिग्राह्य मुद्रा निर्गमन के लिए अधिकृत है। इस प्रकार का कुल निर्गमन मुद्रा आपूर्ति का प्रमुख स्त्रोत है। 2 रुपये से 1000 रुपये के निर्गमन नोटों में से रद्द किये गये नोट इसकी गणना का आधार होते हैं।

(2) सरकार द्वारा निर्गमित मुद्रा (Money Issued by Government) : भारतीय चलन अधिनियम के अन्तर्गत भारत सरकार का वित्त मन्त्रालय सिक्के निर्गमन करने के लिए अधिकृत होता है। 50 पैसे से 10 रुपये तक के आकार के सिक्के सरकार द्वारा निर्गमित किये जाते हैं और सभी वैधानिक सिक्के मुद्रा की पूर्ति में शामिल किये जाते हैं। 50 पैसे के सिक्कों का चलन अब नाममात्र का रह गया है।

(3) बैंकों में जमा मुद्रा (Money Deposited in Banks) : जनता द्वारा अपनी बचतें विभिन्न प्रकार के खातों में बैंकों में जमा की जाती हैं। इन जमाओं के आधार पर बैंक ऋण एवं अग्रिम (Loans and Advances) देने का कार्य करते हैं। बैंकों की उधार लेने तथा देने की क्रियाओं से व्युत्पन्न जमाओं (Derived Deposits) में वृद्धि होती है और यह राशि विनिमय माध्यम के रूप में प्रचलन में पाई जाती है।

इस प्रकार किसी समयावधि में कुल मुद्रा आपूर्ति में इन तीनों तत्वों को शामिल किया जाता है।

मुद्रा आपूर्ति की अवधारणायें
(Concepts or Components of Money Supply)

मुद्रा की मात्रा की गणना रिजर्व बैंक ऑफ इण्डिया द्वारा मुद्रा आपूर्ति के चार तत्वों अथवा अवधारणाओं के आधार पर की जाती है। मुद्रा आपूर्ति के लिए रिजर्व बैंक ऑफ इण्डिया द्वारा संकीर्ण तथा व्यापक अवधारणायें (Narrow and Broad Concepts) अपनाई हैं।

मुद्रा आपूर्ति की संकीर्ण अवधारणा
(Narrow Approach to Money Supply - M_1)

मुद्रा आपूर्ति की इस अवधारणा या दृष्टिकोण के अन्तर्गत निम्न मदों को शामिल किया गया है :-

(1) जनता के पास चलन (Currency with Public - C)

(2) बैंकों के पास माँग जमायें (Demand Deposits with Banks - D)

मुद्रा आपूर्ति के व्यापक दृष्टिकोण
(Broad Approach to Money Supply - M_3)

मुद्रा आपूर्ति के व्यापक दृष्टिकोण (M_3) के अन्तर्गत निम्न मदों को शामिल किया गया है -

(1) जनता के पास चलन (Currency with Public - C)

(2) बैंकों के पास माँग जमायें (Demand Deposits with Banks - D)

(3) बैंकों के पास समय जमायें (Time Deposits with Banks - TD)

M_3 की आपूर्ति के प्रमुख स्त्रोत (The Major Sources of Supply of M_3) निम्नलिखित हैं :-

(1) सरकार को विशुद्ध रिजर्व बैंक ऑफ इण्डिया साख (Net-RBI Credit to Government)

(2) सरकार को अन्य बैंकों द्वारा दी जाने वाली साख (Other Bank Credit to Government)

(3) अन्य बैंकों से व्यापारिक साख (Other Banks Commercial Credit)

(4) बैंकिंग क्षेत्र की विशुद्ध विदेशी विनिमय परिसम्पत्तियाँ (Net Foreign Exchange Assets of the Banking Sector)

रिजर्व बैंक ऑफ इण्डिया द्वारा गठित द्वितीय कार्यदल (Second Working Group) 1977 द्वारा मुद्रा आपूर्ति की दो अवधारणाओं का प्रतिपादन किया है जो M_2 तथा M_4 हैं। M_2 की अवधारणा में M_1 तथा डाक खानों में बचत खातों की जमा सम्मिलित हैं जबकि M_4 की अवधारणा में M_3 तथा डाकखानों में कुल जमायें (राष्ट्रीय बचत प्रमाण-पत्रों को छोड़कर) सम्मिलित हैं।

इस प्रकार मुद्रा की पूर्ति की अवधारणाओं को रिजर्व बैंक ऑफ इण्डिया द्वारा निम्न प्रकार से परिभाषित किया गया है :-

(i) M_1 = जनता के पास चलन (C) + बैंकों के पास माँग जमा (D)

(ii) M_2 = M_1 + डाक घरों मे बचत बैंक जमायें

(iii) M_3 = M_1 + बैंकों के पास समय जमायें

(iv) M_4 = M_3 + डाक घरों में बचत संगठनों में जमायें।

रिजर्व बैंक ऑफ इण्डिया द्वारा M_1 तथा M_3 की मुद्रा आपूर्ति के प्रमुख स्त्रोतों तथा अवधारणाओं संबंधी आँकड़ों का पाक्षिक प्रकाशन किया जाता है।

देश की अथव्यवस्था में सामान्य मुद्रा की कुल पूर्ति केन्द्रीय बैंक के संयुक्त व्यवहार द्वारा निर्धारित होती है जिसके द्वारा उच्च शक्ति के कुल निर्गमन का नियन्त्रण किया जाता है। व्यापारिक बैंक साख सृजन का कार्य करते है जिससे माँग जमाओं की सामान्य मात्रा प्रभावित होती है जिससे नकद कोषों का आधिक्य भी व्यापारिक बैंकों के माध्यम से प्रभावित होते हैं।

मुद्रा आपूर्ति की अवधारणाओं का महत्व
(Importance of Components of Money Supply)

मुद्रा की प्रभावी पूर्ति से आशय मुद्रा आपूर्ति के सभी तत्व सन्तुलित रूप से क्रियाशील हैं। मुद्रा आपूर्ति की महत्वपूर्ण अवधारणा रिजर्व बैंक ऑफ इण्डिया द्वारा निर्गमित मुद्रा की मात्रा है। मुद्रा की मात्रा अर्थव्यवस्था की आवश्यकतानुसार ही निर्गमित की जानी चाहिए। रिजर्व बैंक द्वारा त्रैमासिक प्रतिवेदन (Quarterly Report) तैयार की जाती है जिससे देश की मुद्रा एवं वित्त की व्यावहारिक स्थिति को दर्शाया जाता है। मुद्रा आपूर्ति का एक प्रत्यक्ष स्त्रोत केन्द्रीय सरकार द्वारा निर्गमित मुद्रा है जिसके द्वारा लेन-देन आसानी से सम्पन्न करने की भूमिका अदा की जाती है तथा तीसरी अवधारणा बहुत व्यापक है जो कि बैंक जमा है जिससे मुद्रा आपूर्ति प्रभावित होती है।

मुद्रा आपूर्ति के विभिन्न तत्वों का नीचे विवेचन किया जा रहा है :-

(1) रिजर्व बैंक द्वारा निर्गमित मुद्रा (Money Issued by the Reserve Bank) : रिजर्व बैंक ऑफ इण्डिया देश का सर्वोच्च बैंकिंग संस्थान है जिसके द्वारा मुद्रा का नियमन एवं नियन्त्रण किया जाता है। इस बैंकिंग संस्थान को नोट निर्गमन का एकाधिकार प्राप्त है। मौद्रिक नीति के माध्यम से रिजर्व बैंक देश में मौद्रिक प्रणाली का प्रबंधन करता है। यह केन्द्रीय सरकार का एक अभिन्न अंग है लेकिन अपने कार्य संचालन में इसे स्वायत्तता प्राप्त है। सरकार द्वारा हीनार्थ वित्त प्रबंधन

अपनाने पर रिजर्व बैंक नई मुद्रा का निर्गमन करता है। यह केन्द्र सरकार को ऋण प्रदान करने का कार्य करता है। मौद्रिक नीति के अन्तर्गत रिजर्व बैंक ऑफ इण्डिया या तो सस्ती मुद्रा नीति (Cheap Money Policy) अपनाता है जिससे साख का प्रसार (Expansion of credit) होता है अथवा महँगी मुद्रा नीति (Dear Money Policy) अपनाता है जिससे साख का संकुचन (Contraction of Credit) होता है। इन दोनों ही परिस्थितियों में सम्पूर्ण देश की अर्थव्यवस्था प्रभावित होती है।

इस प्रकार रिजर्व बैंक ऑफ इण्डिया द्वारा निर्गमित मुद्रा के महत्व या भूमिका का अध्ययन निम्न रूपों में किया जा सकता है :

(i) रिजर्व बैक ऑफ इण्डिया नोट निर्गमन करने वाली संस्था का कार्य करता है जिससे सम्पूर्ण अर्थव्यवस्था प्रभावित होती है।

(ii) रिजर्व बैंक देश में स्फीतिकारी दबावों के नियन्त्रण एवं नियमन के रूप में कार्य करता है।

(iii) मुद्रा की आपूर्ति में परिवर्तन करके रिजर्व बैंक देश की मौद्रिक प्रणाली में महत्वपूर्ण भूमिका अदा करता है जिससे व्यापार एवं उद्योग की आवश्यकतायें पूरी होती हैं।

(iv) विकास कार्यों के लिए व्यय पूर्ति करने के लिए जब केन्द्रीय सरकार घाटे की वित्त व्यवस्था अपनाती है तो रिजर्व बैंक वित्त प्रदान करता है।

(v) स्फीति एवं अवस्फीति की दशाओं में रिजर्व बैंक मुद्रा की पूर्ति का नियमन, निदेशन एवं नियन्त्रण करता है और अर्थव्यवस्था में मुद्रा पूर्ति को सन्तुलित करके कीमत स्थायित्व प्रदान करता है।

(2) सरकार द्वारा निर्गमित मुद्रा (Money Issued by the Government): केन्द्र सरकार सर्वोच्च प्रजातान्त्रिक अधिकरण है जिसके द्वारा देश में विकास की गति को तेज करने का दायित्व है। इस दृष्टि से मुद्रा की पूर्ति में केन्द्रीय सरकार महत्वपूर्ण कार्य करती है। रिजर्व बैंक केन्द्र सरकार के एक अभिन्न अंग के रूप में कार्य करता है। रिजर्व बैंक केन्द्र सरकार द्वारा दिये गये सभी निर्देशों का अनुपालन करता है। केन्द्र सरकार मुद्रा की पूर्ति को निम्न रूपों में प्रभावित करती है :-

(i) जब विकास कार्यों के वित्त प्रबंधन के लिए केन्द्रीय सरकार हीनार्थ वित्त प्रबंधन अपनाती है और केन्द्र सरकार के निर्णय लेने से मुद्रा की आपूर्ति प्रभावित होती है।

(ii) पत्र मुद्रा मान तथा प्रचलन में मुद्रा का आधार जन विश्वास होता है। यह जन विश्वास केन्द्र स्तर पर सरकार के स्थायित्व पर निर्भर करता है।

(iii) वर्तमान में हमारे देश में नोट निर्गमन न्यूनतम कोष प्रणाली पर आधारित है जिसे केन्द्र सरकार ने स्वीकार किया है और इसमें सरकार की भूमिका महत्वपूर्ण होती है।

(iv) एक देश में सुदृढ़ मौद्रिक प्रणाली केन्द्र सरकार की दृढ़ इच्छा शक्ति पर निर्भर करती है और इस प्रकार देश में मुद्रा की पूर्ति सरकार द्वारा प्रभावित होती है।

(3) **बैंकों में जमा मुद्रा** (Money Deposited in Banks) : बैंकिंग गतिविधियों से व्यापारिक बैंक भी मुद्रा आपूर्ति को प्रभावित करते हैं। इन बैंकों द्वारा न केवल मुद्रा में व्यवसाय किया जाता है बल्कि मुद्रा का सृजन भी किया जाता है। मुद्रा की पूर्ति का यह एक महत्वपूर्ण स्त्रोत है जिसे बैंकों द्वारा साख सृजन की संज्ञा दी जाती है। मुद्रा आपूर्ति में व्यापारिक बैंकों का योगदान निम्न रूपों में देखा जा सकता है:-

(i) व्यापारिक बैंक मुद्रा आपूर्ति को प्रभावित करते हैं क्योंकि वे अपनी जमाओं के आधार पर साख सृजन का कार्य करते हैं।

(ii) बैंकों के विभिन्न उपकरण (Instruments) जैसे- चैक, डिमाण्ड ड्राफ्ट, साख पत्र, यात्री चैक, ऋण एवं साख परिपत्र (Debit and Credit Cards) आदि बैंक मुद्रा के आधार पर जारी किये जाते हैं।

(iii) व्यापारिक बैंक रिजर्व बैंक ऑफ इण्डिया तथा जनता के बीच मध्यस्थ का कार्य करते हैं। व्यापारिक बैंकों के माध्यम से मुद्रा का विनिमय किया जाता है। रिजर्व बैंक व्यापारिक बैंकों के माध्यम से साख का नियमन एवं नियन्त्रण करता है। मुद्रा आपूर्ति आसान हो जाती है क्योंकि व्यापारिक बैंक रिजर्व बैंक तथा जनता के बीच एक कड़ी का कार्य करते हैं।

इस प्रकार मुद्रा आपूर्ति के विभिन्न तत्व अपना महत्वपूर्ण स्थान रखते हैं। इनका सापेक्षिक महत्त्व होता है। रिजर्व बैंक ऑफ इण्डिया एक सक्रिय भूमिका का निर्वहन नहीं कर सकता है जब तक केन्द्रीय सरकार के निर्देश प्राप्त नहीं होते हैं। देश में रिजर्व बैंक ऑफ इण्डिया की मुद्रा आपूर्ति प्रणाली का निर्देशन व्यापारिक बैंकों द्वारा होता है। इस प्रकार मुद्रा आपूर्ति के सभी तत्व एक दूसरे से सम्बन्धित हैं।

मुद्रा का चलन वेग प्रवाह (Velocity of Circulation of Money)

जब मुद्रा आपूर्ति का अध्ययन एक समय बिन्दु के स्थान पर एक समयावधि के अन्तर्गत किया जाता है तब मुद्रा के चलन वेग प्रवाह का लेखा-जोखा करना होता हैं। एक मुद्रा की इकाई कई सौदों में खर्च की जाती है और दी हुई अवधि में यह

इकाई एक व्यक्ति से दूसरे व्यक्ति के पास जाती है जिसे मुद्रा के चलन वेग का प्रवाह कहा जाता है। इस प्रकार मुद्रा के चलन वेग का प्रवाह एक मुद्रा की इकाई की औसत संख्या को दर्शाता है जिसका उपयोग एक दी हुई अवधि में वस्तुओं तथा सेवाओं के क्रय के लिए किया जाता है।

एक दी हुई अवधि में मुद्रा की कुल पूर्ति का अनुमान कुल मुद्रा की मात्रा को इसके चलन वेग से गुणा करके लगाया जा सकता है। इस प्रकार कुल मुद्रा की पूर्ति (MV) मुद्रा की मात्रा को इसके चलन वेग से गुणा करके (MxV) प्राप्त किया जा सकता है। M चलन में कुल मुद्रा की मात्रा तथा V इसके चलन वेग को दर्शाता है। इस प्रकार कुल मुद्रा की पूर्ति एक बड़ी सीमा तक इसके चलन प्रवाह से प्रभावित होती है। अन्य बातें समान रहते हुए यदि मुद्रा के चलन वेग में वृद्धि होती है तो मुद्रा की मात्रा (पूर्ति) में भी वृद्धि होती है तथा इसके कम होने पर मुद्रा की पूर्ति कम होती है। सभी प्रकार की मुद्राओं --धातु मुद्रा, कागजी मुद्रा तथा साख मुद्रा की चलन वेग होता है। वर्तमान समय में पत्र मुद्रा मान प्रचलित है जो कि अपरिवर्तनीय मुद्रा लेती है तथा साख मुद्रा इस पर आधारित होती है। एक दी हुई अवधि में मुद्रा का पूर्ति का अनुमान लगाने के लिए पत्र मुद्रा तथा साख मुद्रा की मात्रा तथा इसके चलन वेग को आधार माना जाता है। रिजर्व बैंक ऑफ इण्डिया का मुद्रा के चलन वेग पर कोई नियन्त्रण नहीं होता है। इस प्रकार चलन में प्रवाह स्टॉक (Flow of Stock in Circulation) मुद्रा स्टॉक (Stock of Money) से अधिक महत्वपूर्ण होता है।

मुद्रा के चलन वेग को प्रभावित करने वाले तत्व
(Factors Affecting the Velocity of Circulation of Money)

मुद्रा के चलन वेग प्रवाह को प्रभावित करने वाले अनेक तत्व हैं। मुद्रा के चलन वेग से देश की सम्पूर्ण अर्थव्यवस्था प्रभावित होती है। मुद्रा के चलन वेग प्रवाह को प्रभावित करने वाले तत्व निम्नलिखित हैं :-

(1) मुद्रा की मात्रा (Quantity of Money) : अर्थव्यवस्था में मुद्रा का चलन वेग मुद्रा की पूर्ति पर निर्भर करता है। मुद्रा अर्थव्यवस्था में अनेक सौदों के सम्पादन का कार्य करती है। यदि देश में मुद्रा की पूर्ति आवश्यकता से कम होती है तो मुद्रा के चलन वेग में वृद्धि हो जाती है। इसके विपरीत आवश्यकता से अधिक मुद्रा की पूर्ति होने पर मुद्रा का चलन वेग कम होगा।

(2) नकद सौदों की आवृत्ति (Frequency of Cash Transactions) : यदि अर्थव्यवस्था में नकद सौदों के माध्यम से क्रय-विक्रय किया जाता है तो चलन

वेग में वृद्धि होगी। इसके विपरीत नकद सौदों की आवृत्ति कम होने पर मुद्रा का चलन वेग कम होगा।

(3) साख सुविधायें (Credit Facilites) : यही लोगों को साख सुविधायें उपलब्ध हैं तो उन्हें नकद कोष रखने की आवश्यकता नहीं पड़ेगी और मुद्रा का चलन वेग बढ़ जायेगा। इसके विपरीत साख सुविधायें कम उपलब्ध होने पर अर्थव्यवस्था में चलन वेग प्रवाह कम होगा।

(4) मजदूरी भुगतान प्रणाली (Wage Payment System) : अर्थव्यवस्था में मजदूरी भुगतान प्रणाली भी मुद्रा के चलन वेग को प्रभावित करती है। यदि मजदूरी का भुगतान एक लम्बी अवधि के पश्चात् किया जाता है तो श्रमिकों को बड़ी मात्रा में अपनी आवश्यकताओं की पूर्ति के लिए नकद शेष रखने पड़ते हैं और इसके परिणामस्वरूप मुद्रा का चलन वेग घट जायेगा। इसके विपरीत मजदूरी भुगतान की अवधि अल्पकालीन होने पर व्यय करने के लिए नकद कोष नहीं रखने पड़ेंगे तथा चलन वेग में वृद्धि होगी।

(5) आय की नियमितता/अनियमितता (Regularity and Irregularity of Income) : यदि आय निरन्तर रुपये से एक निश्चित अवधि के पश्चात् प्राप्त होती है तो लोग इसे आसानी से खर्च करते हैं और मुद्रा के चलन वेग में वृद्धि हो जाती है। इसके विपरीत आय में निरन्तरता के अभाव में लोग अधिक नकद कोष खर्च करने के लिए रखेंगे और इसके परिणामस्वरूप मुद्रा का चलन वेग कम होगा।

(6) उपभोग प्रवृत्ति (Propensity to Consume) : प्रोफेसर जे.एम. कीन्स के अनुसार किसी देश में उपभोग प्रवृत्ति ऊँची होने पर मुद्रा का चलन वेग भी अधिक होगा। इसके विपरीत लोगों की उपभोग प्रवृत्ति कम होने पर मुद्रा का चलन वेग भी कम होगा। लोग बचत अधिक करेंगे तथा खर्च कम करेंगे। इससे मुद्रा के चलन वेग में कमी आ जाती है।

(7) आय एवं धन का वितरण (Distribution of Income and Wealth): यदि देश में आय एवं धन का वितरण असमान है तो इसका अधिकांश भाग धनी वर्ग के हाथों में होता है। वे कम खर्च करते हैं जिससे मुद्रा का चलन वेग क्रम होता है। इनकी बचत प्रवृत्ति अधिक होती है। इसके विपरीत आय एवं धन का वितरण समान होने पर मुद्रा का चलन वेग ऊँचा होता है क्योंकि लोगों की उपभोग प्रवृत्ति बढ़ेगी।

(8) लोगों की तरलता पसंदगी (Liquidity Preference of the People): मुद्रा का चलन वेग लोगों की तरलता पसंदगी से भी प्रभावित होता है। सामान्यतः यदि जनता, व्यापारी एवं व्यवसायी अपनी आवश्यकताओं की पूर्ति के लिए अधिक नकद कोष रखते हैं तो मुद्रा का चलन वेग घट जाता है। इसके विपरीत लोगों को तरलता पसंदगी कम होने पर वे अधिक खर्च करेंगे और इससे मुद्रा का चलन वेग बढ़ जायेगा।

(9) व्यापारिक दशायें (Business Conditions) : देश में विद्यमान व्यापारिक दशाओं से भी मुद्रा का चलन वेग प्रभावित होता है। सम्पन्नता की अवधि (Prosperity Period) में व्यापारिक दशाओं में निरन्तर अभिवृद्धि होती हैं जिसके कारण मुद्रा का चलन वेग निरन्तर बढ़ता है। इसके विपरीत मंदीकाल में बेरोजगारी और प्रभावी माँग की कमी के कारण व्यापारिक दशायें मंद होने से मुद्रा का चलन वेग कम हो जाता है। इस प्रकार मुद्रा के चलन वेग तथा व्यावसायिक चक्रों में विपरीत सम्बन्ध पाया जाता है।

(10) आर्थिक विकास की अवस्था (Stage of Economic Development) : देश में आर्थिक विकास की अवस्था से भी मुद्रा का चलन वेग प्रभावित होता है। एक कृषि पर आधारित अर्थव्यवस्था में लोगों की आवश्यकतायें सीमित होती हैं तथा वे कम खर्च करते हैं। विनिमय का आधार वस्तु होता है जिससे मुद्रा का चलन वेग कम होता है। एक विकसित अर्थव्यवस्था में लोगों की आवश्यकतायें अधिक होती हैं और इनकी पूर्ति के लिए उन्हें अधिक मुद्रा की आवश्यकता पड़ती है जिसके परिणामस्वरूप मुद्रा के चलन वेग में वृद्धि हो जाती है।

(11) कीमतों का भावी अनुमान (Future Expectation of Price) : मुद्रा का चलन वेग लोगों की कीमतों के बारे में भावी प्रत्याशाओं से भी प्रभावित होता है। यदि लोग भविष्य में कीमतों के बढ़ने की आशा करते हैं तो वर्तमान में वस्तुओं तथा सेवाओं का क्रय अधिक किया जाता है जिससे मुद्रा का चलन वेग बढ़ जाता है। इसके विपरीत यदि लोग भावी कीमतों में कमी होने की आशा रखते हैं तो वर्तमान में वस्तओं तथा सेवाओं का क्रय स्थगित किया जाता है। इसके परिणामस्वरूप मुद्रा के चलन वेग में कमी हो जाती है।

(12) यातायात एवं संदेशवहन के साधनों का विकास (Development of Means of Transport and Communication) : यातायात एवं संदेशवहन के साधनों का विकास होने पर वस्तुओं तथा सेवाओं के विनिमय में वृद्धि होती है तथा

मुद्रा के चलन वेग में वृद्धि होती है। इसके विपरीत यातायात एवं संदेशवहन के साधनों का विकास नहीं होने पर वस्तुओं तथा सेवाओं का क्रय कम होता है जिसके परिणामस्वरूप मुद्रा का चलन वेग घट जाता है।

मुद्रा आपूर्ति में परिवर्तन (Changes in Money Supply) : जैसा कि हम अध्ययन कर चुके हैं मुद्रा आपूर्ति के तीन प्रमुख स्त्रोत हैं। वे निम्नांकित हैं-

(1) सरकार (Government)
(2) केन्द्रीय बैंक (Central Bank)
(3) व्यापारिक बैंक (Commercial Banks)।

रिजर्व बैंक और सरकारी नीतियाँ
(Reserve Bank and Government Policies) :

मुद्रा एवं साख का नियन्त्रण एवं नियमन रिजर्व बैंक ऑफ इण्डिया द्वारा किया जाता है और इसी के अनुसार नीतियों का निर्धारण किया जाता है। व्यापारिक बैंकों की साख निर्माण नीतियाँ भी इन्हीं नीतियों पर आधारित होती हैं। मुद्रा आपूर्ति में परिवर्तन रिजर्व बैंक ऑफ इण्डिया की नीतियों से प्रभावित होते हैं। राष्ट्रीयकरण के पश्चात् रिजर्व बैंक ऑफ इण्डिया एक सरकारी विभाग के रूप में कार्य कर रहा है तथा इसे सरकारी नीतियों की अनुपालना करनी पड़ती है। रिजर्व बैंक की मौद्रिक नीति सरकार की राजकोषीय नीति के अनुसार बनानी पड़ती है। सरकारी नीति के अनुसार ही मुद्रा की पूर्ति में परिवर्तन किये जाते हैं। जब सरकार घाटे की बजटीय नीति अपनाती है तो रिजर्व बैंक को प्रचलन में अधिक मुद्रा डालनी पड़ती है। इसे घाटे का वित्त प्रबंधन (Deficit Financing) कहा जाता है। इस नीति के अपनाने के कारण कीमतों में वृद्धि होती है तथा मुद्रा की पूर्ति में वृद्धि होती है। इसके विपरीत आधिक्य बजट (Surplus Budget) के अन्तर्गत अर्थव्यवस्था में मुद्रा की पूर्ति बढ़ती है।

साख मुद्रा का सृजन (Creation of Credit Money)

मुद्रा की पूर्ति में साख मुद्रा भी सम्मिलित है। साख मुद्रा की वृद्धि के कारण मुद्रा की पूर्ति में वृद्धि होती है तथा साख मुद्रा में कमी होने पर मुद्रा की पूर्ति भी घटती है। बैंकिंग संस्थाओं द्वारा सृजित साख मुद्रा भी मुद्रा आपूर्ति का एक महत्वपूर्ण भाग है। साख मुद्रा बैंक जमाओं पर निर्भर करती है क्योंकि इन जमाओं के आधार पर ही चैकों का निर्गमन किया जाता है। इस प्रकार की जमायें दो प्रकार की होती

हैं। प्रथम, नकद जमायें (Cash Deposits) जो ग्राहकों द्वारा बैंक में जमा करायी जाती है तथा दूसरी, सृजित जमायें (Created Deopoits) जो कि ऋणियों को ऋण एवं अग्रिमों के रूप में दी जाती हैं जिन्हें खातों के माध्यम से दिया जाता है। इस प्रकार बैंकों द्वारा अपनी प्रारम्भिक जमाओं का कई गुना साख निर्माण किया जाता है। इस साख सृजन का विस्तार से उल्लेख अध्याय 11 में किया गया है।

उच्च शक्तिमान मुद्रा (High Powered Money)

उच्च शक्तिमान मुद्रा से आशय आरक्षित मुद्रा (Reserve Money) है जो बैंकों के पास होती है। बैंकों को अपनी जमाओं का एक निश्चित प्रतिशत वैधानिक रूप से रखना पड़ता है। इन्हें नकद कोषानुपात (Cash Reserve Ratio) तथा वैधानिक तरलता अनुपात (Statutory Liquidity Ratio) कहा जाता है। ये आरक्षित कोष नयी जमाओं में गुणक उत्पन्न करने के आधार होते हैं जो कि बैंकिंग क्रियाओं का परिणाम होते हैं तथा ये आरक्षित कोष स्वतः ही गुणक प्रक्रिया से बढ़ते जाते हैं । अतः इन्हें उच्च शक्तिमान मुद्रा की संज्ञा दी जाती है। माँग जमाओं के निर्माण के निर्माण में उच्च शक्तिमान मुद्रा के कारण गुणक प्रभाव उत्पन्न होते हैं। इसे आधार मुद्रा (Base Money) भी कहा जाता है।

उच्च शक्तिमान मुद्रा को प्रभावित करने वाले तत्व (Factors Affecting High Powered Money)

मुद्रा की पूर्ति का माप दो तरीकों से किया जाता है प्रथम, भौतिक मुद्रा की उपलब्धि (Availability of Physical Money) तथा द्वितीय, भौतिक मुद्रा का चलन वेग। उच्च शक्तिमान मुद्रा को प्रभावित करने वाले अनेक तत्व हैं जो निम्नलिखित हैं :-

(1) जनता के हाथ में नकदी (Cash in Hand with Public) : जनता द्वारा अपनी आय का एक भाग भावी आवश्यकताओं की पूर्ति के लिए रखना पड़ता है। आय को यह भाग परिवर्तनशील होता है। उच्च शक्तिमान मुद्रा की मात्रा जनता द्वारा अपनी आय के उस भाग से प्रभावित होती है जो कि भावी सौदों के सम्पन्न करने के लिए रखी जाती है। यदि जनता द्वारा नकदी कम रखी जाती है और लोगों में बैंकिंग आदतें विकसित हो जाती हैं, तो बैंकों के पास जमाओं की राशि अधिक होगी। इसके विपरीत बैंकिंग आदतें नहीं होने पर जनता नकदी की मात्रा अधिक रखेगी और इसके परिणामस्वरूप बैंकों के कोषों पर प्रतिकूल प्रभाव पड़ेगा।

(2) रिजर्व बैंक के पास जमा मुद्रा (Money Deposited with RBI) : चलन में कुल मुद्रा के कुछ जमाओं को कई कारणों से रिजर्व बैंक के जमा कराना पड़ता है। इन जमाओं से उच्च शक्तिमान मुद्रा प्रभावित होती है तथा यह एक महत्वपूर्ण भूमिका का निर्वहन करते हैं। समय-समय पर रिजर्व बैंक विभिन्न साख नियन्त्रण उपायों के अन्तर्गत सरकारी प्रतिभूतियों का निर्गमन करता है तथा इसके द्वारा व्यापारिक बैंकों से राशि का संग्रहण किया जाता है। रिजर्व बैंक के पास जमाओं के रूप में रखी गई मुद्रा बैंकों के कोषों में कमी करती है।

(3) बैंकों के पास नकद जमायें (Cash Deposits with Banks) : उच्च शक्तिमान मुद्रा का सबसे बड़ा आधार बैंकों के पास जमा नकदी है। जमा राशि उच्च शक्तिमान मुद्रा की मात्रा को प्रभावित करती है। यदि बैंकों के पास नकदी जमाओं की मात्रा कम है तो इससे उच्च शक्तिमान मुद्रा में गुणक वृद्धि होगी। इसके विपरीत बैंकों के पास नकदी जमा ज्यादा होने पर उच्च शक्तिमान मुद्रा की मात्रा कम होगी। बैंकों की नकद जमायें समय-समय पर रिजर्व बैंक ऑफ इण्डिया द्वारा नकद कोष अनुपात (CRR) तथा वैधानिक तरलतानुपात (SRL) में किये गये परिवर्तनों से भी प्रभावित होती है।

(4) रिजर्व बैंक के पास बैंक कोष (Bank Reserve with RBI) : बैंकिंग नियमन अधिनियम, 1947 के अन्तर्गत व्यापारिक बैंकों को अपने कुल जमाओं का उसे 15 प्रतिशत भाग समय-समय पर नकदी के रूप में रिजर्व बैंक के पास रखना पड़ता है। रिजर्व बैंक समय -समय पर देश की आवश्यकताओं के अनुरूप इन अनुपातों में परिवर्तन करता रहती है। बैंकों की कोष जमायें प्रभावित होती हैं तथा उच्च शक्तिमान मुद्रा भी इससे प्रभावित होती है।

उच्च शक्तिमान मुद्रा में परिवर्तन के स्त्रोत
(Sources of Changes in High Powered Money)

उच्च शक्तिमान मुद्रा के विभिन्न निर्धारकों का विवेचन किया जा चुका है। उच्च शक्तिमान मुद्रा में परिवर्तन के अनेक स्त्रोत हैं। इन स्त्रोतों में प्रमुख निम्नलिखित हैं :-

(1) बैंकों द्वारा दिया गया व्यापारिक साख
(2) बैंकों का विशुद्ध विदेशी चलन स्टॉक
(3) सरकार की जनता की देनदारियाँ/दायित्व

(4) सरकार द्वारा अपनाई गई घाटे की वित्त प्रबंधन व्यवस्था

(5) बैंकों की समय जमायें।

उच्च शक्तिमान मुद्रा का माप/गणना
(Calculation/ Measurement of High Powered Money)

उच्च शक्तिमान मुद्रा अथवा आधार मुद्रा अथवा आरक्षित मुद्रा (Reserved Money) वह मुद्रा है जिसका सृजन मौद्रिक अधिसत्ता द्वारा किया जाता है। हमारे देश में रिजर्व बैंक ऑफ इण्डिया तथा भारत सरकार द्वारा उच्च शक्तिमान मुद्रा का सृजन किया जाता है। व्यापारिक बैंक इन जमाओं का संचालन करते हैं। इस प्रकार उच्च शक्तिमान मुद्रा में जनता के पास जमा (C), बैंकों के पास नकद कोष (R) तथा रिजर्व बैंक के पास अन्य जमायें (OD) सम्मिलित हैं। इस प्रकार उच्च शक्तिमान मुद्रा की गणना अथवा माप निम्न सूत्र से की जा सकती है:-

$H = C + R + OD$

इसमें H उच्च शक्तिमान मुद्रा (High Powered Money)

C जनता के पास नकदी (Cash with Public)

R बैंकों के पास नकदी जमायें (Cash Deposits with Banks)

तथा OD रिजर्व बैंक की अन्य जमायें (Other Deposits of the RBI)

संकीर्ण मुद्रा (M_1) तथा उच्च शक्तिमान मुद्रा H की गणना बैंकों के पास माँग जमाओं (DD) तथा नकदी कोषों R के अन्तर के आधार पर की जाती है। सभी व्यापारिक बैंकों के माँग जमा कुल जमाओं का एक भाग है। कुल जमाओं का एक भाग नकद कोषानुपात (CRR) तथा वैधानिक तरलतानुपात (SLR) के रूप में रखा जाता है। बैंकिंग नियमन अधिनियम, 1947 के अन्तर्गत एक वैधानिक आवश्यकता के रूप में बैंकों को रखना पड़ता है। अन्य नकद जमायें जो बैंकों में रखी जाती है, इसका निर्धारण ग्राहकों की दैनिक माँग द्वारा होता है। उच्च शक्तिमान मुद्रा का अनुमान निम्न निर्धारकों द्वारा किया जाता है :

(1) जनता के पास नकदी

(2) बैंकों के नकद जमा

(3) रिजर्व बैंक के पास बैंक जमायें

(4) रिजर्व बैंक की अन्य जमायें।

उच्च शक्तिमान मुद्रा का उपयोग (Use of High Powered Money)

देश में मुद्रा की पूर्ति और उच्च शक्तिमान मुद्रा का निर्धारण रिजर्व बैंक द्वारा किया जाता है। मौद्रिक प्रणाली के सफल संचालन तथा मुद्रा की मात्रा का उचित माप करने के लिए उच्च शक्तिमान मुद्रा का उपयोग किया जाता है। (M_1) संकीर्ण मुद्रा दृष्टिकोण पर आधारित होता है। इसके आधार पर स्पष्टीमूलक निष्कर्ष नहीं निकाले जा सकते हैं। उच्च शक्तिमान मुद्रा की माप व्यापक मुद्रा दृष्टिकोण (M_3) के आधार पर की जाती है। उच्च शक्तिमान मुद्रा (H) निम्न रूपों में काम में लाई जाती है :-

(1) मौद्रिक नीति के निर्माण में सहायक (Helpful in Formulating Monetary Policy) : मौद्रिक प्रणाली के नियमन के लिए देश में रिजर्व बैंक ऑफ इण्डिया द्वारा मौद्रिक नीति तैयार की जाती है। मौद्रिक नीति देश की अर्थव्यवस्था की स्थिति पर निर्भर करती है और इसके द्वारा मुद्रा की भावी माँग का अनुमान लगाया जाता है। एक दी हुई अवधि में मुद्रा स्टॉक का अनुमान लगाया जाता है जिसमें उच्च शक्तिमान मुद्रा का उपयोग किया जाता है। मुद्रा की मात्रा में वृद्धि अथवा कमी के लिए उच्च शक्तिमान मुद्रा का उपयोग किया जाता है। उच्च शक्तिमान मुद्रा का अनुमान लगाने के पश्चात् मौद्रिक नीति का निर्माण किया जाता है। इस प्रकार मौद्रिक नीति की तैयारी के लिए उच्च शक्तिमान मुद्रा सहायक होती है।

(2) राजकोषीय नीति का आधार (Basis of Fiscal Policy) : सरकार द्वारा घाटे के वित्त प्रबंधन उपकरण के रूप में घाटे की अर्थव्यवस्था अपनाई जाती है। इस उपाय का आधार आरक्षित मुद्रा अथवा उच्च शक्तिमान मुद्रा होती है। सरकार की कर प्रणाली तथा सार्वजनिक आय के निर्धारण के पहले वर्तमान मौद्रिक स्थिति की गणना की जाती है। रिजर्व बैंक ऑफ इण्डिया द्वारा आरक्षित मुद्रा, मुद्रा स्टॉक के बारे में सूचना प्रदान की जाती है जिसके आधार पर मुद्रा के भावी अनुमान लगाकर राजकोषीय नीति का निर्माण किया जाता है। इस प्रकार उच्च शक्तिमान मुद्रा देश में राजकोषीय नीति के निर्धारण का आधार प्रस्तुत करती है।

(3) मौद्रिक विस्तार का निर्धारण (Determinant of Monetary Expansion) : आरक्षित मुद्रा देश में मुद्रा विस्तार की दर का निर्धारण है। आर्थिक प्रणाली में कुछ मुद्रा की उपलब्धि विनियोग का जनक होती है। मुद्रा की मात्रा में वृद्धि करने का निर्णय मुद्रा की मात्रा के अनुमानों के आधार तथा दी हुई अवधि में भावी प्रत्याशाओं का रिजर्व बैंक लेती है।

(4) आर्थिक विकास का आधार (Basis of Economic Development): एक देश में आर्थिक विकास के लिए पूँजी आवश्यक होती है। आर्थिक विकास के लक्ष्यों की प्राप्ति विनियोगों में अभिवृद्धि करने पर ही संभव होती है। निवेश में वृद्धि के लिए मुद्रा आवश्यक है। उच्च शक्तिमान मुद्रा के निर्धारण से अर्थव्यवस्था में मुद्रा की आवश्यकता को पूरा किया जाता है। नये विनियोग निर्णय रिजर्व बैंक के पास विद्यमान आरक्षित मुद्रा के अनुमानों के आधार पर लिये जाते हैं। यह देश में आर्थिक विकास की दर को तेज करने के लिए आधार प्रस्तुत करता है।

इस प्रकार देश में मौद्रिक प्रणाली में उच्च शक्तिमान मुद्रा का महत्वपूर्ण योगदान होता है। यह मौद्रिक प्रणाली का एक महत्वपूर्ण भाग है जिससे आर्थिक विकास के लक्ष्यों की पूर्ति हेतु उपयोगी नीति का निर्धारण किया जाता है। सामान्य मुद्रा के माध्यम से व्यष्टिगत निर्णयों को उच्च शक्तिमान मुद्रा के आधार पर स्थाई किया जाता है।

6

वित्त : अर्थ, प्रकार तथा वित्तीय प्रणाली

(Finance : Meaning, Kinds and Financial System)

वित्त व्यवसाय का जीवन रक्त है। बिना वित्त के कोई भी आर्थिक क्रिया सम्पन्न नहीं की जा सकती है। औद्योगिक व्यवसाय की सफलता पूर्णतया वित्त की उपलब्धी पर निर्भर करती है। सामान्य वित्त को दो भागों में विभाजित किया जा सकता है उदाहरणार्थ -- सार्वननिक वित्त तथा निजी वित्त। सार्वजनिक वित्त अर्थशास्त्र का वह भाग है जिसके अन्तर्गत सार्वजनिक आगम, सार्वजनिक व्यय, सार्वजनिक ऋण, वित्तीय प्रशासन तथा आर्थिक स्थायित्व की क्रियाओं जिनका सम्बन्ध विभिन्न सरकारों --स्थानीय, राज्य तथा केन्द्र से होता है, का अध्ययन किया जाता है। दूसरी ओर निजी वित्त के अन्तर्गत एक निजी व्यक्ति अथवा गैर -सरकारी निकायों की आय, व्यय तथा ऋण क्रियाओं का अध्ययन किया जाता है। निजी वित्त का वर्गीकरण इसके उद्देश्य के आधार पर किया जाता है। व्यावसायिक उद्देश्य के अनुसार आय-व्यय का निर्धारण करने को व्यावसायिक वित्त कहा जाता है। जब व्यक्तिगत क्रियाओं के द्वारा व्यक्ति वित्त का उपयोग करता है तो उसे निजी वित्त कहा जाता है।

आर्थिक जगत के वित्त के बारे में व्यावसायिक फर्म के संदर्भ में बात की जाती है। व्यावसायिक वित्त का अर्थ लाभ प्राप्ति के लिए वित्त प्रबंधन करना है। व्यावसायिक वित्त का आविर्भाव 20वीं शताब्दी के प्रारम्भ से हुआ है जब से व्यावसायिक संगठन, कम्पनियाँ, उपक्रम आदि बड़े पैमाने पर शुरू किये गये हैं और इनमें अलग से वित्त विभाग की स्थापना की गई है। एक अर्थव्यवस्था में विभिन्न प्रकार के वित्तीय संसाधनों तथा वित्तीय संस्थाओं पर अधिक जोर दिया गया है। वित्त प्रदान करने के लिए पूँजी बाजार की आवश्यकता महसूस की गई है तथा वित्तीय

क्रियाओं के सम्पादन करने के वित्त विशेषज्ञों की आवश्यकता पड़ने लगी है। 20वीं शताब्दी के अन्त में वैश्वीकरण की नीति (Policy of Globalisation) अपनाने के कारण व्यावसायिक वित्त के दृष्टिकोण में व्यापक परिवर्तन हुआ है। पूँजी निवेश क्षेत्र का विस्तार हुआ है तथा लाभ को अधिकतम करने के लिए उचित अवसरों की खोज की जाने लगी है। इसके परिणामस्वरूप वित्तीय विश्लेषण के उत्तरदायित्व तथा महत्व एवं वित्तीय प्रबंधनों की भूमिका में निरन्तर वृद्धि हुई है। इन्हें व्यावसायिक जगत में महत्वपूर्ण स्थान प्राप्त होने लगा है।

वित्त का अर्थ (Meaning of Finance)

मुद्रा के आविष्कार के साथ वित्त का बदलती परिस्थितियों तथा बढ़ती आवश्यकताओं के रूप में वित्त का विकास हुआ है। वित्त का विज्ञान मुद्रा का विज्ञान बन गया है। नियमन, नियन्त्रण, प्रबंध आदि मुद्रा के नियमन, नियन्त्रण तथा प्रबंध से जुड़ गये हैं। समाज में मुद्रा के प्रवाह, मुद्रा के संग्रहण तथा इसके उत्पादक कार्य के लिए नियमन आदि का सम्बन्ध वित्त से है। अर्थव्यवस्था के प्रत्येक क्षेत्र में जैसे उपभोग, उत्पादन, विनिमय, वितरण आदि में वित्त की महत्वपूर्ण भूमिका होती है। चाहे सार्वजनिक अधिसत्ता हो अथवा प्रजातान्त्रिक सरकार, निजी और औद्योगिक संस्थान हो, सभी को वित्त की आवश्यकता पड़ती है। इस प्रकार वित्त को परिभाषित करने के लिए वित्त को दो श्रेणियों में विभक्त किया जा सकता है। ये निम्नांकित हैं :-

(1) सार्वजनिक वित्त (Public Finance)

(2) निजी अथवा व्यावसायिक वित्त (Private or Business Finance)।

वित्त की परिभाषा (Definition of Finance)

वित्त की परिभाषा विभिन्न विद्वानों ने दी है जो निम्नांकित हैं :-

(1) **हसबैण्ड तथा डॉकरी** (Husband and Dockery) के अनुसार, **"आर्थिक क्रिया के प्रवाह एवं इसे आसान बनाने के लिए प्रत्यक्ष रूप से कुछ आवश्यकता पड़ती है। वित्त एक अभिकर्त्ता है जो यह परिणाम देता है।"**

(2) **हावर्ड तथा अपटॉन** ने परिभाषा देते हुए कहा है, **" वित्त वह प्रशासनिक क्षेत्र है अथवा प्रशासनिक कार्य है जिसका सम्बन्ध एक संगठन में नकदी एवं साख के प्रबंधन से है जिससे कि संगठन अपने संसाधनों के माध्यम से जहाँ तक संभव हो इसके उद्देश्यों की पूर्ति कर सके।"**

वित्त की उपर्युक्त परिभाषाओं से स्पष्ट है कि वित्त एक साधन है जिसके द्वारा आर्थिक और व्यावसायिक क्रियाओं को निर्देशित किया जाता है जिससे कोई भी उपक्रम इसके उद्देश्यों की प्राप्ति कर सके। इस प्रकार वित्त एक उपक्रम के उद्देश्यों की पूर्ति के लिए संसाधन प्रदान करता है।

वित्त का व्यापक अर्थ सार्वजनिक वित्त है तथा इसको संकीर्ण अर्थ में व्यावसायिक वित्त कहा जाता है।

सार्वजनिक वित्त की परिभाषा (Definition of Public Finance)

सार्वजनिक वित्त की विभिन्न अर्थशास्त्रियों ने परिभाषायें दी हैं। कुछ महत्वपूर्ण परिभाषायें निम्नलिखित हैं -

(1) **डॉ. डॉल्टन** (Dr. Dalton) के अनुसार, "यह उन विषयों में से है जो अर्थशास्त्र तथा राजनीतिशास्त्र की सीमाओं पर है। यह सार्वजनिक अधिसत्ताओं की आय एवं व्यय से सम्बन्ध रखता है तथा एक दूसरे से समायोजित होता है।"

(2) **श्रीमति उर्षला हिक्स** की परिभाषा के अनुसार, "सार्वजनिक वित्त की प्रमुख प्रवृत्ति सरकारी निकायों द्वारा उन विधियों का परीक्षण एवं मूल्यांकन करना है जिससे सामूहिक आवश्यकताओं को सन्तुष्ट किया जाता है और इन उद्देश्यों के लिए आवश्यक कोष जुटाये जाते हैं।"

(3) **एच. एल. लुट्ज** के अनुसार, "सार्वजनिक वित्त संसाधनों के प्रावधान, संरक्षण तथा आवण्टन का अध्ययन करता है जिनके द्वारा सार्वजनिक अथवा सरकारी कार्यों को सम्पन्न किया जाता है।"

उपर्युक्त परिभाषाओं के आधार पर हम यह कह सकते हैं कि सार्वजनिक वित्त अर्थशास्त्र का वह भाग है जो सार्वजनिक आय, सार्वजनिक व्यय, सार्वजनिक ऋण तथा वित्तीय प्रशासन संबंधी सरकारी क्रियाओं का अध्ययन करता है।

व्यावसायिक वित्त की परिभाषा (Definition of Business Finance): व्यावसायिक वित्त व्यावसायिक संगठनों को अपने विद्यमान संसाधनों के विवेकपूर्ण नियोजन में मदद करता है जिससे कि अधिकतम प्रतिफल की प्राप्ति हो सके। विभिन्न व्यावसायिक उपक्रमों - एकाकी, साझेदारी, कम्पनी संगठन आदि अपने संसाधनों का विभिन्न तरीकों से उपयोग करते हैं। व्यावसायिक वित्त का उपयोग व्यापक अर्थ में निगम एवं कम्पनी वित्त के रूप में भी किया जाता है। एकाकी अथवा

साझेदारी प्रणाली में बड़ी मात्रा में साधन संग्रहीत नहीं किये जाते हैं। इसके परिणामस्वरूप इस प्रकार के वित्त को व्यावसायिक वित्त के रूप में उपयोग किया जाता है। व्यावसायिक वित्त की प्रमुख परिभाषायें निम्नांकित हैं :-

(1) **गूथमन तथा दुग्गल** (Goothman and Duggal) के अनुसार, "व्यावसायिक वित्त का व्यापक अर्थ में उपयोग उन क्रियाओं के सम्पन्न कराने से है जिनका सम्बन्ध कोषों के नियोजन, संग्रहण, नियन्त्रण एवं प्रशासन से होता है।"

(2) **एफ. डब्ल्यू. पेश** (F.W. Paish) के अनुसार, "आधुनिक मुद्रा अभिप्रेरित अर्थव्यवस्था में व्यावसायिक वित्त का अर्थ मुद्रा की जब भी आवश्यक हो जैसी भी हो उसको उपलब्ध कराना है।"

उपर्युक्त परिभाषाओं से स्पष्ट है कि व्यावसायिक वित्त के अर्थ का प्रयोग व्यापक अर्थ में किया जाना चाहिए। कोषों के नियोजन, संग्रहण, नियन्त्रण तथा प्रशासन सम्बन्धी क्रियायें बड़े संगठनों में भी की जाती है। पूँजी का अधिक संग्रह बड़े संगठनों, निगमों तथा कम्पनियों में ही सम्भव होता है और वित्त का अध्ययन करते समय केवल व्यावसायिक वित्त को ही महत्व दिया जाता है।

सार्वजनिक वित्त तथा व्यावसायिक वित्त (Public Finance and Business Finance)

वित्त की दो बड़ी शाखायें विकसित हो चुकी हैं और विगत वर्षों में इसके महत्व में निरन्तर वृद्धि हुई है। इन दो शाखाओं में निम्नांकित हैं:-

(1) सार्वजनिक वित्त (Public Finance)

(2) व्यावसायिक वित्त (Business Finance)

सार्वजनिक वित्त का विकास सरकारी वित्त का विकास सरकारी वित्त से सरकारी आय के रूप में एक अलग विष के रूप में हो गया है। वित्त की शाखा की अलग भूमिका एवं महत्व अर्थव्यवस्था में देखने को मिलता है। सामान्यतया इसका वित्त की सामान्य अवधारणा के रूप में अध्ययन नहीं किया जाता है जब हम वित्त के विषय में बात करते हैं तब इसका निकट का सम्बन्ध व्यावसायिक वित्त से होता है। वित्त का सम्पर्ण अध्ययन व्यावसायिक उपक्रमों, निगमों आदि के वित्त के अध्ययन से सम्बन्धित होता है जिसे व्यावसायिक वित्त के अन्तर्गत रखा जाता है। इस प्रकार वित्त का अर्थ एवं अध्ययन व्यावसायिक वित्त पर आधारित होता है।

वित्त की प्रमुख विशेषतायें (Salient Features of Finance)

वित्त व्यवसाय का आधार है। वित्त की विभिन्न परिभाषाओं का अध्ययन करने के पश्चात् इसकी प्रमुख विशेषताओं का विवेचन करना आवश्यक है। ये प्रमुख विशेषतायें निम्नलिखित हैं :-

(1) वित्त व्यवसाय की आर्थिक क्रियाओं का विश्लेषण है जिसके विकास की अनेक अवस्थायें होती हैं।

(2) एक उपक्रम के कोषों की जाँच एवं प्रक्रिया के नियन्त्रण सम्बन्धी योजना के निर्माण में वित्त सहायक होता है।

(3) निगमों एवं व्यावसायिक उपक्रमों की नीति निर्माण एवं व्यावसायिक निर्णयन का साधन वित्त ही है।

(4) वित्त उपक्रमों के लाभांश निर्धारण, मूल्य ह्रास की गणना एवं कोषों के संचयी रूप में सहायक होता है।

(5) एक उपक्रम में वित्तीय सहायता, ऋण तथा उनके उपयोग का अध्ययन वित्त द्वारा ही किया जाता है।

(6) वित्तीय नीतियों के निर्माण, उनके व्यावहारिक क्रियान्वयन तथा कोष नियन्त्रण में वित्त सहायक होता है।

(7) वित्त की विषय सामग्री में उपक्रम के सभी महत्वपूर्ण कार्य-उत्पादन, विनिमय एवं वितरण सम्मिलित हैं।

वित्त के प्रकार (Kinds/Types of Finance)

मानवीय आवश्यकताओं की पूर्ति वस्तुओं का क्रय करके ही की जाती है जो कि वित्त से ही संभव होती है। आधुनिक समय में मानवीय आर्थिक क्रियाओं का महत्वपूर्ण कार्य वित्त ही है। व्यक्तियों द्वारा अपनी सेवायें वित्त के लिए ही दी जाती हैं। उद्योग तथा व्यावसायिक फर्म द्वारा व्यवसाय किया जाता है। ऋण तथा सहायता वित्त के रूप में ही प्रदान किये जाते हैं। वित्त को आय, ऋण, बचत आर्थिक सहायता आदि के रूप में व्यक्त किया जाता है। समय के आधार पर वित्त को अल्पकाल, मध्यकाल तथा दीर्घकाल के रूप में वर्गीकृत किया जाता है। स्वामित्व के आधार पर वित्त सार्वजनिक एवं निजी वित्त होता है। क्षेत्र के आधार पर वित्त सामान्य वित्त एवं अन्तर्राष्ट्रीय वित्त के रूप में वर्गीकृत किया जाता है।

वित्त के प्रकार को निम्न चार्ट द्वारा प्रदर्शित किया जा सकता है :

चार्ट I
वित्त के प्रकार

- समयावधि के आधार पर
  - अल्पकालीन वित्त
  - मध्यकालीन वित्त
  - दीर्घकालीन वित्त
- स्वामित्व के आधार पर
  - निजी वित्त
  - सार्वजनिक वित्त
- क्षेत्रानुसार
  - आन्तरिक वित्त
  - बाह्य वित्त

उपर्युक्त चार्ट में वर्गीकृत वित्त का विवरण इस प्रकार से हैं :-

I. समयावधि के आधार पर वित्त के प्रकार
(Types of Finance on the Basis of Time Period)

वित्त की आवश्यकता समयानुसार बदलती रहती है। जब स्थायी प्रकृति के निवेश की आवश्यकता होती है तो दीर्घकालीन वित्त आवश्यक होता है। व्यावसायिक फर्म की कार्यशील पूँजी के लिए अल्पकालीन वित्त की आवश्यकता पड़ती है। समयावधि के आधार पर वित्त को तीन श्रेणियों में विभक्त किया जा सकता है। वे निम्नांकित हैं :-

(1) **अल्पकालीन वित्त** (Short Term Finance) : जब दैनिक कार्यों के लिए वित्त की आवश्यकता पड़ती है जैसे कच्चे माल की खरीद, वस्तुओं की पैकिंग करना, विपणन हेतु विज्ञापन आदि तो ऐसे वित्त को अल्पकालीन वित्त कहा जाता है। इस प्रकार के वित्त की अवधि 12-15 महीने होती है।

(2) **मध्यमकालीन वित्त** (Medium Term Finance) : किसी व्यावसायिक उपक्रम में तकनीकी परिवर्तन, अल्प पूँजी निवेश तथा बाजार आवश्यकताओं की पूर्ति हेतु जब वित्त की आवश्यकता पड़ती है तो वह मध्यकालीन वित्त होता है। इसकी समयावधि 1 वर्ष से 5 वर्ष तक की होती है।

(3) **दीर्घकालीन वित्त** (Long Term Finance) : जब जो पूँजी निवेश, भारी मशीनरी का क्रय, व्यवसाय के आधुनिकीकरण के लिए 5 वर्ष से अधिक की अवधि के लिए वित्त की आवश्यकता होती है, तो इसे दीर्घकालीन वित्त कहा जाता है।

II. स्वामित्व के आधार पर वित्त का प्रकार
(Types of Finance on the Basis of Ownership)

वित्त की पूर्ति न केवल सरकार द्वारा की जाती है बल्कि यह निजी व्यक्तियों, संगठनों आदि द्वारा भी दिया जाता है। सरकारी वित्त प्रणाली का अध्ययन सार्वजनिक वित्त के अन्तर्गत किया जाता है जब निजी व्यक्तियों एवं संगठनों द्वारा दिया गया वित्त निजी वित्त की विषय सामग्री के अन्तर्गत आता है। स्वामिव्य के आधार पर वित्त को निम्न श्रेणियों में विभक्त किया जा सकता है :-

(1) **निजी वित्त** (Private Finance) : जब निजी व्यक्तियों, संगठनों, संस्थाओं तथा उपक्रमों द्वारा उनके व्यवसाय के लिए वित्त का प्रबन्धन किया जाता है तो यह निजी वित्त कहा जाता है। निजी वित्त निजी स्वामियों द्वारा निजी उद्देश्यों की पूर्ति के लिए किया जाता है।

(2) **सार्वजनिक वित्त** (Public Finance) : इस प्रकार के वित्त का सम्बन्ध सरकारी वित्त से होता है। सरकार के विभिन्न स्तरों - स्थानीय निकायों, राज्य एवं केन्द्रीय सरकार के लिए सार्वजनिक आय, सार्वजनिक व्यय, सार्वजनिक ऋण एवं वित्तीय प्रशासन से सम्बन्धित वित्त सार्वजनिक वित्त कहलाता है।

III. क्षेत्राधिकार के आधार पर वित्त
(Finance on the Basis of Operation of Area)

देश की सीमाओं के अन्दर तथा बाहर वित्तीय क्रियाओं का संचालन किया जाता है। सीमाओं के आधार पर वित्त का वर्गीकरण निम्नांकित है :

(1) **आन्तरिक वित्त** (Internal Finance) : जब वित्त का उपयोग केवल अर्थव्यवस्था की घरेलू आवश्यकताओं की पूर्ति के लिए किया जाता है, तो इसे आन्तरिक वित्त कहा जाता है। देश में ही पूँजी निवेश करके आर्थिक विकास की गति तेज की जाती है जिससे लोगों की आय बढ़ती है तथा रोजगार के अवसरों का सृजन होता है तो ऐसे वित्त को आन्तरिक वित्त कहा जाता है।

(2) **बाह्य वित्त** (External Finance) : जब देश की सीमाओं के बाहर आयात एवं निर्यात के वित्त प्रबंधन, अन्तर्राष्ट्रीय सौदों के निपटाने, अन्तर्राष्ट्रीय आर्थिक सहयोग, एक देश से दूसरे देश में निवेश प्रवाह तथा अन्तर्राष्ट्रीय व्यापार आदि के लिए आवश्यक वित्त बाह्य वित्त कहलाता है।

वित्त के कार्य (Functions of Finance)

एक अर्थव्यवस्था में वित्त की महत्वपूर्ण भूमिका है। वित्त फलन वित्तीय निर्णयन से घनिष्ठ सम्बन्ध रखता है। वित्तीय विशेषज्ञों के वित्त के कार्यों पर अलग-अलग दृष्टिकोण होते हैं। वित्त एवं सक्रिय तत्व है जो दैनिक कार्यों से शुरू होता है तथा व्यावसायिक फर्म के संचालन को अभिप्रेरित करने तक सम्बन्ध रखता है। इस प्रकार वित्तीय कार्यों के अन्तर्गत निवेश निर्णय, वित्त विभाग, लाभ एवं दैनिक निर्णयन से सम्बन्धित नियोजन आते हैं। वित्त के कार्यों को निम्न चार्ट से दर्शाया जा सकता है :

चार्ट II

वित्त के कार्य

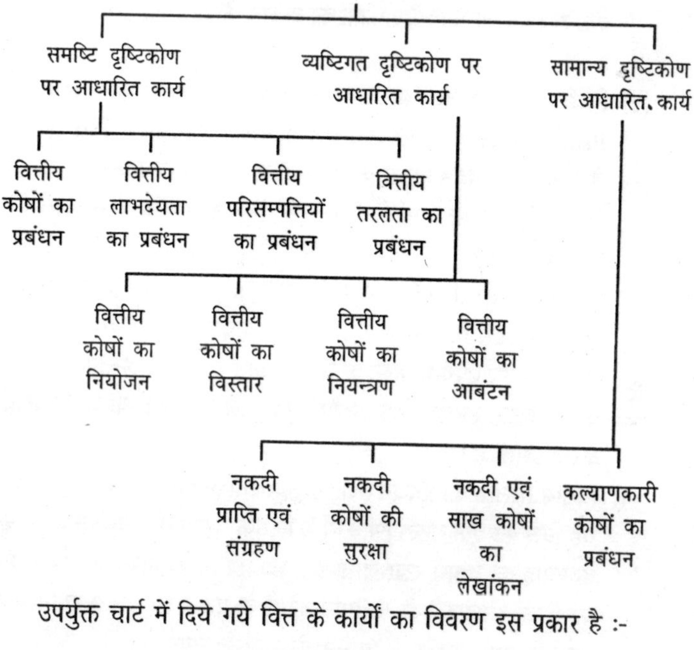

उपर्युक्त चार्ट में दिये गये वित्त के कार्यों का विवरण इस प्रकार है :-

I. समष्टिगत दृष्टिकोण पर आधारित कार्य
(Functions Based on Macro Approach)

अर्थव्यवस्था के तीव्र विकास के लिए वित्तीय कार्य बड़े पैमाने पर किये जाते हैं। इन कार्यों के अन्तर्गत पूँजी निवेश, घाटे के वित्त प्रबंधन के माध्यम से अतिरिक्त

मौद्रिक निवेश करना आदि आते हैं। शीर्षक संस्थाओं द्वारा इन कार्यों का सम्पादन किया जाता है और समष्टिगत स्तर पर उद्योग तथा व्यवसाय में कोषों के प्रवाह को प्रोत्साहित किया जाता है। इस कार्य के अन्तर्गत सरकार, रिजर्व बैंक ऑफ इण्डिया तथा उच्च स्तरीय संस्थाओं के परामर्श से देश की अर्थव्यवस्था को ध्यान रखकर लेना सम्मिलित हैं। समष्टि स्तर पर वित्त के कार्य निम्नांकित हैं :-

(1) **वित्तीय कोषों का प्रबंधन** (Management of Financial Reserves): कोषों से आशय तरल सम्पत्तियाँ हैं। इनमें हाथ में नकदी, ऋण, आय, लाभ तथा प्राप्तियाँ आदि सम्मिलित हैं। अन सबके प्रबंधन को वित्त कार्यों में शामिल किया जाता है। वित्त प्रबंधक वित्तीय कोषों का प्रबंधन करता है। एक अर्थव्यवस्था में वित्तीय कोषों का प्रबंधन केन्द्रीय बैंक द्वारा किया जाता है।

(2) **वित्तीय लाभदेयता का प्रबंधन** (Management of Financial Profitability) : लागत नियन्त्रण कीमतों का निर्धारण वित्त के कार्य से सम्बन्ध रखता है। पूँजी के भावी लक्ष्य की माप वित्त कार्य से सम्बन्ध रखता है। ये सभी कार्य वित्तीय लाभदेयता से सम्बन्ध रखने वाले वित्त कार्य होता है।

(3) **वित्तीय परिसम्पत्तियों का प्रबंधन** (Management of Financial Assets) : इस वित्त कार्य के अन्तर्गत अर्थव्यवस्था में विद्यमान संसाधनों के अधिकतम उपयोग करने के अवसर आते हैं। इसके अन्तर्गत संसाधनों का आवण्टन, उनका भावी उपयोग तथा तरल परिसम्पत्तियों को क्रियाशील करना आता है।

(4) **वित्तीय तरलता का प्रबंधन** (Management of Financial Liquidity): यह वित्त का एक महत्वपूर्ण कार्य है जिसके अन्तर्गत अर्थव्यवस्था में मुद्रा के प्रवाह को बनायें रखा जाता है। मुद्रा की आवश्यकता का पूर्वानुमान, कोषों का संग्रहण तथा विद्यमान कोषों के प्रवाह को बनाये रखन आदि कार्य वित्तीय तरलता के प्रबंधन के अन्तर्गत आते हैं।

वित्त के समष्टिगत दृष्टिकोण पर आधारित कार्यों के आधार पर यह कहा जा सकता है कि वित्त वह धुरी है जिसके चारों ओर अर्थव्यवस्था चक्कर लगाती है। इस प्रकार वित्त कार्य सम्पूर्ण अर्थव्यवस्था को गतिशील करने हेतु आवश्यक है।

II. व्यष्टिगत दृष्टिकोण पर आधारित कार्य
(Functions Based on Micro Approach)

अर्थव्यवस्था के प्रत्येक क्षेत्र पर वित्त की आवश्यकता पड़ती है। एक व्यक्तिगत फर्म, व्यवसाय तथा संस्था के व्यष्टिगत स्तर पर वित्त की महत्वपूर्ण भूमिका होती है। एक व्यक्तिगत फर्म के वित्त संग्रहण, उपयोग और प्रबंध का विवेचन इस प्रकार किया जा सकता है :-

(1) **वित्तीय कोषों का नियोजन** (Planning of Financial Reserves) : एक उद्योग को भविष्य में वित्तीय आवश्यकताओं की पूर्ति हेतु नियोजन करना पड़ता है। नियोजन मौजूदा संसाधनों को ध्यान में रखते हुए भावी पूर्वानुमान लगाया जाता है। वित्त से सम्बन्धित भावी पूर्वानुमान के आधार पर निर्णय लिये जाते हैं। इस प्रकार प्रत्येक व्यक्तिगत स्तर पर वित्तीय कोषों के लिए नियोजन करना पड़ता है।

(2) **वित्तीय कोषों का विस्तार** (Expansion of Financial Resources): सभी व्यक्तिगत फर्मों, संस्थाओं तथा व्यावसायिक संगठनों द्वारा विद्यमान संसाधनों से कोषों का संग्रहण किया जाता है। संगृहीत कोषों के विस्तार के लिए नये अंश पत्र, ऋण पत्र बॉण्ड्स आदि का निर्गमन किया जाता है। एक व्यक्तिगत फर्म में वित्तीय कोषों का विस्तार लाभदेयता वित्तीय स्थिति तथा वित्तीय सहायता पर निर्भर करती है जो अन्य संस्थाओं से प्राप्त होती है।

(3) **वित्तीय कोषों का नियन्त्रण** (Control of Financial Reserves) : वित्तीय कोषों का नियमन एवं नियन्त्रण एक महत्वपूर्ण वित्त कार्य है। वित्तीय निष्पादन प्रमाप तैयार किया जाता है। यदि इन कोषों का व्यय अधिक होता है तो इन कोषों का नियन्त्रण करने के मापक उपाय अपनाने चाहिएँ, कोष दुर्लभ होते हैं और इस दृष्टि से वित्त कार्य महत्वपूर्ण माना जाता है।

(4) **वित्तीय कोषों का आबण्टन** (Allocation of Financial Resources): एक व्यक्तिगत व्यावसायिक फर्म में वित्तीय कोषों का आवण्टन किया जाता है। वित्तीय कोषों के आवण्टन की पूर्ति हेतु इनका आवण्टन किया जाता है। फर्म की लाभदेयता, परिसम्पत्तियों का प्रबंधन, फर्म की प्रतिस्पर्धात्मकता, उत्पादन प्रक्रिया, भावी नकदी प्राप्तियाँ आदि को ध्यान में रखते हुए वित्तीय

कोषों का आवण्टन किया जाता है। इस कार्य के अन्तर्गत आंय का आवण्टन, ऋण की अदायगी आदि आते हैं।

वित्त कार्य जो व्यक्तिगत दृष्टिकोण पर आधारित होते हैं कां आवर्ती कार्य (Recurring Functions) भी कहा जाता है। ये कार्य किसी भी व्यावसायिक फर्म की सफलता तथा इसके व्यावसायिक उद्देश्य की पूर्ति के लिए आवश्यक हैं। ये कार्य इकाई स्तर पर सम्पन्न किये जाते हैं।

III. सामान्य दृष्टिकोण पर आधारित कार्य

(Functions Based on General Approach)

इस श्रेणी के अन्तर्गत वित्त के सामान्य कार्यों का अध्ययन किया जाता है। इन कार्यों के अन्तर्गत दैनिक व्यवहार के कार्य आते हैं जिनको रोकड़िया, लेखाकार, वित्त क्लक्र आदि सम्पादित करते हैं। इस दृष्टिकोण पर आधारित वित्त कार्य निम्नांकित हैं :-

(1) **नकद प्राप्तियाँ एवं संग्रहण** (Cash Receipts and Collections): यह एक उपक्रम तथा संस्थान का महत्वपूर्ण वित्त कार्य है जिसकें अन्तर्गत कोषों के प्रवाह को बनाये रखा जाता है। प्रत्येक प्रतिष्ठान में रोजाना नकदी प्राप्त होती है तथा चैक एवं नकद के रूप में भुगतान किये जाते हैं।

(2) **नकदी कोषों की सुरक्षा** (Security of Cash Reserve) : एक प्रतिष्ठान द्वारा प्राप्त नकदी कोषों को सुरक्षित मुद्रा में निवेशित किया जाता है। सगृहित नकदी बैंक खातों में जमा की जाती है, कोषों को स्थाई जमाओं में रखा जाता है जो कि माँग एवं सुरक्षित निवेश के अतिरिक्त होते हैं और उनका व्यवस्थित रूप से निवेश करना वित्त का सामान्य दृष्टिकोण पर आधारित व्यर्थ है।

(3) **नकदी एवं साख कोषों का लेखांकन** (Accounting of Cash and Credit Funds) : एक उपक्रम के सौदे नकदी तथा साख के रूप में होते हैं। नकदी का सृजन किया जाता है तथा उपक्रम के वित्त विभाग में साख का सृजन किया जाता है। इन कोषों को एक अलग खाते में रखा जाता है जो कि लेखांकन वित्त का एक भाग होता है। इस प्रकार के दोनों खाते अलग रखे जाते हैं और इस प्रकार के कोषों की सुरक्षा, उदार कोषों के

भुगतान का प्रबंधन, अंश पत्रों तथा प्रतिभूतियों की प्रविष्टियाँ तथा अन्य महत्वपूर्ण लेखपत्र आदि कार्य नकदी एवं साख कोषों के लेखांकन के अन्तर्गत आते हैं।

(4) **कल्याणकारी कोषों का प्रबंधन** (Management of Welfare Funds): उपक्रम एवं व्यावसायिक फर्म कर्मचारियों, ग्राहकों तथा समाज के निर्धन वर्ग के कल्याण के लिए कई योजनायें चलाते हैं। इन कल्याणकारी योजनाओं के लिए कल्याणकारी कोषों का सृज़न किया जाता है। पेंशन योजना, कर्मचारी कल्याणकारी कोष, प्रोविडेन्ट फण्ड, शिक्षा एवं चिकित्सा कोष, ग्रह ऋण कोष आदि वित्त के सामान्य कार्य हैं। इस प्रकार उपर्युक्त वित्त कार्य इस प्रकार से किये जाते हैं कि व्यवसाय उपक्रम व्यष्टि एवं समष्टि स्तर पर अपने उद्देश्यों की पूर्ति कर सके तथा वित्तीय संसाधनों का अधिकतम उपयोग किया जा सके।

वित्त का महत्व (Importance of Finance)

वित्त का अध्ययन व्यावसायिक प्रबंधकों के लिए महत्वपूर्ण है जिससे कि वह व्यावसायिक उपक्रम के स्थापित उद्देश्यों की पूर्ति कर सके। व्यवसाय की प्रत्येक गतिविधि प्रत्यक्ष रूप से वित्त से सम्बन्ध रखती है। व्यवसाय का प्रकार कैसा भी क्यों न हो इसकी क्रियाओं के संचालन के लिए वित्त की आवश्यकता पड़ती है। एक साझेदारी फर्म के सभी साझेदारों द्वारा पूँजी का नियोजन करना पड़ता है और सभी निगमों तथा कम्पनियों का आधार वित्त है। वित्त एक महत्वपूर्ण तत्व है जिसकी न केवल एक व्यक्ति के लिए आवश्यकता है बल्कि सरकार के विभिन्न स्तरों - स्थानीय, राज्य तथा केन्द्र - पर इसकी आवश्यकता पड़ती है। विभिन्न क्रियाओं के सम्पादन के लिए इसकी आवश्यकता पड़ती है। वित्त के महत्व का अध्ययन निम्न चार्ट की सहायता से किया जा सकता है :-

चार्ट III

वित्त का महत्व

वित्त के विभिन्न पहलुओं की भूमिका का अध्ययन नीचे किया जा सकता है :-

(1) **व्यवसाय विशेषज्ञ हेतु महत्व** (Importance for Business Experts) : वित्त व्यवसाय विशेषज्ञों की दृष्टि से भी महत्वपूर्ण है क्योंकि वित्त की सहायता से लागत विश्लेषण, लाभांश का निर्धारण, निवेश पर विशुद्ध प्रतिफल तथा उत्पादन के विपणन आदि निर्णय व्यावसायिक फर्म द्वारा लिये जाते हैं। सही निर्णय वित्त की सहायता से विशेषज्ञों द्वारा लिये जाते हैं तथा इन निर्णयों से उनकी योग्यता एवं कुशलता सिद्ध होती है।

(2) **अंशधारियों के लिए महत्व** (Importance for Shareholders) : व्यावसायिक जगत में व्यवसाय का विस्तार होने से पूँजी निवेशकर्ताओं की संख्या में निरन्तर वृद्धि हुई है। देश के विभिन्न भागों में निगमों, कम्पनियों तथा इनके अंशधारी फैले हुए हैं तथा वे सूचना एवं संदेश वहन के विभिन्न स्त्रोतों से अपने हितों का संरक्षण करते हैं। इसके लिए उन्हें वित्तीय प्रणाली की पूरी जानकारी आवश्यक है जिससे कि वे अपने उपक्रमों की वास्तविक स्थिति का अध्ययन वित्तीय विवरणों की सहायता से कर सकें। इस प्रकार अंशधारियों के लिए इस दृष्टि से वित्त का महत्व है।

(3) **निवेशकों हेतु महत्व** (Importance for Investors) : बाजार के विस्तार के साथ व्यावसायिक उपक्रमों में प्रतिभूतियों का महत्व बढ़ता जा रहा है। इससे बाजार में नये निवेशकों को संख्या भी बढ़ गई है। एक निवेशकर्ता वित्त की जानकारी के आधार पर ही निर्णय लेता है। विभिन्न प्रतिभूतियों में निवेश सम्बन्धी निर्णय लाभकारी प्रतिभूतियों के आधार पर ही लिया जाता है जो कि वित्त है। एक अर्थव्यवस्था में निवेश की सम्पूर्ण प्रक्रिया वित्त पर ही आधारित है।

(4) **वित्तीय संस्थाओं हेतु महत्व** (Importance for Financial Institutions) : व्यावसायिक उपक्रम वित्तीय संस्थाओं से वित्त प्राप्त करते हैं। वित्तीय संस्थाओं की सम्पूर्ण संरचना वित्त पर ही निर्भर करती है। वित्तीय संस्थायें पूँजी बाजार में प्रायोजक (Sponsors), अभिगोपनकर्ता तथा निवेशकों की भूमिका का निर्वाह करते हैं। इस दृष्टि से वित्तीय संस्थाओं के लिए वित्त महत्वपूर्ण है।

(5) **सरकार हेतु महत्व** (Importance for Government) : अर्थव्यवस्था के संचालन के लिए सरकार महत्वपूर्ण योगदान देती है। मुद्रा के निर्गमन की पद्धति, व्यवसाय के रूप का निर्धारण, बचत तथा निवेश की

अर्थव्यवस्था में स्थिति आदि गतिविधियाँ ऐसी हैं, जिनमें सरकार का विशेष योगदान होता है। इस प्रकार वित्त सरकार के लिए एक महत्वपूर्ण पहलू है।

(6) **आय वितरण हेतु महत्व** (Importance for Income Distribution): एक देश की अर्थव्यवस्था में एक व्यावसायिक उपक्रम के लिए आय का वितरण महत्वपूर्ण है। वित्त के माध्यम से ही आय का विभिन्न स्तरों पर वितरण संभव होता है। राष्ट्रीय आय, प्रति व्यक्ति आय की गणना, व्यावसायिक उपक्रमों में विभिन्न पक्षकारों जैसे निवेशकर्ता, अंशधारी, कर्मचारी आदि आय के वितरण के वित्तीय प्रणाली पर निर्भर करते हैं। वित्तीय जानकारी से ही आय का कुशलतापूर्ण वितरण संभव होता है।

(7) **श्रम एवं कर्मचारियों हेतु महत्व** (Importance for Labour and Employees) : श्रम एवं कर्मचारी एक उपक्रम के आधार होते हैं। उपक्रमों के उद्देश्यों की पूर्ति मानवीय संसाधनों के माध्यम से ही संभव होती है। श्रम एवं कर्मचारियों के लिए वित्त की जानकारी आवश्यक है क्योंकि व्यवहार में व्यावासायिक नितियों के क्रियान्वयन इनके द्वारा ही किया गया है। एक उपक्रम की लाभदेयता उसके श्रमिकों एवं कर्मचारियों के वित्तीय ज्ञान पर निर्भर करती है।

(8) **अर्थव्यवस्था हेतु महत्व** (Importance for Economy) : एक अर्थव्यवस्था का अध्ययन, विकास की गति तथा भावी दिशा वित्त पर निर्भर करती है। पूँजी प्रवाह, नये निवेश, विदेशी विनिमय कोष आदि किसी भी देश की अर्थव्यवस्था के विकास के लिए आवश्यक तत्व है। किसी देश की अर्थव्यवस्था विकास की ओर अग्रसर हो रही है अथवा नहीं, वित्त के अध्ययन एवं विश्लेषण के द्वारा ही संभव है। अतः एक अर्थव्यवस्था के अध्ययन के लिए वित्त का अध्ययन आवश्यक है।

इस प्रकार हम कह सकते हैं कि वित्त व्यवसाय का जीवन रक्त है। वित्त की क्रियाशीलता के कारण अर्थव्यवस्था के विभिन्न भाग क्रियाशील होते हैं तथा इससे अर्थव्यवस्था में प्रतिस्पर्धात्मक स्थिति उत्पन्न होती है जिसके माध्यम से उदारीकरण तथा वैश्वीकरण के प्रभावों का मुकाबला किया जा सकता है।

7

वित्तीय प्रणाली : वित्तीय मध्यस्थ और वित्तीय बाजार (Financial System: Financial Intermediaries and Financial Market)

सभी आर्थिक क्रियाओं के सफल संचालन के लिए एक अर्थव्यवस्था में समुचित कोषों का होना आवश्यक है। सुदृढ़ वित्तीय प्रणाली का आधार कोषों की उपलब्धता है। किसी देश के आर्थिक विकास के लिए वित्तीय प्रणाली आधार प्रस्तुत करती है क्योंकि कोई भी व्यवसायिक फर्म कोषों का अनुमोदित लागत पर संग्रह करती है। आर्थिक विकास की दर तेज करने के लिए कोषों का होना आवश्यक है तथा इनकी उपलब्धि के लिए बैंकिंग एवं वित्तीय संस्थाओं के रूप में वित्तीय संरचना का सृजन आवश्यक है। वित्तीय संस्थाओं में कोषों का प्रवाह वित्तीय बाजार का एक भाग होता है। वित्तीय बाजार के दो पक्ष हैं। एक ओर कोषों की पूर्ति है तथा दूसरी ओर कोषों की माँग है। वित्तीय कोषों की माँग और पूर्ति के बीच एक कड़ी का काम करने वाली संस्थायें वित्तीय मध्यस्थ कहलाते हैं क्योंकि इनके द्वारा कोष उन स्थानों सें एकत्र किया जाते हैं जहाँ इनकी शर्तें अधिक हैं तथा उनको ऐसे कोष दिये जाते हैं जहाँ इनकी माँग अधिक होती है। कोष जिन उपकरणों अथवा प्रपत्रों द्वारा क्रियाशील किये जाते हैं, वे वित्तीय उपकरण (Financial Instruments) कहलाते हैं। सम्पूर्ण संयन्त्र वित्तीय उपकरणों अथवा प्रपत्रों से संचालित होता है।

एक दी हुई अवधि में कुछ लोग अर्थव्यवस्था में अपने कोषों को चालू दरों पर निवेश करने के लिए तत्पर होते हैं जबकि दूसरी ओर इन कोषों की माँग करने वाले होते हैं। जो अपने कोषों का निवेश करना चाहते हैं वे बचतकर्ता कहलाते हैं। इन

कोषों की पूर्ति करने वाले निवेशकर्ता होते हैं। इसके विपरीत इन कोषों की माँग करने वाले ऋणी या उधारकर्ता होते हैं। इस प्रकार अर्थव्यवस्था में वित्तीय प्रणाली का प्रादुर्भाव होता है।

वित्त प्रणाली का अर्थ (Meaning of Financial System)

कोषों की पूर्ति तथा कोषों की माँग के बीच क्रियाशील संयन्त्र वित्तीय प्रणाली कहलाती है जो माँग एवं पूर्ति के बीच सन्तुलन स्थापित करती है। इनमें बचत, निवेश जैसे तत्व सम्मिलित हैं। इसके साथ ही निवेश तथा वित्तीय संसाधनों के प्रभावी आबण्टन भी इसके अन्तर्गत आते हैं।

आर्थिक विकास के लक्ष्यों की पूर्ति के लिए बचत एवं निवेश वित्तीय प्रणाली द्वारा क्रियाशील किये जाते हैं। निवेश के माध्यम से पूँजी निर्माण को गति प्रदान की जाती है जिसके परिणामस्वरूप उत्पादन में वृद्धि होती है, आय बढ़ती है, इससे पुनर्विनियोग होता है और नये निवेश से नई आय का सृजन होता है। इस प्रकार कोषों का चक्रीय प्रवाह विकास की ओर अग्रसर होता है। एक वित्तीय प्रणाली के कुशल संचालन से ही आर्थिक विकास के लक्ष्य एवं उद्देश्य पूरे किये जा सकते हैं। वित्तीय प्रणाली के चक्रीय प्रवाह को निम्न चार्ट की सहायता से प्रदर्शित किया जा सकता है :

चार्ट I

वित्तीय प्रणाली का चक्रीय प्रवाह

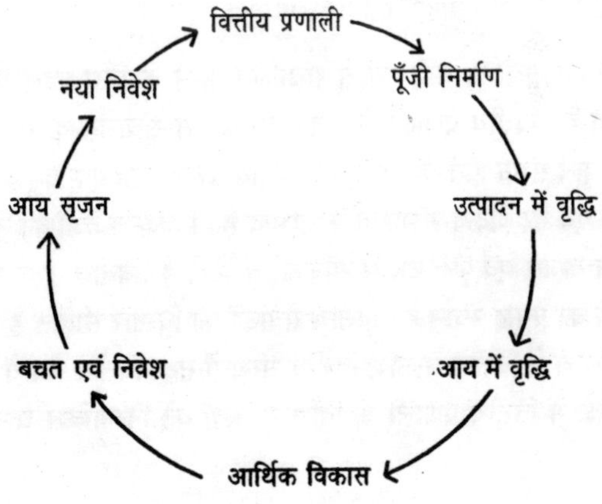

उपर्युक्त चार्ट से स्पष्ट है कि किसी भी देश में आर्थिक विकास के लक्ष्य एवं उद्देश्य वित्तीय प्रणाली के माध्यम से ही पूरे किये जा सकते हैं। आर्थिक विकास से पूँजी निर्माण होता है, नई औद्योगिक इकाइयाँ स्थापित की जाती हैं तथा उनका विकास होता है। उद्यमियों द्वारा लाभ कमाया जाता है। आय एवं रोजगार के सृजन से समाज का प्रत्येक वर्ग लाभान्वित होता है। इससे अर्थव्यवस्था में बचत संभावनायें बढ़ती हैं। एक सुदृढ़ एवं सुविकसित वित्तीय प्रणाली के कारण लोगों में बैंकिंग आदतें उत्पन्न होती हैं और इसकें परिणामस्वरूप बचतें विनियोग में परिवर्तित हो जाती हैं। जिन इकाइयों के पास कोषों कीमती होती है उनकी वित्तीय आवश्यकताओं की पूर्ति होती है तथा आय बढ़ती है। आय में वृद्धि से विनियोग का सृजन होता है। नये विनियोग से पूँजी निर्माण की दर में वृद्धि होती है एवं उत्पादन की दर में वृद्धि होती है जिससे आय एवं रोजगार में वृद्धि होती है तथा आर्थिक विकास के लक्ष्यों की पूर्ति होती है।

देश के आर्थिक विकास में कुशल एवं सुदृढ़ वित्तीय प्रणाली का महत्वपूर्ण योगदान होता है। प्रभावी माँग की पूर्ति हेतु वित्तीय प्रणाली वित्तीय संसाधनों की पूर्ति एवं माँग के बीच सामन्जस्य स्थापित करती है, जिससे बचत और विनियोग बढ़ते हैं। विकास की गति तेज होती है तथा वित्तीय संसाधनों के दोनों पक्षों के बीच एक सेतु का कार्य करती है।

वित्तीय संसाधनों के तत्व
(Components of Financial Resources)

वित्तीय प्रणाली के सही ढंग से संचालित करने के लिए पहलुओं का समावेश किया गया है। वित्तीय प्रणाली के संक्रालित ढंग से संचालन करने पर ही विकास लक्ष्यों की पूर्ति संभव होती है। भारतीय वित्तीय प्रणाली की एक प्रमुख विशेषता यहाँ पर बैंकिंग एवं गैर बैंकिंग संस्थाओं का प्रभुत्व है। विकसित देशों की तुलना में हमारे देश में मुद्रा बाजार एवं पूँजी बाजार सुविकसित नहीं है। वित्तीय उपकरणों में सरकारी प्रतिभूतियों का प्रमुख स्थान है। वित्तीय सेवाओं का विस्तार सीमित है। एक देश की वित्तीय प्रणाली में वित्तीय बाजार, वित्तीय संस्थायें तथा वित्तीय सेवायें शामिल होती हैं। एक देश में वित्तीय प्रणाली के विभिन्न तत्वों को निम्नांकित चार्ट से देखा जा सकता है :

चार्ट II

वित्तीय प्रणाली के तत्व

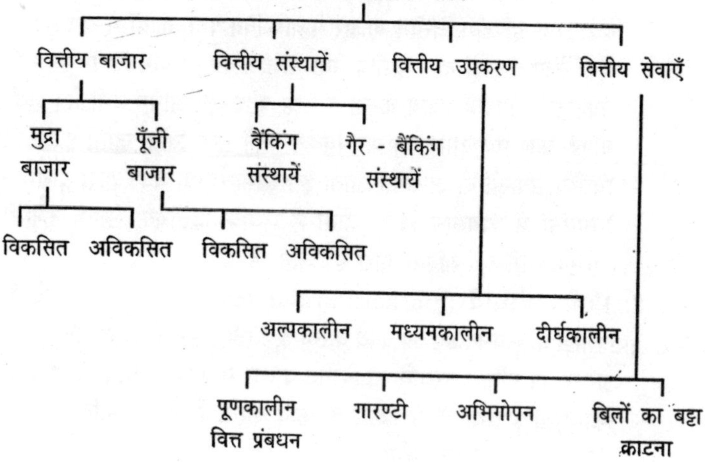

उपर्युक्त चार्ट के तत्वों का विवरण इस प्रकार है :-

(1) **वित्तीय बाजार** (Financial Market) : इससे अर्थव्यवस्था में वित्तीय परिसम्पत्तियों के लेन-देन आसानी से किये जा सकते हैं। वित्तीय बाजार में मुद्रा बाजार तथा पूँजी बाजार आते हैं। इन वित्तीय बजारों में बॉण्ड्स, सरकारी प्रतिभूतियाँ, अंश ऋण पत्र आदि का क्रय-विक्रय किया जाता है। जिस बाजार में अल्पकालीन वित्तीय उपकरणों का लेन-देन होता है वह मुद्रा बाजार कहलाता है जबकि पूँजी बाजार में इन उपकरणों के दीर्घकालीन सौदे होते हैं। वित्तीय बाजारों में नये निर्गमों का लेन-देन होता है वह प्राथमिक बाजार (Primary Market) कहलाता है जबकि पहले से निर्गमित वित्तीय उपकरणों का लेन-देन जिस बाजार में होता है वह गौण अथवा द्वितीयक बाजार (Secondary Market) कहलाता है। भारत में दोनों प्रकार के बाजार विकसित तथा अविकसित श्रेणियों में आते हैं।

वित्तीय बाजार का वर्गीकरण प्रपत्रों के क्रय एवं विक्रय के आधार पर किया जाता है। यह ऋण बाजार, अंशदान बाजार तथा वित्तीय सेवा बाजार के रूप में होता है। ऋण बाजार से वित्तीय कोष जुटाये जाते हैं जबकि स्थायी निधियाँ अंशपत्र बाजार से प्राप्त की जाती है। बाजार का वर्गीकरण

समयावधि के आधार पर अल्पकालीन, मध्यमकालीन तथा दीर्घकालीन के रूप में किया जाता है। दलाल, बैंक, गैर-बैंकिंग वित्तीय संस्थायें तथा रिजर्व बैंक ऑफ इण्डिया वित्तीय बाजार में क्रय-विक्रय के कार्यों मे लगे हुए हैं। बैंकों तथा दलालों द्वारा वित्तीय सेवा बाजारों का उपयोग किया जाता हैं। बैंक जमा राशियाँ एकत्र करती हैं तथा ऋण एवं अग्रिम देती हैं। शेयर, बॉण्ड, ऋण पत्र आदि का क्रय-विक्रय बैंकों द्वारा किया जाता है जो कि वित्तीय सेवाओं के अन्तर्गत आता है। सामान्यतया बैंकों द्वारा प्राथमिक निर्गमनों में व्यवसाय किया जाता है जबकि द्वितीयक सेवायें दलालो, अभिकर्ताओं एवं ब्रोकर्स द्वारा की जाती हैं।

(2) **वित्तीय संस्थायें** (Financial Institutions) : वे संस्थायें जो वित्तीय प्रलेखों के क्रय-विक्रय का कार्य करती हैं, वित्तीय संस्थायें कहलाती हैं। इस प्रकार की सक्रिय संस्थायें जो वित्तीय बाजार में कार्य करती हैं वे दो प्रकार की होती हैं तथा वे दो प्रकार के कार्य करती हैं जो निम्नांकित हैं :-

(अ) जमायें स्वीकार करना

(ब) गैर-जमा क्रियायें।

इन दोनों कार्यों के आधार पर वित्तीय संस्थायें दो प्रकार की होती हैं जो निम्नांकित हैं :-

(i) जमा कार्य करने वाली संस्थायें (Depository Institutions): इन संस्थाओं में व्यापारिक बैंक, बचत तथा साख संगठन, पारस्परिक बचत बैंक, सहकारी साख संस्थायें आदि सम्मिलित हैं। ये संस्थायें व्यक्तियों, फर्मों, कम्पनियों आदि से नकदी स्वीकार करती हैं तथा माँगने पर ऋण एवं अग्रिम देती हैं।

(ii) गैर-जमा संस्थायें (Non-Depository Institutions) : ये संस्थायें वित्तीय बाजार में वित्तीय मध्यस्थों के रूप में कार्य करती हैं। इनमें बीमा कम्पनियाँ हैं जो जोखिमों के लिए बीमा करती हैं तथा दीर्घकालीन कार्यों के लिए ऋण देती हैं। आवास निर्माण के लिए ऋण प्रदान करना एक उदाहरण है। बीमा कम्पनियाँ जीवन बीमा, वाहन बीमा, अग्नि बीमा, दुर्घटना बीमा इत्यादि के लिए बीमा करती हैं तथा दीर्घकालीन निवेश करती हैं। इसके अतिरिक्त स्थानीय सरकारों, केन्द्र तथा राज्य सरकारों के द्वारा कर्मचारियों के लिए कोष एकत्रित किये जाते हैं। पारस्परिक

कोष (Mutual Funds) भी इन गैर-जमा संस्थाओं में सम्मिलित हैं जो मुद्रा बाजार में क्रियाशील हैं तथा अल्पकालीन परिसम्पत्तियों में निवेश करते हैं। इन सभी संस्थाओं को गैर-जमा संस्थाओं के रूप में वर्गीकृत किया जाता है।

(3) **वित्तीय उपकरण** (Financial Instruments) : वित्तीय बाजार में जिन प्रपत्रों के माध्यम से विनियोग किये जाते है उन्हें वित्तीय उपकरण कहा जाता है। वित्तीय उपकरणों को समय के आधार पर वर्गीकृत किया जाता है। मुद्रा बाजार में वित्तीय उपकरण अल्पकालीन एवं मध्येमकालीन होते हैं। इन प्रपत्रों में प्रतिज्ञा पत्र-विनिमय बिल, अल्पकालीन माँग मुद्रा, व्यापारिक पत्र, जमा प्रमाण पत्र आदि प्रमुख हैं। पूँजी बाजार में दीर्घकालीन वित्तीय प्रपत्र आते हैं जैसे अंश पत्र, ऋण-पत्र, बॉण्ड्स, स्टॉक्स तथा दीर्घकालीन सरकारी प्रतिभूतियाँ आदि।

(4) **वित्तीय सेवायें** (Financial Services) : वित्तीय बाजार में वित्तीय संस्थायें अनेक बाजार सेवायें प्रदान करती हैं। इन सेवाओं को वित्तीय सेवायें कहा जाता है। ऋणों पर गारण्टी, अंशपत्रों का अभिगोपन, बिलों का बट्टा काटना, रिजर्व बैंक ऑफ इण्डिया द्वारा वित्तीय संस्थाओं का पुनर्वित्त करना आदि वित्तीय सेवाओं के अन्तर्गत आदि हैं। वित्तीय संस्थाओं द्वारा प्रदान की गई सेवाओं को वित्तीय सेवा बाजार के रूप में रखा जाता है। वित्तीय संस्थाओं द्वारा कोषों को प्रवाहित किया जाता है तथा बाजार में विभिन्न प्रकार की सेवायें प्रदान की जाती हैं।

वित्तीय मध्यस्थ (Financial Intermediaries)

वे संस्थायें जिनके द्वारा उधार देय कोषों की माँग तथा पूर्ति के बीच एक कड़ी का काम करती हैं वित्तीय मध्यस्थ कहलाती हैं। वित्तीय बाजार में इन संस्थाओं द्वारा कोषों का प्रवाह किया जाता है तथा वित्तीय कोष ऋणदाताओं से परोक्ष रूप से उधारकर्ताओं के पास पहुँचते हैं। वित्तीय मध्यस्थ सामान्यतः वित्तीय संस्थायें होती हैं जैसे व्यापारिक बैंक, सहकारी बैंक, क्षेत्रीय ग्रामीण बैंक, आवास निर्माण समितियाँ जीवन बीमा निगम, यूनिट ट्रस्ट ऑफ इण्डिया, अन्य गैर-बैंकिंग वित्तीय संस्थायें आदि।

इस प्रकार वित्तीय मध्यस्थ संस्थायें वे हैं जो ऋणी एवं ऋणदाताओं के बीच एक कड़ी का कार्य करती हैं। अतिरिक्त बचत अर्थव्यवस्था में रोजगार और आय का

सृजन करती है। इन अतिरिक्त बचतों को विनियोग प्रक्रिया में शामिल किया जाता है और यह कार्य वित्तीय संस्थाओं के द्वारा किया जाता है। वित्तीय संस्थायें जिनके द्वारा बचतों को विनियोग में परिवर्तित किया जाता है वित्तीय मध्यस्थ संस्थायें कहलाती हैं।

वित्तीय संस्थायें दो प्रकार के कार्य करती हैं। वे बचत कर्ताओं का उधारकर्ताओं के निकट लाती हैं तथा व्यक्तियों के पोर्टफोलिया पसंदगी को सन्तुष्ट करती हैं। वास्तविक जायदाद के क्रय, संयन्त्र तथा मशीनरी के क्रय आदि के लिए नई प्रतिभूतियाँ जारी कर कोषों की पूर्ति करती हैं। यह वित्तीय मध्यस्थ संस्थाओं का प्रमुख कार्य है। इन मध्यस्थों द्वारा बॉण्ड्स, बिल, अंश पत्र, ऋण पत्र आदि का क्रय-विक्रय किया जाता है। बाजार में वित्तीय संस्थायें प्रतिभूतियों के क्रय-विक्रय में एक व्यवसायी के रूप में कार्य करती हैं।

वित्तीय मध्यस्थ संस्थाओं की प्रक्रिया
(Process of Financial Intermediary Institutions)

एक देश की अर्थव्यवस्था में वित्तीय मध्यस्थ संस्थाओं की महत्वपूर्ण भूमिका होती है। वित्तीय बाजार की सुदृढ़ता इन संस्थाओं पर निर्भर करती है। ये संस्थायें अर्थव्यवस्था के विभिन्न स्तरों पर वित्तीय मध्यस्थों का कार्य करती हैं तथा वित्तीय सुदृढ़ता प्रदान करती हैं। इन वित्तीय मध्यस्थों की प्रक्रिया की विवेचना नीचे की जा रही है :-

(1) **बैंकिंग मध्यस्थ संस्थाओं की प्रक्रिया** (Process of Banking Intermediary Institutions) : व्यापारिक बैंक वित्तीय मध्यस्थों का कार्य करते है क्योंकि देश की मौद्रिक प्रणाली के माध्यम से कार्य किया जाता है। बचतकर्ताओं से बैंक जमायें संग्रह करते हैं और ऋणियों से ऋण जमा करते हैं। बैंकों द्वारा मध्यस्थों की प्रक्रिया से प्राथमिक जमायें स्वीकार की जाती हैं तथा उधारकर्ताओं को ऋण तथा अग्रिम दिये जाते हैं। ऋणियों से ऋण एवं अग्रिमों पर प्रतिफल प्राप्त किये जाते हैं तथा वित्तीय परिसम्पत्तियों का सृजन किया जाता है। बैंक मुद्रा का सृजन करते हैं तथा बाजार में कोषों में वृद्धि करते हैं। इस प्रकार बैंकों की मध्यस्थता की प्रक्रिया मूलरूप से बचतकर्ताओं से सृजित होती है।

(2) **गैर-बैंकिंग मध्यस्थ संस्थाओं की प्रक्रिया** (Process of Non-Banking Intermediary Institutions) : इन संस्थाओं द्वारा बैंकिंग मध्यस्थता

प्रक्रिया में त्वरित प्रभाव का निर्माण किया जाता है। ये संस्थायें वित्तीय बाजार में द्वितीयक परिस्थितियों में कोषों का प्रवाह बढ़ाकर मध्यस्थ का कार्य करती हैं। इनके द्वारा प्रतिभूतियों का क्रय-विक्रय किया जाता है तथा वित्तीय परिसम्पत्तियाँ प्राप्त की जाती हैं। इसके अतिरिक्त जिन संस्थाओं को कोषों आवश्यकता होती है वहाँ कोषों का हस्तान्तरण किया जाता है। इस प्रक्रिया में बैंकिंग क्षेत्र प्रत्यक्ष रूप से मध्यस्थ का कार्य नहीं करता है। इनकी भूमिका गौण रूप में अथवा भुगतान संयन्त्र के रूप में अप्रत्यक्ष होती है।

इस प्रकार मध्यस्थों की प्रक्रिया बैंकिंग संस्थाओं तथा गैर-बैंकिंग संस्थाओं के कार्य संचालन पर निर्भर करती है। वित्तीय बाजार में कोषों का प्रवाह इन संस्थाओं की क्रियाशीलता पर निर्भर करता है।

वित्तीय मध्यस्थों के कार्य एवं महत्व
(Functions and Importance of Financial Intermediaries)

आधुनिक अर्थव्यवस्था में वित्तीय मध्यस्थों की भूमिका सक्रिय होती है। वित्तीय बाजार के विकास में इनका योगदान होता है तथा अर्थव्यवस्था लाभान्वित होती है। इन संस्थाओं की प्रभावी सक्रियता से वित्तीय प्रणाली लाभान्वित होती है। इन वित्तीय मध्यस्थों के कार्य तथा महत्व को निम्नांकित चार्ट की सहायता से समझा जा सकता है :

चार्ट III

वित्तीय मध्यस्थों के कार्य एवं महत्व

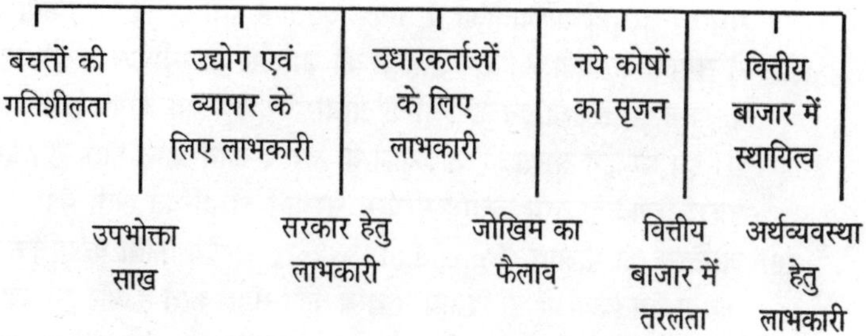

उपर्युक्त चार्ट में दिखाये गये कार्य एवं मध्यस्थों की विवेचना इस प्रकार है :-

(1) **बचतों को गति प्रदान करना** (Mobilisation of Savings) : देश के विभिन्न भागों में फैले बचतकर्ताओं से वित्तीय संस्थायें बचतों को गतिशील

करती हैं। छोटी-छोटी बचतों को उत्पादन कार्यों में लगाया जाता है। इस प्रकार इन संस्थाओं का छोटी बचतों को एकत्र करने तथा गति प्रदान करने में महत्वपूर्ण योगदान है।

(2) **उपभोक्ता साख** (Consumer Credit) : वित्तीय मध्यस्थों द्वारा उपभोक्ताओं को उपभोग साख भी प्रदान की जाती है। इन संस्थाओं द्वारा उत्पादन बढ़ाने के लिए उत्पादन साख की पूर्ति की जाती हैं तथा दूसरी ओर उत्पादित वस्तुओं के विक्रय हेतु उपभोक्ता साख की पूर्ति की जाती है।

(3) **उद्योग एवं व्यापार के लिए लाभकारी** (Useful for Industry and Trade) : वित्तीय मध्यस्थों द्वारा व्यवसाय एवं उद्योग की वित्तीय आवश्यकताओं की पूर्ति साख प्रदान करके की जाती है। व्यवसाय एवं उद्योग की बचतों को उत्पादन कार्यों में लगाया जाता है और इनकी वित्तीय आवश्यकताओं की पूर्ति की जाती है। इस प्रकार वित्तीय मध्यस्थ संस्थायें उद्योग एवं व्यापार के क्षेत्र में महत्वपूर्ण योगदान देती हैं।

(4) **सरकार हेतु लाभकारी** (Importance for Government) : वित्तीय मध्यस्थ संस्थायें एक ओर केन्द्रीय सरकार की सहायता प्रतिभूतियों के क्रय एवं विक्रय में करती हैं तथा दूसरी ओर राज्य सरकारों को उनकी प्रतिभूतियों के क्रय में सहायता करती हैं। इस प्रकार देश में वित्तीय कोषों के प्रवाह में वित्तीय मध्यस्थ संस्थायें महत्वपूर्ण भूमिका का निर्वहन करती हैं।

(5) **उधारकर्ताओं के लिए उपयोगी** (Useful to Lenders) : वित्तीय मध्यस्थ संस्थायें ऋणदाताओं से सम्पक्र रखती हैं तथा इनका उधारकर्ताओं से सम्पक्र करवाती हैं। ऋणदाताओं की जमाओं को स्वीकार करके उन्हें प्रतिफल देते हैं तथा इन जमाओं के आधार पर ऋण एवं अग्रिम दिये जाते हैं। इन पर इन संस्थाओं को ब्याज के रूप में आय प्राप्त होती है। इस प्रकार ऋणदाता तथा वित्तीय मध्यस्थ संस्थायें लाभान्वित होती हैं।

(6) **जोखिम का फैलाव** (Spread of Risks) : ऋणदेय कोषों के पूर्तिकर्ता अथवा बचतकर्ताओं से वित्तीय मध्यस्थ कोष संग्रह करते हैं और इन कोषों का सही तरीके से निवेश किया जाता है क्योंकि इन संस्थाओं के पास पेशेवर निवेशकर्ता होते हैं जो छोटे बचतकर्ताओं की जोखिमों को न्यूनतम करते हैं तथा बड़े पैमाने की बचतों से लाभ उठाते हैं।

(7) **नये कोषों का सृजन** (Creation of New Funds) : वित्तीय मध्यस्थ

संस्थाओं द्वारा अर्थव्यवस्था में नये कोषों का सृजन किया जाता है। बैंकों द्वारा अपनी जमा राशियों के आधार पर मुद्रा का सृजन किया जाता है जबकि वित्तीय मध्यस्थों द्वारा अन्य तरीकों से परोक्ष रूप में कोषों का सुजन किया जाता है। इससे वित्तीय कोषों के स्टॉक में वृद्धि हो जाती है और वित्तीय बाजार में इन संस्थाओं द्वारा कोषों की आपूर्ति की जाती है। यद्यपि भौतिक रूप से कोषों में वृद्धि नहीं होती है लेकिन व्यावसायिक लेन-देन के माध्यम से इन कोषों का सृजन होता है।

(8) **वित्तीय बाजार में तरलता** (Liquidity in Financial Market) : वित्तीय मध्यस्थ किसी भी परिसम्पत्ति को तरलता अथवा नकदी में बदल देते हैं। इन संस्थाओं द्वारा बाजार में तरलता बनाई रखी जाती है। बैंकों जैसी वित्तीय संस्थायें उनकी माँग के अनुसार तरलता बनाये रखने का प्रयास करती हैं। इन संस्थाओं द्वारा अल्पकालीन ऋण एवं अग्रिम देने के कारण तरलता की स्थिति बनी रहती है।

(9) **वित्तीय बाजार में स्थायित्व** (Stability in the Financial Market) : वित्तीय मध्यस्थ संस्थाओं द्वारा ऐसी परिसम्पत्तियों तथा दायित्वों का क्रय-विक्रय किया जाता है जो कि वित्तीय बाजार में महत्वपूर्ण होती हैं। वित्तीय मध्यस्थ अपने क्रियाकलापों से वित्तीय बाजार में स्थायित्व बनाये रखते हैं। यदि इन संस्थाओं द्वारा ये कार्य नहीं किये जाते हैं तो वित्तीय बाजार में अस्थिरता उत्पन्न हो जाती है। इन मध्यस्थों द्वारा वित्तीय परम्पराओं का अनुसरण किया जाता है तथा विभिन्न कानूनों एवं अधिनियमों के बनाने में सहायक होते हैं। इस प्रकार इनके द्वारा बाजार में वित्तीय स्थायित्व बनाये रखा जाता है।

(10) **अर्थव्यवस्था हेतु लाभकारी** (Useful to the Economy) : वित्तीय मध्यस्थ वित्तीय बाजार को सक्रियता प्रदान करते हैं जिससे इसका सुदृढ़ विकास संभव होता है। स्थिर एवं सुदृढ़ वित्तीय बाजार की संरचना इन वित्तीय संस्थाओं पर ही निर्भर करती है। रिजर्व बैंक की मौद्रिक एवं साख नीति के क्रियान्वयन की सफलता भी इन संस्थाओं पर निर्भर करती है। इस प्रकार वित्तीय मध्यस्थों से सम्पूर्ण अर्थव्यवस्था लाभन्वित होती है। वित्तीय बाजार को क्रियाशील करने में वित्तीय संस्थाओं की महत्वपूर्ण भूमिका होती है। अर्थव्यवस्था का विकास भी इन संस्थाओं पर ही निर्भर करता है। इस प्रकार ये संस्थायें सम्पूर्ण अर्थव्यवस्था के लिए लाभकारी होती हैं।

वित्तीय मध्यस्थ संस्थायें अर्थव्यवस्था के विकास में सहायक होती हैं। छोटी बिखरी हुई बचतों को एकत्रित किया जाता है तथा उत्पादन कार्यों में निवेश किया जाता है। अर्द्ध विकसित देशों में अविकसित वित्तीय बाजार होने के कारण इन संस्थाओं की महत्वपूर्ण भूमिका होती है। इन देशों में बचत तथा आय का स्तर निम्न पाया जाता है। लोगों की बैंकिंग आदतों का विकास, बचतों का संग्रहण तथा पूँजी निर्माण के प्रोत्साहन जैसे क्षेत्रों में मध्यस्थों की आवश्यकता पड़ती है।

वित्तीय मध्यस्थों के प्रकार (Types of Financial Intermediaries)

वित्तीय मध्यस्थ संस्थाओं के स्वरूप के आधार पर इनकों दो वर्गों में बाँटा जा सकता है। वे निम्नांकित हैं :-

(1) अल्पकालीन एवं मध्यमकालीन साख प्रदान करने वाली बैंकिंग संस्थायें

(2) दीर्घकालीन साख प्रदान करने वाली गैर-बैंकिंग संस्थायें।

वित्तीय बाजार में इन दोनों ही प्रकार की वित्तीय मध्यस्थ संस्थाओं की अलग-अलग भूमिका होती है। इन संस्थाओं के प्रकार को निम्न चार्ट में देखा जा सकता है :-

चार्ट IV

वित्तीय मध्यस्थों के प्रकार

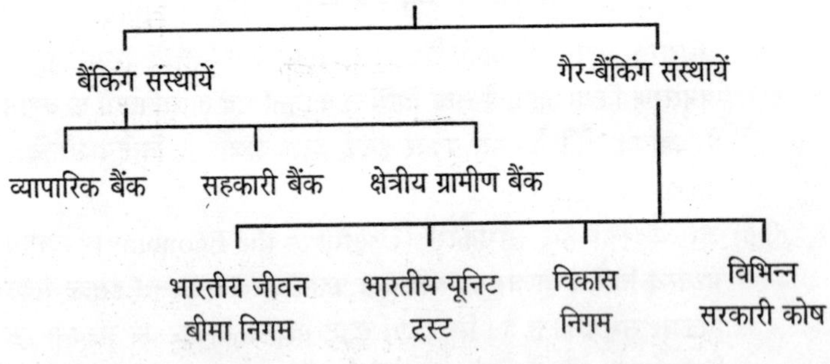

उपर्युक्त वित्तीय मध्यस्थों के प्रकार का विवेचन इस प्रकार किया गया है -

(1) **बैंकिंग संस्थायें** (Banking Institutions) : वित्तीय बाजार में बैंकिंग संस्थायें मध्यस्थ संस्थाओं के रूप में महत्वपूर्ण तथा उपयोगी भूमिका प्रदान करती हैं। वित्तीय मध्यस्थ क्रियाकलापों के माध्यम से वित्तीय बाजार के विकास में बैंकिंग क्षेत्र सहायक होता है। बैंकिंग संस्थाओं में व्यापारिक

बैंक महत्वपूर्ण होते हैं। व्यापारिक बैंक निजी एवं सार्वजनिक क्षेत्र में होते हैं। सामान्यत जनता से बचत संग्रह एवं गतिशील करने का कार्य व्यापारिक बैंक करते हैं और इन बचतों का वित्तीय बाजार में निवेश किया जाता है। व्यापारिक बैंक अल्पकालीन एवं मध्यमकालीन वित्तीय आवश्यकताओं की पूर्ति करते हैं। सहकारी बैंक भी बाजार में मध्यस्थों का कार्य करते हैं। सरकारी बैंक अपने त्रिस्तरीय ढाँचे - ग्रामीण स्तर पर प्राथमिक सहकारी साख समितियाँ, जिला स्तर पर केन्द्रीय सहकारी बैंक तथा राज्य स्तर पर राज्य सहकारी बैंक के माध्यम से अल्पकालीन एवं मध्यमकालीन साख प्रदान करने का कार्य करते हैं। दीर्घकालीन साख सरकारी बैंक अपने द्विस्तरीय ढाँचे - जिला स्तर पर प्राथमिक भूमि विकास बैंक तथा राज्य स्तर पर राज्य भूमि विकास बैंक के माध्यम से प्रदत्त करते हैं। इस प्रकार सहकारी संस्थायें वित्तीय बाजार में सक्रिय हैं। क्षेत्रीय ग्रामीण बैंक (RRBs) व्यापारिक बैंकों द्वारा प्रायोजित बैंक (Sponsored Banks) हैं जो ग्रामीण क्षेत्रों मे बचतों के एकत्रीकरण एवं गतिशीलता प्रदान करके इनका उत्पादक कार्यों में उपयोग करते हैं। इस प्रकार हमारे देश में वित्तीय संस्थाओं की भाँति व्यापारिक बैंक भी सक्रिय हैं।

(2) **गैर-बैंकिंग संस्थायें** (Non-Banking Institutions) : विभिन्न उद्देश्यों से एकत्रित बचतों को ये संस्थायें वित्तीय बाजार में निवेश करती हैं। इन संस्थाओं में पाँच बीमा कम्पनियाँ यूनिट ट्रस्ट ऑफ इण्डिया तथा सरकार के निर्देशन पर विभिन्न प्रकार के संगृहीत कोष जैसे पेंशन फण्ड, जनरल ट्रस्ट फण्ड इत्यादि तथा अन्य विकास निगम-राज्य वित्त निगम आदि सम्मिलित हैं। उदाहरणार्थ भारतीय जीवन बीमा निगम मानव जीवन, वाहन एवं आवास आदि पर बीमा राशि संग्रह करते हैं तथा इस संगृहीत बचत का निवेश वित्तीय बाजार में किया जाता है। केन्द्र सरकार तथा राज्य सरकारें प्रतिभूतियों का निर्गमन करती हैं और वित्तीय बाजार में इनका क्रय विक्रय किया जाता है। इस प्रकार इन प्रतिभूतियों को गैर-बैंकिंग मध्यस्थों की श्रेणी में गिना जाता है। गैर-बैंकिंग मध्यस्थ संस्थायें वित्तीय कोषों की तरलता एवं नकदी को बनाये रखने का कार्य करती हैं। ये संस्थायें उधार देय कोषों की पूर्ति (बचतकर्ताओं) तथा उदार देय कोषों की माँग (उधारकर्ताओं) के बीच एक कड़ी का कार्य करती हैं।

इस प्रकार वे सभी संस्थायें जो उधार देय कोषों के पूर्तिकर्ताओं (बचतकर्ताओं) तथा उधार देय कोषों के माँग कर्ताओं (उधारकर्ताओं) के बीच कड़ी का काम करती हैं, वित्तीय मध्यस्थ कहलाती हैं। वित्तीय मध्यस्थ भी मध्यस्थों की भूमिका प्रदान करते हैं।

बैंकिंग और गैर-बैंकिंग मध्यस्थों के बीच अन्तर (Distinction Between Banking and Non-Banking Intermediaries)

बैंकिंग संस्थाओं तथा गैर-बैंकिंग संस्थाओं के बीच उनके क्रियाकलापों के आधार पर काफी अन्तर पाया जाता है। सामान्यतः यह माना जाता है कि बैंकिंग संस्थाओं द्वारा चैक वाली जमायें स्वीकार की जाती हैं जबकि गैर-बैंकिंग संस्थाओं द्वारा बिना चैक वाली जमायें स्वीकार की जाती हैं। प्रथम के अन्तर्गत जमायें चैक माध्यम से आहरित की जाती हैं जबकि द्वितीय के अन्तर्गत जमायें बिना चैक के निकाली जाती हैं। बैंकिंग संस्थाओं तथा गैर-बैंकिंग संस्थाओं के बीच अन्तर निम्न बिन्दुओं के आधार पर स्पष्ट किया जा सकता है -

(1) **जमायें** (Deposits) : बैंकिंग संस्थाओं के अन्तर्गत जमाओं की निकासी किसी भी समय माँग पर निर्भर करती है जबकि गैर बैंकिंग संस्थाओं में एक निश्चित अवधि के पश्चात् ही जमाओं की निकासी संभव होती है।

(2) **साख सृजन** (Credit Creation) : बैंकिंग संस्थाओं द्वारा व्युत्पन्न जमाओं (Derived Deposits) के आधार पर साख निर्माण किया जाता है जबकि गैर-बैंकिंग संस्थायें अर्थव्यवस्था से साख का निर्माण नहीं करती हैं।

(3) **ऋण एवं अग्रिम** (Loans and Advances): बैंकिंग संस्थायें विभिन्न उद्देश्यों के लिए तथा उधारकर्ताओं की आवश्यकताओं के अनुसार विभिन्न अवधियों के ऋण तथा अग्रिम प्रदान करती हैं। गैर-बैंकिंग संस्थायें विशिष्ट उद्देश्यों के लिए दी हुई अवधि के ऋण तथा अग्रिम प्रदान करते हैं।

(4) **वैधानिक कोष** (Legal Reserves) : देश के बैंकिंग अधिनियम के अनुसार बैंकिंग संस्थाओं को उनकी जमाओं का एक भाग नकद कोषानुपात (CRR) तथा तरल कोषानुपात (SLR) के रूप में रखने पड़ते हैं। लेकिन गैर-बैंकिंग संस्थाओं को अपनी जमाओं का एक भाग इस प्रकार कोषानुपात रखने की अनिवार्यता से छूट रहती है।

(5) **तरलता** (Liquidity) : गैर-बैंकिंग संस्थाओं की तुलना में बैंकिंग संस्थाओं के कोष अधिक तरल होते हैं। गैर-बैंकिंग संस्थाओं को अपनी जमाओं को तरल रूप में रखने की आवश्यकता नहीं पड़ती है क्योंकि उनके जमा सावधि जमा होते हैं।

इस प्रकार बैंकिंग संस्थायें देश के बैंकिंग अधिनियम के अन्तर्गत स्थापित की जाती हैं और वे इस अधिनियम के अनुसार ही नियमन, नियन्त्रण एवं निर्देशन के रूप में कार्य करती हैं। व्यापारिक बैंक बैंकिंग नियमन अधिनियम, 1949 के द्वारा नियन्त्रित एवं नियमित की जाती हैं जबकि स्टेट बैंक ऑफ इण्डिया स्टेट बैंक अधिनियम, 1955 द्वारा नियन्त्रित एवं नियमित होती है। इसके विपरीत गैर-बैंकिंग वित्तीय संस्थायें वित्तीय अधिनियमों द्वारा निर्देशित, नियन्त्रित एवं नियमित की जाती हैं। लेकिन बैंकिंग संस्थाओं तथा गैर-बैंकिंग संस्थाओं में एक समानता यह है कि दोनों ही ऋणदाताओं तथा उधारकर्ताओं के बीच कड़ी का काम करती हैं और वित्तीय बाजारों में इन मध्यस्थों के द्वारा ही कोषों का प्रवाह होता रहता है।

वित्तीय बाजार (Financial Market) :

यह एक प्रणाली है जो वित्तीय परिसम्पत्ति के सृजन का अवसर प्रदान करती है और इनका वित्तीय बाजार में हस्तान्तरण करती हैं। इन बाजारों में अनेक मध्यस्थ कार्य करते हैं जो निवेशकर्ताओं तथा उधारकर्ताओं के बीच लेन-देन को सुगमता प्रदान करते हैं। वित्तीय बाजारों में विभिन्न समयावधियों के अनुसार विभिन्न सौदों के लिए विभिन्न वित्तीय उपकरणों का उपयोग किया जाता है। उदाहण के लिए सरकारी प्रतिभूतियों का प्रयोग दीर्घकाल के लिए किया जाता है जबकि चैक और विनिमय बिल अल्पकालीन एवं दीर्घकालीन उद्देश्यों की पूर्ति करने हेतु काम में लाये जातें हैं। वित्तीय उपकरणों के क्रेता एवं विक्रेता इन वित्तीय बाजारों में अपने सौदों को अन्तिम रूप देते हैं तथा अर्थव्यवस्था में ऐसे सौदों को वित्तीय मध्यस्थ संस्थायें सुगमता प्रदान करती हैं।

वित्तीय बाजार का अर्थ (Meaning of Financial Market)

यह एक संगठन अथवा संस्था अथवा प्रणाली है जिसके माध्यम से मध्यस्थ अपने सौदों का वित्तीय उपकरणों क्रेताओं के बीच अन्तिम रूप प्रदान करते हैं। इस प्रकार एक बाजार जहाँ उधारदेय कोषों की पूर्ति उधारकर्ताओं को मध्यस्थों के माध्यम से की जाती है, वित्तीय बाजार कहलाता है। वित्तीय बाजार का एक क्षेत्र विशेष नहीं

होता है। जहाँ भी वित्तीय मध्यस्थ वित्तीय उपकरणों के सौदों को अन्तिम रूप देते हैं वह वित्तीय बाजार का क्षेत्र होता है। लेकिन एक देश की भौगोलिक सीमा वित्तीय बाजार के आकार को निर्धारित करती है।

वित्तीय बाजार के प्रकार (Types of Financial Market)

वित्तीय बाजारों के अनेक श्रेणियों में वर्गीकृत किया जाता है क्योंकि इन बाजारों में विभिन्न प्रकार के वित्तीय सौदे होते हैं। इन बाजारों में जिस प्रकार के उपकरणों का उपयोग किया जाता है उनके आधार पर भी वर्गीकरण किया जा सकता है। वित्तीय बाजार के वर्गीकरण को निम्न चार्ट की सहायता से देखा जा सकता है :-

चार्ट V

वित्तीय बाजार के प्रकार

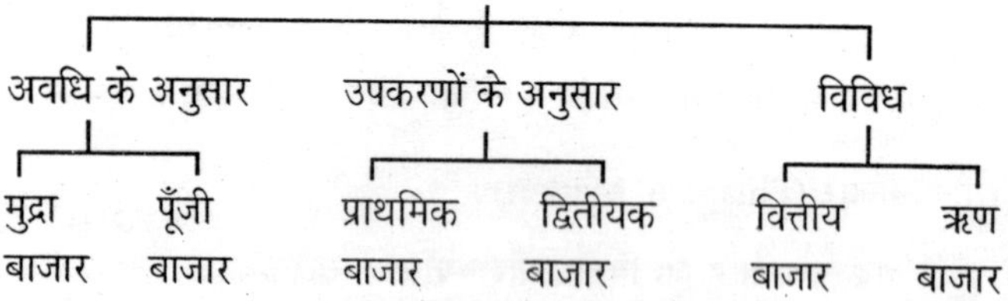

उपर्युक्त वित्तीय बाजार के वर्गीकरण की विवेचना इस प्रकार की जा सकती है:

(1) **समयानुसार** (Basis of Period) : बाजार की अवधि के अनुसार वित्तीय बाजार को दो श्रेणियों में विभक्त किया जा सकता है। अल्पकालीन प्रपत्रों के आधार पर किये जाने वाले सौदों को मुद्रा बाजार कहा जाता है जबकि दीर्घकालीन प्रपत्रों के क्रय एवं विक्रय करने को पूँजी बाजार कहा जाता है। वित्तीय बाजार में मुद्रा बाजार तथा पूँजी बाजार का प्रभुत्व होता है। समय के आधार पर इन बाजारों में वित्तीय बाजार में कोषों को क्रियाशील किया जाता है। जब वित्तीय संस्थायें विनिमय बिल, अल्पकालीन ऋण पत्र अथवा प्रतिभूतियों आदि क्रियाओं में व्यवस्थायें करती हैं तो इसे मुद्रा बाजार कहा जाता है। इसके विपरीत संस्थायें अंशपत्रों के क्रय और विक्रय, दीर्घकालीन ऋण पत्रों और सरकारी प्रतिभूतियों जैसी क्रियाओं का व्यवहार करती हैं तो इसे पूँजी बाजार की क्रियायें कहते हैं। सामान्यतया पूँजी एवं मुद्रा बाजार में भाग लेने वाली संस्थायें समान ही होती हैं, लेकिन मुद्रा बाजार में बैंकिंग संस्थायें तथा पूँजी बाजार में गैर-बैंकिंग संस्थायें अधिक होती हैं।

(2) **वित्तीय उपकरणों के आधार पर** (Basis of Financial Instruments) : वित्तीय बाजारों में अनेक प्रकार के वित्तीय उपकरणों का उपयोग किया जाता है। इन उपकरणों का निर्गमन विभिन्न कम्पनियों तथा सरकार द्वारा किया जाता है। जब कम्पनियों तथा सरकार द्वारा पहली बार वित्तीय उपकरणों का निर्गमन किया जाता है और इनका क्रय-विक्रय किया जाता है तो उसे प्राथमिक वित्तीय बाजार (Primary Financial Market) कहते हैं। इसके विपरीत बाजार में पहले से ही विद्यमान उपकरणों का क्रय विक्रय किया जाता है तो यह द्वितीयक वित्तीय बाजार (Secondary Financial Market) कहलाता है। प्राथमिक एवं द्वितीयक बाजार उपकरणों के आधार पर अल्पकालीन तथा दीर्घकालीन बाजार हो सकते हैं।

(3) **विविध** (Miscellaneous) : वित्तीय बाजारों को उनके द्वारा किये गये कार्यों के आधार पर वर्गीकृत किया जा सकता है। जब बैंकिंग संस्थायें अपने ग्राहकों से जमा राशियाँ स्वीकार करना तथा उन्हें वापिस निकालने के अलावा वित्तीय सेवायें प्रदान करती हैं जैसे अंशपत्रों या प्रतिभूतियों के क्रय-विक्रय के कार्य तथा इन सेवाओं के लिए ग्राहकों से शुल्क लेती हैं तो यह बाजार वित्तीय सेवा बाजार (Financial Service Market) कहलाता है। जब दलाल एवं ब्रोकर्स अंशपत्रों तथा ऋण-पत्रों के क्रय विक्रय में सहायता करते हैं तथा इन सेवाओं के लिए शुल्क वसूल करते हैं तो इन्हें वित्तीय सेवा बाजार के अन्तर्गत शामिल किया जाता है। जब वित्तीय संस्थाओं द्वारा उपभोक्ता साख तथा दीर्घकालीन ऋण दिये जाते हैं तो इस प्रकार के कार्यों को करने वाले बाजार को ऋण बाजार (Loan or Debit Market) कहा जाता है। वित्तीय संस्थायें बाजार ब्याज दरों पर ऋण प्रदान करते हैं। सरकार भी सार्वजनिक क्षेत्र की परियोजनाओं को पूरा करने के लिए ऋण लेती है। यह बाजार ऋण बाजार कहलाता है। ऋण बाजार की प्रकृति अल्पकालीन, मध्यमकालीन तथा दीर्घकालीन होती है।

वित्तीय बाजारों में किये जाने वाले कार्यों के आधार पर बाजारों को मुद्रा बाजार, पूँजी बाजार, प्राथमिक बाजार, द्वितीयक बाजार, वित्तीय सेवा बाजार और साख बाजार के रूप में विभाजित किया जा सकता है।

मुद्रा बाजार (Money Market)

मुद्रा बाजार की विभिन्न विद्वानों ने परिभाषायें दी हैं। कुछ महत्वपूर्ण परिभाषायें निम्नांकित हैं :-

(1) **प्रो. क्राउथर** (G. Crowther) के अनुसार, "विभिन्न फर्म तथा संस्थाओं को दिया जाने वाला सामूहिक नाम मुद्रा बाजार है जो विभिन्न प्रकार की निकट मुद्राओं में व्यापार करती हैं।"

(2) **नेड़लर हैलर** तथा **शिपमैन** ने परिभाषा दी है, "एक मुद्रा बाजार एक यन्त्रीकृत उपाय है जिसके माध्यम से अल्पकालीन कोषों को ऋण एवं उधार के रूप में लिया जाता है जिसके माध्यम से पैमाने पर किसी देश विशेष अथवा विश्व में वित्तीय सौदे सम्पन्न किये जाते हैं। एक मुद्रा भिन्न है लेकिन यह व्यापारिक प्रणाली का अभिन्न अंग है।"

(3) रिजर्व बैंक ऑफ इण्डिया के प्रकाशन के अनुसार, "मौद्रिक परिसम्पत्तियों में अल्पकालीन प्रकृति में मुख्य रूप से व्यवस्था करने के केन्द्र के रूप में उधारकर्ताओं की अल्पकालीन आवश्यकताओं की पूर्ति करता है। तथा उधार देने वालों का तरलता या नकदी प्रदान करता है। यह एक स्थान है जहाँ अल्पकालीन अदृश्य कोषों के आधिव्यय को वित्तीय एवं अन्य संस्थाओं को सौंपता है तथा व्यक्तियों द्वारा उधार लेने के लिए बोली लगाई जाती है और इसमें संस्थायें और व्यक्ति तथा सरकार भी सम्मिलित हैं।"

उपर्युक्त परिभाषाओं से स्पष्ट है कि मुद्रा बाजार का वह स्थान है जहाँ अल्पकालीन कोषों के सौदे ऋण तथा ऋणदाताओं के बीच होते हैं। अल्पकालीन निवेश योग्य कोष बैंकों तथा अन्य वित्तीय संस्थाओं के पास होते हैं और इसमें कम्पनियों, व्यक्तियों तथा सरकार जैसे उधार लेने वाले सम्मिलित हैं। रिजर्व बैंक ऑफ इण्डिया भारतीय मुद्रा बाजार में एक प्रमुख भूमिका का निर्वहन करता है क्योंकि इस बाजार में चलन एवं साख के प्रवाह का नियन्त्रण इसके द्वारा किया जाता है।

भारतीय मुद्रा बाजार में दो प्रमुख भाग शामिल किये जाते हैं। एक ओर असंगठित क्षेत्र तथा दूसरी ओर संगठित क्षेत्र। असंगठित मुद्रा बाजार में देशी बैंकर हैं जो कि परम्परागत तरीकों से अपना व्यवसाय करते हैं जबकि संगठित मुद्रा बाजार में रिजर्व बैंक ऑफ इण्डिया, स्टेट बैंक ऑफ इण्डिया तथा इसकी सहायक बैंक, 20 राष्ट्रीयकृत व्यापारिक बैंक तथा अन्य देशी एवं विदेशी निजी क्षेत्र के बैंक सम्मिलित हैं। इसमें उप-बाजार (Sub Market) भी हैं। जैसे कोषागार बिल बाजार, व्यापारिक बिल बाजार तथा अन्तर बैंक याचना मुद्रा बाजार भी सम्मिलित हैं। भारतीय मुद्रा बाजार में सम्मिश्रण को निम्न चार्ट की सहायता से देखा जा सकता है :

चार्ट VI

भारतीय मुद्रा बाजार

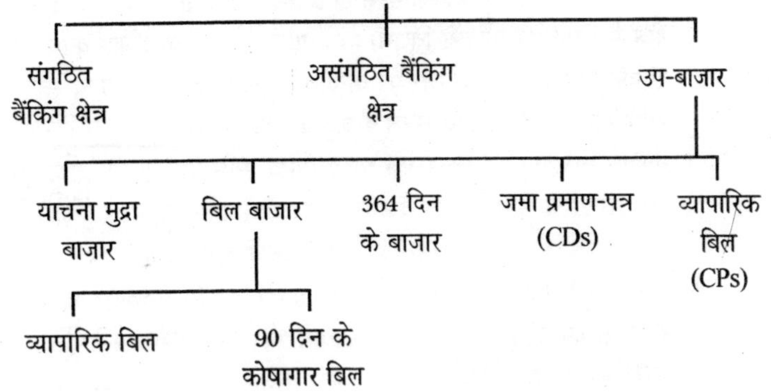

मुद्रा बाजार का सम्मिश्रण (Composition of Money Market)

मुद्रा बाजार में विभिन्न प्रकार की वित्तीय संस्थायें कार्य करती हैं जो अल्पकालीन प्रकृति की प्रतिभूतियों का क्रय एवं विक्रय करती हैं। ये सभी संस्थायें मुद्रा बाजार में सम्मिलित हैं जिनका विवेचन निम्नांकित है :-

(1) **केन्द्रीय बैंक** (Central Bank) : मुद्रा बाजार का एक महत्वपूर्ण अंग केन्द्रीय बैंक है जो इस बाजार का संरक्षक था। रिजर्व बैंक ऑफ इण्डिया एक केन्द्रीय बैंक के रूप में बाजार में मुद्रा की पूर्ति को सन्तुलित करता हैं। यद्यपि इस बाजार में रिजर्व बैंक प्रत्यक्ष रूप से कोई सौदे नहीं करता है लेकिन साख नियन्त्रण के विभिन्न उपायों के माध्यम से बाजार की विभिन्न क्रियाओं को प्रभावित करता है।

(2) **व्यापारिक बैंक** (Commercial Bank) : इन बैंकों द्वारा मुद्रा बाजार में अल्पकालीन प्रतिभूतियों का क्रय एवं विक्रय किया जाता है। वे विनिमय बिलों पर बट्टा काटते हैं तथा उद्योग एव व्यापार के लिए अल्पकालीन साख की पूर्ति करते हैं। स्टेट बैंक ऑफ इण्डिया तथा इसकी सहायक बैंक, निजी एवं सार्वजनिक क्षेत्र के व्यापारिक बैंक, व्यापारिक बैंकों द्वारा प्रायोजित क्षेत्रीय ग्रामीण बैंक अल्पकालीन साख, नकद साख, अधिविकर्ष तथा प्रतिज्ञा पत्रों पर साख प्रदान करते हैं तथा मुद्रा बाजार में महत्वपूर्ण भूमिका अदा करते हैं।

(3) **सहकारी बैंक** (Cooperative Banks) : व्यापारिक बैंकों की तरह सहकारी बैंक भी अल्पकालीन साख प्रदान करने का कार्य करते हैं। इस क्षेत्र में त्रिस्तरीय प्रणाली विद्यमान है। ग्राम स्तर पर प्राथमिक कृषि साख सहकारी समिति, जिला स्तर पर केन्द्रीय सहकारी बैंक तथा राज्य स्तर पर राज्य सहकारी बैंक कार्य करते हैं जबकि दीर्घकालीन साख हेतु द्विस्तरीय प्रणाली विद्यमान है। जिला स्तर पर प्राथमिक भूमि विकास बैंक तथा राज्य स्तर पर राज्य भूमि विकास बैंक कार्य कर रहे हैं। इस प्रकार सहकारी बैंक भी मुद्रा बाजार के एक अंग के रूप में कार्य कर रहे हैं।

(4) **अन्य वित्तीय संस्थायें** (Other Financial Institutions) : व्यापारिक बैंकों के अतिरिक्त अन्य वित्तीय संस्थायें भी अल्पकालीन प्रतिभूतियों के क्रय-विक्रय का कार्य करती हैं और मुद्रा बाजार में महत्वपूर्ण योगदान देती हैं। उदाहरण के लिए डाक घर बचत योजनायें, कर्मचारी प्रोविडेन्ट फण्ड तथा अन्य वित्तीय निगम भी मुद्रा बाजार में महत्वपूर्ण सहभागी हैं।

(5) **स्वीकृत गृह और बट्टा गृह** (Acceptance Houses and Discount Houses): विकसित एवं संगठित मुद्रा बाजार में विनिमय बिलों का क्रय-विक्रय होता है। बिलों को स्वीकृत गृहों द्वारा स्वीकृत किया जाता है। इसी प्रकार एक व्यापारी द्वारा दूसरे व्यापारी पर लिखे गये बिल का बट्टा बट्टागृहों द्वारा काटा जाता है। विकसित बाजार के कारण इन संस्थाओं का प्रादुर्भाव होता है। इनके विकास से बिलों की स्वीकृति तथा इनके बट्टा काटने के कार्य आसानी से किये जाते हैं। लंदन तथा न्यूयाक्र जैसे मुद्रा बाजार सुसंगठित एवं सुविकसित मुद्रा बाजार की श्रेणी में आते हैं। भारत में इन गृहों का विकास नहीं हुआ है। भारत में व्यापारिक बैंकों द्वारा बिलों का बट्टा काटा जाता है।

(6) **देशी बैंकर तथा साहूकार** (Indigenous Bankers and Money Lenders) : एक अविकसित मुद्रा बाजार में देशी बैंकरों तथा साहूकारों का प्रभुत्व होता है। ये संस्थायें तथा व्यक्ति अल्पकालीन साख की पूर्ति करते हैं। भारत में देशी बैंकर तथा साहूकार मुद्रा बाजार में प्रभावशाली योगदान देते हैं। रिजर्व बैंक का इन संस्थाओं पर प्रभावपूर्ण नियन्त्रण नहीं होता है।

इस प्रकार मुद्रा बाजार में अल्पकालीन साख की पूर्ति करने वाली संस्थायें अन्तर्निर्भर हैं और अर्थव्यवस्था में मुद्रा बाजार के अंग के रूप में कार्य करती हैं।

मुद्रा बाजार के उपकरण (Instruments of Money Market) :

मुद्रा बाजार में विभिन्न उपकरण कोषों के प्रवाह को बनाये रखते हैं तथा इनके द्वारा देश में वित्तीय अल्पकालीन आवश्यकताओं की पूर्ति की जाती है। मुद्रा बाजार के प्रमुख उपकरणों का विवेचन निम्न प्रकार से किया जाता है :-

(1) **प्रतिज्ञा पत्र** (Promissory Note) : यह परिपत्र है जिसके अन्तर्गत ऋणी ऋणदाता को एक दी हुई अवधि में एक दी हुई राशि का भुगतान करने का वादा करता है। व्यावसायिक क्षेत्र में इस उपकरण की समय सीमा 90 दिन होती है। व्यापारिक बैंक इन उपकरणों पर बट्टा काटकर साख प्रदान करते हैं। भारत सहित सभी देशों में प्रतिज्ञा पत्र अल्पकालीन वित्तीय आवश्यकताओं की पूर्ति करते हैं। संयुक्त राज्य अमेरिका में इस प्रकार के उपकरण का उपयोग नहीं किया जाता है।

(2) **विनिमय बिल** (Bill of Exchange) : हमारे देश में मुद्रा बाजार में उपयोग लाया जाने वाला महत्वपूर्ण उपकरण है। इस उपकरण के द्वारा ऋणदाता ऋणी को एक दी हुई राशि का भुगतान निश्चित समय पर करने का आदेश देता है और इस पर अनुमति देता है जिसे विनिमय बिल कहा जाता है। इस उपकरण या प्रलेख की अवधि 90 दिन से 180 दिन की होती है और इसका उपयोग व्यावसायिक लेन-देनों में किया जाता है। व्यापारिक बैंक तथा बट्टा गृह इस प्रकार के प्रलेख पर बट्टा काटते हैं। एक विकसित मुद्रा बाजार में स्वीकृत गृहों (Acceptance Houses) द्वारा ऐसे बिलों को स्वीकार किया जाता है।

(3) **कोषागार विपत्र** (Treasury Bills) : इस प्रकार के विपत्र मुद्रा बाजार का निर्माण करते हैं। इस प्रकार के विपत्र 12 महीने के लिए जारी किये जाते हैं। भारत में इस प्रकार के बिल 91 दिन से 364 दिन के लिए जारी किये जाते हैं। ये बिल सरकार द्वारा जारी किये जाते हैं। इस प्रकार के बिल वित्तीय संस्थाओं के लिए महत्वपूर्ण होते हैं।

(4) **अल्पकालीन याचना मुद्रा** (Money Call at Short Notice) : जब व्यापारिक बैंकों द्वारा 24 घण्टे से 14 दिन के लिए अति अल्पकालीन साख का निर्गमन अल्प समय के लिए किया जाता है तो इसे अल्पकालीन याचना मुद्रा कहा जाता है। इस प्रकार के कोष माँग पर अल्पकाल के लिए दिये जाते हैं। इनके अन्तर्गत यह शर्त होती है कि इनको माँगने पर ही

दिया जाता है। एक विपत्र के रूप में रसीद दी जाती है जिसमें माँगने पर दी जाने वाली ब्याजदर का उल्लेख भी होता है। यह रसीद ऋणी द्वारा जारी की जाती है।

(5) **व्यापारिक पत्र** (Commercial Paper) : अनेक व्यावसायिक संस्थायें प्रत्येक्ष रूप से व्यापारिक बैंकों से उधार लेने के स्थान पर अल्पकालीन व्यापारिक विपत्र जारी करती हैं। एक दी हुई अवधि के पश्चात् दी हुई राशि का भुगतान करने की गारण्टी दी हुई होती है। इस प्रकार के विपत्र उसे 6 महीने की अवधि के लिए जारी किये जाते हैं। नब्बे के दशक से इस प्रकार के प्रपत्र भारत में जारी किये जाने लगे हैं जबकि पश्चिमी देशों में ये काफी लोकप्रिय हैं।

(6) **जमाओं के प्रमाण-पत्र** (Certificates of Deposits) : इस प्रकार के प्रमाण-पत्र बचतकर्ताओं को जारी किये जाते हैं जो कि अपने कोषों का अधिक निवेश अवसरों में प्रयोग कर सकता है। इस प्रकार के प्रमाण-पत्र 5 लाख रुपये के मूल्य में जारी किये जाते हैं और इसकी अधिकतम सीमा 25 लाख रुपये तक हो सकती है। इस प्रकार के विपत्रों की परिपक्वता अवधि 3 महीने से एक वर्ष तक ही होती है। बैंकों द्वारा इस प्रकार के जमा प्रपत्रों पर ऊँची ब्याजदर दी जाती है जिससे कि इनके धारक इनकी परिपक्व अवधि तक रख सकें। इस प्रकार के प्रपत्र धारकों को तरलता प्रदान करने वाले उपकरण का कार्य करते हैं।

उपर्युक्त मुद्रा बाजार के उपकरणों का उपयोग व्यापारिक बैंकों तथा वित्तीय संस्थाओं द्वारा किया जाता है। इन उपकरणों का उपयोग करने वाली संस्थाओं की प्रकृति भिन्न-भिन्न प्रकार की होती है तथा बाजार में इन उपकरणों से अल्पकालीन वित्तीय आवश्यकताओं की पूर्ति होती है।

भारतीय मुद्रा बाजार की विशेषतायें एवं दोष (Features & Defects of the Indian Money Market)

भारतीय मुद्रा बाजार की विशेषताओं तथा दोषों का विवेचन नीचे किया जा रहा है :-

(1) **असंगठित मुद्रा बाजार का होना** (Existence of Unorganised Money) : भारतीय मुद्रा बाजार का प्रमुख दोष देशी बैंकरों का पाया जाना है जिनके द्वारा अल्पकालीन एव दीर्घकालीन वित्त के बीच कोई अन्तर नहीं

किया जाता है। कई गैर बैंकिंग वित्तीय कम्पनियों द्वारा सामान्य जनता से धन संग्रह किया जाता है जो कि रिजर्व बैंक ऑफ इण्डिया के नियन्त्रण तथा पर्यवेक्षण की सीमा में नहीं हैं।

(2) **एकीकरण का अभाव** (Lack of Integration) : एक संगठित मुद्रा बाजार में भी एकीकरण का अभाव पाया जाता है जैसे स्टेट बैंक ऑफ इण्डिया और इसकी सहायक बैंक, व्यापारिक बैंक, विदेशी बैंक तथा सहकारी बैंक। वर्तमान में रिजर्व बैंक ऑफ इण्डिया का संगठित मुद्रा बाजार पर प्रभावी नियन्त्रण है। लेकिन हर्षद मेहता घोटाला 1992 तथा केतन पारीक घोटाला 2001 से स्पष्ट है कि व्यापारिक बैंक क्षेत्र पर बैंक ऑफ इण्डिया का पूर्णतया प्रभावी नियन्त्रण एवं पर्यवेक्षण नहीं रहा है।

(3) **ब्याज की मुद्रा दरों की भिन्नता** (Diversity of Money of Rates on Interest) : ब्याज की अनेक दरें पाई जाती हैं जैसे उधार दरें, जमा दरें, ऋण दरें आदि व्यापारिक बैंकों तथा सहकारी बैंकों में भिन्न-भिन्न पाई जाती हैं। यह मुद्रा बाजार के एक क्षेत्र दूसरे क्षेत्र में कोषों की अगतिशीलता का परिणाम है।

(4) **मुद्रा की मौसमी कमी** (Seasonal Stringency of Money) : व्यस्त मौसम में मुद्रा की कमी पाई जाती है तथा ब्याज दरें ऊँची होती हैं। सुस्त मौसम (Slack Season) जो कि जुलाई से अक्टूबर की अवधि में होता है, बैंकों के पास कोषों का आधिक्य होता है तथा ब्याज दरें भी नीची पाई जाती हैं।

(5) **बिल बाजार का अभाव** (Lack of Bill Market) : अल्पकालीन बिलों के बट्टा काटने के लिए बिल बाजार या बट्टा बाजार का अभाव पाया जाता है। विभिन्न साख संस्थाओं को जोड़ने के लिए सुसंगठित बिल बाजार का होना आवश्यक है। भारत में कोषागार बिल बाजार (Treasury Bill Market) है लेकिन व्यापारिक बिल बाजार का पूर्णतः विकास नहीं हो पाया हैं।

(6) **अत्यधिक उच्चावचन याचना मुद्रा बाजार** (Highly Volatile Call Money) : याचना मुद्रा बाजार अल्पकालीन कोषों हेतु बाजार होता है। इसमें याचना बाजार और अल्प माँग बाजार की याचना मुद्रा दरों का निर्धारण होता है। अल्पकालीन कोषों की माँग सार्वजनिक क्षेत्र की बैंकों से विदेशी बैंकों तथा निजी क्षेत्र की बैंकों के लिए उत्पन्न होती है।

गैर-बैंकिंग वित्तीय संस्थायें जैसे—भारतीय औद्योगिक विकास बैंक (IDBI), भारतीय जीवन बीमा निगम (LIC of India), सामान्य बीमा निगम कोषों की पूर्ति करती हैं। भारत में अन्तर बैंक याचना मुद्रा दरें 1990-91 में अधिकतम 70 प्रतिशत तथा न्यूनतम 40 प्रतिशत थीं। 1999-2000 में ये दरें घटकर 25 एवं 4.5 प्रतिशत हो गई हैं।

(7) **सुसंगठित बैंकिंग प्रणाली का अभाव** (Absence of a Well Organised Banking System) : बैंकिंग शाखाओं का विस्तार बैंकों के 1969 के राष्ट्रीयकरण के पूर्व बहुत धीमा रहा है। इसके साथ ही शाखाओं का संकेन्द्रण बड़े कस्बों तथा शहरों तक ही सीमित था। कोषों के प्रवाह की गति भी धीमी थी और देश में धीमे बैंकिंग शाखाओं के विस्तार से और विभिन्न ब्याज दरों के कारण कोषों की गतिशीलता भी धीमी थी।

(8) **साख उपकरणों की उपलब्धता** (Availability of Credit Instruments) : 1985-86 तक भारतीय मुद्रा बाजार में अल्पकालीन पत्र उपकरणों (Paper Instruments) की अपर्याप्तता थी। याचना मुद्रा बाजार के अतिरिक्त कोषागार बिल बाजार विद्यमान था।

भारतीय मुद्रा बाजार में सुधार (Reforms in Indian Money Market)

सुखमय चक्रवर्ती कमेटी ने अनेक सिफारिशों के माध्यम से रिजर्व बैंक को सुधार सुझाये हैं तथा एम. नरसिम्हम समिति, 1991 ने मुद्रा बाजार पर अनेक महत्वपूर्ण सिफारिशे दी हैं जिनका विवेचन इस प्रकार है :-

(1) **ब्याज दर नियमन में छूट** (Relaxation of Interest Rate Regulation) : रिजर्व बैंक ऑफ इण्डिया ने ब्याजदर नियन्त्रण एवं नियमन के लिए कठोर नीति का अनुसरण किया है। बैंकों की जमा दरों, बैंकों की उधार दरें तथा वित्तीय संस्थाओं की जमा एवं उधार दरें रिजर्व बैंक के कठोर नियन्त्रण एवं नियमन के अन्तर्गत क्रियाशील हैं। बैंक दर कई बार कम की गई है तथा 30 अप्रैल 2003 से यह 6 प्रतिशत है।

(2) **मुद्रा बाजार में नये उपकरण** (New Instruments in Money Market) : भारतीय मुद्रा बाजार में अल्पकालीन साख उपकरणों की अपर्याप्तता पाई जाती है। रिजर्व बैंक ऑफ इण्डिया द्वारा नियुक्त वाघुल कार्यकारी दल ने अनेक नये उपकरण मुद्रा बाजार में जारी करने की सिफारिशें की थीं। रिजर्व बैंक द्वारा बाजार में जो नये उपकरण जारी किये हैं वे हैं - 182

दिवसीय कोषागार बिल, 364 दिवसीय कोषागार बिल, दीर्घकालीन कोषागार बिल, सावधि सरकारी प्रतिभूतियाँ, जमा प्रमाण-पत्र तथा व्यापारिक पत्र आदि।

(3) **मुद्रा बाज़ार पारस्परिक कोष** (Money Market Mutual Funds) : मुद्रा बाजार में जनसाधारण की पहुँच में वृद्धि करने के लिए भारत सरकार ने अप्रेल 1992 में पारस्परिक कोषों (Mutual Funds) की घोषणा की थी। ये कोष अनुसूचित व्यापारिक बैंकों तथा सार्वजनिक वित्तीय संस्थाओं द्वारा स्थापित किये जायेंगे। बहुद्देश्यीय इकाइयों अथवा अंशों के रूप में इन्हें जनसाधारण को जारी किया जा सकेगा।

प्रभावी मुद्रा बाजार हेतु सुझाव (Suggestions for Effective Money Market)

भारतीय मुद्रा बाजार सुसंगठित तथा सुविकसित होना चाहिए। इस उद्देश्य की पूर्ति के लिए भारतीय मुद्रा बाजार के लिए निम्न सुझाव दिये जा सकते हैं :-

(1) रिजर्व बैंक को एक वर्द्धमान ढंग से पुनर्बट्टा व्यवसाय का उपयोग करना चाहिए जिससे कि वित्त के एक उपकरण के रूप में बिल लोकप्रिय हो सक।

(2) मुद्रा बाजार में सहभागिता में वृद्धि की जानी चाहिए तथा अधिक से अधिक साख उपकरणों का उपयोग किया जाना चाहिए और भारतीय मुद्रा बाजार में इनका प्रयोग किया जाना चाहिए।

(3) गैर-बैंकिंग वित्तीय संस्थाओं को ढंग से चलाया जाना चाहिए। उच्च क्रय एवं उधार देने वाली कम्पनियों तथा मर्चेन्ट बैंकों को मुद्रा बाजार में सक्रिय किया जाना चाहिए।

मुद्रा बाजार के कार्य (Functions of Money Market) :

मुद्रा बाजार में अल्पकालीन कोषों का व्यवसाय होता है। इसके निम्नांकित कार्य होते हैं :-

(1) देश में बाजार महत्वपूर्ण कार्यों के लिए कोषों क्रे प्रवाह को सुगम बनाता है।

(2) यह देश में आर्थिक विकास को प्रोत्साहित करता है।

(3) इसके द्वारा देश की अर्थव्यवस्था में उत्पादन तथा वितरण के लिए वित्त की पूर्ति कोषों के माध्यम से की जाती है।

(4) यह व्यावसायिक समुदाय को उनकी नकदी में मितव्ययता प्रदान करता हैं क्योंकि अल्पकालीन क्रयों के लिए अतिरिक्त कोषों का निवेश किया जाता है।

(5) मुद्रा बाजार साख नियन्त्रण उपायों के लिए अत्यधिक कुशल संयन्त्र प्रदान करता है।

मुद्रा बाजार के प्रकार (Types of Money Market)

मुद्रा बाजार में विभिन्न प्रकार की वित्तीय ऐजेन्सियाँ सम्मिलित होती हैं जो विभिन्न उद्देश्यों की पूर्ति के लिए विभिन्न प्रकार के अल्पकालीन कोषों की पूर्ति करते हैं। मुद्रा बाजार के प्रकार निम्नांकित हैं :-

(1) **याचना मुद्रा बाजार** (Call Money Market) : जिस बाजार में अत्यधिक अल्पकालीन कोषों का लेन देन किया जाता है वह याचना मुद्रा बाजार कहलाता है। इस प्रकार के बाजार में बिल ब्रोकर्स तथा स्टॉक एक्सचेन्ज में व्यवसाय करने वालों की वित्तीय आवश्यकताओं की पूर्ति की जाती है।

(2) **प्रतिभूति ऋण बाजार** (Collateral Loan Market) : जब स्टॉक और बॉण्ड्स के लिए ऋण प्राप्त किये जाते हैं तो यह प्रतिभूति ऋण बाजार के अन्तर्गत आते हैं।

(3) **स्वीकृति बाजार** (The Acceptance Market) : वह बाजार जिसमें बैंक ग्राहकों की ओर से बिल स्वीकार किया जाते हैं वह स्वीकृति बाजार कहलाता है। एक व्यक्ति द्वारा जारी किये गये डिमाण्ड ड्राफ्ट अथवा फर्म द्वारा किसी बैंक पर जारी किये गये ड्राफ्ट को स्वीकार किया जाता है जिसमें एक निश्चित राशि का एक दी हुई अवधि तक भुगतान इसके धारक को करना पड़ता है।

(4) **बिल बाजार** (Bill Market) : एक बाजार जिसमें अल्पकालीन बिलों के प्रपत्रों का क्रय तथा विक्रय किया जाता है वह बिल बट्टा बाजार कहलाता है।

भारतीय पूँजी बाजार (Indian Capital Market)

अर्थ (Meaning)

यह बाजार दीर्घकालीन कोषों का व्यवसाय करता है जैसा कि मुद्रा बाजार अल्पकालीन कोषों का व्यवसाय करता है। इस बाजार का सम्बन्ध उन सभी

सुविधाओं तथा संस्थागत व्यवस्थाओं से है जिनके द्वारा दीर्घकालीन कोषों का लेन-देन किया जाता है। इसके अन्तर्गत मध्यमकालीन तथा दीर्घकालीन सौदे किये जाते हैं। इसका सम्बन्ध निवेश के उद्देश्य सें पूँजी जुटाना है। यह पूँजीगत वस्तुओं में व्यवसाय नहीं करता है। भारत में पूँजी बाजार की संरचना निम्न चार्ट से प्रदर्शित की जा सकती है :-

चार्ट VII

भारत में पूँजी बाजार

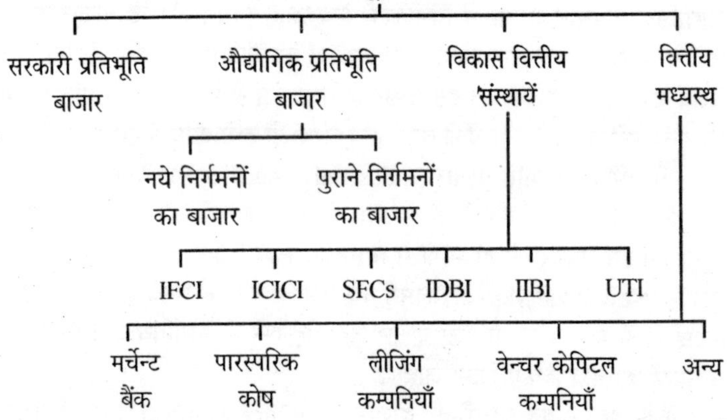

कोषों के स्त्रोत (Sources of Funds)

दीर्घकालीन मुद्रा पूँजी की माँग निजी क्षेत्र के निर्माणकारी उद्योग और कृषि तथा सरकार से आर्थिक विकास के उद्देश्य से की जाती है। केन्द्र तथा राज्य सरकारों न केवल आर्थिक सज्जा पर खर्च करती हैं जैसे यातायात, सिंचाई और शक्ति विश्वास बल्कि आधारभूत उद्योगों तथा कभी-कभी उपभोक्ता वस्तु उद्योगों पर भी खर्च करती हैं।

पूँजी बाजार के लिए कोषों की पूर्ति व्यक्तिगत बचतकर्ताओं, निगम बचतों, बैंकों बीमा कम्पनियों, विशिष्ट वित्त कम्पनियों और सरकार से होती है। कोषों की पूर्ति में निम्नांकित संस्थायें सम्मिलित हैं :-

(i) व्यापारिक बैंक महत्वपूर्ण विनियोगकर्ता हैं।

(ii) भारतीय पूँजी बाजार में जीवन बीमा निगम तथा सामान्य बीमा निगम की भूमिका में बढ़ोतरी हुई है।

(iii) **प्रोविडेन्ट फण्ड्स** बचतों का प्रमुख स्त्रोत है।

(iv) स्वतंत्रता प्राप्ति के पश्चात् विशिष्ट संस्थाओं का गठन

जैसे IFCI, ICICI, IDBI, UTI आदि। निजी क्षेत्र को इनके द्वारा दीर्घकालीन पूँजी की पूर्ति की जाती है।

इस प्रकार पूँजी बाजार में दीर्घकालीन कोषों के माँग कर्ता (ऋणी) तथा दीर्घकालीन कोषों के पूर्तिकर्ता (ऋणदाता) सम्मिलित हैं।

भारतीय मुद्रा बाजार सरकारी प्रतिभूति बाजार (Gilt Edged Market) तथा औद्योगिक प्रतिभूति बाजार में विभाजित किये जाते हैं। गिल्ट एज्ड बाजार वह है जहाँ पर सरकारी एवं अर्द्ध-सरकारी प्रतिभूतियों का व्यवसाय होता है जिसके पीछे रिजर्व बैंक ऑफ इण्डिया है। इस प्रकार के बाजार में बेची जाने वाली प्रतिभूतियों का मूल्य स्थिर होता है और बैंकों तथा अन्य संस्थाओं द्वारा अधिक खरीदी जाती हैं।

औद्योगिक प्रतिभूति बाजार (Industrial Securities Market) : वह बाजार है जहाँ पुरानी तथा नई कम्पनियों के अंशपत्रों तथा ऋणपत्रों का क्रय-विक्रय किया जाता है। इस बाजार को दो भागों में विभाजित किया जाता है। नये निर्गमनों का बाजार (New Issue Market) जिसमें नये अंशपत्र तथा ऋण पत्र जारी करके पूँजी जुटाई जाती है तथा पुराना पूँजी बाजार जहाँ पहले से ही निर्गमित ऋण पत्रों तथा अंशपत्रों का क्रय-विक्रय किया जाता है।

पूँजी बाजार को **प्राथमिक बाजार** (Primary Market) तथा **द्वितीयक बाजार** (Secondary Market) के रूप में भी विभाजित किया जाता है। प्राथमिक बाजार वह है जिसमें नये निर्गमन बाजार के अन्तर्गत अंशपत्र, वरीयता अंशपत्र तथा ऋण-पत्र जारी किये जाते हैं। ये पत्र और सरकारी सार्वजनिक सीमित दायित्व वाली कम्पनियों के हो सकते हैं तथा सरकारी कम्पनियों द्वारा नई पूँजी जुटाने के लिए भी जारी किये जा सकते है और सार्वजनिक क्षेत्र बॉण्ड्स भी जारी किये जा सकते हैं।

द्वितीयक पूँजी बाजार (Secondary Capital Market) अन्तर्गत पहले से ही निर्गमित प्रतिभूतियाँ आती हैं। इस बाजार में औद्योगिक प्रतिभूति बाजार अथवा स्टॉक एक्सचेन्ज सम्मिलित है जिसके अन्तर्गत औद्योगिक प्रतिभूतियों का क्रय-विक्रय किया जाता है। सरकारी तथा अर्द्ध-सरकारी प्रतिभूतियों का क्रय-विक्रय सुदृढ़ बाजार (Gilt Edged Market) में किया जाता है।

वर्ष 1951 में सार्वजनिक सीमित दायित्व तथा निजी सीमित दायित्व वाली कम्पनियों की संख्या 28,500 थी जिनमें चुकता पूँजी 775 करोड़ रुपये थी। वर्ष

2000 में ऐसी कम्पनियों की संख्या 70000 थी जिनकी चुकता पूँजी 2,00,000 करोड़ रुपये थी। इसी वर्ष में केन्द्रीय सरकार के गैर-विभागीय सार्वजनिक उपक्रमों की संख्या 250 थी जिनकी पूँजी 1,50,000 करोड़ रुपये थी।

विगत वर्षों में भारतीय पूँजी बाजार में गैर-बैंकिंग वित्त कम्पनियों की बाढ़ आ गई है। इनको अनेक नामों से जाना जाता है जैसे - वित्त निगम, ऋण कम्पनियाँ, वित्त कम्पनियाँ आदि। इन कम्पनियों अथवा निगमों की अपनी पूँजी 1 लाख रुपय से भी कम है। वे जनता से आकर्षक ब्याज दरों तथा अन्य प्रेरणाओं के आधार पर जमायें प्राप्त करती हैं। इनके द्वारा थोक एवं फुटकर व्यापारियों, लघु उद्योगों तथा स्वनियोजित व्यक्तियों को ऋण दिये जाते हैं। इनके द्वारा वसूल की जाने वाली ब्याज दरें 24 से 36 प्रतिशत वार्षिक होती हैं। इन कम्पनियों द्वारा चिट फण्ड, हुण्डियों का क्रय-विक्रय तथा मर्चेन्ट बैंक, पारस्परिक कोष, ऊँचे क्रय आदि कार्य भी किये जाते हैं।

पूँजी बाजार के उपकरण (Instruments of Capital Market)

पूँजी बाजार में संस्थायें अपने लेनदेन विभिन्न प्रपत्रों के माध्यम से करती हैं जिन्हें पूँजी बाजार के उपकरण कहा जाता है। कम्पनियों द्वारा जारी प्रतिभूति पूँजी बाजार के महत्वपूर्ण उपकरण हैं। इनके अतिरिक्त सरकारी प्रतिभूतियाँ हैं जिनका क्रय विक्रय किया जाता है। पूँजी बाजार में जिन उपकरणों का उपयोग किया जाता है वे निम्नांकित हैं :-

(1) **कम्पनी प्रतिभूतियाँ** (Company Securities) : संयुक्त स्टॉक कम्पनियों द्वारा अंशपत्र, पसंदगी अंशपत्र, ऋणपत्र, बॉण्ड्स, स्टॉक्स आदि का निर्गमन किया जाता है और इनका पूँजी बाजार में उपयोग किया जाता है जहाँ पर निगम की प्रतिभूतियों का क्रय-विक्रय किया जाता है। इन्हें निगम स्टॉक (Corporate Stock) भी कहा जाता है। इस प्रकार की प्रतिभूतियाँ पूँजी बाजार में कोषों के प्रवाह के महत्वपूर्ण उपकरण होती हैं।

(2) **सरकारी प्रतिभूतियाँ** (Government Securities) : पूँजी बाजार में केन्द्र तथा राज्य सरकारों द्वारा प्रतिभूतियाँ तथा बंधक पत्र जारी किये जाते हैं। सरकारी प्रतिभूतियाँ सुनहरे किनारे वाली प्रतिभूतियाँ (Gilt Edged Securities) भी कहलाती हैं क्योंकि इनकी प्रकृति अन्य प्रतिभूतियों की तुलना में अधिक सुरक्षित तथा तरलता वाली होती है। इस प्रकार की प्रतिभूतियाँ दीर्घकालीन होती हैं जिनकी बिक्री वित्तीय संस्थाओं, बैंक द्वारा जनता को कोष एकत्र करने के लिए की जाती है।

(3) **उपभोक्ता ऋण** (Consumer Loan) : वित्तीय संस्थायें अपने कोषों का निवेश उपभोक्ता वस्तुओं के लिए साख प्रदान करने में करती हैं। उपभोक्ता वस्तु साख योजना का संचालन बैंकों तथा वित्तीय संस्थाओं द्वारा किया जाता है। इस प्रकार की योजनाऐं पूँजी बाजार के मध्यमकालीन उपकरण कहलाती है। इसके अतिरिक्त साख अखाद्य तथा अन्य घरेलू वस्तुओं के लिए भी प्रदान किये जाते हैं जिनकी अनेक योजनायें चालू की जाती हैं। ये सभी योजनायें पूँजी में मध्यमकालीन साख की श्रेणी में आती हैं।

(4) **व्यापारिक ऋण** (Commercial Credit) : उद्योगों एवं व्यवसाय के लिए व्यापारिक बैंक तथा वित्तीय संस्थायें मध्यमकालीन साख प्रदान करने के लिए विशेष योजनायें चलाती हैं। इस प्रकार की व्यापारिक मध्यमकालीन योजनायें पूँजी बाजार में निवेश की उपयोगी योजनायें होती हैं।

(5) **विदेशी बाण्ड्स तथा अन्य उपकरण** (Foreign Bonds and Other Instruments) : बहुराष्ट्रीय कम्पनियाँ तथा अन्य बड़े आकार की कम्पनियाँ बॉण्ड्स तथा वित्तीय उपकरण विभिन्न पूँजी बाजारों में निर्गमित करती हैं जो कि संबंधित देश की मुद्रा में होते हैं। इस प्रकार के बॉण्ड्स भारतीय मुद्रा बाजार में भी खरीदे तथा बेचे जाते हैं जो कि रुपये अथवा डालर की प्रवृष्टि में जारी किये जाते हैं। पूँजी बाजार में इस प्रकार के विदेशी उपकरण महत्वपूर्ण होते हैं।

8

भारतीय बैंकिंग प्रणाली और संरचना

(Indian Banking System and Structure)

एक देश की अर्थव्यवस्था में बैंकिंग प्रणाली का एक महत्वपूर्ण योगदान होता है। यह देश में विकास एवं वृद्धि को प्रोत्साहित करती है। भारतीय मुद्रा बाजार में संगठित तथा असंगठित संस्थायें विद्यमान हैं। भारतीय बैंकिंग प्रणाली में संगठित तथा असंगठित संस्थायें कृषि, उद्योग, व्यापार एवं वाणिज्य को अल्पकालीन साख प्रदान करने का एक स्त्रोत है।

भारतीय बैंकिंग संरचना में रिजर्व बैंक ऑफ इण्डिया एक केन्द्रीय बैंक के रूप में कार्य करता है। यह देश में बैंकिंग एवं वित्तीय संस्थाओं के नियमन, निर्देशन तथा नियन्त्रण का कार्य करता है। रिजर्व बैंक ऑफ इण्डिया, राष्ट्रीय कृषि एवं ग्रामीण विकास बैंक (NABARD) तथा निर्यात-आयात बैंक (EXIM Bank) सर्वोच्च बैंकिंग संस्थायें हैं। अर्थव्यवस्था के विभिन्न क्षेत्रों की आवश्यकताओं की शर्तें करने के लिए अलग से वित्तीय संस्थायें हैं। विकास बैंक, विनियोग बैंक, नाबार्ड, क्षेत्रीय ग्रामीण बैंक (RRBs), निर्यात-आयात बैंक (EXIM Bank) इनमें प्रमुख हैं। असंगठित क्षेत्र में देशी बैंकरों तथा साहूकारों का प्रभुत्व है।

भारतीय बैंकिंग संरचना को निम्न चार्ट से दर्शाया जा सकता है :-

उपर्युक्त चार्ट से स्पष्ट है कि राष्ट्रीय स्तर पर अनेक सर्वोच्च बैंकिंग संस्थायें कार्य कर रही हैं। देश मे रिजर्व बैंक ऑफ इण्डिया सर्वोच्च बैंकिंग अधिसत्ता हैं जो बैंकिंग और वित्तीय संस्थाओं के नियमन, निर्देशन तथा नियन्त्रण का कार्य करता है। राष्ट्रीय स्तर पर विकास बैंक हैं जैसे - भारतीय औद्योगिक विकास बैंक (IDBI), भारतीय औद्योगिक साख एवं विनियोग निगम (ICICI) तथा भारतीय लघु उद्योग विकास

चार्ट I

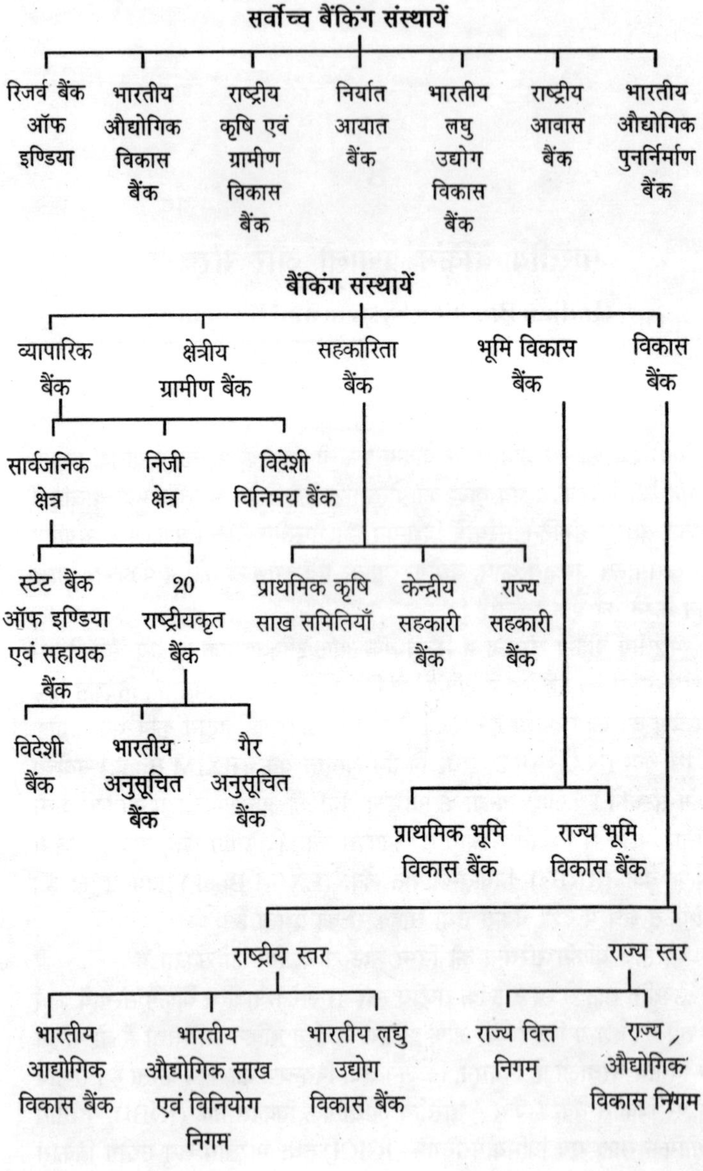
सर्वोच्च बैंकिंग संस्थायें
रिजर्व बैंक ऑफ इण्डिया
भारतीय औद्योगिक विकास बैंक
राष्ट्रीय कृषि एवं ग्रामीण विकास बैंक
निर्यात आयात बैंक
भारतीय लघु उद्योग विकास बैंक
राष्ट्रीय आवास बैंक
भारतीय औद्योगिक पुनर्निर्माण बैंक
बैंकिंग संस्थायें
व्यापारिक बैंक
क्षेत्रीय ग्रामीण बैंक
सहकारिता बैंक
भूमि विकास बैंक
विकास बैंक
सार्वजनिक क्षेत्र
निजी क्षेत्र
विदेशी विनिमय बैंक
स्टेट बैंक ऑफ इण्डिया एवं सहायक बैंक
20 राष्ट्रीयकृत बैंक
प्राथमिक कृषि साख समितियाँ
केन्द्रीय सहकारी बैंक
राज्य सहकारी बैंक
विदेशी बैंक
भारतीय अनुसूचित बैंक
गैर अनुसूचित बैंक
प्राथमिक भूमि विकास बैंक
राज्य भूमि विकास बैंक
राष्ट्रीय स्तर
राज्य स्तर
भारतीय आद्योगिक विकास बैंक
भारतीय औद्योगिक साख एवं विनियोग निगम
भारतीय लघु उद्योग विकास बैंक
राज्य वित्त निगम
राज्य औद्योगिक विकास निगम

बैंक (SIDBI) आदि राज्य स्तर पर राज्य वित्त निगम (State Finance Corporations) तथा राज्य औद्योगिक विकास निगम (State Industrial Development Corporation) स्थापित किये गये हैं।

27 सार्वजनिक क्षेत्र के व्यापारिक बैंक हैं। तीन स्तरीय सहकारी बैंक हैं जो ग्राम स्तर पर प्राथमिक कृषि साख समितियों (PACs), जिला स्तर पर केन्द्रीय सहकारी बैंक (CCBs) तथा राज्य स्तर पर राज्य सहकारी बैंक (SCBs) के रूप में कार्य कर रहे हैं। इनके द्वारा कृषि क्षेत्र को अल्पकालीन तथा मध्यमकालीन साख की पूर्ति की जाती है। भूमि विकास बैंक दीर्घकालीन कृषि साख की व्यवस्था करते हैं जो द्विस्तरीय संरचना पर आधारित है। जिला स्तर पर प्राथमिक भूमि विकास बैंक (PLDB) तथा राज्य स्तर पर भूमि विकास बैंक (SLDB) कार्य कर रहे हैं। क्षेत्रीय ग्रामीण बैंक (RRBs) ग्रामीण विकास एवं कृषि तथा ग्रामीण निर्धनों को ऋण एवं साख प्रदान करते हैं। राष्ट्रीय कृषि एवं ग्रामीण विकास बैंक (NABARD) एक सर्वोच्च बैंकिंग संस्थान हैं जो कृषि एवं ग्रामीण विकास में कार्य कर रही वित्तीय एवं बैंकिंग संस्थाओं के नियमन, निर्देशन एवं नियन्त्रण कर रहा है।

बैंकों के प्रकार (Types of Bank)

विश्व में बदलते परिवेश में आधुनिक युग एक विशिष्टीकरण का युग बन गया है। बैंक के कार्यों में भी निरन्तर परिवर्तन हुए हैं। विश्व में एक देश की आर्थिक दशायें और वित्तीय आवश्यकतायें दूसरे देशों से भिन्न हैं। कुछ वित्तीय संस्थायें अर्थव्यवस्था के विभिन्न क्षत्रों से जमायें स्वीकार करती हैं तथा इन जमाओं के आधार पर ऋण तथा अग्रिम देने का कार्य करती हैं। कुछ संस्थायें अल्पकालीन एवं मध्यमकालीन तथा अन्य संस्थायें दीर्घकालीन अग्रिम देने का कार्य करती हैं। कुछ औद्योगिक क्षेत्र को तथा कुछ कृषि क्षेत्र को ऋण एवं अग्रिम प्रदान करते हैं।

बैंकों को एक व्यापाक दृष्टिकोण के आधार पर निम्न श्रेणियों में विभक्त किया जा सकता है :-

(1) **केन्द्रीय बैंक** (Central Bank) : केन्द्रीय बैंक देश में एक सर्वोच्च बैंकिंग तथा वित्तीय संस्था है। इस संस्था का प्रमुख उद्देश्य देश में आर्थिक नीति के उद्देश्यों की पूर्ति के लिए बैंकिंग और वित्तीय संस्थाओं का निर्देशन, नियमन एवं नियन्त्रण करना हैं। यह बैंकों का बैंक, विदेशी विनियम कोषों का संरक्षक, अन्तिम ऋणदाता, सरकार का अभिकर्ता तथा सलाहकार, नोट निर्गमन का एकाधिकारी है। यह देश में सार्वजनिक ऋण के प्रबंधन का कार्य करता है। यह देश की मुद्रा के आन्तरिक

तथा बाह्य मूल्य को बनाये रखने का कार्य करते हैं। यह देश की मौद्रिक नीति का निर्माण तथा क्रियान्वयन का कार्य भी करता है। केन्द्रीय बैंक द्वारा साख नियन्त्रण की विभिन्न मात्रात्मक तथा गुणात्मक विधियों का उपयोग किया जाता है। इसके अन्तर्गत साख का विस्तार अथवा मुद्रा संकुचन को रोकना तथा साख का संकुचन अथवा मुद्रा प्रचार को रोकना सम्मिलित है। इससे देश में या तो सस्ती मुद्रा नीति अथवा महँगी मुद्रा नीति अपनाई जाती है। हमारे देश में रिजर्व बैंक ऑफ इण्डिया एक केन्द्रीय बैंक का उदाहरण है।

(2) **व्यापारिक बैंक** (Commercial Banks) : एक अर्थव्यवस्था में व्यापारिक बैंक वित्तीय संरचना की धड़कन होते हैं। बैंक लोगों में बैंकिंग आदतें डालते हैं और बचत पखवाड़े के माध्यम से बचतों को प्रोत्साहित करते हैं। व्यापारिक बैंकों द्वारा आकर्षित जमाओं का उपयोग अर्थव्यवस्था के विभिन्न क्षेत्रों में ऋण एवं अग्रिम देने के रूप में किया जाता है। इससे उत्पादकता में वृद्धि संभव होती है। व्यापारिक बैंक विभिन्न आर्थिक क्रियाओं—उपभोग, उत्पादन, विनिमय, वितरण एवं राज वित्त को सुगम करते हैं। व्यापारिक बैंक जमा राशियाँ स्वीकार करने तथा ऋण एवं अग्रीम देने के अतिरिक्त भी अनेक कार्य करते हैं जैसे—कोषों का स्थानान्तरण, चैक एवं बिलों का संग्रहण, ग्राहकों को लॉकर्स की सुविधा प्रदान करना आदि। बैंक ग्राहक के अभिकर्ता तथा सलाहकार का कार्य करते हैं। केन्द्र तथा राज्य सरकारों द्वारा चलाये जा रहे विभिन्न विकास कार्यक्रमों को लागू करने का कार्य करते हैं जिससें निर्धनता को दूर किया जा सके तथा रोजगार के अवसरों में वृद्धि की जा सके। व्यापारिक बैंक अनुसूचित बैंक तथा गैर अनुसूचित बैंक भी हैं। ये बैंक निजी क्षेत्र में भी हैं तथा सार्वजनिक में भी हैं।

(3) **विकास बैंक** (Development Banks) : विकास बैंकों का आधारभूत उद्देश्य संसाधनों को गतिशील करना है तथा देश के औद्योगिक विकास को तीव्र करने के लिए संसाधनों की पूर्ति करना है। विकास बैंक न केवल औद्योगिक वित्त प्रदान करते हैं बल्कि वे उपक्रम सृजन में प्रोत्साहन मूलक योगदान (Promotional Role) भी देते हैं। इन बैंकों द्वारा मध्यम एवं दीर्घकालीन पूँजी निवेश भी किया जाता है। इनके द्वारा विकासात्मक कार्य भी किये जाते हैं। परियोजनाओं को प्रोत्साहित करना, ग्राहकों की समस्याओं तथा कठिनाइयों में मार्गदर्शन एवं परामर्शदाता का कार्य भी इन्हीं बैंकों द्वारा किया जाता है। इनके द्वारा प्रमुखतः औद्योगिक विकास संभव हुआ है। अर्थव्यवस्था के विभिन्न क्षेत्रों जैसे—उद्योग, कृषि तथा अन्तर्राष्ट्रीय व्यापार आदि में विकास के अभिकर्ता के रूप में (IDBI), भारतीय औद्योगिक वित्त निगम

(IFCI), भारतीय औद्योगिक साख एवं निवेश निगम (ICICI) आदि प्रमुख उदाहरण हैं।

(4) **विनियोग बैंक** (Investment Banks) : इन बैंकों द्वारा व्यावसायिक निगमों तथा सहकारी निकायों को दीर्घकालीन पूँजी हेतु कोष एकत्रित करने में सहायता की जाती है। इसके लिए अंशपत्रों, स्टॉक तथा बॉण्ड्स की बिक्री का कार्य किया जाता है। विनियोग बैंक व्यावसायिक निगमों तथा निवेशकर्ताओं के बीच मध्यस्था का कार्य करते हैं। व्यावसायिक तथा सरकारी निकायों द्वारा जारी किये गये नये निर्गमनों को पूर्णतः अथवा आंशिक रूप से खरीदने का कार्य करते हैं। जनता के लिए ऊँची कीमतों पर पुनः निर्गमन का कार्य करते हैं। प्रतिभूतियों के निर्गमन का अभिगोपन का कार्य भी किया जाता है। विनियोग बैंकों में भारतीय जीवन बीमा निगम (LIC of India), यूनिट ट्रस्ट ऑफ इण्डिया तथा भारतीय सामान्य बीमा निगम (GICI) प्रमुख हैं।

(5) **सहकारी बैंक** (Co-operative Banks) : अल्पकालीन एवं मध्यमकालीन कृषि साख की पूर्ति सहकारी बैंकों द्वारा की जाती है। कृषि क्षेत्र हेतु पृथक् से वित्तीय प्रबंधन की आवश्यकता है। भारतीय कृषि मानसून का जुआ है और ऐसी स्थिति में कृषि वित्त महत्वपूर्ण योगदान होता है। सहकारी बैंक कृषकों को सस्ती साख सुविधायें प्रदान करते हैं। भारत में कृषि साख प्रदान करने वाली सहकारी बैंकों को दो भागों में विभाजित किया जा सकता है। वे निम्नांकित हैं :-

(i) अल्पकालीन एवं मध्यमकालीन साख सहकारितायें

(ii) दीर्घकालीन साख सहकारितायें।

अल्पकालीन एवं मध्यमकालीन साख सहकारिताओं का ढाँचा त्रिस्तरीय है। इसमें ग्रामीण स्तर पर प्राथमिक कृषि साख समितियाँ (PACCS), जिला स्तर पर केन्द्रीय सहकारी बैंक (CCB) तथा शीर्ष स्तर अथवा राज्य स्तर पर राज्य सहकारी बैंक (SCB) होती हैं।

इसकी और दीर्घकालीन साख सहकारिताओं में दो स्तरीय ढाँचा होता है। जिला स्तर पर प्राथमिक भूमि विकास बैंक (PLDB) तथा राज्य स्तर पर राज्य भूमि विकास बैंक (SLDB) होते हैं। इन बैंकों द्वारा कृषकों को उनकी भूमि के स्वामिव के कागजों के आधार पर दीर्घकालीन ऋण प्रदान किये जाते हैं। इन बैंकों द्वारा दीर्घकालीन साख ट्रेक्टर खरीदने, थ्रेसर खरीदने तथा भूमि पर स्थायी सुधार करने हेतु दी जाती है।

(6) **विदेशी विनिमय बैंक** (Foreign Exchange Banks) : **इस प्रकार की बैंकों के मुख्यालय विदेशों में तथा शाखायें भारत में होती हैं। इन बैंकों का विदेशी**

विनिमय में विशिष्टीकरण होता है तथा इनके द्वारा आयातों तथा निर्यातों के लिए वित्त प्रबंधन की व्यवस्था की जाती है। इनके द्वारा विदेशी विनिमय बिलों, धातुओं के आयात निर्यात तथा विदेशी मुद्रा में व्यवसाय किया जाता है। वर्तमान समय में इन कार्यों के लिए अलग से बैंक नहीं है। हाल ही के वर्षों में व्यापारिक बैंक विदेशी विनिमय का लेन देन कर रहे हैं। इन बैंकों की विदेशी तथा देश में शाखायें कार्य कर रही हैं।

(7) **बचत बैंक** (Savings Banks) : अल्प एवं निम्न आय वर्ग से बचतों को प्रोत्साहित कर संग्रह करना तथा इनको उत्पादन कार्यों में निवेशित करने का उद्देश्य बचत बैंकों का होता है। अधिकांश देशों में छोटी बचतों को स्वीकार करने का कार्य व्यापारिक बैंकों का है। इन बैंकों द्वारा ग्रामीण एवं शहरी क्षेत्रों मे बचत खातों का संचालन किया जाता है जहाँ व्यापारिक बैंकों की शाखायें नहीं हैं वहाँ डाक घरों द्वारा बचतें एकत्रित की जाती हैं और इसी आधार पर इन्हें "डाकघर बचत बैंक" (Postal Saving Banks) कहा जाता है।

(8) **निर्यात आयात बैंक** (Export-Import Bank) : इस प्रकार के बैंकों की स्थापना विश्व के विभिन्न देशों में की गई है जो कि विदेशी व्यापार के वित्त प्रबंधन का कार्य करता है। निर्यात-आयात बैंक का प्रमुख कार्य मध्यम तथा दीघकालीन विदेशी व्यापार हेतु साख व्यवस्था करना है। अल्पकालीन वित्त व्यापारिक बैंकों द्वारा प्रदान किया जाता है। भारत में निर्यात आयात बैंक की स्थापना 1982 में की गई थी। यह बैंक देश में इंजीनियरिंग तथा पूँजीगत वस्तुओं के निर्यात में वृद्धि करने में सहायता करता है।

(9) **विशिष्ट राष्ट्रीय बैंक** (Specialised National Banks) : संसद के विशेष अधिनियम के अन्तर्गत विशिष्ट राष्ट्रीय बैंक का गठन किया जाता है और इसके द्वारा ही इनका नियन्त्रण होता है। इस प्रकार की बैंकों का विशिष्ट स्थान होता है। स्टेट बैंक ऑफ इण्डिया, राष्ट्रीय कृषि एवं ग्रामीण विकास बैंक (NABARD) इस प्रकार के बैंकों का उदाहरण है। राष्ट्रीय कृषि एवं ग्रामीण विकास बैंक की स्थापना वर्ष 1982 में की गई थी। ग्रामीण क्षेत्रों में कृषि एवं अन्य आर्थिक गतिविधियों के लिए यह एक शीर्षक बैंक है। विभिन्न ग्रामीण विकास कार्यक्रम इसके द्वारा वित्तीय सहायता से चलाये जाते हैं। राष्ट्रीय आवास बैंक (NHB) 1987 में तथा भारतीय लघु उद्योग विकास बैंक 1980 में स्थापित किये गये थे। इस प्रकार के बैंक विशिष्ट बैंक हैं जिनका सम्बन्ध विशिष्ट क्षेत्र से होता है तथा सम्बन्धित क्षेत्र की वित्तीय आवश्यकता को पूरा करते हैं।

(10) **देशी बैंकर्स** (Indegenous Bankers) : इस प्रकार के बैंकर्स उत्पादन, अनुत्पादक, दीर्घकालीन, मध्यमकालीन तथा अल्पकालीन ऋण ऊँची ब्याज दर पर प्रदान किये जाते हैं। इनकों विभिन्न नामों से जाना जाता है जैसे—महाजन, साहूकार, सर्राफ तथा देशी बैंकर्स आदि। इस प्रकार के बैंक जमायें स्वीकार करते हैं तथा ग्रामीण एवं शहरी क्षेत्र में विभिन्न कार्यों के लिए साख (ऋण एवं अग्रिम) प्रदान करते हैं। इस प्रकार के बैंकर्स सम्पूर्ण देश में फैले हुए हैं तथा कृषकों एवं व्यापारियों की आवश्यकताओं की पूर्ति हेतु वित्त प्रदार करते हैं। बैंकिंग कम्पनी अधिनियम के अन्तर्गत इन्हें बैंकर्स नहीं माना जाता है और न ही अधिनियम के प्रावधान लागू होते हैं।

(11) **अन्तर्राष्ट्रीय वित्तीय संस्थायें** (International Financial Institutions): इन संस्थाओं द्वारा अन्तर्राष्ट्रीय स्तर पर वित्तीय सहायता प्रदान की जाती है। इन संस्थाओं का उद्देश्य सदस्य राष्ट्रों की वित्तीय आवश्यकताओं की पूर्ति करना होता है जिससे कि उनकी विशिष्ट समस्याओं का समाधान किया जा सके। इन संस्थाओं में विश्व बैंक (IBRD), अन्तर्राष्ट्रीय मुद्रा कोष (IMF), अन्तर्राष्ट्रीय विकास संघ (IDA) इत्यादि।

9

बैंकः परिभाषा, कार्य एवं महत्व
(Banks : Definition, Functions & Importance)

मुद्रा की भाँति बैंक एक प्राचीन संस्था है। प्राचीन समय में जमायें स्वीकार करना तथा ऋण एवं अग्रिम प्रदान करना बैंक के दो प्रमुख कार्य थे।

आधुनिक समय में बैंक बड़े परिवर्तन से गुजर रहे हैं और इसका व्यापक अर्थ है। वर्तमान समय में बैंक केवल जमायें स्वीकार करने तथा ऋण एवं अग्रिम देने के अतिरिक्त अनेक कार्यो का सम्पादन करते हैं। बैंक के कार्यो का विवेचन करने से पूर्व इसका अर्थ एवं परिभाषा जानना आवश्यक है।

बैंक का अर्थ और परिभाषा (Meaning and Definition of Bank)

बैंक की निम्नांकित परिभाषायें हैं :-

(1) **प्रो. हार्ट** (Prof. Hart) के अनुसार, "एक बैंकर साधारण व्यवसाय करने वाला व्यक्ति है जो मुद्रा स्वीकार करता है तथा जिनके खातों पर चैक आते हैं उनका आदर करता है।"

(2) **प्रो. किनले** (Prof. Kinley) के अनुसार, "बैंक एक संस्थान है जो व्यक्तियों को मुद्रा के अग्रिम प्रदान करता है तथा मुद्रा स्वीकार करता है जब इन्हें मुद्रा की आवश्यकता नहीं होती है।"

(3) **भारतीय बैंकिंग नियमन अधिनियम 1949** के अनुसार "जनता से निवेश अथवा उधार देने के उद्देश्य से जमायें स्वीकार करना तथा माँगने पर अथवा चैक, ड्राफ्ट, आदेश आदि के उपयोग पर भुगतान करना बैंक है।"

(4) **प्रो. आर.एस. सेयर्स** (Prof. R.S. Sayers) के अनुसार, "बैंक वे संस्थायें हैं जो बैंक जमायें रखती है तथा इन जमाओं को लोगों के दायित्वों के निपटारे के लिए उपयोग किया जाता है।"

बैंक की उपर्युक्त परिभाषाओं के आधार पर यह कहा जा सकता है कि इसकी निम्न विशेषतायें होती हैं :-

(1) जनता से जमायें स्वीकार करना
(2) उधार देना अथवा विनियोग करना
(3) विभिन्न उपकरणों से मुद्रा का आहरण।

बैंक के कार्य (Functions of Bank)

आधुनिक व्यापारिक बैंक असंख्य कार्य एवं सेवाओं का सम्पादन करते हैं। इन बैंकों के प्रमुख कार्य निम्नांकित हैं :-

(1) प्राथमिक अथवा परम्परागत कार्य
(2) एजेन्सी कार्य
(3) सामान्य उपयोगी कार्य
(4) वित्तीय एवं प्रबंधकीय कार्य
(5) साख सृजन

उपर्युक्त कार्यों की विवेचना निम्नांकित है :-

I. प्राथमिक/ परम्परागत कार्य (Primary or Traditional Function)

व्यापारिक बैकों के प्राथमिक/ परम्परागत कार्य निम्नांकित हैं :-

(1) **जमायें स्वीकार करना** (Accepting Deposits) : व्यापारिक बैंक विभिन्न रूपों में जनता से जमायें स्वीकार करते हैं। यह जनता से उधार लेना है। बैंक विभिन्न प्रकार के जमा आकर्षित करते हैं तथा माँगने पर जमाकर्ताओं को इस राशि का आहरण करने की अनुमति देते हैं। बैंक निम्नांकित प्रकार से जमायें स्वीकार करते हैं :-

(i) **चालू खाता** (Current Account) : इस प्रकार के जमा माँग अथवा चालू जमा कहलाते हैं। बैंक इस प्रकार के खाते खोलते समय जमाकर्ता की साख को ध्यान में रखते हैं तथा उनसे संदर्भ की सन्तुष्टि प्राप्त करते हैं। इस खाते में जमाओं को कभी भी निकाला जा सकता है। बैंक इस प्रकार की जमाओं पर कोई ब्याज नहीं देता

है। इस प्रकार के खाते कम्पनियों, व्यवसायियों, व्यापारियों, संस्थाओं तथा सरकारों द्वारा खोले एवं संचालित किये जाते हैं।

(ii) **बचत खाते** (Saving Accounts) : बैंकों द्वारा एक अन्य प्रकार की बचत खाते में स्वीकार की जाती हैं। इस प्रकार के खाते से व्यक्ति के लेन-देन तथा आकस्मिक उद्देश्यों (Transaction and Precautionary Motives) की पूर्ति होती है। इस खाते में न्यूनतम राशि रखकर शेष राशि चैक अथवा आहरण फॉर्म द्वारा निकाली जा सकती है। इस प्रकार के खातों से बैंक बचतों को प्रोत्साहित करती है तथा इन बचतों को उत्पादक कार्यों में लगाया जाता है।

(iii) **स्थाई खाते** (Fixed Deposits) : इस प्रकार की जमाओं को सावधि जमायें भी कहा जाता है। एक ग्राहक एक निश्चित अवधि के लिए जमा राशि जमा कराता है जिस पर ऊँची ब्याज दर प्राप्त होती है। इस प्रकार के खाते में जमाओं को बैंक तथा ग्राहक दोनों द्वारा पसंद किया जाता है। जमाकर्ताओं को निश्चित ब्याज दर प्राप्त होती है तथा बैंक इन जमाओं का उपयोग उत्पादक कार्यों में कर सकते हैं।

(iv) **संचयी जमा योजनायें** (Recurring Deposit Schemes) : इस प्रकार की योजना के अन्तर्गत एक निश्चित समय तक प्रत्येक महीने जमा राशि जमा की जाती है। इस अवधि के पश्चात् मूलधन तथा ब्याज सहित खातेदार को वापिस लौटा दी जाती हैं।

(v) घरेलू सुरक्षा लेखा (Domestic Safe Account) : इस योजना के अन्तर्गत ग्राहकों को थोड़ी सुरक्षा प्रदान की जाती है जिसके अन्तर्गत रोजमर्रा की बचतें एकत्रित की जाती हैं। इसके अन्तर्गत कुछ समय पश्चात् ग्राहक आता है और इस सुरक्षित योजना में जमा राशि को जमा करा देता है।

(vi) **दैनिक बचत जमा योजना** (Daily Savings Deposit Scheme): इस योजना के अन्तर्गत बैंक कर्मचारी सम्बन्धित व्यक्ति के घर जाकर दैनिक बचत एकत्रित करते हैं। इस प्रकार की योजना दैनिक मजदूरी करने वालों के लिए लाभकारी होती है।

(2) ऋण एवं अग्रिम देना (Making Loans and Advances) : व्यापारिक बैंकों का एक अन्य प्राथमिक कार्य ऋण एवं अग्रिम प्रदान करना है। यह

विभिन्न प्रकार के जमाओं के रूप में प्राप्त होता है। व्यापारियों, उद्योगपतियों, किसानों तथा स्वरोजगार प्राप्त लोगों को ऋण एवं अग्रिम प्रदान किये जाते हैं। निम्न प्रकार के ऋण एवं अग्रिम व्यापारिक बैंकों द्वारा प्रदान किये जाते हैं :

(i) **साधारण ऋण** (Ordinary Loans) : इस प्रकार के ऋण बैंकों द्वारा चल अथवा अचल सम्पत्ति की जमानत के आधार पर स्वीकृत किये जाते हैं। स्वीकृत ऋण राशि ऋणी के खाते में जमा कर दी जाती है और आवश्यकतानुसार अपने खाते में से राशि निकाली जाती है। उधारकर्ता उधार ली गई राशि पर ब्याज देता है जबसे इस राशि की स्वीकृति की गई है। यदि ऋणी द्वारा ऋण नहीं चुकाया जाता है तो उसकी जमानत रखी गई चल अथवा अचल सम्पत्ति को बैंक बेचकर ऋण राशि में समायोजित कर सकते हैं।

(ii) नकद साख (Cash Credit) : इस प्रकार के ऋण के अन्तर्गत बैंक वस्तु अपना व्यक्तिगत जमानत के आधार पर ऋण स्वीकृत करते हैं। उधारकर्ता को ऋण राशि पर ब्याज चुकाना पड़ता है। यह ग्राहकों को ऋण स्वीकृत करने का सबसे लोकप्रिय तरीका है।

(iii) **अधिविकर्ष** (Overdraft) : कम्पनियों, फर्म, व्यापारियों, व्यवसायियों आदि को उनके चालू खाते पर अधिविकर्ष की सुविधा प्रदान की जाती है। यह बैंकों द्वारा की गई व्यवस्था है जिसके अन्तर्गत ग्राहक अपने चालू खाते पर अधिविकर्ष की सुविधा प्राप्त करके धनराशि निकलवाता है। इस प्रकार की सुविधा बैंकों द्वारा अपने ग्राहकों को दी जाती है जिस पर ग्राहक ब्याज का भुगतान करते हैं। यह ब्याज निकाली गई धनराशि पर होता है न कि स्वीकृति राशि पर।

(iv) **विनिमय बिलों पर बट्टा** (Discounting of Bills of Exchange): बैंकों द्वारा ऋण देने का यह तरीका भी है जिसके अन्तर्गत बैंक विनिमय बिलों का क्रय करते हैं अथवा अपने ग्राहकों द्वारा परिपक्वता अवधि से पूर्व बेचने पर बट्टा काटने का कार्य करते हैं। जब भी ग्राहक को समय से पहले धन की आवश्यकता होती है वह इसे बैंक को प्रस्तुत करके बट्टा कटवा लेता है। बिल केन्द्रीय बैंक द्वारा पुनर्कटौती के रूप में स्वीकार किये जाते हैं।

II. एजेन्सी कार्य (Agency Functions)

व्याजारिक बैंक ग्राहकों के लिए एजेन्सी कार्य प्रदान करते हैं जिन्हें प्रतिनिधि कार्य भी कहा जाता है। इन एजेन्सी कार्यों का विवेचन निम्न प्रकार से है :-

(1) **विभिन्न साख पत्रों के कोषों का संग्रहण** (Collection of Funds of Different Credit Instruments) : व्यापारिक बैंक अपने विभिन्न ग्राहकों के लिए अन्य बैंकों से कोषों का संग्रहण करते हैं और इन कोषों को उनके खातों में जमा करते हैं। ये कोष विभिन्न चैकों, विनिमय बिलों तथा अन्य साख पत्रों के रूप में हो सकते हैं। सामान्यतः ऐसी सेवायें बैंक अपने ग्राहकों को निःशुल्क प्रदान करते हैं। लेकिन बाहरी साख पत्रों के संग्रहण के लिए शुल्क वसूल किया जाता है।

(2) **भुगतान करना** (Making of Payments) : व्यापारिक बैंक अपने ग्राहकों की ओर से बीमा किश्त, किराया चंदा देने अदि का भुगतान करते हैं और ऐसे भुगतानों की राशि को खाते में घटा दिया जाता है।

(3) **लाभांश, अंशपत्रों एवं ऋण पत्रों पर ब्याज का संग्रहण** (Collection of Dividend, Interest on the Shares and Debentures) : बैंक अपने ग्राहकों द्वारा खरीदे गये कम्पनियों के अंश पत्रों तथा पत्रों पर लाभांश तथा ब्याज की राशि का संग्रहण करते हैं। यह राशि उनके खातों में जमा कर दी जाती है।

(4) **कोषों का हस्तान्तरण** (Transfer of Funds) : बैंक ग्राहकों को उनकी राशि अथवा कोष एक स्थान से दूसरे स्थान पर हस्तान्तरित करने का कार्य करते हैं। इस प्रकार के हस्तान्तरण चैक, ड्राफ्ट तथा डाकघर द्वारा किये जाते हैं।

(5) **प्रन्यासी एवं नियामक** (Trustee and Executor) : व्यापारिक बैंक प्रन्यासी, नियामक, प्रशासक तथा अटॉर्नी के रूप में भी कार्य करते हैं। एक प्रन्यासी बैंक ग्राहक के खातों का संरक्षण करता है। नियामक के रूप में बैंक ग्राहक के बिलों को सुरक्षित रखते हैं तथा मृतक की इच्छानुसार इसे लागू करते हैं। एक अटॉर्नी के रूप में आवेदनों का हस्तान्तरण करते हैं और ग्राहकों की ओर उन प्रपत्रों पर हस्ताक्षर करते हैं।

(6) **अभिगोपन कार्य** (Underwriting Function) : व्यापारिक बैंक सरकार, सार्वजनिक निकायों तथा सार्वजनिक सीमित दायित्व वाली कम्पनियों द्वारा जारी किये गये अंश पत्र, ऋण पत्र, बॉण्ड्स तथा अन्य प्रतिभूतियों पर

अभिगोपन का कार्य भी करते हैं। इस कार्य से कम्पनियों में जनता का विश्वास बढ़ता है तथा इस कार्य के लिए बैंक शुल्क वसूल करते हैं।

(7) **पत्रकार का कार्य** (Acts as Correspondent) : बैंक अपने ग्राहकों, अन्य बैंकों तथा वित्तीय संस्थाओं के पत्रकार अथवा प्रतिनिधि का कार्य भी करते हैं।

(8) **विदेशी विनिमय का क्रय एवं विक्रय** (Purchase and Sale of Foreign Exchange) : व्यापारिक बैंक विदेशी विनिमय के क्रय तथा विक्रय का कार्य भी करते हैं। सामान्यतया यह कार्य विशिष्ट संस्थाओं द्वारा किया जाता है।

III. सामान्य उपयोगी कार्य (General Utility Functions)

व्यापारिक बैंकों द्वारा सामान्य उपयोगी कार्य भी किये जाते हैं जो निम्नांकित हैं :-

(1) **सुरक्षित ताले** (Safety Lockers) : व्यापारिक बैंक अपने ग्राहकों को सुरक्षित ताले भी प्रदान करते हैं जहाँ ग्राहक अपने बहुमूल्य धातुओं, सिक्कों तथा कागजों को सुरक्षित रख सकते हैं। इस प्रकार की सुविधाओं के लिए बैंक ग्राहक से प्रतिवर्ष शुल्क प्राप्त करते हैं।

(2) **यात्री चैक तथा साख पत्र** (Traveller's Cheques and Letter of Credit) : आधुनिक व्यापारिक बैंक अपने ग्राहकों को यात्री चैक तथा साख पत्र प्रदान करते हैं। यात्री चैक के अन्तर्गत इसे निर्गमित बैंक अपनी साख या अन्य बैंक को इसे स्वीकार करने का निवेदन करता है जिसमें ग्राहक को सुविधा रहती है। साख पत्र के माध्यम से भी ग्राहक आसानी से लेन-देन कर सकता है तथा धन का हस्तान्रण एक स्थान से दूसरे स्थान पर आसानी से होता है।

(3) **ग्राहक की आर्थिक स्थिति** (Customers Economic Position) : बैंकर तथा ग्राहक के बीच घनिष्ठ सम्बन्ध होता है। बैंक अपने ग्राहक की साख तथा आर्थिक स्थिति के बारे में जानकारी रखते हैं। बैंकर सम्बन्धित संस्थाओं को अपने ग्राहकों की आर्थिक स्थिति के बारे में सूचना देता है। इसी सूचना के आधार पर ग्राहक के विभिन्न कम्पनियों, फर्मों, संस्थाओं आदि से समझौते होते रहते हैं।

(4) **आँकड़ों का संग्रहण एवं प्रकाशन** (Collection and Publication of Data) : आधुनिक व्यापारिक बैंक व्यापार, व्यवसाय, वाणिज्य, मुद्रा तथा बैंकिंग से संबंधित आँकड़े एकत्रित करते हैं तथा विभिन्न पत्र-पत्रिकाओं में इनका प्रकाशन किया जाता है। इस प्रकार के प्रकाशन अनुसंधान को प्रोत्साहन देते हैं। ये वित्तीय, आर्थिक तथा व्यावहारिक नीतियों के निर्माण के लिए महत्वपूर्ण होते हैं।

(5) **वित्तीय सलाहकार** (Financial Advisor) : बैंक वित्तीय मामलों में अपने ग्राहकों के सलाहकार का कार्य करते हैं। इससे ग्राहकों को सही निर्णय लेने में सहायता प्राप्त होती है।

(6) **विनिमय बिलों को स्वीकारना** (Acceptance of Bills of Exchange): व्यापारिक बैंक अपने ग्राहकों की ओर से विनिमय बिलों को स्वीकार करने का कार्य करते हैं। इस प्रकार के बिलों पर मुद्रा बाजार में बट्टा काटा जाता है। इससे विदेशी विनिमय सौदे आसानी से सम्पन्न किये जाते हैं।

(7) **ग्राहकों को अग्रिम देना** (Advancing Loans to Cunstomers) : आधुनिक व्यापारिक बैंक न केवल व्यवसायियों, व्यापारियों, उद्योगपतियों तथा कृषकों को ही ऋण नहीं देते हैं बल्कि अपने ग्राहकों को उपभोग ऋण भी प्रदान करते हैं। टी.वी, कार, फ्रिज, स्कूटर तथा अन्य उपभोग की वस्तुओं के क्रय के लिए भी व्यापारिक बैंक अपने ग्राहकों को ऋण देते हैं।

(8) **विदेशी विनिमय में व्यापार** (Trading in Foreign Exchange) : व्यापारिक बैंक विदेशी विनिमय में व्यापार करते हैं। विदेशी विनिमय का क्रय-विक्रय आसान होता है।

IV. वित्तीय एवं प्रबंधकीय कार्य (Financial and Managerial Function)

व्यापारिक बैंक देश के विदेशी व्यापार के प्रबंधन में महत्वपूर्ण भूमिका का निर्वहन कर रहे हैं। विदेशी व्यापार करने वाले व्यापारियों को अल्पकालीन साख की पूर्ति की जाती है। इन बैंकों द्वारा बिलों को स्वीकार करना तथा बट्टा काटना चैक, हुण्डी तथा साख पत्रों को स्वीकार करने का कार्य किया जाता है। बैंकों के माध्यम से अन्तर्राष्ट्रीय लेन-देन आसानी से किये जा सकते हैं। आयातकों तथा निर्यातकों के बीच पारस्परिक संबंध विकसित होते हैं। यह कार्य हमारे देश में 1982 से एक विशिष्ट बैंक द्वारा किया जा रहा है जिसे भारतीय निर्यात-आयात बैंक कहा जाता हैं।

V. साख सृजन (Creation of Credit)

बैंक मुद्रा में व्यवसाय करते हैं। एक अर्थव्यवस्था में जब भी मौद्रिक नीति घोषित की जाती है तो इससे मुद्रा का सृजन, विस्तार तथा संकुचन होता है। साख सृजन का कार्य बैंकों द्वारा किया जाता है क्योंकि बैंकिंग एवं वित्तीय संस्थाओं में जनता का विश्वास होता है। बैंक अपनी माँग एवं सावधि जमाओं का एक निश्चित प्रतिशत नकद कोषानुपात (CRR) तथा वैधानिक तरलतानुपात (SLR) में रखते हैं, शेष जमाओं का उपयोग अर्थव्यवस्था के विभिन्न क्षेत्रों को ऋण एवं अग्रिम के रूप में करते हैं।

आर्थिक विकास में बैंकों का योगदान एवं महत्व (Role and Importance of Banks in Economic Development)

व्यापारिक बैंक देश के आर्थिक विकास में महत्वपूर्ण योगदान देते हैं। इनके द्वारा अनुत्पादक मदों से उत्पादक मदों की ओर वित्तीय संसाधनों को गतिशील किया जाता है। व्यापारिक बैंकों के जाल के बिना देश का विकास संभव नहीं होता है। वर्तमान विकसित देशों का विकास व्यापारिक बैंकों के माध्यम से संभव हुआ है। विकासशील देश विभिन्न क्षेत्रों में व्यापारिक बैंकों का विस्तार कर रहे हैं। व्यापारिक बैंकों का विकास एवं योगदान का विवेचन निम्न बिन्दुओं के अन्तर्गत किया जा सकता हैः

(1) **पूँजी निर्माण (Capital Formation) :** बचत वर्तमान उपभोग के स्थापित करने का परिणाम है तथा आय एवं उपभोग के अन्तर के आधार पर ही पूँजी निर्माण संभव होता है। बचत का वह भाग जो पुनः उत्पादन के काम आता है, पूँजी निर्माण कहलाता है। व्यापारिक बैंक जनता से जमायें आकर्षित करती हैं और पूँजी निर्माण इन्हीं जमाओं पर आधारित है। पूँजी निर्माण से आर्थिक एवं सामाजिक संरचना तैयार होती है जिससे आर्थिक विकास की गति तीव्र होती है। व्यापारिक बैंकों के जाल से ही लोगों में बैंकिंग आदतें पनपती हैं तथा समाज में बचत की आदत को प्रोत्साहन मिलता है। इस प्रकार व्यापारिक बैंक बचतों को एकत्रित करने, गति प्रदान करने, विभिन्न क्षेत्रों में प्रवाहित करने तथा उत्पादक कार्यों में इनका उपयोग करने में महत्वपूर्ण योगदान देते हैं। यह विकासशील देशों के लिए महत्वपूर्ण है।

(2) **ऋण तथा अग्रिम (Loans and Advances) :** व्यापारिक बैंकों का आर्थिक विकास में योगदान ऋण एवं अग्रिम के रूप में है - अर्थव्यवस्था

के विभिन्न क्षेत्रों समाज के विभिन्न वर्गों, व्यापारियों, उद्योगपतियों तथा व्यवसायियों को ऋण तथा अग्रिम दिये जाते हैं। व्यावसायिक क्रियायें ऋण एवं अग्रिमों के माध्यम से आसानी से चलती हैं। इन क्रियाओं का सम्पादन न केवल देश में ही बल्कि विदेशों मे भी सफल संचालन किया जाता है।

(3) **विस्तृत बाजार** (Wide Market) : व्यापारिक बैंकों से बाजार का विस्तार होता है। व्यापारिक बैंकों द्वारा कोषों की आपूर्ति की जाती है। बैंक मध्यस्थ, विनिमय बिलों को स्वीकार करने तथा साख पत्रों के निर्गमन का कार्य करतै हैं। बैको द्वारा इन कार्यों के करने से बाजार का विस्तार होता है। यह घरेलू तथा विदेशी बाजार का विस्तार करते हैं।

(4) **कोषों का आवण्टन** (Allocation of Funds) : देश में सभी क्षेत्र समान रूप से विकसित नहीं होते हैं। प्रादेशिक असन्तुलन विद्यमान है। देश के कुछ भागों में कोषों की कमी होती हैं तथा दूसरे क्षेत्रों में इनका आधिक्य होता है। व्यापारिक बैंकों द्वारा कोषों का आवण्टन ऐसे किया जाता है कि इनका अधिकतम उपयोग किया जा सकें। एक उचित कोष आवण्टन नीति के माध्यम से आवश्यक संरचना तैयार हो सकती है और देश में सम्पूर्ण क्षेत्रों का विकास होता है।

(5) **उद्यमशीलता का विकास करना** (Developing Entrepreneurial Skills) : व्यापारिक बैंक बैंकिंग एवं वित्तीय क्षेत्र के उपक्रम हैं। इनके द्वारा उद्यमशीलता को प्रोत्साहन मिलता है तथा एक उचित वातावरण तैयार होता है। बैंकों द्वारा अंश पत्रों का अभिगोपन किया जाता है। पूँजीगत वस्तुओं के क्रय के लिए वित्त प्रदान किया जाता है। दन बैंकों द्वारा रुग्ण औद्योगिक इकाइयों का पुनर्वास भी किया जाता है।

(6) **उपभोक्ता ऋण** (Consumer Loans) : बैंकों के पास अब कोषों की कमी नहीं है। टी.वी., कार, स्कूटर, फ्रीज आदि टिकाऊ वस्तुयें हैं और ये सभी वस्तुएँ वर्तमान में अनिवार्यताओं में आ गई हैं। मध्यमवर्गीय लोग इन वस्तुओं का क्रय व्यापारिक बैंकों के द्वारा दिये गये उपभोग ऋण के माध्यम से करते हैं। इससे समाज में लोगों का जीवन स्तर उन्नत होता है।

(7) **मुद्रा आपूर्ति** (Supply of Money) : बैंकों द्वारा साख सृजन किया जाता है और व्यापारिक बैंक अपनी जमाओं का एक भाग नकदी में रखकर कोष का उपयोग ऋण एवं अग्रिमों में करते हैं। इनका उपयोग उपभोग तथा

उत्पादक कार्यों के लिए किया जाता है। साख सृजन की क्षमता से मुद्रा की पूर्ति गुणक के रूप में बढ़ती है, प्रभावी माँग का सृजन होता है और बैंकों की मुद्रा की आपूर्ति आसानी से बढ़ जाती है।

(8) **नव-प्रवर्तन** (Innovation) : व्यापारिक बैंक अर्थव्यवस्था के विभिन्न क्षेत्रों में नवप्रवर्तन को प्रोत्साहित करते हैं। उत्पादन के परम्परागत तरीकों, मशीनों तथा औजारों के स्थान पर नवीनतम तरीकों का उपयोग किया जाता है। इससे अनेक आविष्कार तथा खोजे होती हैं जिसके परिणामस्वरूप नव-प्रवर्तन उपायों की वृद्धि होती है।

इस प्रकार हम कह सकते हैं कि व्यापारिक बैंक देश के आर्थिक विकास में महत्वपूर्ण गतिशील योगदान प्रदान करते हैं। बैंक क्रेवल व्यापारिक ही नहीं है बल्कि इनका सामाजिक बैंकिंग (Social Banking) नव-प्रवर्तन बैंकिंग (Innovative Banking), विकास बैंकिंग (Development Banking) तथा निवेश बैंकिंग (Investement Banking) के रूप में भी विकास संभव हुआ है, जिसे जन बैंकिंग (Mass Banking) कहा जा सकता है।

10

क्षेत्रीय ग्रामीण बैंक
(Regional Rural Banks)

सहकारी एवं व्यापारिक बैंकों द्वारा ग्रामीण क्षेत्र में साख प्रदान की जाती है, लेकिन लघु कृषक, सीमान्त कृषक, ग्रामीण दस्तकार, निर्धनता की रेखा के नीचे जीवनयापन करने वाले परिवारों को इस साख के प्रवाह से लाभ प्राप्त नहीं हुआ है। इस पृष्ठभूमि के अन्तर्गत बैंकिंग आयोग 1972 ने ग्रामीण बैंकों की स्थापना करने की सिफारिश की जो कि व्यापारिक बैंकों की नियमित शाखाओं के अतिरिक्त होगी।

क्षेत्रीय ग्रामीण बैंकों की आवश्यकता (Need of Regional Rural Banks)

सहकारी एवं व्यापारिक बैंकों के पूरक के रूप में ग्रामीण क्षेत्र को साख की पूर्ति करने के लिए क्षेत्रीय ग्रामीण बैंकों की स्थापना की गई। क्षेत्रीय ग्रामीण बैंकों की स्थापना या आवश्यकता के निम्न कारण रहे हैं :-

(1) साहूकारों के चंगुल से ग्रामीण निर्धनों, लघु एवं सीमान्त कृषकों को मुक्त कराने के लिए इन बैंकों की आवश्यकता महसूस की गई।

(2) बैंकिंग सिद्धान्तों के अनुसार साख की कसौटी पर नहीं उतरने के कारण लघु कृषकों, सीमान्त कृषकों, ग्रामीण दस्तकारों, भूमिहीन श्रमिकों को साख प्रदान करने हेतु।

(3) ग्रामीण क्षेत्रों में नीची लागत पर बैंकिंग सेवाओं की पूर्ति करना जिसके लिए भिन्न कर्मचारी, मजदूरी एवं वेतन संरचना तथा बैंकिंग नीतियाँ अपनाई गई हैं।

आपातकाल में श्रीमती इन्दिरा गाँधी के 20 सूत्री आर्थिक कार्यक्रम का एक महत्वपूर्ण बिन्दु ग्रामीण ऋणग्रस्तता को चरणबद्ध तरीके से कम करना तथा कृषकों एवं ग्रामीण दस्तकारों को संस्थागत साख की पूर्ति करना था।

प्रारम्भ में 2 अक्टूबर 1975 को भारत में पाँच क्षेत्रीय ग्रामीण बैंक स्थापित किये गये थे। इनमें मुरादाबाद एवं गोरखपुर (उत्तरप्रदेश), भिवानी (हरियाणा), जयपुर (राजस्थान) तथा माल्ड़ा (प. बंगाल) प्रमुख थे।

इन बैंकों को प्रायोजित करने वाले बैंक (Sponsored Bank) सिण्डीकेट बैंक, स्टेट बैंक ऑफ इण्डिया, पंजाब नेशनल बैंक, यूनाइटेड कॉमर्सियल बैंक तथा यूनाइटेड बैंक ऑफ इण्डिया थे।

सितम्बर 2001 तक 196 क्षेत्रीय बैंक की 14463 शाखायें खोली जा चुकी थीं। ये बैंक देश के 435 जिलों में कार्य कर रहे हैं। राष्ट्रीय कृषि एवं ग्रामीण बैंक (NABARD) एक सर्वोच्च बैंकिंग संस्था है जिसके अधीन सभी क्षेत्रीय ग्रामीण बैंक कार्य कर रहे हैं। पहले इनके पर्यवेक्षण एवं दिशा निर्देश का कार्य रिजर्व बैंक ऑफ इण्डिया का था।

क्षेत्रीय ग्रामीण बैंकों के उद्देश्य (Objectives of RRBs)

क्षेत्रीय ग्रामीण बैंकों के मुख्य उद्देश्य निम्नांकित हैं :-

(1) लघु एवं सीमान्त कृषकों, कृषि श्रमिकों, दस्तकारों तथा लघु उद्यमियों को ग्रामीण क्षेत्रों में साख तथा अन्य सुविधायें प्रदान करना।

(2) पिछड़े एवं जनजाति क्षेत्रों में जहाँ बैंकिंग सुविधायें नहीं हैं वहाँ बैंकिंग सुविधायें प्रदान करना।

(3) ग्रामीण अर्थव्यवस्था के विकास के लिए कृषि, लघु एवं कुटीर उद्योगों, लघु व्यापारियों, दस्तकारों तथा अन्य उत्पादन कार्यों के लिए विकास वित्त प्रदान करना।

क्षेत्रीय ग्रामीण बैंकों के कार्य (Functions of RRBs)

क्षेत्रीय ग्रामीण बैंकों को निम्नांकित कार्य सौपे गये हैं :-

(1) **जमाओं को गति प्रदान करना** (To Mobilise Deposits) : दूरदराज के स्थानों में रहने वाले छोटे लोगों से जमायें प्राप्त करने का कार्य इन बैंकों का है। व्यापारिक तथा सहकारिता बैंकों की तुलना में क्षेत्रीय ग्रामीण बैंकों द्वारा जमाओं पर 0.5 प्रतिशत ब्याज अधिक दिया जाता है। इन बैंकों का

उद्देश्य ग्रामीण निर्धनों में बचत तथा निवेश प्रोत्साहित करना है। इन बैंकों द्वारा अपनी शाखायें जनजाति, पिछड़े तथा दूरदराज के क्षेत्रों में खोली गई हैं जहाँ बैंकिंग सुविधाओं की कमी है।

(2) **साख प्रदान करना (To Provide Credit) :** क्षेत्रीय ग्रामीण बैंकों का आधारभूत उद्देश्य आर्थिक दृष्टि से कमजोर तथा समाज के पिछड़े वर्गों तथा जनजाति क्षेत्रों में साख सुविधायें प्रदान करना है। जिन क्षेत्रों में बैंक शाखा नहीं है वहाँ बैंक शाखाओं की स्थापना की गई है। निर्धन कृषकों, दस्तकारों, भूमिहीन कृषकों तथा स्वरोजगार व्यक्तियों की साख की पूर्ति करने का कार्य किया जाता है।

(3) **बैंकिंग सुविधायें (Banking Facilities) :** क्षेत्रीय ग्रामीण बैंक अन्य बैंकिंग सुविधायें भी प्रदान करते हैं जैसे कोषों का हस्तान्तरण, जमाओं को सुरक्षा प्रदान करना, बहुमूल्य कागजों एवं गहनों के लिए लॉकर्स की सुविधा प्रदान करना। इन सुविधाओं से ग्रामीण लोग लाभाविन्त होते हैं।

(4) **शाखा विस्तार (Branch Expansion) :** क्षेत्रीय ग्रामीण बैंक केवल ग्रामीण क्षेत्रों में ही शाखायें स्थापित करते हैं। इन बैंकों का आधारभूत उद्देश्य बैंकिंग सुविधाओं की कमी वाले क्षेत्रों में बैंकिंग सुविधायें प्रदान करना है। शाखाओं की स्थापना करते समय दूरदराज, जनजाति तथा पिछड़े ग्रामीण क्षेत्रों को ध्यान में रखा जाता है जिससे कि इन क्षेत्रों में रहने वाले लोगों को सुविधायें प्रदान की जा सकें।

क्षेत्रीय ग्रामीण बैंकों का संगठन एवं प्रबन्धन
(Organisation and Management of RRBs)

क्षेत्रीय ग्रामीण बैंकों के संगठन एवं प्रबन्धन की निम्नांकित विशेषताएँ हैं :-

(1) **संचालन क्षेत्र (Area of Operation) :** इन बैंकों का संचालन क्षेत्र विशिष्ट क्षेत्र में होता है जो एक या अधिक जिलों तक होता है। सरकार द्वारा सूचना के आधार पर विशिष्ट क्षेत्र में शाखायें स्थापित की जा सकती हैं। इस प्रकार एक क्षेत्रीय ग्रामीण बैंक के अधीन 10 से 15 लाख जनसंख्या आती है।

(2) **पूँजी (Capital) :** एक बैंक की अधिकृत पूँजी 1 करोड़ रु. होती है जिसमें 50 प्रतिशत हिस्सा केन्द्र सरकार, 15 प्रतिशत राज्य सरकार तथा 35 प्रतिशत हिस्सा प्रायोजित बैंक (Sponsored Bank) का होता है। क्षेत्रीय

ग्रामीण बैंक की निर्गमन पूँजी (Issue Capital) 75 लाख रु. से बढ़ाकर 1 करोड़ रु. कर दी गई है।

(3) **प्रबन्धन** (Management) : क्षेत्रीय ग्रामीण बैंक के पर्यवेक्षण, निर्देशन तथा प्रबन्धन एवं व्यावसायिक कार्य संचालन मण्डल में निहित है। एक अध्यक्ष, 3 मनोनीत संचालक केन्द्र सरकार द्वारा तथा 2 संचालक सम्बन्धित राज्य सरकार द्वारा मनोनीत तथा 3 संचालक प्रायोजित बैंक द्वारा मनोनीत होते हैं। बैंक का अध्यक्ष केन्द्र सरकार द्वारा पाँच वर्ष के लिए नियुक्त किया जाता है।

(4) **सार्वजनिक क्षेत्र बैंक द्वारा प्रायोजित** (Sponsored by Public Sector Bank) : एक क्षेत्रीय ग्रामीण बैंक सार्वजनिक क्षेत्र बैंक से प्रायोजित होता है। प्रायोजित बैंक इस बैंक की अंश पूँजी में भी अंशदान करता है। इसकी स्थापना कर्मचारियों के चयन तथा प्रशिक्षण में भी सहायता करता है। क्षेत्रीय ग्रामीण बैंक एक सार्वजनिक क्षेत्र बैंक के समकक्ष होता है तथा राष्ट्रीय कृषि एवं ग्रामीण विकास बैंक (NABARD), क्षेत्रीय ग्रामीण बैंकों (RRBs) को पुनर्वित्त सुविधा प्रदान करता है।

व्यापारिक बैंक और क्षेत्रीय ग्रामीण बैंक
(Commercial Banks and Regional Rural Banks)

क्षेत्रीय ग्रामीण बैंकों तथा व्यापारिक बैंकों की आधारभूत प्रकृति एक-सी है, फिर भी क्षेत्रीय ग्रामीण बैंकों तथा व्यापारिक बैंकों में आधारभूत अन्तर हैं जो निम्नांकित हैं।

व्यापारिक बैंक	क्षेत्रीय ग्रामीण बैंक
1. व्यापारिक बैंक बैंकिग अधिनियम, 1949 के अन्तर्गत स्थापित किये जाते हैं।	1. क्षेत्रीय ग्रामीण बैंक अधिनियम क्षेत्रीय ग्रामीण बैंक अधिनियम 1976 के अन्तर्गत स्थापित किये जाते हैं।
2. इनका कार्यक्षेत्र व्यापक होता है।	2. इनका कार्यक्षेत्र एक या दो जिलों तक सीमित रहता है।
3. व्यापारिक बैंकों को अपने कुल अग्रिमों का कम से कम 40 प्रतिशत प्राथमिकता क्षेत्र को देना पड़ता है।	3. इन्हे अपने ऋण एवं अग्रिम प्राथमिकता क्षेत्रों को ही देने पड़ते हैं।

4. बैंक अपने सिद्धान्तों के अनुसार ऋण एवं अग्रिम देने को स्वतन्त्र होते हैं।	4. इन बैंकों द्वारा ऋण एवं अग्रिम लघु एवं सीमान्त कृषकों, ग्रामीण दस्तकारों, भूमिहीन श्रमिकों, लघु व्यापारियों तथा स्वनियोजित लोगों को दिये जाते हैं।
5. व्यापारिक बैंकों के जमाओं पर ब्याज दर कम होती है।	5. इन बैंकों के जमाओं पर ब्याज दर 0.5 प्रतिशत अधिक होती है।
6. व्यापारिक बैंक अपनी शाखायें व्यवसाय तथा रिजर्व बैंक के दिशा निर्देशों के अनुसार स्थापित करते हैं।	6. इनके द्वारा बैंक शाखायें उन क्षेत्रों में खोली जाती हैं जहाँ बैंक नहीं होते हैं।
7. व्यापारिक बैंकों को अपने कुल जमाओं का 4.50 प्रतिशत नकद कोषानुपात के रूप में रखना आवश्यक है।	7. इन बैंकों को नकद कोषानुपात की नीची दर रखने की स्वीकृति दी गई है।
8. व्यापारिक बैंक अपने कुल जमाओं का कम से कम 25 प्रतिशत वैधानिक तरलतानुपात के रूप में रखते हैं।	8. इन बैंकों को वैधानिक तरलतानुपात सहकारी बैंकों के बराबर रखने की अनुमति दे रखी है।
9. व्यापारिक बैंकों की कार्य संचालन लागत बहुत अधिक होती है।	9. इन बैंकों की कार्य संचालन लागत व्यापारिक बैंकों तथा सहकारी बैंकों से कम है।
10. व्यापारिक बैंकों का निरीक्षण रिजर्व बैंक करता है।	10. इन बैंकों का निरीक्षण नाबार्ड तथा प्रायोजित बैंक करते हैं।

क्षेत्रीय ग्रामीण बैंकों के निष्पादन का मूल्यांकन (Performance Evaluation of RRBs)

क्षेत्रीय ग्रामीण बैंकों की कार्य प्रणाली में विगत वर्षों में सुधार हुआ है। निम्न शीर्षकों के अन्तर्गत इनके मूल्यांकन का विवेचन किया जा सकता है :-

(1) बैंकों की प्रगति (Progress of Banks) : क्षेत्रीय ग्रामीण बैंकों ने अपने कार्य संचालन में काफी प्रगति की है जिसे निम्न तालिका से देखा जा सकता है :-

तालिका 1
क्षेत्रीय ग्रामीण बैंकों की प्रगति

(करोड़ रु.)

मदें	1998	1999	2000	2001	2010
1. बैंकों की संख्या	196	196	196	196	196
2. शाखाओं की संख्या	14,475	14,499	14,524	14,463	15,486
3. जिलों की संख्या	--	488	492	435	--
4. हिस्सा पूँजी	195	195.6	195.7	195.7	--
5. आरक्षित कोष	312	539	848	--	--
6. जमायें	22,189	27,066	32,204	40,317	--
7. ऋण एवं अग्रिम	3,241	3,640	3,757	--	--
8. निवेश	14,904	18,957	22,920	--	--
9. बकाया ऋण राशि	9,861	11,356	13,182	16,684	--

उपर्युक्त तालिका से स्पष्ट है कि क्षेत्रीय ग्रामीण बैंकों ने क्षेत्र, सदस्यता, जमायें, ऋण एवं अग्रिम, शाखा विस्तार, आरक्षित कोष आदि की दृष्टि से काफी प्रगति की है। लेकिन इन बैंकों की ऋण बकाया राशि में निरन्तर वृद्धि हुई है। 2006 में ग्रामीण क्षेत्र में इनकी 11,488 शाखायें थीं।

(2) **कृषि क्षेत्र की ऋण (Loan to Agriculture Sector) :** सामान्यतया क्षेत्रीय ग्रामीण बैंकों द्वारा कृषि क्षेत्र को ऋण दिये जाते हैं। विगत वर्षों में इन बैंकों द्वारा कृषि क्षेत्र को अल्पकालीन, मध्यमकालीन एवं दीर्घकालीन ऋण प्रदान किये हैं। इन ऋणों को निम्न तालिका से स्पष्ट किया जा सकता है :-

तालिका 2
क्षेत्रीय ग्रामीण बैंकों द्वारा कृषि ऋण

(करोड़ रु.)

मदें	1998 1999	1999 2000	2000 2001	2001 2002	2002 2003	2009 2010
1. अल्पकालीन ऋण	1,710	2,517	2,775	3,415	3,145	--
2. मध्यम एवं दीर्घकालीन ऋण	750	812	1,029	1,541	2,600	--
योग	2,460	3,329	3,804	4,956	5,745	35,218

स्रोत : आर्थिक सर्वेक्षण, भारत सरकार 2010-2011 पृ. 107

उपर्युक्त तालिका से स्पष्ट है कि इन बैंकों द्वारा दिये गये कृषि ऋणों में अल्पकालीन ऋण का हिस्सा अधिक रहा है। विगत चार वर्षों में यह राशि दुगुनी हो गई है। दीर्घकालीन ऋण का लगभग आधा हिस्सा मध्यमकालीन ऋण का है।

क्षेत्रीय ग्रामीण बैंकों द्वारा 2002-03 में कृषि क्षारण 6069.79 करोड़ रुपये दी गई थी जो 2005-06 में बढ़कर 15222.90 करोड़ रुपये हो गई। चार वर्षों में इन बैंकों द्वारा दी गई साख 2.5 गुना बढ़ी है। वर्ष 2009-2010 में यह साख 35,218 करोड़ होने का प्रावधान है।

क्षेत्रीय ग्रामीण बैंकों द्वारा 1998-99 में 0.06 लाख किसान साख पत्र (KCC) निर्गमित किये थे जो 2010-2011 में बढ़कर 140.94 लाख हो गये। नाबार्ड ने दीर्घकालीन कृषि ऋण के लिए इन साख पत्रों का कार्य क्षेत्र बढ़ा दिया है। इनसे कृषि तथा सम्बन्धित कार्यों के लिए दीर्घकालीन ऋण प्राप्त किये जा सकेंगे।

(3) **कार्यशील परिणाम** (Working Results) : विगत वर्षों में क्षेत्रीय ग्रामीण बैंक लाभ कमा रहे है। 1326 क्षेत्रीय ग्रामीण बैंकों नें 1997-98 में 304.22 करोड़ रु. का लाभ अर्जित किया है जबकि 162 ने 1999-2000 में 542.52 करोड़ रुपये का लाभ अर्जित किया है। इन बैंकों की संचयी हानि 1998-99 की 3100.85 करोड़ रु. से घटकर 1999-2000 में 2978.90 करोड़ रुपये हो गई है।

(4) **ऋणों की वसूली** (Recovery of Loans) : इन बैंकों द्वारा दिये गये ऋण की वसूली में सुधार हुआ है। ऋणों की वसूली का प्रतिशत 1993 में 41.20 प्रतिशत था वह बढ़कर 1999-2000 में 68.18 प्रतिशत हो गया है। यह राशि 1123 करोड़ रुपये से बढ़कर 5919 करोड़ रुपये हो गई है।

एम. नरसिम्हम वित्तीय प्रणाली पर नियुक्त समिति 1991 ने क्षेत्रीय ग्रामीण बैंकों की कार्य प्रणाली का मूल्यांकन किया है। इस समिति के अनुसार इन बैंकों को निम्न समस्याओं का सामना करना पड़ रहा है :-

(1) इन बैंकों की अर्जन क्षमता निम्न है।
(2) इन बैंकों के कर्मचारियों एवं अधिकारियों के वेतन तथा वेतन श्रृंखलाएँ व्यापारिक बैंकों के कर्मचारी एवं अधिकारियों के बराबर कर दिये गये हैं। इन बैंकों की स्थापना के पीछे जो उद्देश्य था वह समाप्त हो गया है।
(3) प्रायोजित बैंक भी अपनी शाखाओं का क्षेत्रीय ग्रामीण बैंकों की शाखाओं के क्षेत्र में ही संचालित कर रहे हैं।

क्षेत्रीय ग्रामीण बैंकों का पुनर्गठन (Restructing of RRBs)

रिजर्व बैंक ऑफ इण्डिया ने एम.सी. भण्डारी की अध्यक्षता में क्षेत्रीय ग्रामीण बैंकों के पुनर्गठन के लिए एक समिति का गठन किया था। इस समिति की सिफारिशों को लागू किया जा रहा है।

क्षेत्रीय ग्रामीण बैंकों की अंश पूँजी 75 लाख रुपये से बढ़ाकर 1 करोड़ रुपये कर दी गयी है।

इन बैंकों की उत्पादकता, नकदी प्रबंध, अग्रिम, वसूली निष्पादन तथा निवेश सम्बन्धी मामलों को पर्यवेक्षण राष्ट्रीय कृषि एवं ग्रामीण विकास बैंक (NABARD) के हाथों में है। राष्ट्रीय कृषि एवं ग्रामीण विकास बैंक ने इन बैंकों के लिए एक अल्पकालीन पैकेज सुधार के रूप में निकाला है। वे निम्नांकित है :-

(1) इन बैंकों को सेवा क्षेत्र दायित्व से मुक्त किया जाता है।

(2) गैर-लक्षित समूह के वित्त प्रबंधन की सीमा 40 प्रतिशत से बढ़ाकर 60 प्रतिशत कर दी गई है।

(3) इन बैंकों की अपनी नुकसान देने वाली शाखाओं को कृषि उत्पादक केन्द्रों, बाजार यार्ड तथा मण्डियों में स्थापित करने की अनुमति दी गई है।

(4) इनके द्वारा विस्तार पटल (Extension Counter) खोले जा सकते हैं।

(5) गैर-कोष गतिविधियों को सम्मिलित करने के लिए इन बैंकों को अपनी क्रियाओं में बढ़ोतरी करने की अनुमति दे देनी चाहिए।

(6) पुनर्गठन के प्रथम चरण में 49 क्षेत्रीय ग्रामीण बैंकों (RRBs) का चयन किया गया है।

इन बैंकों द्वारा कृषि क्षेत्र को दिये गये ऋण की राशि 1997-98 में केवल 2040 करोड़ रुपये थी जो बढ़कर 2001-2002 में 4956 करोड़ रुपये हो गई अर्थात् 2.5 गुना वृद्धि हुई है। संस्थागत साख में क्षेत्रीय ग्रामीण बैंकों का हिस्सा लगभग 6-7 प्रतिशत है। दीर्घकालीन साख की तुलना में अल्पकालीन साख की मात्रा अधिक है।

11

भारत में सहकारिता बैंकिंग
(Co-operative Banking in India)

सहकारिता का आधारभूत सिद्धान्त "एक सबके लिए और सब एक के लिए" (One for all and all for one) है। भारतीय सभ्यता एवं संस्कृति का उद्‌गम एवं विकास इसी सिद्धान्त पर आधारित है। भारत में वैधानिक आधार पर सहकारिता सहकारिता समितियाँ अधिनियम, 1904 (Cooperative Societies Act of 1904) पर अपनाया गया है। हमारे देश में सहकारिता आन्दोलन के एक सौ वर्ष पूरे हो गये हैं। यह आन्दोलन पंचवर्षीय योजनाकाल में अधिक तेजी से विकसित हुआ है। आज प्रजातन्त्र में नियोजित आर्थिक कार्यवाही का एक उपकरण सहकारिता बन गया है। कृषि साख के लिए सहकारी साख को मान्यता प्राप्त हो गई है और उत्पादक कार्यों के लिए साख की उपादेयता को सरकार ने स्वीकार कर लिया है।

सहकारी साख की संरचना (The Structure of Co-operative Credit)

ग्रामीण क्षेत्रों में साख के स्त्रोत सहकारिताओं के माध्यम से दो वर्गों में विभाजित किया जा सकता है। यह वर्गीकरण समयानुसार है जिसे निम्न चार्ट से प्रदर्शित किया जा सकता है :-

चार्ट I

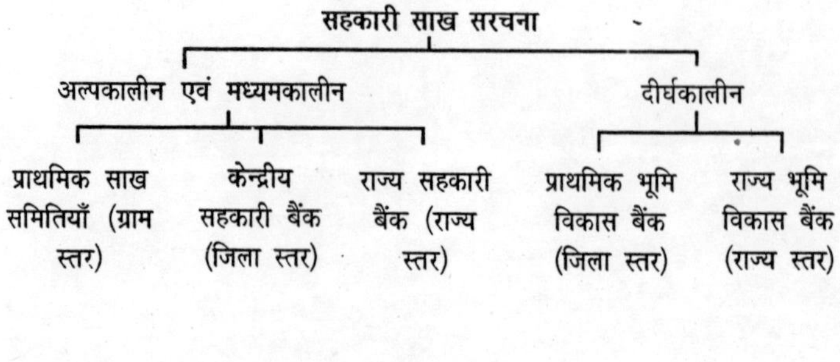

उपर्युक्त चार्ट से स्पष्ट है कि साख समयावधि के आधार पर सहकारिताओं द्वारा दो रूपों में प्रदान किया जाता है। वे हैं :-

(1) अल्पकालीन एवं मध्यमकालीन सहकारितायें (Short term and Medium term Co-operatives)

(2) दीर्घकालीन सहकारितायें (Long term Co-operatives)

I. अल्पकालीन एवं मध्यमकालीन सहकारितायें

(Short term and Medium term Co-operatives)

इस श्रेणी के अन्तर्गत साख प्रदान करने वाली सहकारिताओं की संरचना त्रिस्तरीय (Three Tier) है। ग्रामस्तर पर प्राथमिक कृषि साख समितियाँ (PACS), जिला स्तर पर केन्द्रीय सहकारी बैंक (CCB) तथा राज्य स्तर पर शीर्ष सहकारी बैंक (Apex Co-operative Bank) है जिसे राज्य सहकारी बैंक (SCB) कहते हैं। साख की मात्रा इस त्रिस्तरीय प्रणाली की सुदृढ़ता पर निर्भर करती है।

(1) **प्राथमिक कृषि सहकारी साख समिति** (Primary Agricultural Co-operative Credit Society) : इस समिति का गठन ग्रामस्तर पर दस या इससे अधिक व्यक्ति मिलकर कर सकते हैं। प्रत्येक अंश का मूल्य सामान्य रखा जाता है। जिससे कि निर्धन व्यक्ति भी इसकी सदस्यता ग्रहण कर सके। इसके सदस्यों का दायित्व असीमित होता है। समिति का प्रबंध चुने हुए निकाय द्वारा होता है जिसमें अध्यक्ष, सचिव तथा कोषाध्यक्ष होते हैं। इसके द्वारा एक वर्ष की अवधि के लिए साख दिया जाता है जिससे कृषि कार्य किये जा सकें। इस साख पर ब्याज दर निम्न होती है। लाभ का वितरण सदस्यों में न किया जाकर ग्राम के कल्याण के लिए किया जाता है जैसे कुँए का निर्माण तथा शाला की मरम्मत आदि। 1960-61 में ऐसी समितियाँ 2,12,000 थीं जो घटकर 1970-71 में 1,61,000 तथा 1999-2000 में 92,450 हो गई हैं। समितियों द्वारा 1950-51 में 23 करोड़ रुपये तथा 1999-2000 में 13,600 करोड़ ऋण दिये गये थे।

राष्ट्रीय स्तर पर प्राथमिक कृषि साख समितियों की प्रगति निम्न तालिका से स्पष्ट है :-

तालिका 1

राष्ट्रीय स्तर पर प्राथमिक कृषि सहकारी साख समितियाँ

(करोड़ रु.)

वर्ष	समितियों की संख्या	ऋण एवं अग्रिम	बकाया
1950-51	106	23	6
1960-61	212	202	40
1970-71	161	578	784
1987-88	92	3,730	5,150
1990-91	88	4,834	3,295
1994-95	90	9,373	11,404
1999-2000	92	13,600	NA

उपर्युक्त तालिका से स्पष्ट है कि सहकारी साख समितियों की संख्या इनके द्वारा दिये गये ऋण एवं अग्रिम तथा बकाया राशि में निरन्तर वद्धि हुई है।

प्राथमिक कृषि साख समितियों की कमियाँ (Shortcomings of PACS)

अखिल भारतीय ग्रामीण साख पुनर्विचार समिति ने इन सहकारी साख समितियों की निम्न कमियों को दर्शाया है :-

(i) इन समितियों का हिस्सा काश्तकारों के कुल उधार का हिस्सा बहुत कम है।

(ii) काश्तकारों तथा लघु काश्तकारों की साख की आवश्यकताओं की पूर्ति इनसे कम होती हैं।

(iii) अधिकांश समितियाँ कमजोर हैं तथा उत्पादकोन्मुखी साख आवश्यकता की पूर्ति नहीं होती है।

(iv) सभी स्तरों पर ऋण बकाया में निरन्तर वृद्धि हुई है।

(v) उधार लेने वाले कृषकों को पर्याप्त एवं समय पर साख प्रदान नहीं कर सकती हैं।

(2) **केन्द्रीय सहकारी बैंक** (Central Co-operative Banks) : 367 जिला स्तर पर केन्द्रीय सहकारी बैंक हैं जिनके द्वारा 393970 करोड़ रुपये प्रतिवर्ष ऋण दिया जाता है। एक जिले में समस्त प्राथमिक कृषि सहकारी साख समितियों पर यह एक संघ का कार्य करते हैं। इन बैंकों में कुछ व्यक्ति निजी अंशधारी होते हैं जो वित्त एवं प्रबन्ध का कार्य करते हैं। इनका कार्य प्राथमिक कृषि साख समितियों को ऋण

देना है तथा जनता से जमायें आकर्षित करना है। यह बैंक प्राथमिक सहकारी साख समितियों तथा राज्य सहकारी बैंक के बीच मध्यस्थ का कार्य करते हैं। राष्ट्रीय कृषि एवं ग्रामीण विकास बैंक ने कमजोर केन्द्रीय सहकारी बैंकों के पुनर्गठन के लिए एक योजना की शुरुआत की है। नाबार्ड राज्य सहकारों को उदार सहायता प्रदान करती है जिससे कि कमजोर केन्द्रीय सहकारी बैंकों की हिस्सा पूँजी में योगदान दे सके। केन्द्रीय सहकारी बैंकों की स्थिति निम्न तालिका से स्पष्ट है :

तालिका 2

केन्द्रीय सहकारी बैंकों की स्थिति

(करोड़ रु.)

वर्ष	केन्द्रीय सहकारी बैंकों की संख्या	ऋण एवं अग्रिम	बकाया ऋण एवं अग्रिम
1950-51	505	--	83
1960-61	390	--	350
1970-71	341	--	894
1990-91	351	--	18,377
1995-96	361	22,373	18,240
1998-99	361	34,911	24,639
2000-2001	367	45,016	52,478

उपर्युक्त तालिका से स्पष्ट है कि केन्द्रीय सहकारी बैंकों की संख्या विलीनीकरण से घटी है। इनके द्वारा दिये गये अग्रिम एवं ऋण राशि में वृद्धि हई है तथा वसूली की स्थिति में कुछ सुधार हुआ है जो 1999-2000 में 70 प्रतिशत से 2000-01 में 67 प्रतिशत रही है। इस बैंकों की जमाओं में वृद्धि हुई है जो 16,251 करोड़ रुपये 1993-94 से बढ़कर मार्च 2001 में 61,745 करोड़ रुपये हो गये हैं।

(3) **राज्य सहकारी बैंक** (State Co-operative Banks) : देश में 21 राज्य सहकारी बैंक हैं। यह प्रत्येक राज्य में सहकारी साख संरचना की शीर्षक संस्था होती है। यह बैंक केन्द्रीय सहकारी बैंकों के वित्त प्रबंधन तथा नियन्त्रण का कार्य करता है। यह राष्ट्रीय कृषि एवं ग्रामीण विकास बैंक (NABARD) तथा केन्द्रीय सहकारी बैंक एवं प्राथमिक सहकारी साख समितियों के बीच एक कड़ी का कार्य करता है। यह नाबार्ड से उधार लेने का कार्य करता है। राज्य सहकारी बैंक अपने कार्यशील कोष अंश पूँजी और कोषों, जनता के जमाओं तथा नाबार्ड से ऋण एवं अग्रिमों के

माध्यम से जुटाते हैं। राज्य सहकारी बैंक न केवल ग्रामीण सहकारी कार्यों को बढ़ावा देता है बल्कि सहकारिता के सिद्धान्तों का व्यापाक प्रचार भी करता है। देश में 29 राज्य सहकारी बैंक हैं जिनके द्वारा प्रतिवर्ष 34,550 करोड़ रुपये केन्द्रीय सहकारी बैंक तथा प्राथमिक सहकारी समितियों को दिये जाते हैं।

राज्य सहकारी बैंकों की प्रगति निम्न तालिका से स्पष्ट है :-

तालिका 3
राज्य सहकारी बैंकों की स्थिति

(लाख रु. में)

वर्ष	केन्द्रीय सहकारी बैंकों की संख्या	ऋण एवं अग्रिम	बकाया ऋण एवं अग्रिम
1950-51	568	6,26,061	4,10,160
1960-61	586	7,72,953	5,06,195
1970-71	631	8,71,172	6,14,512
1990-91	662	11,57,261	7,51,864
1995-96	717	22,39,864	10,92,686
1997-98	790	2,41,509	13,70,671
2000-2001	831	34,30,700	3,42,800

उपर्युक्त तालिका से स्पष्ट है कि राज्य सहकारी बैंकों के कार्यालयों में वृद्धि हुई है तथा राज्य सहकारी बैंक जो 1951 में 16 थे बढ़कर 2000-2001 में 30 हो गये हैं। ऋण एवं अग्रिम 1950-51 से 2000-2001 की अवधि में छः गुना बढ़ गये हैं। ऋण एवं अग्रिमों की बकाया राशि में निरन्तर वृद्धि हुई है। राज्य सहकारी बैंकों ने वर्ष 2000-2001 में 204.4 करोड़ रुपये का विशुद्ध लाभ अर्जित किया है। 6 राज्य सहकारी बैंकों को 12.63 करोड़ रुपये की वर्ष 2001 में हानि हुई है। भारत में अल्पकालीन सहकारी साख 1997-98 में केवल 10895 करोड़ रुपये था जो 2001-2002 में बढ़कर 27080 करोड़ रुपये हो गया है अर्थात् इसमें 2.5 गुना वृद्धि हुई है।

II. दीर्घकालीन साख सहकारितायें (Long-term Credit Co-operatives)

सहकारिता संरचना में दीर्घकालीन साख की पूर्ति भूमि विकास बैंकों द्वारा की जाती है। इन्हें भूमि बंधक बैंक (Land Mortgage Bank) के नाम से जाना जाता

था जो कि कृषकों को उनकी भूस्वामी सम्बन्धी कागजातों को बंधक रखकर ऋण एवं अग्रिम देते थे। इनके द्वारा दीर्घकालीन साख भूमि खरीदने, ट्रेक्टर, थ्रेसर खरीदने तथा भूमि पर स्थाई सुधार करने के लिए दिया जाता है। भूमि विकास बैंक इनका आधुनिक नाम है। इन बैंकों द्वारा निम्न कारणों से अधिक से अधिक साख प्रदान की जाने लगी है :-

(i) प्राथमिक कृषि साख समितियों के पास संसाधन कम हैं।

(ii) जमाओं एवं ऋणों का कृषकों की दीर्घकालीन आवश्यकताओं की पूर्ति हेतु वित्तीय संसाधनों का विवेकपूर्ण उपयोग हो सकेगा।

(iii) समितियों से ऋण लेते समय मूल्यांकन की सुविधा नहीं है।

(iv) दीर्घकालीन साख की माँग निरन्तर बढ़ रही है।

भूमि विकास बैंक द्वारा दिये जाने वाले दीर्घकालीन साख की संरचना द्विस्तरीय है वे निम्न प्रकार हैं :-

(1) **प्राथमिक भूमि विकास बैंक** (Primary Land Development Bank): प्राथमिक भूमि विकास बैंक द्वारा दीर्घकालीन ऋण प्रदान किये जाते हैं और इन बैंकों की स्थापना जिला स्तर पर की जाती है। इन बैंकों की प्रगति निम्न तालिका में देखी जा सकती है :-

तालिका 4

प्राथमिक भूमि विकास बैंकों की स्थिति

(करोड़ रु.)

वर्ष	प्राथमिक भूमि विकास बैंकों की संख्या	सदस्यता	ऋण एवं अग्रिम	बकाया ऋण
1992-93	726	6,503	435	1,463
1993-94	727	7,221	664	1,527
1994-95	731	7,360	705	1,699
1996-97	765	7,565	785	1,736
2002-2003	768	8,650	850	1,865

उपर्युक्त तालिका से स्पष्ट है कि प्राथमिक भूमि विकास बैंक और उनकी सदस्य संख्या में निरन्तर वृद्धि हुई है। ऋण एवं अग्रिम भी बढ़े हैं लेकिन इनकी ऋणों की बकाया राशि निरन्तर बढ़ी है।

(2) **राज्य भूमि विकास बैंक** (State Land Development Banks) : यह शीर्षक बैंक है जिसके द्वारा कृषकों को दीर्घकालीन ऋण प्रदान किया जाता है। यह प्राथमिक भूमि विकास बैंकों के कार्यों का समन्वय करते हैं तथा इनकों अग्रिम देने का कार्य करते हैं।

भूमि विकास बैंक अपने कोष अंश पूँजी, आरक्षित कोष, जमाओं तथा बाण्ड एवं ऋण पत्रों के निर्गमनों से जुटाते हैं। ये बैंक निम्न कार्यों के लिए दीर्घकालीन वित्त प्रदान करते हैं :-

(i) पुराने ऋणों की अदायगी

(ii) भूमि सुधार, भूमि विकास एवं भूमि अधिग्रहण

(iii) कृषि मशीनरी एवं औजारों का क्रय

(iv) अन्य उत्पादक कार्यों जैसे कुएँ खोदने, गहरे करने तथा मरम्मत करने हेतु

(v) बंधक तथा कृषि भूमि को छुड़ाने हेतु।

भूमि विकास बैंक सदस्यों को भूमि की जमानत पर ऋण प्रदान करते हैं तथा ऋण सामान्यतया भूमि के मूल्य का 50 प्रतिशत होते हैं तथा कभी-कभी भूराजस्व का 30 गुना ऋण दिया जाता है। ऋण तथा अग्रिम देते समय किसानों के भूस्वामित्व के बारे में पूरी तहकीकात की जाती है जिसमें मालिक का नाम, भूराजस्व की मात्रा, उधार लेने का उद्देश्य तथा ऋण अदायगी की क्षमता आदि आते हैं। इन बैंकों द्वारा दिये जाने वाले ऋण की अवधि सामान्यतया 15 वर्ष होती है।

राज्य भूमि विकास बैंकों की स्थिति निम्न तालिका से स्पष्ट हैं :-

तालिका 5

प्राथमिक भूमि विकास बैंकों की स्थिति

(करोड़ रु.)

वर्ष	प्राथमिक भूमि विकास बैंकों की संख्या	सदस्यता	ऋण एवं अग्रिम	बकाया ऋण
1992-93	19	65	1,231	4,719
1993-94	20	80	1,352	5,405
1994-95	20	112	1,540	5,646
1996-97	20	170	1,711	5,809
1997-98	20	191	2,112	6,415
2002-2003	36	215	2,317	6,865

उपर्युक्त तालिका से स्पष्ट है कि राज्य भूमि विकास बैंकों की संख्या तथा इनकी सदस्य संख्या, ऋण एवं अग्रिमों में निरन्तर वृद्धि हुई है लेकिन इन बैंकों की बकाया ऋण राशि में निरन्तर वृद्धि हुई है।

हमारे देश में कुछ राज्यों को छोड़कर राज्य भूमि विकास बैंकों की स्थिति अभी सुदृढ़ नहीं हो पाई है। छोटी सिंचाई व्यवस्था के लिए ऋण देकर देश में कृषि विकास में महत्वपूर्ण योगदान दिया है। अधिकांश ऋण उत्पादक कार्यों के लिए दिये जाते हैं जिससे छोटे किसान लाभाविन्त हुए हैं।

सीमायें (Shortcomings)

भूमि विकास बैंकों की कार्यप्रणाली सन्तोषजनक नहीं रही है। इन बैंकों के निष्प्रभावी होने के कई कारण रहे हैं जो निम्नांकित हैं :-

(i) अधिक भूमि विकास बैंकों में बकाया ऋण राशि की समस्या विद्यमान है। इन बैंकों के बकाया ऋण का प्रतिशत 42 से 44 है।

(ii) कार्मिक प्रबंधन की इन बैंकों में समस्या रही है। कार्यभार तथा चुनौतियों को देखते हुए इन बैंकों में अच्छा कार्मिक प्रबंधन नहीं हो पाया है।

(iii) बैंकों द्वारा ऋण देने के परम्परागत ढंग को अपनाने के कारण अधिक प्रगति नहीं हो सकी है। भूमि को बंधक रखने, भूमि का मूल्यांकन का तरीका, सरकारी गारण्टी, व्यक्तिगत जमानत आदि में सुधार करना आवश्यक है।

कृषि को दिये जाने वाले संस्थागत साख को देखने से ज्ञात होता है कि सहकारिताओं द्वारा 1997-98 में 3190 करोड़ रुपये का साख दिया गया था जो वर्ष 2001-02 में बढ़कर 5538 करोड़ हो गया है। इस अवधि में सहकारी बैंकों द्वारा किये गये साख की मात्रा 14085 करोड़ रुपये से बढ़कर 27080 करोड़ रुपये हो गई है। लेकिन कृषि को दिये जाने वाले साख में सहकारिताओं का प्रतिशत 44 से घटकर 41 रह गया है। इनका हिस्सा 1984-85 में बढ़कर 55 प्रतिशत था। यह प्रतिशत घटकर 1999-2000 में 41 हो गया है।

12

मुद्रा का अवमूल्यन
(Devaluation of Money)

अर्थ (Meaning)

जब किसी देश की सरकार जान-बूझकर अपनी मुद्रा का मूल्य स्वर्ण अथवा अन्य विदेशी मुद्रा में कम कर देती है तो यह मुद्रा का अवमूल्यन कहलाता है। इस प्रकार एक देश की मुद्रा के बाह्य मूल्य जान-बुझकर कमी करना अवमूल्यन कहलाता है। इसके परिणामस्वरूप देश की मुद्रा की क्रय शक्ति स्वर्ण अथवा विदेशी मुद्राओं में घट जाती है। इस प्रकार जब किसी देश की मुद्रा का बाह्य मूल्य कम हो जाता है तो इसे अवमूल्यन कहते हैं।

अवमूल्यन के उद्देश्य (Objectives of Development)

मुद्रा के अवमूल्यन के निम्नलिखित उद्देश्य हैं :-

(1) **भुगतान सन्तुलन के घाटे को कम करना** (To Reduce the Deficit in the Balance of Payments) : यदि किसी देश के भुगतान सन्तुलन में निरन्तर घाटा रहता है तो इस समस्या के समाधान का एकमात्र उपाय मुद्रा का अवमूल्यन करना है। अवमूल्यन की प्रक्रिया से निर्यात सस्ते तथा आयात महँगे हो जाते हैं और इसके परिणामस्वरूप सम्बन्धित देश के भुगतान सन्तुलन में कमी होने लगेगी।

(2) **राशिपातन को रोकना** (To Check Dumping) : जब कोई देश अपना उत्पादन उसकी लागत से कम कीमत पर दूसरे देश में बेचता है तथा घरेलू बाजार

में ऊँची कीमत पर बेचता है तो यह राशिपातन कहलाता है। राशिपातन का उद्देश्य निर्यातों में वृद्धि करना तथा दूसरे देशों की औद्योगिक इकाइयों को नष्ट करना है, क्योंकि उत्पादन लागत से कम कीमत पर वस्तुएँ बेची जाती हैं। इस राशिपातन को रोकने के लिए मुद्रा का अवमूल्यन किया जाता है। इससे निर्यात सस्ते तथा आयात महँगे हो जाते हैं।

अवमूल्यन का प्रभाव (Effects of Devaluation)

जब किसी देश द्वारा अपनी मुद्रा का अवमूल्यन किया जाता है तो इसके दो सम्भव प्रभाव होते हैं। वे निम्नांकित हैं :-

(1) **ऋणात्मक प्रभाव** (Negative Effects) : जब किसी देश की मुद्रा का अवमूल्यन किया जाता है तो इससे देश के निर्यात बढ़ते हैं और यह वृद्धि मुद्रा के बाह्य मूल्य में कमी से कम होती है तो यह अवमूल्यन का ऋणात्मक प्रभाव कहलाता है। उदाहरणार्थ, यदि अवमूल्यन 5 प्रतिशत से किया जाता है और निर्यात केवल 3 प्रतिशत ही बढ़ते हैं, तो यह प्रभाव ऋणात्मक प्रभाव कहलाता है।

(2) **धनात्मक प्रभाव** (Positive Effects) : जब किसी देश की मुद्रा का अवमूल्यन किया जाता है तब यदि मुद्रा के बाह्य मूल्य में कमी की तुलना में निर्यात में वृद्धि का अनुपात अधिक होता है तो यह अवमूल्यन का धनात्मक प्रभाव कहलाता है। उदाहरणार्थ यदि मुद्रा का अवमूल्यन 5 प्रतिशत होता है तथा निर्यातों में वृद्धि 8 प्रतिशत होती है तो अवमूल्यन का यह कदम धनात्मक प्रभाव वाला होता है।

अवमूल्यन के ऋणात्मक एवं धनात्मक प्रभावों की विवेचना निम्न चित्र की सहायता से की जा सकती है :-

चित्र 1

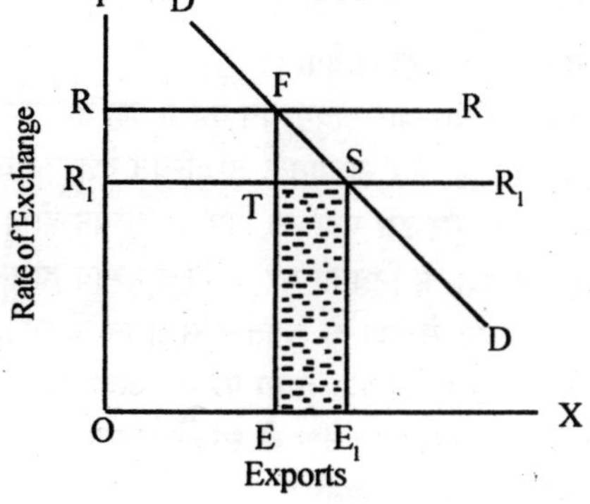

उपर्युक्त चित्र से स्पष्ट है कि अवमूल्यन से पूर्व विनिमय दर एवं निर्यात की मात्रा OR तथा OE थी। निर्यातों की कुल मात्रा OEFR है। अवमूल्यन से विनिमय दर घटकर OR_1 हो जाती है और निर्यात बढ़कर OE_1 हो जाते हैं। अब निर्यातों की कु मात्रा OE_1SR_1 हो जाती है। यदि RR_1TF त्रिभुज TEE_1S से कम होता है तो यह निर्यातों में वृद्धि अवमूल्यन का धनात्मक प्रभाव है। इसके विपरीत यदि इसका RR_1TF आकार TEE_1S से अधिक है तो यह निर्यातों पर अवमूल्यन का प्रतिकूल प्रभाव है जो ऋणात्मक प्रभाव को दर्शाता है।

अवमूल्यन की सीमायें (Limitations of Development)

अवमूल्यन सरकार द्वारा जान-बूझकर अपनाया गया कदम है। यह हमेशा सही नहीं है कि अवमूल्यन हमारे निर्यातों में वृद्धि करता है और इससे हमारे आयात कम होंगे। मुद्रा के अवमूल्यन की निम्नांकित सीमायें हैं :-

1. अवमूल्यन के उद्देश्य को पूरा तब ही किया जा सकता है जब व्यापार में साझेदारी वाले देश अपनी मुद्राओं का अवमूल्यन नहीं करते हैं। यदि अन्य देश भी अपनी मुद्राओं का अवमूल्यन करते हैं तो देश की मुद्रा का अवमूल्यन का उद्देश्य ही खत्म हो जाता है और अवमूल्यन के उद्देश्य की पूर्ति नहीं होगी।
2. एक देश की मुद्रा के अवमूल्यन की सफलता इस बात पर भी निर्भर करती है कि निर्यातों की कीमतें अवमूल्यन से पूर्व की कीमतों से अधिक नहीं बढ़े। यदि अवमूल्यन के पश्चात् कीमतों में वृद्धि होती है तो निर्यातक वस्तुओं के निर्यात में कोई रुचि नहीं लेंगे, क्योंकि उन्हें घरेलू बाजार में ही ऊँची कीमतें मिल रही हैं। इसके परिणामस्वरूप मुद्रा के अवमूल्यन का उद्देश्य स्वयं ही खत्म हो जावेगा।
3. देश की मुद्रा का बार-बार अवमूल्यन करना देश की मुद्रा में जनविश्वास कम करना होता है और आयातक सम्बन्धित देश को वस्तुएँ भेजने का आदेश नहीं देंगे और इस मुद्रा का फिर अवमूल्यन होगा। बार-बार मुद्रा का अवमूल्यन देश के निर्यातों पर प्रतिकूल प्रभाव डालता है।
4. मुद्रा के अवमूल्यन से देश के भुगतान सन्तुलन के घाटे को कम करना एक अस्थायी उपाय है। कुछ समय पश्चात् अवमूल्यन के प्रभाव समाप्त हो जाते हैं तथा सम्बन्धित देश के सामने भुगतान सन्तुलन में घाटे की समस्या पुनः उत्पन्न हो जाती है।

भारतीय रुपये का अवमूल्यन
(Devaluation of the Indian Rupee) :

भारत में आजादी के पश्चात् रुपये का अवमूल्यन निम्न रूपों में किया गया :

1. भारतीय रुपये का अवमूल्यन सितम्बर, 1949
2. भारतीय रुपये का अवमूल्यन जून, 1966
3. भारतीय रुपये का अवमूल्यन जुलाई, 1991

देश के भुगतान सन्तुलन में निरन्तर घाटा होने के कारण भारतीय रुपये का अवमूल्यन किया गया था। निर्यात, आयातों की तुलना में कम थे। नियोजित आर्थिक विकास की प्रारम्भिक अवस्था में पूँजीगत वस्तुओं, कच्चा माल, तकनीकी ज्ञान आदि के आयात अत्यन्त आवश्यक थे और हमारे निर्यात परम्परागत थे तथा अन्तर्राष्ट्रीय बाजार में उन्हें गला काट प्रतिस्पर्धा का सामना करना पड़ रहा था। विदेशी विनिमय कोष घट रहे थे तथा विभिन्न देशों से लिया सार्वजनिक ऋण बढ़ रहा था। अन्तर्राष्ट्री य मुद्रा कोष तथा विश्व बैंक एवं प्रत्यक्ष विदेशी विनियोग से प्राप्त सहायता भी बढ़ रही थी।

जून, 1966 का अवमूल्यन (Devaluation of June, 1966)

भारतीय रुपये का जून, 1966 में अवमूल्यन प्रतिकूल भुगतान सन्तुलन, विदेशी विनिमय संकट, विदेशी सरकारों तथा अन्तर्राष्ट्रीय वित्तीय संस्थाओं से बड़ी मात्रा में उधार आदि परिस्थितियों में किया गया था। अन्तर्राष्ट्रीय मुद्रा कोष (I.M.F.) ने भुगतान सन्तुलन की समस्या के समाधान के लिए रुपये का अवमूल्यन करने की सलाह दी थी। जून, 1966 का अवमूल्यन 36.5 प्रतिशत किया गया था। इस अवमूल्यन के निम्नांकित उद्देश्य थे :

1. आयातों की मात्रा कम करना।
2. निर्यातों में वृद्धि करना।
3. व्यापार सन्तुलन तथा भुगतान सन्तुलन के लिए अनुकूल वातावरण तैयार करना।

इस अवमूल्यन से न तो निर्यातों में वृद्धि हुई तथा न आयातों में कमी हुई है, क्योंकि सूखा पड़ गया तथा भारत सरकार ने आयातों के उदारीकरण की नीति घोषित कर दी। वर्ष 1961-62 से 1965-66 की अवधि में 477 करोड़ का व्यापार घाटा रहा। अवमूल्यन के पश्चात् भी 1966-69 की अवधि में व्यापार घाटा 2067 करोड़ रुपये रहा।

जुलाई, 1991 में भारतीय रुपये का अवमूल्यन
(Devaluation of Rupee July, 1991)

वर्ष 1990-91 में हमारे निर्यातों में वृद्धि के प्रयास किये गये और इसके परिणामस्वरूप इस अवधि में निर्यात 32,558 करोड़ रुपये बढ़े जो कि वृद्धि दर 17.7 प्रतिशत रही है। लेकिन खाड़ी युद्ध (Gulf War) के कारण सरकार आयातों को कम नहीं कर सकी तथा आयात 43,193 करोड़ रुपये बढ़े। यह वृद्धि दर 22.6 प्रतिशत रही है। व्यापार घाटा 10,635 करोड़ रुपये बढ़ गया।

निर्यात 1991-92 में 1990-91 के 18145 मिलियन डॉलर से घटकर 17,865 मिलियन डॉलर रह गये। यह गिरावट 1.5 प्रतिशत रही है। आयात इसी अवधी में 24,073 मिलियन डॉलर से घटकर 19,410 मिलियन डॉलर हो गये।

अनेक उपाय नवीन व्यापार नीति के अन्तर्गत उठाये गये और दो बार रुपये का अवमूल्यन किया गया जिसके बावजूद भी निर्यात नहीं बढ़े। 1992-93 में निर्यात 3.7 प्रतिशत बढ़े जो डॉलर मूल्य में 17,866 मिलियन डॉलर हो गये। दूसरी ओर आयात 12.7 प्रतिशत बढ़े। आयातों का मूल्य 1991-92 में 19411 मिलियन डॉलर था वह 1992-93 में बढ़कर 21,882 मिलियन डॉलर हो गया। इस अवधि में व्यापार घाटा 1,545 मिलियन डॉलर से बढ़कर 3,345 मिलियन डॉलर हो गया। देश में बढ़ती हुई कीमतों पर अंकुश लगाना होगा जिससे कि अन्तर्राष्ट्रीय बाजार में हमारे रुपये का मूल्य नहीं घटे और इसका फिर से अवमूल्यन न हो। निर्यात 79.6 बिलियन डॉलर बढ़े लेकिन आयात 2004-05 में बढ़कर 106.1 बिलियन डॉलर हो गये। इससे 2004-05 में व्यापार घाटा बढ़कर 26.5 बिलियन डॉलर हो गया जो कि विगत 5 वर्षों में उच्च्य स्तर पर था।

अवमूल्यन के पश्चात् प्रभाव (Post Devaluation Effects)

अवमूल्यन के पश्चात् भारत सरकार ने इसके प्रभावों का अध्ययन करने के लिए नई नीति का निर्धारण किया। इस नीति के निम्न उद्देश्य थे :-

1. बढ़ती हुई कीमतों पर रोक।
2. कृषि एवं औद्योगिक उत्पादन में वृद्धि करना।
3. निर्यातों को अधिकतम करना।

भारत सरकार द्वारा निर्धारित नीति से अवमूल्यन के पश्चात् जिन उद्देश्यों की पूर्ति करनी थी, वे उद्देश्य पूरे हो सके हैं। भारतीय रुपये के अवमूल्यन से कोई लाभ होने के बजाय भारतीय अर्थव्यवस्था को हानि हुई है।

13

मुद्रा संकुचन
(Deflation)

परिभाषा (Definition of Deflation)

मुद्रा संकुचन मुद्रा प्रसार की विपरीत स्थिति है। मुद्रा संकुचन की कुछ परिभाषायें निम्नांकित हैं :-

(1) **प्रोफेसर क्राउथर** (Crowther) के अनुसार : "मुद्रा संकुचन अर्थव्यवस्था की वह स्थिति है जिसमें मुद्रा का मूल्य बढ़ता है अथवा कीमतें गिरती हैं।" लेकिन यह परिभाषा सही नहीं है, क्योंकि कीमत स्तर बिना मुद्रा की पूर्ति के कम होने पर भी गिर जाती है यदि अर्थव्यवस्था में वस्तुओं तथा सेवाओं के उत्पादन में वृद्धि हो जाती है।

(2) **प्रो. पीगू** (A.C. Pigou) के शब्दों में : "मुद्रा संकुचन गिरती हुई कीमतों की वह स्थिति है जिसमें अर्थव्यवस्था में मौद्रिक आय की मात्रा की तुलना में वस्तुओं तथा सेवाओं का उत्पादन अधिक बढ़ता है।"

प्रो. पीगू के अनुसार निम्नांकित परिस्थितियों में मुद्रा संकुचन उत्पन्न होती है:

(i) जब मौद्रिक आय घट जाती है, लेकिन उत्पादन में कोई परिवर्तन नहीं होता है।

(ii) जब मौद्रिक आय तथा उत्पादन दोनों में कमी हो जाती है, लेकिन मौद्रिक आय उत्पादन के अनुपात में अधिक घट जाती है।

(iii) जब उत्पादन की मात्रा बढ़ जाती है, लेकिन मौद्रिक आय में कोई परिवर्तन नहीं होता है।

(iv) जब उत्पादन तथा मौद्रिक आय दोनों में वृद्धि होती है, लेकिन उत्पादन में मौद्रिक आय की तुलना में अधिक वृद्धि होती है।

(v) जब उत्पादन की मात्रा बढ़ती है, लेकिन मौद्रिक आय में कमी हो जाती है।

(3) **प्रो. पॉल आइंजिग (Prof. Paul Einzig)** के अनुसार, " मुद्रा संकुचन एक असन्तुलन की स्थिति है जिसमें क्रयशक्ति का संकुचन होता है और इसके परिणामस्वरूप कीमत स्तर गिरता है।"

इस प्रकार हम कह सकते है कि कीमत स्तर में गिरावट केवल मुद्रा की पूर्ति में कमी होने के कारण नहीं होती है, बल्कि मुद्रा की पूर्ति में संकुचन होने के कारण भी मुद्रा संकुचन की स्थिति उत्पन्न हो सकती है। कीमत स्तर में कमी मुद्रा की पूर्ति में कमी के कारण के साथ-साथ इसका परिणाम भी हो सकती है।

मुद्रा संकुचन के प्रभाव (Effects of Deflation)

मुद्रा संकुचन सम्पूर्ण आर्थिक जीवन को प्रभावित करती है। इससे समाज के विभिन्न वर्ग निम्नांकित रूप से प्रभावित होते हैं :-

(1) **उत्पादक एवं व्यापारी (Producers & Traders) :** मुद्रा संकुचन से उत्पादक तथा व्यापारी वर्ग पर प्रतिकूल प्रभाव पड़ते हैं। उत्पादक मुद्रा संकुचन से निम्न रूपों में प्रभावित होते हैं :-

(i) मुद्रा संकुचन में उत्पादन लागत में इतनी कमी नहीं आती है जितनी कि निर्मित वस्तुओं की कीमतों में आती है।

(ii) जब उत्पादक कच्चा माल खरीदते हैं तो उन्हें ऊँची कीमत देनी पड़ती है जबकि पक्के माल की कीमतें गिरने लगती हैं और उसे अपनी वस्तु को नीची कीमत पर बेचना पड़ता है।

(iii) मुद्रा संकुचन में वस्तुओं की कीमतें गिरने लगती हैं जबकि तैयार माल के स्टॉक में वृद्धि होती है और इससे उत्पादकों की पूँजी रुक जाती है।

व्यापारी वर्ग भी मुद्रा संकुचन से प्रभावित होता है, क्योंकि जब इसके द्वारा वस्तुएँ खरीदी गई थीं तब इनकी कीमतें ऊँची थीं तथा इन्हें बेचते समय कीमतें घटने से घाटा हो जाता है।

छोटे किसान भी मुद्रा संकुचन से प्रभावित होते हैं, क्योंकि उनके पास जीवन निर्वहन हेतु कोष नहीं होते हैं।

(2) **विनियोगकर्ता** (Investors) : विनियोगकर्ता दो वर्गों में विभाजित किये जाते हैं। एक स्थिर आय वाले तथा दूसरे जिनकी आय परिवर्तनशील होती है। दोनों ही प्रकार के निवेशकर्ता मुद्रा संकुचन से प्रभावित होते हैं। स्थिर आय वाले विनियोगकर्ता लाभ की स्थिति में होते हैं, क्योंकि कीमतें घटने पर भी उनकी आय निश्चित रहती है। मुद्रा के मूल्य में वृद्धि होने से पहले की तुलना में अधिक वस्तुएँ तथा सेवायें खरीदने की स्थिति में होते हैं।

इसके विपरीत जिन निवेशकर्ताओं की आय परिवर्तनशील होती है वे कीमतों में कमी होने से कम वस्तुओं तथा सेवायें खरीदने की स्थिति में होते हैं, क्योंकि उनकी आय भी कीमतों में कमी होने पर घटती जाती है। कीमतों में कमी होने पर उनके अंश पत्रों पर मिलने वाला लाभांश भी कम हो जाता है।

(3) **वेतनभोगी तथा श्रमिक वर्ग** (Salaried and Working Class) : इस वर्ग को मुद्रा संकुचन की स्थिति में लाभ होता है, क्योंकि घटती हुई कीमतों के साथ मजदूरी में कटौती का विरोध श्रमिक संघों द्वारा होने से कमी नहीं की जाती है। इसी प्रकार वेतनभोगी कर्मचारियों के वेतन में भी कमी नहीं की जाती है। ऐसी स्थिति में घटती हुई कीमतों में वस्तुओं तथा सेवाओं की अधिक मात्रा वेतनभोगी एवं श्रमिक वर्ग को मिलती हैं।

लेकिन कीमतों में कमी के कारण छोटे व्यावसायिक संस्थाओं के लाभ कम होने से उत्पादन में कटौती की जाती है इससे श्रमिकों तथा कर्मचारियों की छँटनी होने से बेरोजगारी फैलती है। इससे मुद्रा संकुचन इन दोनों वर्गों को प्रभावित करती है।

(4) **उपभोक्ता** (Consumers) : उपभोक्ताओं पर मुद्रा संकुचन का प्रभाव अनुकूल पड़ता है। वस्तुओं तथा सेवाओं की कीमतें गिरने से उपभोक्ताओं पर क्रयशक्ति बढ़ जाती है और वे अधिक वस्तुओं तथा सेवाओं के क्रय करने में सफल होते हैं। जिनकी आय निश्चित होती है वे अधिक वस्तुओं तथा सेवायें खरीदने की स्थिति में होते हैं। इस पर अनुकूल प्रभाव पड़ता है। दूसरी ओर परिवर्तनशील आय वाले उपभोक्ताओं की आय घटने के कारण मुद्रा संकुचन का प्रभाव प्रतिकूल पड़ता हैं, क्योंकि वे अधिक वस्तुयें तथा सेवायें क्रय करने की स्थिति में नहीं होते हैं।

(5) **ऋणदाता एवं ऋणी** (Creditors and Debtors) : मुद्रा संकुचन में ऋणदाता को लाभ होता है, क्योंकि प्राप्त मूलधन एवं ब्याज का मूल्य कीमतें गिरने से बढ़ जाता है। उपभोक्ता ऋणों की माँग बढ़ने से वे अधिक ऊँची ब्याज दर मुद्रा संकुचन काल में प्राप्त करते हैं। ऋणी मुद्रा संकुचन से हानि की स्थिति में रहते हैं, क्योंकि उन्हें मूलधन तथा ब्याज के रूप में पहले की तुलना में अधिक क्रय शक्ति का चुकारा करना पड़ता है। कृषकों को सर्वाधिक हानि होती है, क्योंकि कीमतों में कमी होने से उनके ऋणग्रस्तता का भार बढ़ता जाता है।

मुद्रा संकुचन से देश का अर्थिक जीवन भी प्रभावित होता है जिसकी विवेचना इस प्रकार है :-

(1) **करारोपण का बढ़ता भार** (Increasing Burden of Taxation) : मुद्रा संकुचन में करदाताओं पर प्रतिकूल प्रभाव पड़ता है, क्योंकि करारोपण की वास्तविक भार बढ़ता है जबकि कीमतें निरन्तर घटती जाती हैं और मुद्रा का मूल्य बढ़ता है।

(2) **सार्वजनिक ऋण के भार में वृद्धि** (Increasing Burden of Public Debt) : मुद्रा का मूल्य कीमतों में कमी होने से बढ़ता है और सार्वजनिक ऋण भार बढ़ता जाता है। मुद्रा के मूल्य में वृद्धि होने के कारण सरकार को सार्वजनिक ऋण लौटाने में मूलधन तथा ब्याज दर अधिक देनी पड़ती है। बजटीय घाटे को पूरा करने के लिए सरकार को बार-बार जनता तथा विदेशों से ऋण लेना पड़ता है जिसके भार में वृद्धि हो जाती है।

(3) **बढ़ती हुई बेरोजगारी** (Increasing Unemployment) : निरन्तर वस्तुओं की कीमतें घटने से उत्पादन भी घटता है। लाभ गिरता है और इससे कुछ व्यावसायिक उपक्रम बन्द कर दिये जाते हैं और अन्य उपक्रमों में छँटनी की प्रक्रिया शुरू कर दी जाती है जिसके परिणामस्वरूप बेरोजगारी फैलती है।

(4) **बैंकिंग पर प्रतिकूल प्रभाव** (Adverse Effect on Banking) : अर्थव्यवस्था में मन्दी काल की स्थिति से उधार लेने वालों की संख्या कम हो जाती है और देश में बैंकिंग संकट उत्पन्न हो जाता है। तीसा की महान मन्दी (Great Depression of Thirties) हमारे सामने एक ज्वलन्त उदाहरण हैं।

(5) **सामाजिक एवं नैतिक दुष्परिणाम** (Social and Moral Consequences) : मुद्रा संकुचन से नियोक्ताओं तथा कर्मचारियों के बीच विवाद उत्पन्न हो जाते हैं। देश में औद्योगिक अशान्ति उत्पन्न हो जाती है। आर्थिक विकास पर प्रतिकूल प्रभाव पड़ता है तथा मुद्रा संकुचन से देश का आर्थिक, सामाजिक तथा राजनीतिक जीवन बुरी तरह प्रभावित होता हैं।

इस प्रकार हम कह सकते हैं कि मुद्रा संकुचन से समाज के विभिन्न वर्गों पर विभिन्न रूपों में प्रभाव पड़ते हैं और इससे देश की अर्थव्यवस्था अस्त-व्यस्त हो जाती है। अनेक अर्थशास्त्रियों का मत है कि मुद्रा संकुचन मुद्रा प्रसार से भी अधिक नुकसानदायक है।

मुद्रा प्रसार तथा मुद्रा संकुचन (Inflation and Deflation)

मुद्रा प्रसार एवं मुद्रा संकुचन दोनों ही समाज के लिए हानिप्रद हैं लेकिन मुद्रा प्रसार मुद्रा संकुचन की तुलना में कम हानिप्रद मानी जाता है। प्रो. जे.एम केम्स ने सही कहा है : "मुद्रा प्रसार अन्यायपूर्ण है, मुद्रा संकुचन अनुपयुक्त है और दोनों में मुद्रा संकुचन सबसे खराब स्थिति है।"

मुद्रा प्रसार एवं मुद्रा संकुचन सामाजिक दृष्टि से खराब है, क्योंकि दोनों ही न केवल आय-व्यय के वितरण को असमान करते हैं बल्कि अनेक आर्थिक दुष्प्रभाव भी पड़ते हैं।

मुद्रा प्रसार अन्यायपूर्ण है (Inflation is Unjust) : **प्रो. केन्स** ने निम्न आधार पर मुद्रा प्रसार को अन्यायपूर्ण बताया है :-

(i) मुद्रा प्रसार अपने पुनर्वितरण प्रभाव से आय और धन की विषमताओं में वृद्धि करता है। इससे धनी और निर्धन के बीच खाई उत्पन्न हो जाती है जिससे धनी अधिक धनवान तथा निर्धन अधिक निर्धन हो जाता है, क्योंकि क्रयशक्ति धनी वर्ग के पक्ष में हस्तान्तरित हो जाती है।

(ii) मुद्रा प्रसार प्रतिगामी (Regressive) होती है। वस्तुओं तथा सेवाओं की कीमतों में निरन्तर वृद्धि होने के कारण समाज के निर्धन वर्ग पर भारी वजन पड़ता है। मध्यम वर्ग इससे अधिक प्रभावित होता है, क्योंकि वस्तुओं तथा सेवाओं की कीमतों में वृद्धि होती है तथा वस्तुओं तथा सेवाओं की कमी पाई जाती है।

(iii) मुद्रा प्रसार जनता पर अदृश्य करारोपण (Invisible Taxation) है। सरकार सार्वजनिक आगम एवं सार्वजनिक व्यय के बीच अन्तर को पाटने के लिए घाटे की अर्थव्यवस्था अपनाती है। इसके परिणामस्वरूप वस्तुओं तथा सेवाओं की कीमतें बढ़ जाती हैं। उपभोक्ता इन वस्तुओं तथा सेवाओं से वंचित रहते हैं तथा उनको इच्छित मात्रा में ये वस्तुयें उपलब्ध नहीं होती है। सार्वजनिक उपभोग हेतु वस्तुयें तथा सेवायें सरकार को समर्पित की जाती हैं जो पूर्णतः अन्यायपूर्ण तथा असमान होती हैं। प्रो. सी. एन वकील ने मुद्रा प्रसार को एक अदृश्य लुटेरा कहा है। उनके अनुसार : "मुद्रा प्रसार की तुलना एक लुटेरे से की जा सकती है। दोनों से ही पीड़ित व्यक्ति को कुछ खोना पड़ता है लेकिन लुटेरा दृश्य होता है जबकि मुद्रा प्रसार अदृश्य होता है। लुटेरे का शिकार एक हो सकता है लेकिन मुद्रा प्रसार का शिकार सम्पूर्ण राष्ट्र होता है। लुटेरे को न्यायालय में दण्डित किया जा सकता है लेकिन मुद्रा प्रसार एक कानून है।"

(iv) मुद्रा प्रसार एक कृत्रिम सम्पन्नता (Artificial Prosperity) देश में दर्शाती है। इससे मुद्रा प्रसार की स्थिति उत्पन्न हो जाती है तथा एक सीमा के पश्चात् आसमान को छूने वाली कीमतें हो जाती हैं जिससे अर्थव्यवस्था अस्त-व्यस्त हो जाती है और सरकार को इसको नियमित करने के लिए कुछ उपाय करने पड़ते हैं जिससे मुद्रा संकुचन की स्थिति उत्पन्न हो जाती है।

(v) मुद्रा प्रसार की स्थिति अत्यधिक अनैतिक (Highly Demoralizing) प्रकृति की होती है। निरन्तर कीमतों में वृद्धि से जीवन बड़ा महँगा हो जाता है। इससे सट्टेकारी क्रियाएं, जुआखोरी, संचय की प्रकृति, काला बाजारी, वैश्यावृत्ति आदि उत्पन्न होती हैं। व्यवसायी और व्यापारी उत्पादक क्रियाओं से सट्टेकारी क्रियाओं में संलग्न हो जाते हैं।

मुद्रा संकुचन अनुपयुक्त है (Deflation is Inexpedient) : मुद्रा संकुचन अनुपयुक्त है जिसका विवेचन निम्नांकित हैं :-

(i) मुद्रा संकुचन से बेरोजगारी (Unemployment) बढ़ती है। मुद्रा संकुचन से कीमतें गिरती हैं, लाभ गिरता है, उत्पादन घटता है तथा उत्पादन के साधनों की छँटनी हो जाती है जिसके परिणामस्वरूप अर्थव्यवस्था में अत्यधिक बेरोजगारी हो जाती है।

(ii) देश गरीब हो जाता है (Country Becomes Poor)। कीमतों, उत्पादन तथा राष्ट्रीय आय में कमी आ जाती है। इससे देश गरीब हो जाता है।

(iii) मुद्रा संकुचन से आर्थिक मन्दी (Economic Depression) उत्पन्न हो जाती है। जब मन्दी शुरू हो जाती है तो यह निरन्तर चलती रहती है तथा संकट और गहरा हो जाता है और समय के साथ अर्थव्यवस्था मन्दी में डूब जाती है।

(iv) मुद्रा संकुचन अनुपयुक्त (Inexpedient) होता है, क्योंकि मन्दी के शुरू होने पर यह निरन्तर आगे बढ़ती जाती है।

(v) मुद्रा संकुचन के सामाजिक, राजनीतिक, आर्थिक तथा नैतिक दुष्परिणाम (Social, Political, Economic and Moral Consequences) उत्पन्न होते हैं जो कि अवांछनीय हैं तथा इससे अन्तिम रूप से सम्पूर्ण अर्थव्यवस्था नष्ट हो जाती है।

मुद्रा प्रसार संकुचन से श्रेष्ठ है (Inflation is Better than Deflation)

प्रो. जे.एम. कीन्स के अनुसार मुद्रा प्रसार मुद्रा संकुचन से श्रेष्ठ है जिसके निम्न कारण हैं :-

(1) मुद्रा प्रसार के देश में आय तथा धन की विषमताओं में वृद्धि होती है लेकिन इससे राष्ट्रीय आय में कमी नहीं आती है जबकि मुद्रा संकुचन राष्ट्रीय आय में कमी करता है।

(2) मुद्रा प्रसार से आर्थिक क्रियाओं में वृद्धि से पूर्ण रोजगार (Full Employment) प्राप्त होता है जबकि मुद्रा संकुचन अर्थव्यवस्था में उत्पादन तथा रोजगार में कमी लाता है।

(3) मुद्रा संकुचन से बड़े पैमाने पर बेरोजगारी फैलती है तथा अर्थव्यवस्था में निराशावादी वातावरण उत्पन्न होने से मुद्रा संकुचन की स्थिति को प्रोत्साहन देता है। मुद्रा प्रसार की स्थिति को मौद्रिक तथा राजकोषीय नीतियों के माध्यम से प्रत्यक्ष भौतिक नियन्त्रणों से नियन्त्रित किया जा सकता है जबकि संकुचन की स्थिति को आसानी से नियन्त्रित नहीं किया जा सकता है।

(4) सामान्य मुद्रा प्रसार की स्थिति को मन्दी से अर्थव्यवस्था को मुक्त किया जा सकता है और एक सीमा तक ऐसा मुद्रा प्रसार आर्थिक विकास में सहायक होता है। लेकिन मुद्रा संकुचन की स्थिति आर्थिक विंकास के लिए अनुकूल नहीं होती है।

उपर्युक्त विवेचना से स्पष्ट है कि प्रो. जे. एम. केन्स ने सही कहा है कि मुद्रा प्रसार मुद्रा संकुचन की तुलना में कम बुराई वाली स्थिति है। मुद्रा प्रसार का दोष यह है कि एक सीमा के पश्चात् नियन्त्रण न होने पर तीव्र स्फीतिकारी स्थितियाँ उत्पन्न हो जाती हैं।

मुद्रा संकुचन के नियन्त्रण के उपाय
(Measures to Control Deflation)

मुद्रा संकुचन को निम्न उपायों से नियन्त्रित किया जा सकता है :-

(1) **मौद्रिक उपाय** (Monetary Measures) : मुद्रा संकुचन पर नियन्त्रण करने के लिए निम्नांकित मौद्रिक उपाय काम में लिए जा सकते हैं :-

(i) **घाटे की अर्थव्यवस्था** (Deficit Financing) : वस्तुओं तथा सेवाओं की बाढ़ आई हुई होती है लेकिन लोगों के पास क्रय शक्ति नहीं होती है। मौद्रिक अधिकारी द्वारा विस्तारवादी मौद्रिक नीति अपनानी चाहिए जिससे कि गिरती हुई कीमतों को रोका जा सके। चलन में अधिक मुद्रा अर्थव्यवस्था में डालने से प्रभावी माँग में वृद्धि की जा सकती है।

(ii) **बैंक दर में कमी** (Reduction in Bank Rate) : मौद्रिक अधिकारी को सस्ती मुद्रा नीति अथवा साख का विस्तार (Expansion of Credit) करना चाहिए। साख नीची ब्याज दर पर सुलभ करवाने पर आर्थिक और व्यावसायिक क्रियाओं में वृद्धि की जा सकती है।

(iii) **साख का विस्तार** (Expansion of Credit) : रिजर्व बैंक तथा व्यापारिक बैंकों को साख विस्तार की नीति अपनाकर पर्याप्त एवं सस्ती ब्याज दर पर साख उपलब्ध करना चाहिए। व्यवसायी, व्यापारी, उद्योगपति तथा उपभोक्ता बैंकों से उत्पादन कार्यों के लिए उधार लेने के लिए अभिप्रेरित होंगे।

(2) **राजकोषीय उपाय** (Fiscal Measures) : मुद्रा संकुचन को नियन्त्रित करने के लिए निम्न राजकोषीय उपाय काम में लिये जा सकते हैं :-

(i) **करारोपण में कमी** (Reduction in Taxation) : सरकार को करों की संख्या तथा विभिन्न करों के भार को वस्तुओं तथा सेवाओं से कम करना होगा। इससे उत्पादक को उत्पादन करने के लिए प्रोत्साहन

मिलेगा। विभिन्न उत्पादन के साधनों की माँग बढ़ेगी और देश में रोजगार के अवसर बढ़ेंगे। लोगों की क्रयशक्ति में वृद्धि होने से विभिन्न वस्तुओं तथा सेवाओं की माँग बढ़ेगी और इससे मुद्रा संकुचन को नियन्त्रित किया जा सकेगा।

(ii) **सार्वजनिक व्यय में वृद्धि** (Increase in Public Expenditure) : मुद्रा संकुचन की स्थिति से निपटने के लिए सरकार को विकास तथा गैर विकास पर व्यय करना चाहिए जिससे रोजगार और उत्पादन में वृद्धि होगी और इससे लोगों की क्रयशक्ति में वृद्धि होगी।

(iii) **आय एवं धन का पुनर्वितरण** (Redistribution of Income and Wealth) : सरकार को मुद्रा संकुचन से निपटने के लिए आय एवं धन का पुनर्वितरण करना होगा। यह वितरण निर्धन वर्ग के पक्ष में करना होगा। निर्धन वर्ग की उपभोग प्रवृत्ति ऊँची होती है और इसके लिए धनी वर्ग पर प्रगतिशील कर लगाकर प्रभावी माँग की मात्रा में अर्थव्यवस्था में वृद्धि की जा सकती है।

(iv) **सार्वजनिक ऋण की अदायगी** (Repayment of Public Debt): मुद्रा संकुचन की स्थिति में सरकार को सार्वजनिक ऋण की अदायगी करनी चाहिए जिससे लोगों की क्रयशक्ति मूलधन तथा ब्याज के रूप में आय से बढ़ेगी। इससे प्रभावी माँग बढ़ेगी। वस्तुओं तथा सेवाओं की माँग बढ़ेगी।

(v) **अनुदान** (Subsidies) : सरकार को देश के विभिन्न भागों मे औद्योगिक इकाइयों की स्थापना के लिए उद्योगपतियों को अनुदान देकर प्रोत्साहित करना होगा। नई औद्योगिक इकाइयों में विभिन्न उत्पादन के साधनों की माँग बढ़ेगी, रोजगार बढ़ेगा तथा प्रभावी माँग में वृद्धि होगी।

(3) **अन्य उपाय** (Other Measures) : मुद्रा संकुचन को नियन्त्रित करने के लिए मौद्रिक और राजकोषीय उपायों के अलावा अन्य भौतिक नियन्त्रण उपायों को अपनाना होगा। ये उपाय निम्नांकित हैं :-

(i) **निर्यातों को प्रोत्साहन तथा आयातों में कटौती** (Promotion of Exports and Reduction in Imports) : मुद्रा संकुचन में सरकार को निर्यात प्रोत्साहन तथा आयात नियन्त्रण की नीति अपनानी

होगी। मुद्रा संकुचन का सम्बन्ध अति उत्पादन से होता है। निर्यात प्रोत्साहन से इस समस्या का समाधान आसानी से किया जा सकेगा। इसके साथ ही अनावश्यक आयातों पर रोक लगानी होगी।

(ii) **उत्पादन का नियमन तथा नियन्त्रण** (Regulation and Control of Production) : मूल्य स्तर में वृद्धि करने तथा मुद्रा संकुचन को नियन्त्रित करने के लिए विभिन्न उद्योगों के उत्पादन का नियमन तथा नियन्त्रण करना होगा। अति उत्पादन की समस्या उत्पन्न न हो इसके लिए वर्तमान माँग के अनुरूप उत्पादन का समायोजन करना होगा।

14

बैंकों द्वारा निर्माण की प्रक्रिया
(Process of Credit Creation by Banks)

साख का अर्थ एवं परिभाषा
(Meaning and Definition of Credit)

साख लेटिन भाषा के शब्द क्रेडो (Credo) से बना है। साख का अर्थ है विश्वास। साख आधुनिक आर्थिक प्रणाली का आधार है और यह व्यापार का जीवन रक्त है। पूँजीवादी अर्थव्यवस्था में साख ने महत्वपूर्ण भूमिका प्रदान की है। प्रो. हाट्रे तथा प्रो. विलिस ने आधुनिक अर्थव्यवस्था का आधार साख को माना है। इन्होंने साख को मुद्रा का स्थानापन्न माना है। व्यवसाय तथा औद्योगिक गतिविधियों का आधार आधुनिक अर्थव्यवस्था में साख ही है।

साख के तीन अर्थ (Three Meanings of Credit)

(1) **व्यवसाय का दृष्टिकोण** (Business Point of View) : इस दृष्टिकोण से साख का अर्थ किसी व्यक्ति के स्तर से लिया जाता है।

(2) **लेखांकन दृष्टिकोण** (Accounting Point of View) : इस दृष्टिकोण के अनुसार जमाओं की साख पक्ष की ओर होता है।

(3) **आर्थिक दृष्टिकोण** (Economic Point of View) : इस दृष्टिकोण से साख का अर्थ भविष्य में किसी वस्तु अथवा सेवा के लिए भुगतान करना है।

अर्थशास्त्र में साख का अर्थ उधार लेन-देन से होता है। इस प्रकार के सौदे

पक्षकारों के विश्वास पर निर्भर करते हैं। साख की विभिन्न विद्वानों ने अनेक परिभाषायें दी हैं। इस परिभाषाओं में निम्नांकित महत्वपूर्ण हैं :-

(1) **विश्वास पर आधारित स्थगित भुगतान** (Deferred Payment) : **प्रो. जीड़ तथा प्रो. थॉमस** के अनुसार साख विश्वास पर आधारित स्थगित भुगतान है। प्रो. जीड़ के अनुसार, "भुगतान के पश्चात् एक अवधि के पश्चात् दिये जाने वाला विनिमय ही साख है।"

प्रो. थामस के अनुसार " साख एक व्यक्ति की प्राथमिकता तथा दिवालियापन के विचार पर आधारित है जिसके अन्तर्गत दूसरे से सम्बन्धित मूल्य का भुगतान होता है जो मुद्रा वस्तु, सेवा तथा साख हो सकते हैं और अच्छे नाम तथा साख के रूप में उपयोग किया जाता है।

(2) **उधार लेने की क्षमता** (Capacity to Borrow) : साख का अर्थ किसी व्यक्ति अथवा संस्था की उधार लेने की क्षमता से है। प्रो. किनले के अनुसार "साख का अर्थ वह शक्ति है जिससे एक व्यक्ति अभिप्रेरित होता है और आर्थिक वस्तुयें एक समय के लिए भावी भुगतान पर देने को तैयार होता है। इस प्रकार साख एक गुण अथवा उधार की शक्ति है।"

(3) **बैंकों द्वारा सृजित क्रय शक्ति** (Purchasing Power Created by Banks) : प्रो. जी.डी.एच. कौल के अनुसार, साख की परिभाषा बैंकों द्वारा सृजित साख पर आधारित है। इसके अनुसार "साख आय से व्युत्पन्न क्रयशक्ति नहीं है बल्कि यह वित्तीय संस्थाओं से सृजित है जो कि जमाकर्ताओं की जमाओं पर निर्भर है और इससे क्रय शक्ति की कुल मात्रा में विशुद्ध वृद्धि होती है।"

(4) **भुगतान प्राप्त करने का अधिकार** (Right to Get Payment) : प्रो. आर. पी केण्ट की साख की परिभाषा भुगतान प्राप्त करने के अधिकार पर आधारित है। इसके अनुसार "साख की परिभाषा भुगतान प्राप्त करने के अधिकार अथवा माँगने पर देय के दायित्व के रूप में की जाती है, जो तत्काल वस्तुओं के हस्तान्तरण करने पर भविष्य में देय होती है।"

निष्कर्ष (Conclusion) : साख की विभिन्न परिभाषाओं के आधार पर यह कहा जा सकता है कि साख एक विनिमय फलन है जिसके अन्तर्गत एक व्यक्ति अथवा संस्था वस्तुओं तथा सेवायें उधार देता है कि भविष्य में उधारकर्ता भुगतान कर देगा और इसमें ब्याज भी होगा। इस प्रकार साख का अर्थ विश्वास है।

साख के तत्व (Elements of Credit)

(1) **विश्वास** (Trust) : साख पारस्परिक विश्वास पर निर्भर करता है। साख के लिए विश्वास आवश्यक होता है यदि साख देने वाला ऋणी अथवा उधारकर्ता पर विश्वास नहीं है तो वह किसी भी लागत पर साख की पूर्ति नहीं करेगा, प्रोफेसर एल.वी. चाण्डलर के अनुसार, "किसी भी व्यक्ति, व्यावसायिक फर्म अथवा सरकारी संस्था की साख उसकी उधार लेने की क्षमता पर निर्भर करती है जिसमें साख पूर्तिकर्ता यह देखता है कि उधारकर्ता सक्षम है तथा ऋण को चुकाने के लिए तत्पर होता है।

(2) **चरित्र** (Character) : यदि एक व्यक्ति अथवा संस्था का चरित्र है तो उसे आसानी के साख उपलब्ध हो जावेगी। चरित्र में ईमानदारी, सामान्य इज्जत, वादा निभाने तथा समय पर ऋण चुकाना आदि तत्व सम्मिलित हैं।

(3) **क्षमता** (Capacity) : साख ऋणी की भुगतान करने की क्षमता से प्रभावित होता है। यदि ऋण चुकाने की क्षमता में पूर्ण विश्वास है तो साख पूर्तिकर्ता ऋण एवं अग्रिम देने को तत्पर होते हैं।

(4) **पूँजी एवं परिसम्पत्तियाँ** (Capital and Assets) : अल्प साख के लिए चरित्र तथा क्षमता आवश्यक तत्व है लेकिन बड़ी मात्रा में साख के लिए जमानत की आवश्यकता होती है जो पूँजी तथा परिसम्पत्तियों के रूप में महत्वपूर्ण भूमिका का निर्वहन करती है। किसी भी व्यक्ति तथा संस्था की साख और इनकी पूँजी एवं परिसम्पत्तियों में सीधा सम्बन्ध पाया जाता है।

(5) **प्रतिभूतियों की तरलता** (Liquidity of Securities) : साख के लिए सभी प्रतिभूतियाँ एकसी नहीं होती हैं। प्रतिभूतियों का एक महत्वपूर्ण गुण इनकी तरलता होता है। प्रतिभूतियाँ जितनी अधिक तरल होंगी व्यक्ति अथवा ऋण की उधार लेने की साख उतनी ही अधिक होगी।

(6) **साख की अवधि** (Period of Credit) : साख एक व्यक्ति अथवा संस्था की सांख की अवधि से भी प्रभावित होती है। अल्पकालीन साख के लिए उधारकर्ता की साख अधिक होती है जबकि दीर्घकालीन अवधि की साख कम होती है। साखकर्ता को दीर्घकालीन साख प्रदान करते समय कई बातों को ध्यान में रखना पड़ता है जबकि अल्पकालीन साख में ज्यादा देरी नहीं लगती है।

(7) **साख का आकार** (Size of Credit) : साख, साख के आधार अथवा

साख की मात्रा पर निर्भर करती है। यदि ऋण की राशि छोटी है तो यह आसानी से स्वीकृत की जा सकती है जबकि साख की बड़ी राशि में जोखिम होती है और ऋण एवं अग्रिम देने में सावधानी रखनी पड़ती है।

इस प्रकार साख के तीन प्रमुख आधार होते हैं। वे निम्नांकित हैं :-

(1) साख की मात्रा (Amount of Credit)
(2) साख की अवधि (Period of Credit)
(3) आपसी सद्विश्वास (Mutual Trust)

साख का वर्गीकरण (Classification of Credit)

साख के वर्गीकरण के कई आधार हैं। निम्न चार्ट से साख के वर्गीकरण को देखा जा सकता है :-

चार्ट 1
साख का वर्गीकरण

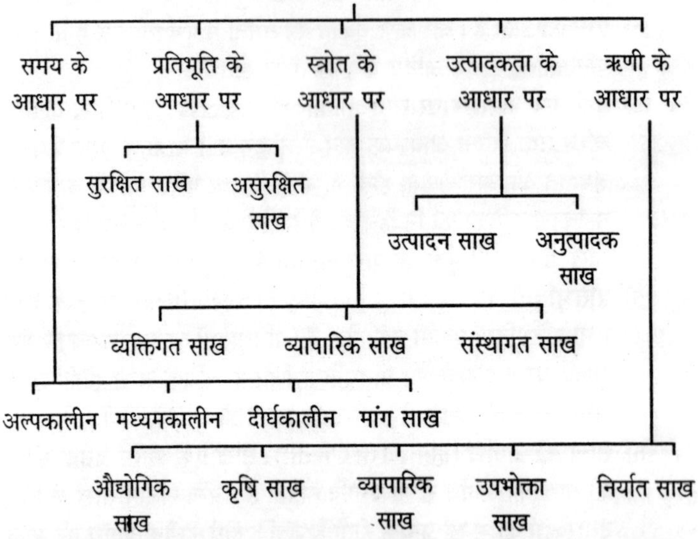

उपर्युक्त चार्ट के आधार पर दिये गये वर्गीकरण का विवरण इस प्रकार है -

(1) अवधि के आधार पर (On the Basis of Period)

साख की अवधि के आधार पर साख का वर्गीकरण निम्न आधारों पर किया जा सकता है :-

(i) अल्पकालीन साख (Short term Credit)

(ii) मध्यमकालीन साख (Medium term Credit)

(iii) दीर्घकालीन साख (Long term Credit)

(iv) माँग साख (Demand Credit)।

(2) प्रतिभूति के आधार पर साख (On the Basis of Security)

प्रतिभूति के आधार पर दिये जाने वाले साख का वर्गीकरण निम्नांकित है :-

(i) सुरक्षित साख (Secured Credit)

(ii) असुरक्षित साख (Unsecured Credit)।

(3) स्त्रोत के आधार पर साख (On the Basis of Sources) :-

साख को स्त्रोत के आधार पर निम्नांकित तीन वर्गों मे विभाजित किया जा सकता है। वे निम्नांकित हैं :-

(i) व्यक्तिगत साख (Personal Credit)

(ii) व्यापारिक साख (Commercial Credit)

(iii) संस्थागत साख (Institutional Credit)।

(4) उत्पादकता के आधार पर साख (Credit on the Basis of Productivity):

उत्पादकता के आधार पर साख को दो वर्गों में विभाजित किया जा सकता है। वे निम्नांकित हैं :-

(i) उत्पादक साख (Productive Credit)

(ii) अनुत्पादक साख (Unproductive Credit)

(5) ऋणी के आधार पर साख (Credit on the Basis of Debtor):

ऋणी के आधार पर साख को निम्नांकित वर्गों में विभाजित किया जा सकता है :

(i) औद्योगिक साख (Industrial Credit)

(ii) कृषि साख (Agricultural Credit)

(iii) व्यापारिक साख (Commercial Credit)

(iv) उपभोक्ता साख (Consumer Credit)

(v) निर्यात साख (Export Credit)।

साख के वर्गीकरण के उपर्युक्त आधारों के अतिरिक्त सम्पूर्ण संदर्भ में साख के वर्गीकरण का अध्ययन निम्न बिन्दुओं के अन्तर्गत किया जा सकता है :

(1) **निजी एवं सार्वजनिक साख** (Private and Public Credit) : जब एक व्यक्ति, कम्पनी अथवा संस्था द्वारा अपनी आवश्यकताओं की पूर्ति के लिए साख लिया जाता है तो इसे व्यक्तिगत अथवा निजी साख कहा जाता है। इसके विपरीत जब सरकार जनता से उधार लेती है तो इसे सार्वजनिक साख कहते हैं जिसका उपयोग केन्द्र तथा राज्य सरकारें सार्वजनिक व्यय कार्यक्रमों में करती हैं।

(2) **उपभोक्ता साख तथा उत्पादक साख** (Consumer Credit and Production Credit) : जब उपभोक्ता अपनी आवश्यकताओं की पूर्ति के लिए साख लेता है तो यह उपभोक्ता साख कहलाता है। उपभोग के उद्देश्य के लिए लिया लिया गया साख उपभोक्ता साख कहलाता है। उपभोग के उद्देश्य के लिए गया साख उपभोक्ता साख अथवा अनुत्पादक साख कहलाता है। इसके विपरीत जब व्यवसायी, व्यापारी तथा उद्योगपति उत्पादक कार्यों के लिए साख लेते हैं तो यह उत्पादक साख कहलाता है। इस प्रकार के साख की अदायगी उत्पादकता की प्रकृति के कारण आसान होती है।

(3) **व्यापारिक साख** (Commercial Credit) : व्यवसायी अपनी अल्पकालीन आवश्यकताओं की पूर्ति के लिए उधार लेते हैं जैसे कच्चे माल का क्रय, मजदूरी का भुगतान, कर एवं विज्ञापन व्यय आदि। इसे व्यापारिक साख कहते हैं। वस्तुओं के निर्माण क लिए भी साख की आवश्यकता पड़ती है क्योंकि वस्तुओं की बिक्रीके पश्चात् ही आय प्राप्त होती है। सामान्यतया इस प्रकार के साख की अवधि अल्पकालीन अर्थात एक वर्ष होती है।

(4) **विनियोग साख** (Investment Credit) : इस प्रकार के साख को औद्योगिक साख भी कहा जाता है जिससे उद्योग तथा व्यापार के पूँजीगत व्ययों की पूर्ति होती है। इस प्रकार के साख की प्रकृति दीर्घकालीन होती है। इस साख का उपयोग भूमि का क्रय, भवन निर्माण, मशीन तथा औजारों का क्रय करने आदि के लिए भवन निर्माण, मशीन तथा औजारों का क्रय करने आदि के लिए किया जाता है। संचयी कोष का सृजन कर इस प्रकार के खर्चों की पूर्ति की जाती है।

(5) **बैंक साख** (Bank Credit) : इस श्रेणी के साख के अन्तर्गत बैंकों द्वारा निर्गमित सभी साख पत्रों को शामिल किया जाता है जैसे - बॉण्ड्स, ऋण पत्र, साख पत्र समय जमा, माँग जमा तथा बैंकों की स्वीकृतियाँ आदि। केन्द्रीय बैंक द्वारा निर्गमित नोट तथा माँग दायित्व भी इनके अन्तर्गत आते हैं।

साख का महत्व (Importance of Credit)

साख आधुनिक युग का आधार है। हमारी आर्थिक प्रणाली साख पर आधारित है। प्रो. जे. एस. मिल ने साख के महत्व को स्वीकार किया है। प्रो. मिल के अनुसार, "यदि साख मुद्रा का विकास नहीं किया जाता है तो पूँजी ऐसे व्यक्तियों के पास बेकार पड़ी रहेगी जो इसका विनियोग नहीं कर सकते हैं और पूँजी अनुत्पादक रूप में पड़ी रहेगी। पूँजी ब्याज पर ही जाती है और उद्यमी पूंजी का उत्पादक उपयोग करते हैं।" प्रो. डेनियल वेबस्टर ने भी पूँजी के महत्व को स्वीकार किया है। प्रो. वेबस्टर के शब्दों में, "विश्व को धनवान और सम्पन्न बनाने में साख ने विश्व की खानों का हजार गुने से भी अधिक कार्य किया है। साख के कारण व्यवसाय ओर उद्योग विकसित हुए हैं और इससे उत्पादक एवं रोजगार में वृद्धि हुई है। साख ने व्यक्तियों एवं संस्थाओं को अवसर प्रदान किये हैं तथा सहायता प्रदान की है।" साख के महत्व का विश्लेषण इसके गुणों एवं अवगुणों के आधार पर किया जा सकता है।

साख के लाभ (Advantages of Credit)

साख के गुणों तथा लाभों का अध्ययन निम्न बिन्दुओं के अन्तर्गत किया जा सकता है :-

(1) **बचतों को प्रोत्साहन** (To Encourage Savings) : पूँजी के उपयोग से आधुनिक बैंकों का तेजी से विकास हुआ है क्योंकि साख मुद्रा आधुनिक आर्थिक प्रणाली का आधार है। ब्याज एक अभिप्रेरणा है जिससे बचत-कर्ताओं को अपनी बचतें बैंकों के विभिन्न खातों में जमा करानी पड़ती हैं। इन बचतों का बैंकों द्वारा आर्थिक उपयोग किया जाता है और बचतकर्ताओं को प्रेरित किया जा सकता है।

(2) **आसानी से भुगतान** (Easy Payment) : साख के उपयोग से विभिन्न सौदों का भुगतान विभिन्न साख उपकरणों से किया जाता है। साख के उपयोग से ऋणदाता तथा ऋणी अर्थव्यवस्था में आसानी से तथा सस्ते सौदे सम्पन्न कर सकते हैं।

(3) **उपयोग में वृद्धि** (Increase in Consumption) : सामान्य जनता के उपभोग में काफी परिवर्तन हुआ है। अधिकांश टिकाऊ एवं श्रेष्ठ वस्तुओं का क्रय साख के माध्यम से किया जाता है क्योंकि किश्तों से इन वस्तुओं का क्रय करना आसान होता है। इनके मूल्यों को आसानी से एक निश्चित समय में चुकाया जा सकता है।

(4) **पूँजी की उत्पादकता में वृद्धि** (Increase in the Productivity of Capital) : साख से पूँजी की गतिशीला बढ़ती है। पूँजी को कम उत्पादक एवं कम लाभकारी उपयोगों से अधिक उत्पादक एवं अधिक लाभकारी उपयोगों में प्रवाहित किया जाता है। इस प्रकार साख ने पूँजी की उत्पादकता में वृद्धि की है।

(5) **मँहगी धातुओं में बचत** (Economy in Precious Metals) : साख उपकरणों के उपयोग से धातुओं के बने सिक्कों का उपयोग बन्द हो गया है। इससे सिक्कों की घिसावट की बचत हुई है तथा चैक, विनिमय बिल तथा प्रतिज्ञापत्र आदि के उपयोग से महंगी धातु की बचत।

(6) **व्यापारिक उन्नति** (Commercial Progress) : साख के विकास से घरेलू व्यापार में वृद्धि हुई है तथा विश्व व्यापार में भी वृद्धि हुई है। व्यापारिक बैंकों के माध्यम से विभिन्न साख उपकरणों के उपयोग से विभिन्न देशों के व्यावसायिक सम्बन्ध बढ़े हैं। इससे विश्व में व्यापारिक उन्नति को प्रोत्साहन मिला है।

(7) **मूल्यों में स्थायित्व** (Stability in Prices) : मुद्रा प्रसार तथा मुद्रा संकुचन अन्यायपूर्ण एवं अनुपयुक्त हैं तथा इससे मूल्यों में उच्चावचन होते हैं। केन्द्रीय बैंक साख नियन्त्रण की मात्रात्मक एवं गुणात्मक विधियों के माध्यम से मुद्रा प्रसार एवं मुद्रा संकुचन को नियन्त्रित करता है। इससे मूल्यों में स्थिरता आ सकी है।

(8) **उत्पादन के साधनों का अधिकतम उपयोग** (Maximum Utilisation of Factors of Production) : साख के विस्तार से उत्पादन के साधन क्रियाशील हुए हैं। विभिन्न आर्थिक क्रियाओं में उत्पादन के साधन नियोजित किये जाते हैं और इससे इन साधनों का अधिकतम उपयोग संभव हुआ है।

(9) **तीव्र आर्थिक विकास** (Rapid Economic Development) : प्रत्येक देश की सरकार अपने देशवासियों के जीवन स्तर को उन्नत करने के लिए आर्थिक नियोजन अपनाती है। सार्वजनिक व्यय सार्वजनिक आय से अधिक होता है और अन्तर को पाटने के लिए सरकार सार्वजनिक ऋण तथा हीनार्थ प्रबंधन अपनाती है। साख सार्वजनिक ऋण तथा हीनार्थ प्रबंधन का आधार है।

(10) **लोचदार मौद्रिक प्रणाली** (Flexible Monetary System) : व्यापारिक

बैंकों द्वारा साख सृजन किया जाता है। देश की बैंकिंग प्रणाली देश की व्यापारिक एवं औद्योगिक दशाओं की जानकारी रखती है। अर्थव्यवस्था में साख की आवश्यकता को ध्यान में रखते हुए व्यापारिक बैंक साख सृजन का कार्य करते हैं।

साख के दोष (Disadvantages of Credit)

साख आर्थिक प्रणाली का आधार है। फिर भी साख के निम्नांकित दोष हैं :-

(1) **सट्टेबाजी को प्रोत्साहन** (To Encourage Speculation) : साख के उपयोग से जुआखोरी तथा सट्टेबाजी जैसी सामाजिक बुराइयाँ पनपती हैं। साख के कारण वस्तुओं की कालाबाजारी से कृत्रिम अभाव सृजित किया जाता है तथा सट्टेकारी प्रवृत्तियों को बढ़ावा मिलता है। इससे अर्थव्यवस्था में स्फीतिकारी प्रवृत्तियाँ पनपती हैं और समाज के विभिन्न वर्ग प्रभावित होते हैं।

(2) **एकाधिकारी प्रवृत्तियाँ** (Monopoly Tendencies) : साख के उपयोग से बड़े व्यावसायिक घरानों तथा उद्योगपतियों ने अपने व्यवसाय का विस्तार किया है। जबकि छोटे उद्योगपति इन एकाधिकारी प्रवृत्तियों में पिछड़ जाते हैं। इससे अर्थव्यवस्था में एकाधिकारी प्रवृत्तियाँ पनपती हैं।

(3) **वितरण की विषमतायें** (Inequalities of Distribution) : धनी वर्ग को आसानी से साख सुविधायें प्राप्त की जाती है जबकि निर्धन वर्ग को इस सुविधा से वंचित कर दिया जाता है। इससे संसाधनों का असमान वितरण होता है।

(4) **फिजूजखर्ची को बढ़ावा** (Encourages Wasteful Expenditure) : जब साख आसानी से उपलब्ध होता है तो प्रत्येक व्यक्ति आसानी से अधिक खर्च करता है। इससे मूलधन एवं ब्याज चुकाने के भार में वृद्धि होती है। इस फिजूलखर्ची से सम्पूर्ण समाज ग्रस्त हो जाता है और अपव्यय बढ़ता है।

(5) **स्फीतिकारी दबाव** (Inflationary Pressure) : जब देश में साख का अधिक उपयोग किया जाता है तो एक बिन्दु के पश्चात् वस्तुओं और सेवाओं की मात्रा की तुलना में साख की मात्रा अधिक हो जाती है। इससे कीमतों में स्फीतिकारी दबाव बढ़ते हैं। निरन्तर कीमतों में वृद्धि से अर्थव्यवस्था पर प्रतिकूल प्रभाव पड़ता है।

उपर्युक्त विवरण से स्पष्ट है कि साख एक कारण न होकर परिमाण है। साख अर्थव्यवस्था में एक चिकनाई का कार्य करता है जिससे व्यावसायिक क्रियाओ का जीवनदान प्राप्त होता हैं।

बैंकों द्वारा साख सृजन (Credit Creation by Banks)

आधुनिक समय में साख सृजन का कार्य व्यापारिक बैंकों द्वारा किया जाता है। प्रो. हार्टले विदर्स, प्रो. जे. एम. कीन्स, प्रो. जी.एम. हॉम आदि यह मानते हैं कि बैंक साख के निर्माता हैं। प्रो. आर. एस. सेयर्स के अनुसार, ''बैंक केवल संरक्षक का कार्य ही नहीं करते हैं, बल्कि वे मुद्रा के निर्माता के रूप में महत्वपूर्ण भूमिका निभाते हैं।'' इसके विपरीत वाल्टर लीफ, एडविन कैनन आदि अर्थशास्त्री यह मानते हैं कि अर्थव्यवस्था में बैंक मुद्रा या साख का सृजन नहीं करते हैं। मुद्रा के व्यवसाय में अन्य संस्थायें लगी हुई हैं और वे मुद्रा का सृजन नहीं करती हैं। बैंकों में कुल जमाओं की मात्रा उनकी वैधानिक मुद्रा से अधिक होती है। इसका कारण यह है कि बैंक साख का सृजन करते हैं। बैंकों द्वारा साख का सृजन कैसे किया जाता है? साख सृजन की प्रक्रिया को इस प्रकार रामझाया जा सकता है :-

(1) **बैंक नोट के निर्गमन द्वारा साख सृजन** (Credit Creation by Issue of Bank Notes) : नोट निर्गमन के द्वारा भी बैंक साख सृजन का कार्य करते हैं। प्रारम्भिक काल में नोट निर्गमन का कार्य बैंकों द्वारा किया जाता था। इसलिए सभी बैंक नोट निर्गमन द्वारा साख सृजन का कार्य करते थे। लेकिन अब प्रत्येक देश में केन्द्रीय बैंक का गठन कर दिया गया है। यह देश का शीर्षक बैंक है जिसका नोट निर्गमन में एकाधिकार है। देश की आवश्यकता को ध्यान में रखकर केन्द्रीय बैंक नोट निर्गमन का विभिन्न विधियों के अन्तर्गत नोट निर्गमन का कार्य करते हैं। साख मुद्रा का आधार मुद्रा निर्गमन की धातु कोष पद्धति पर निर्भर करता है। इस प्रकार देश के केन्द्रीय बैंक द्वारा नोट निर्गमन के एकाधिकार के अन्तर्गत साख सृजन का कार्य किया जाता है।

(2) **नकद जमाओं एवं साख जमाओं द्वारा साख सृजन** (Credit Creation through Cash Deposits and Credit Deposits) : एक देश के व्यापारिक बैंक उनकी नकद जमाओं तथा साख जमाओं के आधार पर साख सृजन का कार्य करते हैं। बैंक ऋण देते हैं और जमाओं का सृजन

करते हैं। प्रो. हॉम के अनुसार बैंक जमाओं को दो भागों में विभाजित किया जा सकता है। वे निम्नांकित हैं :-

(i) **नकद जमायें अथवा प्राथमिक जमायें** (Cash Deposits or Primary Deposits) : बैंकों में जमाकर्त्ताओं के जमा रहते हैं। इस कुल जमाओं का एक भाग नकदी में रखकर शेष जमाओं का उपयोग ऋण एवं अग्रिमों के रूप में व्यापारिक बैंक करते हैं। व्यापारिक बैंक इन जमाओं के आधार पर साख सृजन का कार्य करते हैं।

(ii) साख जमायें अथवा व्युत्पन्न जमायें (Credit Deposits and Derived Deposits) : साख जमायें वे जमायें हैं जो ऋण खातों में जमा की जाती हैं जब बैंकों द्वारा जमाओं का उपयोग ऋण एवं अग्रिमों में किया जाता है। ऋण नकदी में नहीं दिये जाते हैं बल्कि ऋणी के खातों में राशि जमा कर दी जाती है। अपनी आवश्यकतानुसार ऋणी अपने खातें में से राशि निकालता रहता है। इस प्रकार ऋणी के खातें में जमा राशि को व्युत्पन्न जमायें (Derived Deposits) कहा जाता है क्योंकि इन जमाओं का आधार बैंक के पास नकद जमायें होती हैं।

साख जमाओं के आधार पर बैंक पुनः ऋण देने का कार्य करते हैं और अधिक साख सृजन का कार्य किया जाता है। इस प्रकार बैंकों के जमाओं से ऋणों का सृजन होता है और ऋणों द्वारा जमायें सृजित होती है और जमाओं से फिर ऋणों का जन्म होता है। बैंक अपनी जमाओं का एक भाग नकद रखते है तथा शेष जमाओं का उपयोग ऋण एवं अग्रिमों में किया जाता है। इस प्रकार नकद जमायें एवं साख जमायें बैंकों द्वारा साख सृजन के काम आती हैं और इस प्रकार साख सृजन की प्रक्रिया जारी रहती है।

(3) **विनिमय बिलों के बट्टा काटने द्वारा साख सृजन** (Credit Creation through Discounting of Bills of Exchange) : व्यापारिक बैंकों द्वारा प्रतिज्ञा पत्रों, विनिमय बिलों, हुण्डियों, प्रतिभूतियों आदि पर बट्टा काटा जाता है। बैंकों द्वारा इनका क्रय-विक्रय किया जाता है। व्यापारिक बैंकों के इस कार्य से साख सृजन का कार्य होता है। सामान्यतया विनिमय बिल एक व्यक्ति से दूसरे व्यक्ति तथा अनेक व्यक्तियों तक हस्तान्तरित होते हैं तथा अन्तिम सौदे नकदी के माध्यम से निपटाये जाते हैं। इस

प्रकार व्यापारिक बैंक विनिमय बिलों को स्वीकार करने तथा बट्टा काटने के माध्यम से साख सृजन का कार्य करते हैं।

व्युत्पन्न जमाओं द्वारा साख सृजन
(Credit Creation through Derived Deposits)

प्रोफेसर हॉम ने कहा है, ''साख जमायें साख सृजन करती हैं''। जितनी बार बैंकों द्वारा ऋण दिये जाते हैं उसके समान ही साख सृजन किया जाता है। प्रोफेसर आर.एस. सेयर्स के अनुसार ''बैंक न केवल मुद्रा के व्यवसायी होते है बल्कि वे मुद्रा का निर्माण भी करते हैं।'' साख निर्माण की प्रक्रिया की व्याख्या करते हुए प्रो. जे. एस. कीन्स ने कहा है, ''ऋण जमाओं के बच्चे हैं तथा जमायें ऋणों के बच्चे होते हैं।'' ("Loans are the Childern of Deposits and Deposits are the Childern of Loans") इन सभी कथनों से स्पष्ट है कि बैंकों द्वारा साख सृजन किया जाता है। जब काई व्यक्ति बैंक में खाता खोलकर रुपये जमा करता है तो यह प्रत्यक्ष जमा है। जब एक व्यक्ति बैंक से ऋण लेता है बैंक कुल जमाओं का एक भाग नकदी में रखकर शेष का उपयोग ऋण एवं अग्रिम के रूप में करते हैं। ऐसी जमायें व्युत्पन्न जमायें (Derived Deposits) कहलाती हैं। इन व्युत्पन्न जमाओं का एक भाग बैंकों द्वारा रखा जाता है तथा शेष भाग का उपयोग ऋण एवं अग्रिमों के रूप में किया जाता है और ऋण ऋणी के खातों में जमाकर दिया जाता है। यह प्रक्रिया जारी रहती है जब तक कि व्युत्पन्न जमायें शून्य नहीं हो जाती हैं, जितने अधिक ऋण एवं अग्रिम बैंकों द्वारा दिये जाते हैं उतना ही साख का सृजन होता रहता है। इस प्रकार ऋणों से जमाओं में वृद्धि होती है तथा जमाओं के आधार पर अधिक ऋण देना संभव होता है।

साख सृजन की प्रक्रिया को निम्नांकित उदाहरण से स्पष्ट किया जा सकता है:

उदाहरण (Example) :

उदाहरणार्थ राम ने एक बैंक में 10,000 रुपये जमा करा दिये हैं और बैंक इन जमाओं का 10 प्रतिशत नकदी के रूप में रखकर शेष का उपयोग ऋण एवं अग्रिम के रूप में करता है। बैंक 1,000 रुपये नकद्र रखता है तथा 9,000 रुपये श्याम को अग्रिम देता है और यह बाकी राशि उसके खाते में जमाकर दी जाती है। फिर इस राशि का 10 प्रतिशत नकदी में रखकर शेष 8,100 रुपये का उपयोग ऋण एवं अग्रिम के रूप में किया जाता है। फिर 10 प्रतिशत नकद रखकर 7,290 रुपये का उपयोग

बैंक ऋण एवं अग्रिम के रूप में करता है। इस प्रकार जमाओं एवं अग्रिमों की प्रक्रिया निरन्तर चलती है। यह प्रक्रिया इस मान्यता पर आधारित है कि व्यक्ति ऋण की राशि उसी बैंक में जमा कराता है तथा ऋण की राशि अन्य बैंक में जमा कराता है। प्रथम स्थिति में जमाओं और ऋण में वृद्धि होगी जबकि दूसरी स्थिति में जमा और ऋण विभिन्न बैंकों में बढ़ेंगे। इस साख निर्माण की प्रक्रिया को निम्नांकित सारणी से स्पष्ट किया जा सकता है :-

तालिका 1
साख सृजन की प्रक्रिया

ऋणी/जमाकर्ता	प्राथमिक जमायें	ऋण	नकदी जमायें	व्युत्पन्न जमायें
(रुपये)	(रुपये)	(रुपये)	(रुपये)	(रुपये)
राम	10,000	9,000	1,000	9,000
श्याम	9,000	8,100	900	8,100
मोहन	8,100	7,290	810	7,290
सोहन	7,290	6,561	729	6,561
चार ऋणों से	**34,390**	**30,951**	**3,439**	**30,951**

उपर्युक्त तालिका से स्पष्ट है कि बैंक की प्राथमिक जमायें 10,000 थी जबकि बैंक द्वारा तीन बार ऋण दिये और जमायें प्राप्त कीं जिससे कुल जमाओं में वृद्धि 34,390 रुपये हो गई। जमायें एवं अग्रिम में आनुपातिक वृद्धि हुई है। सभी बैंक जमायें आकर्षित करती हैं तथा ऋण एवं अग्रिम देती हैं जिससे साख सृजन होता है। इस प्रकृति को साख सृजन की बहुगुणी प्रक्रिया कहते हैं।

बैंकों की साख सृजन क्षमता (Credit Creation Capacity of Banks)

व्यापारिक बैंकों की साख सृजन क्षमता केन्द्रीय बैंक की साख नीति से प्रभावित होती है। केन्द्रीय बैंक अर्थव्यवस्था में साख की मात्रा में कमी अथवा वृद्धि करता है जिससे व्यापारिक बैंक अपने कुल जमाओं एक निश्चित प्रतिशत नकदी के रूप में रखते हैं और शेष जमाओं का उपयोग ऋण एवं अग्रिम देने के रूप में करते हैं। बैंकों द्वारा व्युत्पन्न जमाओं (Derived Deposits) का भी एक भाग नकदी में रखा जाता हैं। इस प्रकार व्यापारिक (CCR) बैंकों की साख सृजन की क्षमता देश के केन्द्रीय बैंक द्वारा निर्धारित नकद कोषानुपात तथा वैधानिक तरलतानुपात (SLR) से प्रभावित होती है। यदि देश का केन्द्रीय बैंक नकद कोषानुपात तथा वैधानिक तरलतानुपात में वृद्धि करता है तो व्यापारिक बैंकों की साख सृजन की क्षमता कम हो जाती है तथा इसके विपरीत साख सृजन की क्षमता बढ़ जाती है।

साख सृजन क्षमता नकद कोषानुपात (CRR) तथा वैधानिक तरलतानुपात (SRL) पर निर्भर करती है। इसकी व्याख्या निम्नलिखित गणितीय सूत्र की सहायता से की जा सकती है :

$$TD = \frac{O}{R}$$

इसमें TD कुल जमायें

O मूल जमा

R नकद कोषानुपात (CRR) तथा वैधानिक तरलतानुपात (SLR) है।

उदाहरणार्थ यदि प्रारम्भिक जमा (O) 10,000 रुपये, नकद कोषानुपात (CRR) तथा वैधानिक तरलतानुपात क्रमशः 15 और 10 प्रतिशत है तो साख सृजन की क्षमता निम्नलिखित होगी -

$$TD = \frac{O}{R}$$

$$\frac{10,000}{15\% + 10\%} = \frac{10,000}{25\%}$$

$$\frac{10,000}{25} \times 100 = 40,000 \text{ रु.}$$

इस प्रकार कुल जमायें 40,000 रुपये हैं जबकि प्रारम्भिक जमायें 10,000 रुपये थीं। इस प्रकार साख सृजन की क्षमता कुल जमाओं में प्रारम्भिक जमाओं के घटाने पर प्राप्त होगी।

∴ 40,000 - 10,000 = 30,000 रुपये।

इस प्रकार साख सृजन क्षमता 30,000 रुपये के बराबर है। लेकिन व्यवहार में व्यापारिक बैंकों की साख सृजन क्षमता और अन्य तत्वों से भी प्रभावित होती है। बैंकों द्वारा सभी जमाओं का उपयोग ऋणों में नहीं किया जाता है। कुल जमाओं का एक भाग बैंकों के पास बेकार पड़ा रहता है। अतः साख सृजन क्षमता की जानकारी प्राप्त करने के लिए हमें अन्य तत्वों को जानना आवश्यक है वे निम्नांकित हैं:-

(1) केन्द्रीय बैंक के पास व्यापारिक बैंकों द्वारा रखा जाने वाला नकद कोषानुपात (CRR)

(2) व्यापारिक बैंकों द्वारा अपने पास रखा जाने वाला वैधानिक तरलता अनुपात (SLR)

(3) बैंकों के पास बेकार पड़ी जमायें।

व्यापारिक बैंकों की साख सृजन क्षमता को निम्नांकित सूत्र की सहायता से ज्ञात किया जा सकता है :

$$TD = \frac{O}{R + L + U}$$

इस सूत्र के अनुसार

TD = कुल जमायें (Total Deposits)

O = प्रारम्भिक कुल जमायें (Initial Total Deposits)

R = नकद कोषानुपात (CRR)

L = वैधानिक तरलतानुपात (SLR)

U = बेकारी पड़ी जमायें (Unutilised Deposits)।

माना कि नकद कोषानुपात (CRR) 15 प्रतिशत, वैधानिक तरलतानुपात (SLR) 10 प्रतिशत है और बेकार पड़ी जमायें 15 प्रतिशत है तो साख सृजन की प्रक्रिया निम्न प्रकार से होगी -

$$TD = \frac{10,000}{25+10+15} = \frac{10,000}{40\%} = \frac{10,000}{40} \times 100 = 25,000 \text{ रु.}$$

साख सृजन = 25,000 - 15,000 रु.

इसके विपरीत यदि कोष घटाकर 25 प्रतिशत कर दिये जाते हैं तो साख सृजन की क्षमता बैंकों की निम्न प्रकार से होगी -

$$\text{कुल जमायें} = \frac{10,000}{25} \times 100 = 40,000 \text{ रु.}$$

कुल जमायें - प्रारम्भिक जमायें = साख सृजन।

40,000 - 10,000 = 30,000 रुपये बैंकों द्वारा साख सृजन होगी।

विश्लेषण की मान्यतायें (Assumptions of the Analysis)

साख सृजन विश्लेषण की गणना निम्नांकित मान्यताओं पर आधारित है :

(1) उधारकर्ता अपनी जमायें या तो एक ही बैंक में जमा करता है अथवा अन्य बैंक में।

(2) बैंकों द्वारा केन्द्रीय बैंक द्वारा निर्धारित सीमा से अधिक नकद जमायें नहीं रखी जाती हैं। शेष जमाओं का उपयोग बैंकों द्वारा ऋण एवं अग्रिम देने के रूप में किया जाता है।

(3) साख की माँग इतनी होती है कि बैंक समस्त नकद एवं व्युत्पन्न जमाओं का उपयोग करते हैं।

अवास्तविक एवं भ्रमित मान्यतायें
(Unrealistic and Confusion Oriented Assumptions)

साख सृजन के विश्लेषण की मान्यतायें अवास्तविक तथा भ्रमित करने वाली हैं। इसके निम्न कारण हैं :-

(1) सभी व्यक्तियों द्वारा बैंकों में खाते नहीं खोले जाते हैं। अतः नकद भुगतान की आवश्यकता पड़ती है।

(2) बैंक उधार देने की क्षमता का पूर्ण उपयोग नहीं करते हैं क्योंकि इससे उनकी जोखिम में वृद्धि होती है।

(3) उधारकर्ता की अपनी सीमायें होती हैं।

साख सृजन कौन करता है : बैंक, ऋणी अथवा जमाकर्ता ?
(Who Creates Credit : Bank, Debtor or Depositor ?)

बैंकिंग क्रियाओं के तीन पक्षकार होते हैं जैसे बैंक, ऋणी तथा जमाकर्ता, महत्वपूर्ण सवाल यह है कि साख सृजन किसके द्वारा किया जाता है? बैंक, ऋणी अथवा जमाकर्ता। यह एक महत्वपूर्ण प्रश्न है। विभिन्न विद्वानों ने इस प्रश्न के उत्तर विभिन्न प्रकार से दिये हैं। प्रो. कैनन तथा प्रो.लीप (Professor Cannan and Professor Leap) के अनुसार साख सृजन का कार्य जमाकर्ताओं द्वारा किया जाता है। यदि उनके द्वारा प्राथमिक जमायें नहीं की जाती हैं तो ऋणी नकदी में राशि प्राप्त करेगा तथा समस्त जमायें निकाल ली जायेंगी और व्यापारिक बैंक साख सृजन की प्रक्रिया को नहीं अपना सकती हैं।

इसके विपरीत प्रो. आर. एस. सेयर्स (Professor R.S. Sayers) ने इस बात पर जोर दिया है, " बैंक मुद्रा में ही व्यवसाय नहीं करते हैं बल्कि वे मुद्रा का निर्माण भी करते हैं।" प्रो. जे.एम. कीन्स के अनुसार, ऋण जमाओं के बच्चे होते हैं तथा जमायें ऋणों के बच्चे होते हैं। प्रो. हार्टले विदर्स के अनुसार, ऋण जमाओं के बच्चे होते हैं और उनका सृजन बैंकों पर निर्भर करता है। इस प्रकार प्रो. सैलिगमैन के

अनुसार, बैंक सर्वप्रथम जमाओं का व्यवसाय करते हैं और अब वे प्राथमिक रूप से साख जमाओं में व्यवसाय करते हैं। उपर्युक्त सभी कथनों से स्पष्ट है कि जमायें तथा ऋण साख सृजन प्रक्रिया के अभिन्न अंग हैं। लेकिन साख सृजन की प्रक्रिया को बैंक के अभाव में व्यवहार में लागू नहीं किया जा सकता है। प्रो. कैनस तथा प्रो. लीप के व्यक्त विचार तक्र पर आधारित नहीं हैं। बैंक ही साख का सृजन करते हैं। जमाकर्ता तथा ऋणी दो महत्वपूर्ण तत्व हैं जिन पर साख सृजन की प्रक्रिया निर्भर करती है।

साख सृजन की सीमायें (Limitations of Credit Creation)

बैंक कई गुना साख निर्माण करते हैं। बैंक साख सृजन की अनेक सीमायें होती हैं। बैंक असीमित मात्रा तक साख सृजन नहीं कर सकते हैं। प्रोफेसर बेनहम के अनुसार साख सृजन नहीं कर सकते हैं। प्रोफेसर बेनहम के अनुसार साख सृजन की बैंक की तीन प्रमुख सीमायें होती हैं, वे निम्नांकित हैं :-

(1) देश में मुद्रा की मात्रा का प्रवाह (Quantity of Money in Circulation)

(2) जनता की बैंकिंग आदतें (Banking Habits of the Public)

(3) नकद कोषों का प्रतिशत (Percentage of Cash Reserves)

व्यवहार में बैंकों की साख सृजन की सीमायें अनेक तत्वों पर निर्भर करती है। बैंकों की साख सृजन करने की क्षमता निम्नांलिखित तत्वों से प्रभावित होती है :-

(1) **वैधानिक मुद्रा की मात्रा** (Quantity of Legal Tender Money) : व्यापारिक बैंकों की साख सृजन को प्रभावित करने वाला प्रमुख तत्व वैधानिक मुद्रा की अर्थव्यवस्था में मात्रा है। अन्य बातें समान रहते हुए यदि वैधानिक मुद्रा की मात्रा अर्थव्यवस्था में अधिक है तो बैंकों की साख सृजन की क्षमता भी अधिक होगी। इसके विपरीत स्थिति में साख सृजन की क्षमता कम होगी। नकद कोषों की मात्रा भी वैधानिक मुद्रा की मात्रा पर निर्भर करती है। इस प्रकार मुद्रा की मात्रा अर्थव्यवस्था में कम होगी तो साख सृजन पर प्रतिकूल प्रभाव पड़ेगा।

(2) **जनता की बैंकिंग आदतें** (Banking Habits of the Public) : व्यापारिक बैंकों की साख सृजन की क्षमता लोगों की बैंकिंग आदतों से भी प्रभावित होती है। जनता की बैंकिंग आदतें अधिक होगी तो साख सृजन भी अधिक होगा तथा इसके विपरीत बैंकिंग आदतें जनता की नहीं होने पर साख सृजन भी कम होगा। जब लोग विभिन्न सौदे बैंकों के माध्यम से करते

हैं तो साख सृजन अधिक होगा और इसके विपरीत सौदों में मुद्रा का उपयोग करने पर साख सृजन कम किया जायेगा। विकासशील देशों में लोगों की बैंकिंग आदतें नहीं होती है और वे मुद्रा का बड़ा भाग तरल रूप में रखते हैं जिससे बैंकों की साख सृजन की क्षमता पर प्रतिकूल प्रभाव पड़ता है।

(3) **बैंकिंग सुविधायें तथा विकास** (Banking Facilities and Development) : साख सृजन की क्षमता बैंकिंग सुविधाओं तथा विकास से भी प्रभावित होती है। साख सृजन क्षमता बैंकिंग सुविधाओं और विकास के कारण बढ़ती है। इसके विपरीत बैंकिंग और वित्तीय संस्थायें विकसित नहीं होने पर बैंकों की साख सृजन की क्षमता पर प्रतिकूल प्रभाव पड़ता है।

(4) **नकद कोषों में कुल दायित्वों का प्रतिशत** (Percentage of Total Liability in Cash Reserves) : बैंक अपनी कुल जमाओं का एक भाग नकदी में रखते हैं जिससे कि जमाकर्ताओं के माँगने पर भुगतान किया जा सके। बैंकों के पास जितना अधिक नकद जमा होगा उपलब्ध जमाओं का भाग ऋण एवं अग्रिम देने के लिए कम होगा और साख सृजन की क्षमता पर प्रतिकूल प्रभाव पड़ेगा। इसके विपरीत कुल जमाओं का कम प्रतिशत में बैंकों द्वारा नकदी रखने पर उनके साख सृजन की क्षमता बढ़ेगी क्योंकि ऋण एवं अग्रिम अधिक दिये जा सकेंगे।

(5) **जनता की तरलता पसंदगी** (Liquidity Preference of the Public): जनता भी अपनी आय का एक भाग तरल रूप में रखती है यदि जनता की तरलता पसंदगी अधिक होती है तो लोग बैंकों में कम धन जमा करायेंगें और बैंकों की साख सृजन की क्षमता पर प्रतिकुल प्रभाव पड़ेगा। इसके विपरीत जनता तरलता पसंद कम है तो वे अपना धन बैंकों में अधिक जमा करायेगें जिससे साख सृजन अधिक होगा। इस प्रकार व्यापारिक बैंकों की साख सृजन की क्षमता लोगों की तरलता पसंदगी पर भी निर्भर करती हैं।

(6) **व्यापारिक एवं औद्योगिक विकास** (Commercial and Industrial Development) : जिस देश का व्यापारिक एवं औद्योगिक विकास हो गया है वहाँ साख की माँग बढ़ती है और साख सृजन की क्षमता में वृद्धि

होती है। पिछड़े व्यापारिक एवं औद्योगिक विकास में साख की माँग नहीं होती है तथा व्यापारिक बैंकों की साख सृजन की क्षमता में वृद्धि नहीं होती है।

(7) **केन्द्रीय बैंक के पास नकद कोषों का प्रतिशत** (Percentage of Cash Reserve with the Central Bank) : प्रत्येक व्यापारिक बैंक को अपनी कुल जमाओं का एक भाग नकदी के रूप में केन्द्रीय बैंक के पास रखना पड़ता है। यह प्रतिशत केन्द्रीय बैंक द्वारा निर्धारित किया जाता है। जितना प्रतिशत नकद कोषानुपात केन्द्रीय बैंक के पास अधिक रखा जावेगा व्यापारिक बैंकों की साख सृजन की क्षमता उतनी कम हो जावेगी इसके विपरीत नकद कोषानुपात का प्रतिशत उतनी ही कम हो जावेगा। इसके विपरीत नकद कोषानुपात का प्रतिशत कम होने पर व्यापारिक व्यापारिक बैंकों के पास जमायें अधिक होंगी तथा साख सृजन की क्षमता भी अधिक होगी।

(8) **व्यावसायिक दशायें** (Business Conditions) : यदि व्यावसायिक दशायें अच्छी एवं अनुकूल हैं तो व्यापार एवं उद्योग में निवेश करने के लिए लोग तत्पर होंगे। इससे साख की माँग बढ़ेगी व साख का प्रसार होगा। ऐसा सम्पन्नता (Prosperity) की दशा में होता है। इसके विपरीत जब मंदी होती है तो व्यावसायिक दशायें यथावत् रहती हैं और निवेशकर्ता निराशावादी होते हैं जिससे नये निवेश प्रोत्साहित नहीं होते हैं और इसके परिणामस्वरूप व्यापारिक बैंकों की साख सृजन की दशायें अनुकूल नहीं होंगी।

(9) **केन्द्रीय बैंक की मौद्रिक नीति** (Monetary Policy of the Central Bank) : मौद्रिक नीति केन्द्रीय बैंक द्वारा तैयार की जाती है क्योंकि यह देश की सर्वोच्य बैंकिंग संस्था है जिससे नियमन, नियन्त्रण तथा निर्देशन के माध्यम से आधुनिक बैंकिंग एवं वित्तीय संस्थायें प्रभावित होती हैं। केन्द्रीय बैंक के दिशा निर्देशन के माध्यम से साख का विस्तार तथा साख का संकुचन संभव होता है। यदि केन्द्रीय बैंक सस्ती मुद्रा नीति (Cheap Money Policy) अपनाता है तो साख का विस्तार होता है तथा महंगी मुद्रा नीति (Dear Money Policy) अपनाने पर साख का संकुचन होता है। इन दोनों के अन्तर्गत साख का विस्तार एवं साख का संकुचन संभव होता है। व्यापारिक बैंक का साख सृजन विस्तार में बढ़ता है जबकि यह साख संकुचन के समय घटता है।

(10) **मौद्रिक प्रणाली** (Monetary System) : यदि देश की मौद्रिक प्रणाली का सफलतापूर्वक एवं प्रभावी संचालन किया जाता है तो व्यापारिक बैंकों की साख सृजन शक्ति से साख का विस्तार होता है। इसके विपरीत प्रभावी एवं सफल मौद्रिक प्रणाली के निर्देशन के अभाव में व्यापारिक बैंकों द्वारा सृजन से साख में बढ़ोतरी नहीं हो पाती है।

(11) **राजनीतिक दशायें** (Political Conditions) : यदि राजनीतिक स्थायित्व है, कानून व्यवस्था ठीक है, जानमाल सुरक्षित हैं तो जायदाद एवं आर्थिक क्रियाओं में वृद्धि होने से साख की माँग बढ़ेगी और व्यापारिक बैंकों द्वारा साख का सृजन किया जावेगा। इसके विपरीत राजनीतिक अस्थिरता, कानून व्यवस्था की बिगड़ी अवस्था, जानमाल की असुरक्षा होने पर जायदाद एवं आर्थिक क्रियाओं में बढ़ोतरी नहीं होगी। साख की माँग पर प्रतिकूल प्रभाव पड़ेगा और व्यापारिक बैंकों द्वारा साख सृजन कम होगा।

(12) **सट्टेकारी एवं मनोवैज्ञानिक तत्व** (Speculative and Psychological Factors) : आशावादी है और सट्टेकारी प्रवृत्तियाँ बढ़ती हैं तो साख की माँग बढ़ेगी और बैंकों की साख सृजन की क्षमता बढ़ेगी। इसके विपरीत निराशावादी मनोदशा में सट्टेकारी क्रियाओं में बढ़ोतरी नहीं होती है। साख की माँग नहीं बढ़ती है तथा व्यापारिक बैंकों की साख निर्माण की क्षमता घटती है।

(13) **प्रतिभूतियों की श्रेष्ठता** (Superiority of Securities) : जब व्यक्ति अथवा संस्था द्वारा श्रेष्ठ प्रतिभूतियों के आधार पर ऋण लिया जाता है तो आसानी से बैंक उधार देने के लिए तत्पर होते हैं और इसकी साख सृजन की क्षमता में वृद्धि होगी। इसके विपरीत श्रेष्ठ प्रतिभूतियों के अभाव में व्यक्तियों तथा संस्थाओं को आसानी से ऋण एवं अग्रिम प्राप्त नहीं होगा। साख की माँग घटेगी और साख निर्माण व्यापारिक बैंकों द्वारा कम किया जावेगा।

प्रोफेसर सेयर्स (R.S. Sayers) ने सही कहा है, "किसी भी व्यक्ति को बैंक तत्परता से नव निर्मित मुद्रा प्रदान नहीं करते हैं लेंकिन व्यक्तियों एवं संस्थाओं को उसी स्थिति में उधार दिया जावेगा अब वे बैंकों को आकर्षक परिसम्पत्तियाँ प्रदान करते हैं।"

(14) **अन्तर्राष्ट्रीय ऋण की मात्रा** (Quantity of International Debt) :

जब कोई देश उद्योग और व्यापार के विकास के लिए विदेशी ऋण लेता है तो उसके अन्तर्राष्ट्रीय ऋण भार में वृद्धि होती है। इससे व्यापारिक बैंकों की साख सृजन शक्ति बढ़ती है। इसके विपरीत अन्तर्राष्ट्रीय ऋण की मात्रा कम होने पर साख की माँग कम होगी तथा बैंकों की साख निर्माण की शक्ति घट जाती है।

(15) **व्यावसायिक लाभ** (Business Profit) : जब व्यावसायियों एवं उद्योगपतियों के लाभ अधिक होंगे तो साख की माँग अधिक होगी, ऊँची ब्याज दर होगी तथा व्यापारिक बैंकों की साख सृजन क्षमता बढ़ेगी। इसके विपरीत लाभ की दर व्यापारियों, व्यावसायियों एवं उद्योगपतियों के लिए कम होगी तो साख की माँग कम होगी और व्यापारिक बैंकों की साख सृजन की क्षमता पर प्रतिकूल प्रभाव पड़ेगा।

15

राजकोषीय नीति

(Fiscal Policy)

राजकोषीय नीति एक महत्वपूर्ण उपकरण है जिसके माध्यम से देश की अर्थव्यवस्था में सरकारी हस्तक्षेप किया जाता है। यह आर्थिक नीति का वह भाग है जिसके अन्तर्गत सरकारी आय, सरकारी व्यय, सरकारी ऋण, वित्तीय प्रशासन तथा नियन्त्रणों का अध्ययन किया जाता है। विकसित एवं विकासशील अर्थव्यवस्थाओं में राजकोषीय नीति निर्णयन में महत्वपूर्ण भूमिका का निर्वहन करती है। तथा आधुनिक राजस्व का एक अभिन्न अंग है।

राजकोषीय नीति का अर्थ और परिभाषा (Meaning and Definition of Fiscal Policy)

राजकोषीय नीति आर्थिक नीति का वह भाग है जिसके अन्तर्गत देश के राजस्व प्रबंधन का अध्ययन किया जाता है। वांछित उद्देश्यों की पूर्ति हेतु सरकार अर्थव्यवस्था को निर्देशित एवं नियन्त्रित करती है। राजकोषीय नीति की कुछ परिभाषायें निम्नांकित हैं :-

(1) **आर्थर स्मिथिज** (Arthur Smithies) : के शब्दों में, "एक नीति जिसके अन्र्तगत सरकार राष्ट्रीय आय, उत्पादन तथा रोजगार पर पड़ने वाले वांछित प्रभावों तथा अवांछित प्रभावों से बचाने के लिए अपने व्यय तथा आगम कार्यक्रमों का उपयोग करती है।"

(2) **प्रो. जी.के. शॉ** (Professor G.K. Shaw) के अनुसार, "हम राजकोषीय नीति में कोई भी निर्णय को शामिल करते हैं जिससे सरकारी व्यय का

> मिश्रण अथवा समय का स्तर बदला जा सके, अपनाकर भुगतान के भार, संरचना अथवा संचयी (Frequency) को बदला जा सके।"

उपर्युक्त परिभाषाओं के आधार पर यह कहा जा सकता है कि राजकोषीय नीति आर्थिक नीति का वह भाग है जिसके अन्तर्गत करारोपण सार्वजनिक व्यय, सार्वजनिक ऋण, सार्वजनिक ऋण प्रबंधन, वित्तीय प्रशासन तथा नियंत्रण का अध्ययन किया जाता है।

राजकोषीय नीति का उद्‌गम (Evolution of Fiscal Policy)

राजकोषीय नीति का विकास हुआ है और यह अनेक अवस्थाओं से गुजरने से विकसित हुई है। राजकोषीय नीति के उद्‌गम पर अनेक दृष्टिकोण हैं जो निम्नांकित हैं :-

(1) प्रतिष्ठित दृष्टिकोण (Classical View) : प्रतिष्ठित अर्थशास्त्रियों के अनुसार राजकोषीय नीति का क्षेत्र सीमित है। सरकार को छोटा बजट तैयार करना चाहिए तथा यह बजट सन्तुलित होना चाहिए। सरकार की भूमिका आन्तरिक कानून व्यवस्था बनाये रखना तथा तथा देश की बाह्य आक्रमण से रक्षा करना मात्र है। प्रोफेसर जे.बी. से (J.B. Say) के अनुसार, "पूर्ति स्वयं अपनी माँग उत्पन्न करती है (Supply Creates its Own Demand)" इस मान्यता के आधार पर सरकार की भूमिका सीमित है, क्योंकि अर्थव्यवस्था में अति उत्पादन (Over Production) अथवा कम उत्पादन (Under Production) और बेरोजगारी की समस्या (Problem of Unemployment) नहीं होती है। संस्थापित अर्थशास्त्रियों (Classical Economomist) के अनुसार अर्थव्यवस्था में पूर्ण रोजगार की स्थिति पाई जाती है। सरकार को निर्बाध व्यवस्था की नीति (Policy of Laissez Faire) का अनुसरण करना चाहिए।

लेकिन प्रतिष्ठित अर्थशास्त्रियों का राजकोषीय नीति से सम्बन्धित दृष्टिकोण गलत सिद्ध कर दिया गया है, क्योंकि सरकार के कार्यों में निरन्तर वृद्धि हो रही है तथा कल्याणकारी राज्य के रूप में घाटे का बजट तैयार किया जाता है। राजकोषीय नीति सरकारी हस्तक्षेप का एक प्रत्यक्ष और परोक्ष महत्वपूर्ण उपकरण बन गया है जिससे देश की अनेक समस्याओं बेरोजगारी, निर्धनता तथा व्यापार चक्रों का समाधान संभव होता है।

(2) नव-प्रतिष्ठित दृष्टिकोण (Neo-Classical View) : इस दृष्टिकोण का समर्थन तथा विकास प्रो. मार्शल तथा प्रो. ए.सी. पीगू ने किया है। दोनों का मत

है कि पूँजीवादी प्रणाली आर्थिक प्रणाली पर अवांछनीय सामाजिक प्रभाव डालती है। इससे सामाजिक और आर्थिक विषमताओं में वृद्धि हुई है। निर्बाध नीति के स्थान पर सरकारी हस्तक्षेप के माध्यम से अधिकतम सामाजिक लाभ प्राप्त किये जा सकते हैं। अधिकतम आर्थिक कल्याण के लिए सरकारी हस्तक्षेप आवश्यक है तथा इस उद्देश्य की पूर्ति केवल सरकारी हस्तक्षेप से ही सम्भव है और यह उद्देश्य राजकोषीय नीति के माध्यम से ही प्राप्त हो सकता है जब विस्तृत बाजार का निर्माण किया जाता है।

(३) कीन्सवादी दृष्टिकोण (Keynesian View) : तीसा की महान मन्दी (Great Depression of Thirties) तथा कीन्स की पुस्तक रोजगार, ब्याज एवं मुद्रा का सामान्य सिद्धान्त का प्रकाशन 1936 ने राजकोषीय नीति के महत्व को उजागर किया है। इस बात पर जोर दिया गया कि अर्थव्यवस्था में सुधार हेतु सरकार का हस्तक्षेप आवश्यक है। इस दृष्टिकोण ने प्रतिष्ठित तथा नव-प्रतिष्ठित दृष्टिकोणों की आलोचना की तथा सरकारी हस्तक्षेप को सर्वोच्च प्राथमिक दी जिससे कि बेरोजगारी, मुद्रा प्रसार तथा मुद्रा संकुचन जैसी समस्याओं का समाधान राजकोषीय नीति के उपकरण से किया जा सके। राजकोषीय नीति के रोजगार, उत्पादन तथा राष्ट्रीय आय पर वांछनीय प्रभाव पड़ेंगे। सरकार घाटे का बजट तैयार कर सकती है और इसके माध्यम से अनेक समस्याओं का समाधान किया जा सकता है और आर्थिक विकास की दर को तीव्र किया जा सकता है।

अर्थव्यवस्था में प्रभावी मांग में वृद्धि करने के लिए सरकार राजकोषीय नीति के माध्यम से उपभोग व्यय तथा विनियोग व्यय में वृद्धि कर सकती है। प्रो. जे.एस. कीन्स ने मन्दी और बेरोजगारी को दूर करने के लिए असन्तुलित बजट पर जोर दिया है।

राजकोषीय नीति के उद्देश्य (Objectives of Fiscal Policy)

राजकोषीय नीति के उद्देश्य किसी भी देश की आर्थिक नीति पर आधारित होते हैं। विभिन्न देशों की राजकोषीय नीतियों के विभिन्न उद्देश्य होते हैं, क्योंकि वे विभिन्न आर्थिक प्रणाली पर आधारित होते हैं। इन आर्थिक प्रणालियों में पूँजीवाद, समाजवाद तथा मिश्रित अर्थव्यवस्था प्रमुख हैं। एक विकासशील अर्थव्यवस्था में उद्देश्य होता है आर्थिक विकास की गति को तीव्र करना जबकि विकसित अर्थव्यवस्था में पहले से ही प्राप्त उच्च आर्थिक विकास दर को बनाये रखना है। राजकोषीय नीति के विभिन्न उपकरणों—सार्वजनिक व्यय, सार्वजनिक आगम,

सार्वजनिक ऋण तथा वित्तीय प्रशासन का उपयोग भारत में तीव्र आर्थिक विकास के लिए किया गया है। राजकोषीय नीति के उद्देश्य आर्थिक दशा तथा इसकी प्राथमिकताओं पर निर्भर करते हैं। फिर भी राजकोषीय नीति के उद्देश्यों की प्रकृति एकसी होती है। राजकोषीय नीति के प्रमुख उद्देश्य निम्नांकित हैं :-

(1) **विनियोग दर में वृद्धि करना** (To Raise the Rate of Investment): राजकोषीय नीति का प्रमुख उद्देश्य विनियोग दर में वृद्धि करना है। उपयोग पर रोक लगाकर बचत में वृद्धि की जाती है। कुछ क्षेत्रों में विनियोग को प्रोत्साहन दिया जाता है तथा अन्य क्षेत्रों में राजकोषीय नीति के माध्यम से विनियोग हतोत्साहित किया जाता है। राजकोषीय नीति के अन्तर्गत निम्न उपायों से बचत को बढ़ाया जा सकता है :

(i) प्रत्यक्ष भौतिक नियन्त्रण
(ii) वर्तमान करों की दरों में वृद्धि
(iii) नये कर लगाना
(iv) सार्वजनिक उपक्रमों से आधिक्य (Surplus) प्राप्त करना
(v) गैर-स्फीतिकारी प्रकृति की सार्वजनिक उधार
(vi) घाटे की वित्त व्यवस्था।

इन सभी उपायों में करारोपण राजकोषीय नीति का एक प्रमुख उपकरण है। इसके अलावा निजी निवेश को प्रोत्साहित करने के लिए विभिन्न वित्तीय अभिप्रेरणायें, कीमत निवेश और मूल्य ह्रास, कर छूट, विकासात्मक छूट, अनुदान आदि का उपयोग किया जाता है।

(2) **संसाधनों का अनुकूलतम आवंटन** (Optimum Allocation of Resources) : आवश्यकतायें अनन्त, साधन सीमित तथा वैकल्पिक उपयोग वाले होते हैं। ऐसी स्थिति में राजकोषीय नीति का उद्देश्य संसाधनों का अनुकूलतम आवंटन करना होता है। संसाधन विलासिताओं के लिए आवंटित नहीं किये जाते हैं बल्कि आर्थिक आधिक्य का सृजन करने के लिए आवंटन किया जाता है। एक कल्याणकारी राज्य का दायित्व है कि आर्थिक एवं सामाजिक साज-सज्जा के लिए विनियोग प्रोत्साहित करे। आर्थिक साज-सज्जा में विनियोग करने से यातायात एवं संदेश वहन के साधन, बैंकिंग एवं वित्तीय संस्थायें, शक्ति, सिंचाई आदि का विकास होता है जबकि सामाजिक साज-सज्जा के लिए विनियोग शिक्षा, चिकित्सा एवं स्वास्थ्य, तकनीकी ज्ञान, सफाई, आवास तथा पेयजल आपूर्ति आदि पर किया जाता है। इस प्रकार के विनियोग से बाह्य मितव्ययिताओं (External Economies) का सृजन

होता है। इससे बाजार का आकार बढ़ता है, उत्पादन और उत्पादकता में वृद्धि होती है तथा उत्पादन लागत घटती है।

(3) **स्फीति को रोकना** (To Control Inflation) : विकासशील अर्थव्यवस्थाओं में आर्थिक विकास की प्रक्रिया से वास्तविक संसाधनों की माँग और पूर्ति में अन्तर उत्पन्न हो जाता है। इससे स्थिति तथा मन्दी उत्पन्न होती है। मुद्रा प्रसार तथा मुद्रा संकुचन समाज के विभिन्न वर्गों तथा अर्थव्यवस्था के विभिन्न क्षेत्रों को प्रभावित करते हैं। व्यापार चक्रों की विभिन्न अवस्थाओं के कारण आय की विषमताओं तथा समस्याओं का सृजन किया जाता है। ऐसी स्थिति में नये कर लगाये जाते हैं। पुराने करों की दरों में वृद्धि की जाती है, सार्वजनिक ऋण लिए जाते हैं जिससे कि अर्थव्यवस्था में मुद्रा प्रसार को नियन्त्रण किया जा सके।

(4) **आर्थिक स्थायित्व** (Economic Stability) : राजकोषीय नीति का एक अन्य उद्देश्य अर्थव्यवस्था में आर्थिक स्थायित्व प्राप्त करना होता है। अन्तर्राष्ट्रीय स्तर पर आर्थिक साधनों में उच्चावचन देश के निर्यातों पर प्रतिकूल प्रभाव डालते हैं तथा घरेलू आर्थिक क्रियायें भी प्रभावित होती हैं। अन्तर्राष्ट्रीय उच्चावचनों के प्रभावों को राजकोषीय नीति से नियन्त्रित किया जा सकता हैं। प्रो. जे.एस. कीन्स ने राजकोषीय नीति को मन्दी को नियन्त्रित करने का एक प्रभावी उपकरण बताया है।

(5) **पूँजी का सृजन** (Creation of Capital) : विकासशील देशों में निर्धनता के कुचक्र के कारण पूँजी निर्माण की दर निम्न होती है। इस निर्धनता के कुचक्र को तोड़ने के लिए राजकोषीय नीति का उपयोग आवश्यक है। आय का स्तर निम्न तथा उपयोग प्रवृत्ति ऊँची होने के कारण पूँजी निर्माण की दर नीची पाई जाती है। ऐसी स्थिति में सरकार राजकोषीय नीति के माध्यम से बलात् बचतों (Forced Saving) का सृजन करती है तथा देश में पूँजी निर्माण को प्रोत्साहन देती है।

(7) **राष्ट्रीय आय का पुनर्वितरण** (Redistribution of National Income) : राजकोषीय नीति का प्रमुख उद्देश्य आय एवं धन की विषमताओं को नियन्त्रित करना है। यह देश में इस नीति से पुनर्वितरण के माध्यम से किया जाता है। सरकार आर्थिक नियोजन के माध्यम से सार्वजनिक व्यय में वृद्धि, अनार्जित आय को हतोत्साहित करना, प्रगतिशील करारोपण लगाकर तथा विलासिताओं पर व्यय का नियन्त्रण कर तथा आय एवं धन की विषमताओं को कम कर सकती है। प्रो. रेगनर नक्रसे (Professor Ragner Nurkes) ने कहा है "आर्थिक विकास से सम्बन्धित राजस्व का प्रमुख उद्देश्य न केवल अन्तःव्यक्तिगत आयों में वितरण कर तथा राष्ट्रीय आय के अनुपात में पूँजी निर्माण में भी वृद्धि करना है।"

(7) **अन्य उद्देश्य** (Other Objectives) : राजकोषीय नीति के निम्न उद्देश्य और हैं :-

(i) रोजगार के अवसरों में वृद्धि करना।

(ii) अर्थव्यवस्था में नव-प्रवर्तन को प्रोत्साहन देना।

(iii) सन्तुलित विकास को प्रोत्साहन देना।

राजकोषीय नीति के उपकरण (Instruments Tools of Fiscal Policy)

राजकोषीय नीति के उपकरणों को निम्न चार्ट से दर्शाया जा सकता है :

चार्ट I

राजकोषीय नीति के उपकरण

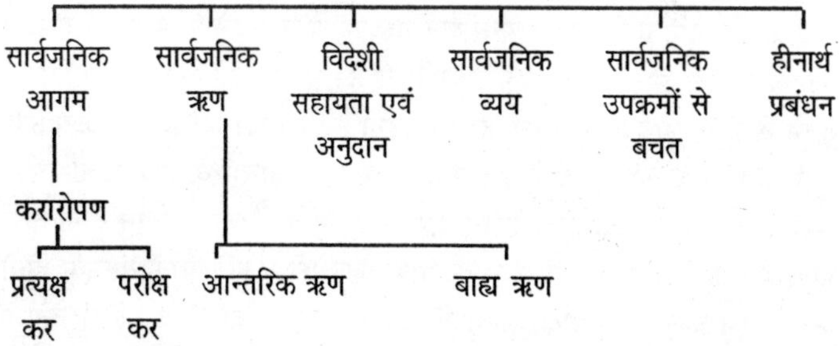

राजकोषीय नीति के विभिन्न उपकरणों का विवेचन निम्नांकित है :

(1) **करारोपण नीति** (Taxation Policy) : यह राजकोषीय नीति का सबसे महत्त्वपूर्ण उपकरण है। करारोपण नीति विकास का आधार है। यह नीति प्रभावी कर संरचना पर निर्भर करती है। प्रो. मेयर एवं प्रो. बाल्ड़विन के अनुसार, " करारोपण का महत्त्व बचत करने में है जबकि निवेश का कार्य सार्वजनिक, निजी अथवा मिश्रित संस्थागत व्यवस्था से होता है।"

करारोपण से निजी उपयोग तथा विनियोग पर प्रतिबन्ध लगाये जाते हैं और राजकोषीय नीति संसाधनों को सरकार के पास स्थानान्तरित करने के महत्त्वपूर्ण साधन का कार्य करती है। एक विकासशील देश में करारोपण विकास के लिए एक सक्रिय भूमिका का निम्न रूपों में निर्वहन करती है :-

(i) आवश्यक तथा विलासिता उपभोग करारोपण से घटाये जाते हैं तथा अतिरिक्त संसाधन उपभोग से विनियोग के लिए स्थानांतरित किये जाते हैं।

(ii) बचत और विनियोग में वृद्धि करना।

(iii) निजी क्षेत्र से सरकार की ओर सार्वजनिक विनियोग में वृद्धि के लिए संसाधनों को हस्तांतरित करना।

(iv) निवेश को संशोधित करते हुए वांछित क्षेत्रों को प्रोत्साहित करना।

(v) आर्थिक आधिक्य (Economic Surplus) की गतिशीलता में वृद्धि करना।

इस प्रकार एक अच्छी और प्रभावी करारोपण नीति प्रत्यक्ष और परोक्ष करों के बीच सन्तुलन स्थापित करती है। प्रगतिशील करारोपण की दर आर्थिक संसाधन जुटाती है, गैर-स्फीतिकारी उपायों से उपभोग में कमी करते हुए कीमतों पर अंकुश लगाता है तथा पूँजी निर्माण की दर में वृद्धि करती है।

(2) **सार्वजनिक ऋण** (Public Debt) : विकासशील देशों में आय का स्तर तथा कर देय क्षमता निम्न है। करारोपण सरकार के सार्वजनिक आगम में वृद्धि करने का एक प्रभावी और सफल उपकरण नहीं रहा है। सरकार को विकास कार्यों पर व्यय करने के लिए अधिक आय की जरूरत पड़ती है। सरकार की इस आवश्यकता की पूर्ति सार्वजनिक ऋण से होती है। सार्वजनिक ऋण आन्तरिक तथा बाह्य स्त्रोतों से जुटाया जाता है जबकि दीर्घकालीन परियोजनाओं का रिक्त प्रबन्धन बाह्य ऋणों से होता है। विकासशील देशों में सार्वजनिक ऋण की प्रकृति विकासात्मक होती है, क्योंकि इन ऋणों से उत्पादक क्षेत्रों में विकास के लिए वांछनीय गतिशीलता प्राप्त होती है। लेकिन सार्वजनिक ऋण सार्वजनिक आगम के रूप में देश की अर्थव्यवस्था के लिए घातक सिद्ध हो सकता है, क्योंकि इससे एक ओर स्फीतिकारी प्रवृत्तियाँ उत्पन्न होती हैं तथा दूसरी ओर जनता पर ब्याज का भार बढ़ता है।

(3) **विदेशी सहायता तथा अनुदान** (Foreign Assistance and Subsidy): राजकोषीय नीति का उपकरण एक सीमा तक काम में लाया जा सकता है। विदेशी सहायता तथा अनुदान की पूर्ति सीमित और सशर्त होती है। इस स्त्रोत से आय मित्र राष्ट्रों से प्राप्त होती है तथा अन्तर्राष्ट्रीय वित्तीय संस्थायें - अन्तर्राष्ट्रीय मुद्रा कोष, विश्व बैंक तथा अन्तर्राष्ट्रीय विकास संघ - एक सीमित भूमिका का निर्वहन करती है, क्योंकि इन संस्थाओं पर धनी राष्ट्रों का प्रमुखतया प्रभाव है।

(4) **सार्वजनिक उपक्रमों में आधिक्य** (Surplus from Public Enterprises) : विकासशील तथा समाजवादी देशों में सार्वजनिक उपक्रमों की भूमिका महत्वपर्ण होती है। सार्वजनिक क्षेत्र के उपक्रमों के लाभ अथवा आधिक्य से सार्वजनिक आय का एक महत्त्वपूर्ण स्रोत प्राप्त होता है। सार्वजनिक क्षेत्र के उपक्रमों

के लाभ अथवा आधिक्य से सार्वजनिक आय का एक महत्त्वपूर्ण स्त्रोत प्राप्त होता है। भारत जैसे विकासशील देश के लिए यह सार्वजनिक आगम के पूरक के रूप में कार्य करता है।

(5) **घाटे की वित्त व्यवस्था** (Deficit Finance) : यह बजटीय नीति भी कही जाती है। यह राजकोषीय नीति का अन्तिम एवं महत्त्वपूर्ण उपकरण है, क्योंकि आधुनिक सरकारों के सार्वजनिक व्यय इसके सार्वजनिक आगम से अधिक होते हैं। इस अन्तर को पाटने के लिए बजटीय नीति के रूप में घाटे की अर्थव्यवस्था का उपयोग किया जाता है। प्रो. जे.एम. कीन्स ने विकासशील देशों को घाटे की वित्त व्यवस्था का उपयोग सीमित सीमा तक करने की सलाह दी है। विगत वर्षों में विकासशील देशों ने इस साधन का दुरुपयोग किया है। जिसके कारण स्फीतिकारी दबाव उत्पन्न हो गये हैं तथा सरकारी कार्य-प्रणाली भी अपना रही है। प्रो. फिण्डले शिराज ने घाटे की अर्थव्यवस्था को एक "फिसलन पट्टी" (Slippery Path) की संज्ञा दी है और इस अर्थव्यवस्था को पतन की ओर ले जाने वाला साधन बताया है जो कि असन्तुलित बजट के रूप में होता है। प्रो. गुन्नार मिर्डल ने घाटे की अर्थव्यवस्था को एक व्यावहारिक आवश्यकता बताया है।

(6) **सार्वजनिक व्यय** (Public Expenditure) : वर्तमान सरकारें कल्याणकारी हैं तथा उनके कार्यों में निरन्तर वृद्धि हो रही है जिसमें वैगनर का राज्यों के कार्यों में वृद्धि का नियम क्रियाशील है। इससे सरकारी व्यय में वृद्धि हो रही है। सार्वजनिक व्यय में वृद्धि करके मन्दी से मुक्ति दिलाई जा सकती है तथा उत्पादन, आय एवं रोजगार में वृद्धि की जा सकती है। सार्वजनिक व्यय से देश के आर्थिक विकास की दिशा बदली जा सकती है तथा चहुंमुखी परिवर्तन सम्भव है। सार्वजनिक व्यय विकासात्मक तथा गैर-विकासात्मक दोनों प्रकार का हो सकता है। विकासशील अर्थव्यवस्थाओं में विकासात्मक व्यय सार्वजनिक निर्माण कार्यों के रूप में होता है जबकि गैर-विकासात्मक व्यय हस्तान्तरण भुगतानों के रूप में होता है। विगत वर्षों में गैर-विकासात्मक व्यय विकासात्मक व्यय की तुलना में अधिक बढ़ रहा है।

मन्दीकाल में सार्वजनिक व्यय को दो रूपों में काम में लाया जा सकता है जो निम्नांकित हैं:

(i) सार्वजनिक व्यय आर्थिक क्रियाओं को पुनर्जीवित करता है और मन्दीकाल में इससे आर्थिक जड़ता को समाप्त किया जा सकता है। इस प्रकार के व्यय से निजी विनियोग को प्रोत्साहन मिलता है तथा अर्थव्यवस्था में अतिरिक्त मुद्रा का निर्गमन होता है।

(ii) सरकार द्वारा सार्वजनिक व्यय को क्षतिपूरक व्यय (Compensatory Expenditure) के रूप में काम में लाया जा सकता है और इसकी सहायता से घटते हुए निजी निवेश तथा अर्थव्यवस्था की शिथिलता (Slackness) को ठीक किया जा सकता है। सार्वजनिक व्यय से आधारभूत संरचना का निर्माण सार्वजनिक कार्यों तथा सामाजिक सेवाओं पर व्यय करके किया जा सकता है। इससे अर्थव्यवस्था में प्रभावपूर्ण माँग में वृद्धि होती है तथा इसके परिणामस्वरूप बेरोजगारी को एक सीमा तक कम किया जा सकता है।

राजकोषीय नीति की सीमायें (Limitations of Fiscal Policy)

राजकोषीय नीति आर्थिक नीति का एक अभिन्न अंग है। इसकी निम्नांकित सीमायें हैं :

1. राजकोषीय नीति की सबसे बड़ी समस्या यह है कि कौनसा उपकरण श्रेष्ठ है तथा आन्तरिक सन्तुलन कैसे स्थापित किया जा सकता है?
2. समयान्तर (Time Lag) की समस्या भी है। राजकोषीय नीति की घोषणा, क्रियान्वयन और इसके परिणाम में समयान्तर पाया जाता है। समयान्तर के कारण यह नीति प्रभावपूर्ण ढंग से लागू नहीं हो सकती है।
3. सार्वजनिक व्यय तथा निजी व्यय में प्रतिस्पर्धा पाई जाती है । इससे नीति का प्रभावी क्रियान्वयन सम्भव नहीं होता है।
4. राजकोषीय नीति की समस्या इसे मनोदशा की अवधारणा भी है। यदि निवेशकर्ता आशावादी है तो इससे देश में विनियोग वातावरण प्रभावित होता है।
5. एक देश की राजकोषीय नीति से मौसमी अथवा संरचनात्मक बेरोजगारी को सही नहीं किया जा सकता है।
6. यदि सार्वजनिक व्यय कम कर दिया जाता है तो सामान्य कीमत स्तर भी गिर जाता है और इसके परिणामस्वरूप मुद्रा संकुचन की स्थिति पैदा हो जाती है।
7. करों की ऊँची दरों के कारण सार्वजनिक आगम पर प्रतिकूल प्रभाव पड़ता है।

भारत में राजकोषीय नीति (Fiscal Policy in India)

भारत में राजकोषीय नीति आर्थिक विकास के एक महत्त्वपूर्ण उपकरण के रूप

में अपनाई गई है। राजकोषीय नीति की विभिन्न अवधारणाओं का विवेचन नीचे किया जा रहा है :-

(1) **करारोपण नीति** (Taxation Policy) : भारत में राजकोषीय नीति के इस उपकरण का उपयोग सार्वजनिक आगम में वृद्धि करने तथा आय एवं धन की विषमताओं को कम करने के लिए किया गया है। भारतीय करारोपण नीति प्रगतिशील करारोपण प्रणाली पर आधारित है। प्रत्यक्ष और परोक्ष करों का अनुपात कुल कर आगम में वर्ष 2001-2002 में क्रमशः 37 प्रतिशत तथा 63 प्रतिशत था। करारोपण प्रणाली एक प्रतिगामी प्रणाली (Regressive System) हो गई है तथा इससे निर्धन वर्ग पर कर भार बढ़ा है। करों से प्राप्त आय निम्न तालिका में देखी जा सकती है :

तालिका - 1

करों से कुल आगम (करोड़ रु.)

मदें	1950-51	1980-81	1990-91	2001-02	2010-11
(i) कर आगम	357	9,390	42,980	163,030	746,651
(ii) कुल आगम	406	12,860	57,650	231,750	786,852
(iii) कुल आगम में कर आगम का प्रतिशत	88	73	74	70	94

उपर्युक्त तालिका से स्पष्ट है कि 1950-51 में कर आगम कुल आगम का 88 प्रतिशत था जो वर्ष 2010-11 में बढ़कर 94 प्रतिशत हो गया है।

(2) **बजटीय नीति** (Budgetary Policy) : भारत सरकार को घाटे की अर्थव्यवस्था अथवा बजटीय नीति के माध्यम से विकास वित्त प्रदान किया जाता है। यह वास्तव में राजकोषीय घाटा है जिसकी गणना निम्न प्रकार की जाती है :-

राजकोषीय घाटा = आगम प्राप्तियाँ (विशुद्ध कर आगम + गैर-कर आगम) + पूँजीगत प्राप्तियाँ – कुल व्यय

भारत सरकार ने नियोजित विकास के वित्त प्रबन्धन में घाटे की अर्थव्यवस्था का उपयोग किया है। यह शुरू से ही नियोजित विकास के साथ चल रहा है। प्रारम्भ में यह बजटीय घाटा आगम घाटे के रूप में था। आगम घाटे की गणना इस प्रकार की जाती है :

आगम घाटा = आगम प्राप्तियाँ – आगम व्यय

वर्ष 1990-91 में राजकोषीय घाटा सकल घरेलू उत्पाद का 6.6 प्रतिशत था जो घटकर 1993-94 में 6.4 प्रतिशत हो गया। 1998-99 में यह 5.1 प्रतिशत था जो

बढ़कर 2000-01 में 5.5 प्रतिशत हो गया और 2010-11 में घटकर 5.4 प्रतिशत रह गया है।

राजकोषीय घाटे को नियन्त्रित करना आवश्यक है, क्योंकि घाटे की वित्त व्यवस्था गैर-विकास व्यय के अनियन्त्रित होने के कारण होती है और इससे स्फीतिकारी दबाव उत्पन्न हो जाते हैं। इस प्रकार घाटे की अर्थव्यवस्था को सावधानी से अपनाना चाहिए क्योंकि इसके उपयोग से प्रत्यक्ष रूप में काई परिसम्पत्तियों का सृजन नहीं होता है।

(3) **सार्वजनिक ऋण** (Public Debt) : भारत सरकार सार्वजनिक ऋण का उपयोग नहीं करती है, लेकिन विगत वर्षों में सार्वजनिक ऋण वित्त प्रबन्धन के रूप में काम में लाया जाता है। यह सार्वजनिक व्यय के रूप में काम में लाया जाता है। भारत सरकार सार्वजनिक ऋण का प्रबन्धन आन्तरिक तथा बाह्य स्त्रोतों से करती है। सार्वजनिक ऋण का प्रमुख उद्देश्य विकासात्मक क्षेत्र के लिए आपूर्ति करना है। भारत में सार्वजनिक कारण का प्रमुख उद्देश्य विकासात्मक क्षेत्र के लिए आपूर्ति करना है। भारत में सार्वजनिक ऋण के प्रबन्धन का अध्ययन निम्न तालिका से किया जा सकता हैं :-

तालिका - 2

सार्वजनिक ऋण तथा अन्य दायित्व (करोड़ रु.)

मदें	1950-51	2001-02	2010-11
1. आन्तरिक ऋण एवं अन्य दायित्व	2,830 (99)	1,312,520 (96)	3,782,553 (98.2)
2. बाह्य ऋण	30 (1)	59,590 (4)	162,048 (1.8)
3. कुल ऋण	2,360 (100)	1,372,110 (100)	3,944,598 (100)

स्त्रोत : आर्थिक सर्वक्षण, भारत सरकार 2010-11 पृ. 59

उपर्युक्त तालिका से स्पष्ट है कि आन्तरिक ऋण एवं दायित्व कुल ऋण का वर्ष 1950-50 में 99 प्रतिशत थे जो घटकर 2001-02 में 96 प्रतिशत हो गया लेकिन 2006-07 में यह पुनः 97 प्रतिशत हो गया है।

(4) **विदेशी सहायता एवं अनुदान** (Foreign Assistance and Subsidy): भारत सरकार ने विभिन्न देशों तथा अन्तर्राष्ट्रीय वित्तीय संस्थाओं से विदेशी सहायता तथा अनुदान प्राप्त किये हैं। विदेशी सहायता तथा अनुदान की राशि 1950-51 में केवल 30 करोड़ रुपये थी जो 2000-01 में बढ़कर 230000 करोड़ रुपये हो गई। 2005-06 में अधिकृत बाह्य सहायता 4280.4 मिलियन डॉलर थी जबकि उपयोग की गई राशि 4232.3 मिलियन डॉलर थी। बाह्य सहायता में सर्वाधिक 30 प्रतिशत

संयुक्त राज्य अमेरिका से प्राप्त हुई हैं। अन्य स्त्रोतों में विश्व बैंक तथा अन्तर्राष्ट्रीय विकास संघ (IDA) है।

(5) **सार्वजनिक उपक्रमों से आधिक्य** (Surplus From Public Enterprises) : भारत ने मिश्रित अर्थव्यवस्था (Mixed Economy) को अपनाया है। सरकार सार्वजनिक क्षेत्र को सर्वोच्च प्राथमिकता देकर तीव्र आर्थिक विकास, सामाजिक न्याय तथा समाजवादी समाज के उद्देश्यों को पूरा करने हेतु प्रयासरत है। वर्ष 1950-51 में सार्वजनिक उपक्रमों की संख्या केवल 5 थी जिनमें 27 करोड़ रुपये की पूँजी नियोजित थी। वर्तमान में इनकी संख्या बढ़कर 243 हो गई है तथा पूँजी निवेश 162000 करोड़ रुपये है। देश के कुल उत्पादन में इस क्षेत्र की हिस्सेदारी 25 प्रतिशत है।

यदि हम इन उपक्रमों के अधिशेष (Surplus) सृजन का अध्ययन करें तो यह निष्कर्ष निकाल सकते हैं कि सार्वजनिक क्षेत्र के उपक्रम हमारी अर्थव्यवस्था के लिए सफेद हाथी सिद्ध हो रहे हैं तथा इनका सरकार अब अनिवेश करने जा रही है।

(6) **सार्वजनिक व्यय** (Public Expenditure) : देश में नियोजित आर्थिक विकास के प्रारम्भ से ही सार्वजनिक व्यय में वृद्धि हो रही है। देश में सार्वजनिक व्यय की स्थिति निम्न तालिका से स्पष्ट है :-

तालिका - 3

भारत सरकार का सार्वजनिक व्यय (करोड़ रु.)

वर्ष	आगम व्यय	पूँजीगत व्यय	कुल व्यय
1950-51	350	180	530
1980-81	14,540	9,630	24,170
1990-91	160,660	41,360	202,020
2000-01	283,535	51,987	335,522
2001-02	310,566	64,654	375,223
2010-11	958,724	150,075	1,108,749

स्त्रोत : आर्थिक सर्वेक्षण, 2010-11, पृ.सं. 45

उपर्युक्त तालिका से निम्न निष्कर्ष निकाले जा सकते हैं :-

(i) आगम व्यय वर्ष 1950-51 में केवल 350 करोड़ रुपये था जो 2001-02 में बढ़कर 310,566 करोड़ रुपये हो गया अर्थात् **इसमें 900 गुना वृद्धि** हुई है।

(ii) पूँजीगत व्यय 1950-51 में केवल 180 करोड़ रुपये था जो 2001-02 में बढ़कर 64,654 करोड़ रुपये हो गया अर्थात् इसमें 357 गुना वृद्धि हुई है।

(iii) कुल सार्वजनिक व्यय 1950-51 में केवल 350 करोड़ रुपये था जो 2001-02 में बढ़कर 375,223 करोड़ रुपये हो गया अर्थात् इसमें 708 गुना वृद्धि हुई है।

(iv) 2010-11 के बजट प्रावधान के अनुसार आगम व्यय तथा पूँजीगत व्यय क्रमशः 958,724 तथा 150,075 करोड़ रुपये होने का अनुमान है। इसमें कुल सार्वजनिक व्यय बढ़कर 1,108,749 करोड़ रुपये हो जायेगा।

16

मुद्रा का मूल्य
(Value of Money)

मुद्रा के मूल्य का अर्थ (Meaning of Value of Money)

मुद्रा मूल्यविहीन हो सकता है। यह केवल कागज का एक टुकड़ा है। लेकिन जब यह विनिमय माध्यम का कार्य करता है तब हमें पता चलता है कि इसकी क्रयशक्ति से विभिन्न वस्तुओं तथा सेवाओं की कितनी मात्रा खरीदी जाती है और इसकी उपादेयता क्या है? इस प्रकार मुद्रा का मूल्य इसकी क्रय क्षमता से है। क्रय क्षमता जितनी अधिक होगी मुद्रा का मूल्य भी उतना ही अधिक होगा। प्रो. रोबर्टसन के अनुसार, ''मुद्रा के मूल्य से आशय मुद्रा की एक इकाई के बदले कितनी वस्तुओं की मात्रा का विनिमय किया जाता है।'' प्रो. जे.एम. कीन्स ने सही कहा है, ''मुद्रा की अपने आप कोई उपयोगिता नहीं होती सिवाय इसके विनिमय मूल्य के। दूसरे शब्दों में मुद्रा की उपयोगिता उन वस्तुओं को क्रय की मात्रा से होता है।

मुद्रा के मूल्य की अवधारणा से आशय मुद्रा की क्रयशक्ति से है। मुद्रा की एक इकाई से कितनी वस्तुओं तथा सेवाओं का क्रय किया जाता है, यही मुद्रा का मूल्य है। मुद्रा का मूल्य वस्तुओं तथा सेवाओं के मूल्य स्तर पर निर्भर करता है जिन्हें मुद्रा से खरीदा जाता है। मूल्य स्तर तथा मुद्रा के मूल्य में विपरीत अन्तर पाया जाता है। ऊँचा मूल्य स्तर होने पर मुद्रा का मूल्य कम होगा तथा इसके विपरीत मुद्रा का मूल्य ऊँचा होगा। मुद्रा के मूल्य की अवधारणा एक सापेक्षिक है जिसे मुद्रा की एक इकाई तथा वस्तुओं एवं सेवाओं की मात्रा के बीच विनिमय का आधार पर सम्बन्ध व्यक्त किया जाता है।

प्रो. क्राउथर के अनुसार "मुद्रा का मूल्य बिना योग्यता के महत्त्वहीन होता है।" मुद्रा के अनेक मूल्य हो सकते हैं जो इसके उपयोग पर निर्भर करते हैं। प्रो. क्राउथर के अनुसार मुद्रा के मूल्य के तीन निम्न प्रमाप (Standards) हैं :-

(1) **थोक मूल्य प्रमाप** (Wholesale Standard) : इस प्रमाप के अनुसार मुद्रा सभी वस्तुओं तथा सेवाओं के थोक बाजार में मूल्य के आधार पर व्यक्त किया जाता है। यह मुद्रा का थोक मूल्य कहलाता है। थोक मूल्य प्रमाप को पसंद किया जाता है, क्योंकि थोक मूल्य प्रतिदिन नियमित रूप से बाजार में व्यक्त किया जाता है और यह आसानी से उपलब्ध होता है।

(2) **फुटकर/उपभोग प्रमाप** (Retail or Consumption Standard) : इस प्रमाप के अनुसार मुद्रा का मूल्य एक औसत परिवार द्वारा जिन कीमतों पर वस्तुयें तथा सेवायें क्रय की जाती हैं, के रूप में व्यक्त किया जाता है। इन वस्तुओं तथा सेवाओं का क्रय फुटकर बाजार में किया जाता है। इसलिए मुद्रा का मूल्य भी फुटकर मूल्यें के रूप में व्यक्त किया जाता है। इस प्रकार का मुद्रा का मूल्य आसानी से व्यक्त नहीं किया जा सकता है, क्योंकि उपभोग का तरीका एक परिवार से दूसरे परिवार में भिन्न पाया जाता है तथा इन वस्तुओं एवं सेवाओं की सही कीमत उपलब्ध नहीं होती है, क्योंकि फुटकर बाजार में कीमतों में अन्तर पाया जाता है।

(3) **श्रम प्रमाप** (Labour Standard) : इस प्रकार के प्रमाप में मुद्रा का मूल्य श्रम के रूप में व्यक्त किया जाता है। इसकी गणना एक दिन की मजदूरी श्रमिक के कार्य के लिए दी जाती है, के आधार पर होती है। इस प्रकार का मुद्रा का मूल्य मुद्रा का श्रम मूल्य (Labour Value of Money) कहलाता है। लेकिन मुद्रा के मूल्य को इस प्रमाप के आधार पर आसानी से व्यक्त नहीं किया जा सकता है, क्योंकि श्रम की इकाइयाँ समरूप नहीं होती हैं तथा कुशलता, दक्षता तथा नियमितता के आधार पर श्रम में भिन्नता पाई जाती है।

प्रो. क्राउथर द्वारा दिये गये उपर्यक्त प्रमापों को एकतरफा कहा जा सकता है तथा मुद्रा का मूल्य समाज के एक वर्ग से दूसरे वर्ग से भिन्न होता है।

व्यापारी एवं व्यवसायी वर्ग थोक मूल्यों में रुचि रखते हैं जबकि उपभोक्ता फुटकर मूल्यों तथा उसकी श्रम प्रमाप को पसंद करते हैं। इस प्रकार इन प्रमापों की अपनी सीमायें हैं। मुद्रा का मूल्य एक सापेक्षिक अवधारणा है तथा एक वर्ग से दूसरे वर्ग से तुलना की जाती हैं।

मुद्रा का परिमाण सिद्धान्त (Quantity Theory of Money)

जे.एस. मिल के अनुसार, "अन्य बातें समान रहते हुए मुद्रा का मूल्य इसकी मात्रा के विपरीत स्थिति में होता है। इसकी मात्रा की प्रत्येक वृद्धि मूल्य को कम करती है तथा प्रत्येंक कमी इसके मूल्य में वृद्धि करती है और यह अनुपात समान है।"

मुद्रा का परिमाण सिद्धान्त सबसे प्राचीन सिद्धान्त है जिसका प्रतिपादन इटली अर्थशास्त्री डवनजठी ने 1588 में किया था। इरविंग फिशर को इसका श्रेय जाता है जिसने इस सिद्धान्त को लोकप्रिय बनाया तथा एक पुस्तक "मुद्रा की क्रय शक्ति" (Purchasing Power of Money) 1911 में प्रकाशित की।

मुद्रा का परिमाण सिद्धान्त का उद्देश्य देश में साभान्य कीमत स्तर को निर्धारित करने वाले तत्वों की व्याख्या करना है। इस सिद्धान्त के अनुसार मुद्रा का मूल्य मुद्रा की पूर्ति के विपरीत दिशा में परिवर्तित होता है। यदि मुद्रा की मात्रा दुगुनी कर दी जाती है तो मूल्य स्तर भी दुगना हो जायेगा लेकिन मुद्रा का मूल्य घटकर आधा रह जायेगा।

मुद्रा के परिमाण सिद्धान्त के दो दृष्टिकोण हैं जो निम्न हैं :-

(1) लेन-देन दृष्टिकोण (Transaction Approach)

(2) नकद कोषानुपात (Cash Balance Approach)।

लेन-देन दृष्टिकोण : फिशर का समीकरण
(Transaction Approach : Fisher's Equation)

मुद्रा के परिमाण सिद्धान्त का लेन-देन दृष्टिकोण इरविंग फिशर (Irving Fisher) ने दिया था। यह दृष्टिकोण विनिमय के निम्न समीकरण पर आधारित है :-

$$MV = PT$$

इसमें M = चलन में कुल मुद्रा की मात्रा

V = चलन मुद्रा का चलन वेग

P = सामान्य कीमत स्तर

T = मुद्रा से किया गया कुल लेन-देन

MV दिये हुए समय में मुद्रा की समग्र प्रभावी पूर्ति को बताते हैं। यह अर्थव्यवस्था में कुल मुद्रा की पूर्ति को दर्शाता है जो कि मुद्रा की कुल मात्रा (M) तथा इसके चलन वेग (V) के गुणन फल के बराबर होती है। PT सभी वस्तुओं तथा

सेवाओं का मुद्रा मूल्य जो एक दिये हुए समय में क्रय की जाती है, दर्शाता है। यह मुद्रा की कुल माँग को बताते हैं। फिशर के अनुसार, मुद्रा की कुल मात्रा (MV), कुल वस्तुओं तथा सेवाओं के क्रय किये गये कुल मूल्य (PT) के बराबर होगी।

इस प्रकार मुद्रा की पूर्ति (MV) मुद्रा की माँग (PT) के बराबर (MV = PT) होती है।

उपर्युक्त समीकरण नकद लेन-देन समीकरण कहलाता है जो निम्न है :

$$P = \frac{MV}{T}$$

समीकरण स्पष्ट करता है कि मुद्रा की मात्रा कीमत स्तर का निर्धारण करती है तथा कीमत स्तर तथा मुद्रा की मात्रा में सीधा सम्बन्ध पाया जाता है और मुद्रा का चलन वेग (V) तथा लेन देन की मात्रा (T) स्थिर रहते हैं।

इस समीकरण में प्राथमिक मुद्रा अथवा चलन मुद्रा (M) को शामिल किया गया हैं। लेकिन आधुनिक अर्थव्यवस्था केवल चलन मुद्रा पर ही आधारित नहीं होती है बल्कि इसमें बैंक के माँग जैसा अथवा साख मुद्रा भी सम्मिलित है। साख मुद्रा के बढ़ते महत्त्व को ध्यान में रखते हुए फिशर ने बाद में अपने प्रारंभिक समीकरण में संशोधन किया है जो निम्न है :-

$$MV + M^1V^1 = PT \text{ अथवा } P = \frac{MV + M^1V^1}{T}$$

इसमें M^1 साख मुद्रा तथा V^1 साख मुद्रा का चलन वेग है। उपर्युक्त समीकरण से स्पष्ट है कि कीमत स्तर (P) निम्न तत्वों से निर्धारित होता है :-

(i) चलन में मुद्रा की मात्रा (M)

(ii) चलन मुद्रा का चलन वेग (V)

(iii) साख मुद्रा की मात्रा (M^1)

(iv) साख मुद्रा का चलन वेग (V^1), तथा

(v) व्यापार की मात्रा (T)

कीमत स्तर का प्रत्यक्ष सम्बन्ध M, V, M^1 तथा V^1 से होता है तथा यह T से विपरीत सम्बन्ध रखता है। फिशर का विनिमय समीकरण स्पष्ट करता है कि कीमत स्तर अथवा मुद्रा का मूल्य मुद्रा की पूर्ति का फलन (Function) है जब M, V, M^1, V^1 तथा T स्थिर रहते हैं। P में M के अनुपात में सीधा परिवर्तन होता

है। इस प्रकार फिशर ने मुद्रा की मात्रा तथा कीमत स्तर में प्रत्यक्ष एवं आनुपातिक सम्बन्ध स्थापित कर दिया है।

फिशर समीकरण की मान्यतायें (Assumptions of Fisher in Equation)

फिशर का समीकरण जिसे मुद्रा के परिमाण सिद्धान्त का नकद लेन-देन समीकरण भी कहा जाता है, निम्न मान्यताओं पर आधारित है :-

(1) **कीमत स्तर एक निष्क्रिय तत्त्व** (Price Level is a Passive Factor) : P एक निष्क्रिय तत्त्व है। यह समीकरण के अन्य तत्त्वों को प्रभावित नहीं करता है बल्कि अन्य तत्त्वों से प्रभावित होता है। मुद्रा की मात्रा (M) में परिवर्तन होने पर कीमत स्तर (P) में भी परिवर्तन होता है लेकिन P द्वारा M प्रभावित नहीं होता है। इस समीकरण में P तथा अन्य तत्वों में एकपक्षीय सम्बन्ध पाया जाता है।

(3) **व्यापार की मात्रा (T) एक स्वतन्त्र तत्त्व** (The Volume of Trade is an Independent Element) : फिशर ने अपने समीकरण में T को एक स्वतन्त्र तत्त्व माना है। T अन्य तत्त्वों (M, V, M^1, V^1) से प्रभावित नहीं होता है। T बाह्य तत्त्वों से प्रभावित होता है जैसे : प्राकृतिक संसाधन, जलवायु दशायें, जनसंख्या, उत्पादन की विधियाँ आदि। T अल्पकाल में स्थिर रहता हैं, क्योंकि समांज में संसाधनों का पूर्ण रोजगार होता हैं।

(3) **चलन मुद्रा का चलन वेग** (V) **स्वतन्त्र** (Velocity of Circulation of Money is Independent) : फिशर के अनुसार अल्पकाल में V स्थिर रहती है तथा V^1 भी M^1 से प्रभावित नहीं होती है। अतः अल्पकाल में V तथा V^1 स्वतन्त्र होते हैं तथा स्थिर रहते हैं। V भी बाह्य तत्त्वों पर निर्भर करती है जैसे : देश के व्यापारिक रीति-रिवाज, लोगों की बैंकिंग आदतें, व्यापार गतिविधियाँ, ब्याज दरें, विनियोग की सुविधायें आदि। अल्पकाल में इन तत्त्वों में परिवर्तन नहीं होता है और V में भी कोई परिवर्तन नहीं होता है।

(4) **M तथा M1 का अनुपात निश्चित** (The Ratio of Credit Money and Legal Money (M) is Fixed) : फिशर के समीकरण के अनुसार M तथा M^1 के बीच अनुपात स्थिर है। इसलिए M^1 द्वारा P तथा M के सम्बन्ध को प्रभावित नहीं किया जाता।

इस मान्यता के अनुसार यदि P में M द्वारा परिवर्तन होता है तो मुद्रा की पर्ति (M) तथा कीमत स्तर (P) में सीधा सम्बन्ध पाया जाता है तथा मुद्रा के मूल्य का इनके साथ विपरीत सम्बन्ध पाया जाता है।

आलोचना (Criticism)

फिशर के नकद लेन-देन दृष्टिकोण की निम्नांकित आलोचनायें की गई हैं :-

(1) **अवास्तविक मान्यतायें** (Unrealistic Assumptions) : फिशर ने अपने समीकरण में अल्पकाल में V, V^1, P तथा M^1 को स्थिर माना है। इसमें अन्य बातें समान रहने की मान्यताओं को शामिल किया है। फिशर के अनुसार M में परिवर्तन होने पर V में परिवर्तन नहीं होता है क्योंकि V तथा M स्वतन्त्र चर (Variable) हैं। जब मुद्रा की पूर्ति (M) को दुगुना कर दिया जाता है तो कीमत स्तर (P) भी दुगुना हो जाता है तथा मुद्रा का मूल्य घटकर आधा हो जायेगा। मुद्रा के चलन वेग (V) में वृद्धि सट्टेबाजी प्रवृत्तियों तथा लोगों द्वारा वस्तुओं तथा सेवाओं के क्रय में वृद्धि के साथ-साथ होती है।

(i) फिशर ने माना है कि M तथा M^1 में स्थिर सम्बन्ध पाया जाता है जबकि व्यवहार में इन दोनों में कोई निश्चित सम्बन्ध नहीं पाया जाता है। तेजी में M^1 का अनुपात M की तुलना में अधिक बढ़ता है, क्योंकि बैंक साख मुद्रा का सृजन (M^1) करती है जबकि मंदी में साख के संकुचन के कारण इसमें कमी हो जाती है।

(ii) फिशर ने M तथा V^1 को भी स्थिर माना है जबकि यह मान्यता अवास्तविक है। V^1 में M में परिवर्तन होने के कारण परिवर्तन होता है। कीमत स्तर में M के अनुपात से अधिक वृद्धि होती है।

(iii) फिशर ने T को स्थिर माना है। जब M में परिवर्तन होता है जो T पर कोई प्रभाव नहीं पड़ता है। T मुद्रा की माँग को बताता है। M में परिवर्तन होने पर T स्थिर नहीं रहता है। जब M में परिवर्तन होता है P भी परिवर्तित होता है और उत्पादक अधिक उत्पादन करते हैं जिससे T में परिवर्तन होता है। जब M में परिवर्तन होता है तब P में परिवर्तन होता है, लाभ में वृद्धि होती है तथा लाभ में वृद्धि से उत्पादक उत्पादन में वृद्धि करते हैं और इसके परिणामस्वरूप T अथवा व्यापार की मात्रा में वृद्धि होती है। इस प्रकार T को स्थिर

मानना गलत है। M, M^1, V, V^1 तथा T स्वतन्त्र नहीं होते हैं। इनमें आपस में परिवर्तन से क्रिया तथा प्रतिक्रिया होती है।

(iv) प्रो. फिशर ने माना है कि कीमत स्तिर (P) एक निष्क्रिय तत्त्व (Passive Factor) है। लेकिन यह सही नहीं हैं। P एक सक्रिय तत्त्व है और यह प्रभावित T को करता है। कीमत स्तर में परिवर्तन होने से लाभ बढ़ते हैं जिससे व्यवसाय को प्रोत्साहन मिलता है और व्यापार की मात्रा बढ़ती है। इस प्रकार P में परिवर्तन के कारण व्यापार की मात्रा T भी प्रभावित होगी।

(v) मुद्रा की पूर्ति में परिवर्तन से कीमत स्तर में परिवर्तन होता है। आलोचकों के अनुसार कीमत में परिवर्तन स्वतन्त्र होता है और इसके बाद मुद्रा की पूर्ति को प्रभावित करता है। कीमत स्तर (P) में परिवर्तन एक कारण है जबकि मुद्रा की पूर्ति (M) में परिवर्तन प्रभाव है। इस प्रकार समीकरण में सभी तत्त्व अन्तःसम्बन्धित (Interrelated) हैं तथा यह बताना कठिन है कि कौनसा कारण है तथा कौनसा प्रभाव है।

(2) **मुद्रा दीर्घकालीन विश्लेषण** (Long Term Analysis of Money) : फिशर के समीकरण का एक दोष यह है कि मुद्रा के मूल्य का यह विश्लेषण दीर्घकालीन है। इससे अल्पकालीन व्याख्या सम्भव नहीं है। कई बार अल्पकाल में मुद्रा के मूल्य में बड़े उच्चावचन होते हैं और इसके अनेक दूरगामी प्रभाव होते हैं जिसकी व्याख्या इस सिद्धान्त द्वारा सम्भव नहीं है। प्रो. जे. एम. कीन्स ने सही कहा है, "दीर्घकाल में हम सभी मर जाते हैं।" हम सभी वास्तव में अल्पकाल में रुचि रखते हैं लेकिन यह सिद्धान्त इस प्रकार का विश्लेषण नहीं करता है।

(3) **मुद्रा की पूर्ति कीमत स्तर को कैसे प्रभावित करती है, की व्याख्या नहीं** (The Theory Does not Explain How Money Supply Influence the Price Level) : फिशर का यह समीकरण यह व्याख्या नहीं करता कि मुद्रा के मूल्य के निर्धारकों में कौन किसका निर्धारण करता है। गणितीय सूत्र MV = PT मुद्रा की मात्रा को वस्तुओं की मात्रा के बराबर बताता हैं। यह विनिमय का सूत्र यह नहीं बताता है कौन कारण है तथा कौन परिणाम है। यह सही रूप से नहीं बताता है कि मुद्रा की पूर्ति कीमत स्तर को कैसे प्रभावित करती है। यह केवल V तथा T को स्थिर मानते

हुए बताता है कि M में परिवर्तन से कीमत स्तर (P) में ठीक उसी अनुपात में परिवर्तन होता है। मुद्रा की मात्रा में वृद्धि से कीमत स्तर में होने वाले परिवर्तन की सही प्रक्रिया की व्याख्या इसके द्वारा नहीं की जाती है। मुद्रा की पूर्ति तथा कीमत स्तर से सम्बन्ध एक जटिल प्रक्रिया है। प्रो. हाट्रे के अनुसार मुद्रा की पूर्ति में परिवर्तन कीमत स्तर को प्रत्यक्ष रूप से प्रभावित नहीं करता है लेकिन यह ब्याज दर को प्रभावित करता है और ब्याज दर कीमत स्तर को प्रभावित करती है।

(4) **मुद्रा की मात्रा तथा कीमत स्तर में कोई आनुपातिक सम्बन्ध नहीं** (No Proportional Relationship between the Quantity of Money and the Price Level): फिशर के विनिमय समीकरण के अनुसार मुद्रा की पूर्ति में प्रत्येक वृद्धि एक सीधा एवं आनुपातिक सम्बन्ध कीमत स्तर के साथ व्यक्त करती है। उदाहरणार्थ यदि मुद्रा की पूर्ति दुगुनी कर दी जाती है तो कीमत स्तर भी दुगुना हो जायेगा तथा इसके विपरीत मुद्रा की मात्रा आधी कर दी जाती है तो कीमत स्तर भी आधा हो जायेगा। लेकिन यह सम्बन्ध काल्पनिक है।

(5) **पूर्ण रोजगार की गलत मान्यता** (Wrong Assumption of Full Employment) : प्रो. जे.एस. कीन्स ने पूर्ण रोजगार की मान्यता को गलत बताया है जो कि फिशर के समीकरण में निहित है। एक आधुनिक पूँजीवादी प्रणाली में पूर्ण रोजगार एक कठिन घटना है। प्रो. कीन्स के अनुसार यदि पूर्ण रोजगार से कम की स्थिति होती है तो M में प्रत्येक वृद्धि P को प्रभावित नहीं करेगी बल्कि यह रोजगार में वृद्धि करेगी। लेकिन जैसे ही पूर्ण रोजगार की स्थिति प्राप्त हो जाती है तो M का P से सीधा एवं आनुपातिक सम्बन्ध होगा।

(6) **व्यापक सिद्धान्त नहीं** (Not a Comprehensive Theory) : कीन्स ने आलोचना करते हुए कहा है कि कुल मुद्रा की पूर्ति में वैधानिक मुद्रा और साख मुद्रा को शामिल किया है जो कि वस्तुओं तथा सेवाओं के क्रय के लिए काम में नहीं आती है बल्कि इसका एक भाग जनता द्वारा संचय के काम आता है। कीन्स के अनुसार केवल तरल मुद्रा को शामिल करना चाहिए जब मुद्रा की पूर्ति का कीमत स्तर पर पड़ने वाले प्रभाव का अध्ययन किया जाता है। संचित मुद्रा (Hoarded Money) वस्तुओं तथा

सेवाओं के क्रय-विक्रय पर कोई प्रभाव नहीं डालता है और इससे कीमत स्तर भी प्रभावित नहीं होता है।

(7) **कीमत में परिवर्तनों की व्यापक व्याख्या नहीं** (No Comprehensive Explanation of Price Changes) : आलोचकों का कहना है कि कीमतों में परिवर्तन केवल मुद्रा की पूर्ति में परिवर्तनों से ही नहीं होते हैं बल्कि अन्य तत्त्वों से भी होते हैं, जैसे राष्ट्रीय आय, राष्ट्रीय व्यय, राष्ट्रीय बचत तथा राष्ट्रीय निवेश। प्रो. चाण्डलर (Professor Chandler) के अनुसार M, V तथा T का तुरन्त P पर प्रभाव पड़ता है लेकिन ये भी अनेक तत्त्वों से निर्धारित होते हैं। प्रो. क्राउथर के अनुसार मुद्रा का मूल्य कुल आय का परिणाम है न कि मुद्रा की मात्रा का।

(8) **मानवीय कारकों की उपेक्षा** (Neglects Human Factors) : फिशर के अनुसार कीमत स्तर M, M^1, V, V^1 तथा T के नियमन एवं नियन्त्रण के माध्यम से नियन्त्रित किया जा सकता है। लेकिन वास्तविक व्यवहार में कीमतें उपभोक्ताओं और उत्पादकों के बचत एवं निवेश के निर्णयों से भी प्रभावित होते हैं। मुद्रा के परिमाण सिद्धान्त के लेन-देन दृष्टिकोण में मानवीय कारकों की उपेक्षा की गई है। यदि मुद्रा की पूर्ति बढ़ाई जाती है, लेकिन व्यय में वृद्धि नहीं होती है तो कीमत स्तर में वृद्धि नहीं होगी।

(9) **एकपक्षीय सिद्धान्त** (One Sided Theory) : फिशर द्वारा दिया गया सिद्धान्त एकपक्षीय हैं क्योंकि यह मुद्रा की पूर्ति पर जोर देता है जबकि मुद्रा की माँग की उपेक्षा करता है। मुद्रा की माँग में परिवर्तन से भी मुद्रा का मूल्य परिवर्तित होता है। इसमें विनिमय माध्यम के कार्य पर जोर दिया है जबकि मुद्रा के महत्त्वपूर्ण कार्य मूल्य संचय की उपेक्षा की है। कीन्स ने इस दृष्टिकोण की आलोचना की है। कीन्स के अनुसार मुद्रा एक परिसम्पत्ति है तथा इसकी माँग लोगों द्वारा उनकी परिसम्पत्तियों को तरल रूप में रखने के लिए की जाती है।

(10) **ब्याज दर की उपेक्षा** (Neglecting Rate of Interest) : इस सिद्धान्त में मूल्य स्तर को निर्धारित करने में ब्याज दर की उपेक्षा की है। श्रीमती जॉन रोबिन्सन ने सही कहा है कि कीमत स्तर को प्रभावित करने में मुद्रा की मात्रा महत्वपूर्ण है लेकिन मुद्रा की मात्रा ब्याज दर को भी प्रभावित करती है। मुद्रा की पूर्ति में परिवर्तन तथा ब्याज दर में सीधा सम्बन्ध नहीं

हैं। इसमें परोक्ष सम्बन्ध है। मुद्रा की पूर्ति में परिवर्तन ब्याज दर को प्रभावित करता है तथा इसके पश्चात् उपभोग और विनियोग भी परिवर्तित होते हैं। इसके परिवर्तन से कीमत स्तर भी प्रभावित होता है।

(11) **अस्पष्ट व्याख्या** (Inconsistent Explanation) : फिशर के समीकरण में मुद्रा की मात्रा तथा इसका चलन वेग (MV) की अस्पष्ट व्याख्या एवं सम्बन्ध बताया गया है। मुद्रा की मात्रा (M) का सम्बन्ध एक निश्चित समय बिन्दु तथा मुद्रा के चलन वेग (V) का एक समयावधि से सम्बन्ध होता है। मुद्रा की मात्रा और इसक चलन वेग अस्पष्ट गुणनफल है जो कि सही नहीं है।

इसी के साथ समीकरण सामान्य कीमत स्तर का विश्लेषण है। यह मौद्रिक तत्त्वों के कारण सापेक्षित कीमतों में होने वाले परिवर्तन की व्याख्या नहीं करता है। सामाजिक दृष्टिकोण से सामान्य कीमत स्तर की तुलना में सापेक्षिक कीमत महत्त्वपूर्ण होती है।

(12) **मुद्रा के चलन वेग पर कोई बहस नहीं** (No Discussion of the V): इस समीकरण में V की व्याख्या नहीं की गई है और न ही इसक निर्धारकों की। मार्शल के अनुसार विनिमय समीकरण मुद्रा के चलन वेग (V) की विस्तार से व्याख्या नहीं करता है।

(13) **मुद्रा के चलन वेग की माप कठिन** (Difficult to Measure V) : फिशर ने अपने समीकरण में कीमत स्तर या मुद्रा के मूल्य की व्याख्या करने के लिए मुद्रा के चलन वेग (V) को शामिल किया है लेकिन इसकी माप करना कठिन है। इसमें अल्पकाल में V को स्थिर माना है जबकि दीर्घकाल में इसे स्थिर नहीं माना जा सकता है।

(14) **वस्तुओं के चलन वेग की उपेक्षा** (Neglects the Velocity of Circulation of Goods) : इस सिद्धान्त की इस आधार पर भी आलोचना की गई है कि कीमतों में परिवर्तन को प्रभावित करने में वस्तुओं के चलन वेग की उपेक्षा की गई है। वस्तुओं का अपना चलन वेग होता है, क्योंकि एक दी हुई अवधि में वस्तुओं का अनेक बार क्रय-विक्रय किया जाता है।

(15) **चक्रीय उच्चावचनों की उपेक्षा** (Neglects Cyclical Fluctuations): इस सिद्धान्त में यह माना गया है कि मुद्रा की पूर्ति में परिवर्तन के कारण ही कीमतें परिवर्तित होती हैं लेकिन व्यवहार में हम देखते हैं कि चक्रीय उच्चावचनों के कारण भी कीमत स्तर में परिवर्तन होता है। उदाहरण के

लिए मन्दी काल में मुद्रा की पूर्ति में कमी किये बिना ही कीमतें घटती हैं जबकि तेजी में बिना मुद्रा की पूर्ति के परिवर्तन के कीमतें बढ़ती है। इस प्रकार व्यापार चक्रों के कारण कीमत स्तर प्रभावित होता हैं जबकि फिशर ने अपने समीकरण में इसकी व्याख्या नहीं की है।

(16) **अन्य बातें समान नहीं रहतीं** (Other Things Being Equal Not Tenable) : फिशर ने अपने समीकरण में यह माना है कि अन्य बातें समान रहने पर मुद्रा की मात्रा तथा कीमत स्तर पर सीधा एवं आनुपातिक सम्बन्ध है। अल्पकाल में अन्य बातें जैसे : व्यापार की मात्रा (T), वस्तुओं का चलन वेग, उत्पादन क तरीके एवं प्रविधि, जनसंख्या, प्रति व्यक्ति आय तथा लोगों की उपभोग आदतें आदि स्थित मानी गई हैं। आज का विश्च परिवर्तनशील है तथा अन्य बातें समान नहीं रहती हैं। इस प्रकार यह सिद्धान्त स्थैतिक सिद्धान्त (Static Theory) पर आधारित है।

(17) **यह सिद्धान्त नहीं** (This is Not a Theory) : प्रो. निकोल्सन के अनुसार फिशर द्वारा दिया गया समीकरण एक सिद्धान्त नहीं है। यह एक सामान्य सत्य है जिसके बारे में हम सभी जानते हैं। मुद्रा की पूर्ति कीमत स्तर में परिवर्तन करती है तथा यह अर्थव्यवस्था की एक सामान्य प्रवृत्ति है।

(18) **अन्य देशों के कीमत स्तर की उपेक्षा** (Neglects the Price Level of Other Countries) : फिशर के द्वारा प्रतिपादित मुद्रा का परिमाण सिद्धान्त दूसरे देशों के कीमत स्तर तथा इसके प्रभावों का एक विशिष्ट देश के कीमत स्तर पर पड़ने वाले प्रभावों की उपेक्षा की गई है। यह सिद्धान्त इस मान्यता पर आधारित है कि एक देश के अन्य देशों से कोई आर्थिक सम्बन्ध नहीं हैं। आधुनिक समय में यह धारणा गलत है क्योंकि सम्पूर्ण विश्व एक गाँव बन गया है।

निष्कर्ष (Conclusion): इस प्रकार हम कह सकते हैं कि मुद्रा का परिमाण सिद्धान्त एक काल्पनिक, दोषपूर्ण एवं गुमराह/भ्रमित करने वाला सिद्धान्त है। प्रो. जे.एस. कीन्स के अनुसार यह सिद्धान्त न केवल काल्पनिक एवं दोषपूर्ण है बल्कि एक अपूर्ण सिद्धान्त है जिसके द्वारा मुद्रा की क्रय शक्ति के माप का सही और उचित साधन प्रदान नहीं करता है। जब मुद्रा की पूर्ति में परिवर्तन से कीमत स्तर में परिवर्तन होते हैं तो उसकी पूर्ण व्याख्या नहीं करने से स्फीति के नियन्त्रण के लिए आवश्यक उपाय नहीं किये जा सकते हैं।

नकद शेष समीकरण : कैम्ब्रिज समीकरण
(Cash Balance Approach : Cambridge Equation)

मुद्रा के परिमाण सिद्धान्त का एक अन्य दृष्टिकोण भी है जिसका विकास मार्शल, पीगू, रोबर्टसन, जे.एस. कीन्स आदि ने किया है। इसे कैम्ब्रिज समीकरण अथवा नकद शेष समीकरण भी कहा जाता है। यह मुद्रा के मूल्य के संचय के कार्य पर आधारित सिद्धान्त है।

मुद्रा के मूल्य के नकद शेष समीकरण में मुद्रा का मूल्य मुद्रा की माँग और इसकी पूर्ति पर निर्भर करता है। किसी समय पर मुद्रा का मूल्य उस बिन्दु पर निर्धारित होता है जहाँ मुद्रा की माँग इसकी पूर्ति के बराबर होती है। मुद्रा का मूल्य एक निश्चित समय बिन्दु पर आधारित है। कैम्ब्रिज अर्थशास्त्रियों के अनुसार मुद्रा का मूल्य एक समय बिन्दु पर एक स्टॉक (Stock) है।

मुद्रा की माँग लोगों द्वारा इसकी तरलता पसन्दगी के कारण उत्पन्न होती है। मुद्रा का मूल्य मुद्रा की माँग और कीमत स्तर से सीधा तथा विपरीत रूप से जुड़ा हुआ है। यदि मुद्रा की माँग बढ़ती है तो वस्तुओं तथा सेवाओं की माँग घटेगी तथा इससे मुद्रा का मूल्य बढ़ेगा और कीमत स्तर गिरेगा।

नकद शेष दृष्टिकोण कैम्ब्रिज अर्थशास्त्रियों द्वारा विकसित किया गया था। इस समीकरण के कुछ रूप कैम्ब्रिज अर्थशास्त्रियों द्वारा दिये गये हैं तथा वे सभी मुद्रा के परिमाण सिद्धान्त के नकद शेष समीकरण से जुड़े हुए हैं। कैम्ब्रिज समीकरण निम्नांकित है :-

(1) **मार्शल का समीकरण** (Marshall's Equation) : प्रो. मार्शल ने नकद शेष समीकरण इस प्रकार दिया है।

$$M = Ky$$

इसमें M मुद्रा की कुल पूर्ति (चलन + माँग जमा), y कुल वास्तविक आय, k वास्तविक आय (y) का वह भाग जो जनता मुद्रा के रूप में रखती है।

मुद्रा का मूल्य निम्न समीकरण के रूप में व्यक्त किया जा सकता है :-

$$P = \frac{Ky}{M}$$

इसमें P क्रय शक्ति को दर्शाता है।

(2) **पीगू का समीकरण** (Pigou Equation) : पीगू ने नकद कोष समीकरण निम्न रूप में दिया है :-

$$P = \frac{KR}{M}$$

इसमें R कुल वास्तविक आय है।

K कुल वास्तविक आय का वह भाग जो नकद कोषों के रूप में जनता रखती है तथा M कुल मुद्रा का स्टॉक अथवा कुल नकदी समाज द्वारा रखना।

पीगू ने इस समीकरण में और विस्तार किया है जो निम्नांकित है :-

$$P = \frac{KR}{M}\{C + H(1-C)\}$$

इसमें C मुद्रा का वह अनुपात जो जनता द्वारा वैधानिक मुद्रा के रूप में रखा जाता है।

H बैंकों द्वारा नकद कोषों का वह भाग जो बैंकों के जमाओं का रखा जाता है।

1-C बैंक जमाओं का रूप जो कुल मुद्रा के अनुपात का जनता द्वारा रखा जाता है।

(3) **रोबर्टसन का समीकरण** (Robertson's Equation) : प्रो. रोबर्टसन ने निम्नांलिखित समीकरण दिया है :-

$$P = \frac{M}{KT}$$

इसमें P कीमत स्तर, M मुद्रा की पूर्ति, T कुल वस्तुओं तथा सेवाओं की कुल मात्रा का क्रय, K जनता द्वारा T का वह भाग जो नकदी में रखा जाता है।

(4) **कीन्स का समीकरण** (Keynes' Equation) : कीन्स ने निम्न समीकरण दिया है :-

$$n = pk \text{ or } p = \frac{n}{k}$$

इसमें n चलन में कुल मुद्रा की पूर्ति, p उपभोग वस्तुओं की कीमतों का

सामान्य कीमत स्तर, k जनता द्वारा नकदी के रूप में उपभोग वस्तुओं की मात्रा।

नकद शेष समीकरण की आलोचना
(Criticism of Cash Balance Approach)

नकद कोष समीकरण की अनेक अर्थशास्त्रियों ने विभिन्न समीकरण देकर व्याख्या की है जो कि मुद्रा की मात्रा के परिमाण सिद्धान्त का एक भाग है। इस समीकरण की निम्न आलोचनायें की गई हैं :-

(1) **मुद्रा की माँग इकाई के बराबर** (Unitary Elastic Demand for Money) : नकद शेष समीकरण इस मान्यता पर आधारित है कि मुद्रा की माँग इकाई के बराबर है। यह मान्यता अवास्तविक है, क्योंकि मुद्रा की माँग कभी भी इकाई के बराबर नहीं हो सकती है। आज का विश्व प्रावैगिक एवं प्रगतिशील है। यह सिद्धान्त आधुनिक प्रावैगिक समाज़ में कीमत व्यवहार की व्याख्या करने में असफल रहा है।

(2) **मुद्रा की माँग की पूर्ण रूप में व्याख्या नहीं** (No Explanation in Toto) : मुद्रा का नकद शेष समीकरण मुद्रा की माँग की पूर्ण रूप से व्याख्या करने में असफल रहा है। मुद्रा की माँग के विभिन्न निर्धारकों की व्याख्या नहीं की गई है। अर्थव्यवस्था में मुद्रा की माँग सट्टेकारी उद्देश्य से प्रभावित होती है, की व्याख्या नहीं की गई है। इस उद्देश्य से कीमत स्तर प्रभावित होता है तथा इसके परिणामस्वरूप मुद्रा का मूल्य भी प्रभावित होता है।

(3) **उपभोग वस्तुओं के रूप में व्याख्या** (Explains Consumption Goods Only) : प्रो. ए.सी. पीगू तथा प्रो. जै. एम. कीन्स द्वारा दिये गये समीकरण नकद शेष समीकरण की व्याख्या मुद्रा की क्रयशक्ति का उपभोग वस्तुओं के संदर्भ में करते हैं। लेकिन व्यवहार में विनियोग वस्तुओं (Investment Goods) भी होती है। लेकिन इन्होंने मुद्रा की क्रयशक्ति का संकीर्ण अर्थ में उपयोग किया है, जो सही नहीं है।

(4) **K का संकीर्ण अर्थ** (Narrow View of K) : इस समीकरण में K की अवधारणा का संकीर्ण अर्थ में उपयोग किया है। वास्तविक आय का एक भाग लोग नकदी में रखते हैं और नकदी का यह भाग (K) भी अनेक तत्त्वों

से निर्धारित होता है, जैसे : कीमत स्तर, लोगों की मौद्रिक और व्यावसायिक आदतें तथा देश में विद्यमान राजनीतिक दशाएँ।

(5) इस सिद्धान्त के अनुसार कीमत स्तर नकद कोषों से प्रभावित होता है। मुद्रा की माँग नकद कोषों के लिए जितनी अधिक होगी इसका मूल्य भी उतना ही अधिक होगा। इस प्रकार R द्वारा P प्रभावित होता है। इस प्रकार K न केवल P को प्रभावित करता है, बल्कि K भी P से प्रभावित होता है। जब कीमतें गिरती हैं लोग इन्तजार करते हैं और कीमतें गिरने पर वे खरीदारी करते हैं।

(6) कुल वास्तविक आय (R) समाज का प्रतिनिधित्व करती है। यह देश में उत्पादित सभी वस्तुओं तथा सेवाओं को शामिल करती है। विभिन्न वस्तुओं तथा सेवाओं की सही माप सम्भव नहीं होती है।

(7) इस समीकरण में K तथा T को भी दिया हुआ माना है। एक प्रावैगिक युग में दोनों स्थिर नहीं रहते हैं।

(8) यह सिद्धान्त व्यापाक नहीं (Not Comprehensive Theory) है। इसमें ब्याज दर की ओर कोई ध्यान नहीं दिया गया है। ब्याज दर कीमत स्तर को प्रभावित करती है तथा इसमें मुद्रा का मूल्य प्रभावित होता है। मुद्रा की पूर्ति में परिवर्तन तथा इसके पश्चात् कीमतों पर पड़ने वाले प्रभावों की कोई व्याख्या नहीं की गई है।

(9) यह सिद्धान्त सही मात्रात्मक व्याख्या नहीं (Not Explain the Quantitative Exactness) करता है। जब मुद्रा की पूर्ति में परिवर्तन होता है तो इससे कीमतों तथा अर्थव्यवस्था में उत्पादन किस सीमा तक परिर्वतन होते हैं, की व्याख्या नहीं की गई है।

(10) महत्त्वपूर्ण तत्त्वों की उपेक्षा (Neglected Important Factors) : इस समीकरण द्वारा कीमत स्तर का अध्ययन करते समय अन्य महत्त्वपूर्ण तत्त्वों की उपेक्षा की हैं। ये तत्त्व हैं : आय, बचत तथा निवेश आदि। इन तत्त्वों से कीमत स्तर प्रभावित होता हैं तथा इसके परिणामस्वरूप अर्थव्यवस्था में मुद्रा का मूल्य प्रभावित होता है।

(11) इस दृष्टिकोण में मुद्रा का परिमाण सिद्धान्त के अन्तर्गत उन सभी बैंक जमाओं की उपेक्षा की है जो कि बैंकों के उधार देने के कार्यक्रम के कारण उत्पन्न हुए हैं। लोगों की चालू आय तथा उधार देने से उत्पन्न जमायें कीमत स्तर तथा मुद्रा के मूल्य को प्रभावित करती हैं।

इस सिद्धान्त की उपर्युक्त आलोचनाएँ होने के बावजूद भी यह मुद्रा के मूल्य के निर्धारण में मुद्रा की माँग को आधार मानता है। इसने मुद्रा के मूल्य की समस्या का स्पष्टीकरण किया है।

फिशर समीकरण तथा कैम्ब्रिज समीकरण की तुलना
(Comparison between Fisher's Equation and Cambridge Equation)

मुद्रा के मात्रात्मक सिद्धान्त के दोनों समीकरणों में निम्नांकित समानतायें हैं :-

(1) दोनों समीकरण यह मानते हैं कि कीमत स्तर अथवा मुद्रा का मूल्य मुद्रा की मात्रा पर निर्भर करते हैं।

(2) फिशर के समीकरण में $MV + M^1V^1$, रोबर्टसन तथा पीगू के समीकरण में M तथा कीन्स के समीकरण n कुल मुद्रा की मात्रा को व्यक्त करते हैं।

(3) इस नकद शेष समीकरण में फिशर का समीकरण $P = \frac{MV}{T}$ तथा रोबर्टसन का समीकरण $P = \frac{M}{KT}$ है जिनमें काई आधारभूत अन्तर नहीं है।

(4) प्रो. रोबर्टसन के अनुसार मुद्रा की मात्रा के सिद्धान्त में समीकरणों में कोई अन्तर नहीं है। फिशर ने मुद्रा को एक प्रवाह (Flow) के रूप में तथा कैम्ब्रिज समीकरण में स्टॉक (Stock) पर जोर दिया है। दोनों ही समीकरण मुद्रा के विनिमय माध्यम के कार्य पर जोर देते हैं।

अन्तर (Differences) : मुद्रा के परिमाण सिद्धान्त के दोनों समीकरणों में निम्न अन्तर हैं :-

(1) फिशर के समीकरण में P सामान्य कीमत स्तर को बताता है जिसमें उपभोग तथा गैर-उपभोग वस्तुएँ सम्मिलित हैं, जबकि कैम्ब्रिज समीकरण में P उपभोग वस्तुओं की कीमत स्तर को बताता है।

(2) मुद्रा के परिमाण सिद्धान्त के दोनों दृष्टिकोण मुद्रा की माँग की विभिन्न अवधारणाओं को व्यक्त करते हैं। फिशर समीकरण मुद्रा के विनिमय माध्यम तथा कैम्ब्रिज समीकरण मुद्रा के मूल्य के संचय कार्य पर ज़ोर देता हैं।

(3) फिशर ने मुद्रा के मात्रा की चलन वेग को महत्त्व दिया है जबकि कैम्ब्रिज

समीकरण समाज की आय का वह भाग जो नकद शेष (K) के रूप में रखी जाती है, को महत्त्व दिया है।

(4) फिशर का समीकरण मुद्रा के प्रवाह (Flow) अवधारणा पर आधारित है जबकि कैम्ब्रिज समीकरण एक निश्चित समय बिन्दु पर मुद्रा के मूल्य की स्टॉक (Stock) व्याख्या करता है।

(5) फिशर के समीकरण का सम्बन्ध मुद्रा के मूल्य का अध्ययन समयावधि के अन्तर्गत करता है जबकि कैम्ब्रिज समीकरण समय बिन्दु का अध्ययन करता है।

(6) मुद्रा की प्रकृति की व्याख्या दोनों दृष्टिकोणों में अलग-अलग की गई है। फिशर के अनुसार अर्थव्यवस्था में मुद्रा के प्रवाह का अध्ययन किया गया है जबकि कैम्ब्रिज समीकरण में बेकार पड़े नकद शेष का अध्ययन किया जाता है।

कौनसा दृष्टिकोण श्रेष्ठ (Which Approach is Superior)

मुद्रा के परिमाण सिद्धान्त का कैम्ब्रिज दृष्टिकोण फिशर दृष्टिकोण से श्रेष्ठ है। इसके विषय में निम्न तक्र दिये गये हैं।

(1) फिशर का समीकरण मुद्रा की मात्रा के साथ कीमत स्तर का यन्त्रीकृत (Mechanical) सम्बन्ध व्यक्त करता है। कीमत स्तर को प्रभावित करने वाले मानसिक तत्त्वों की उपेक्षा करता है। कैम्ब्रिज समीकरण वास्तविकता पर आधारित है। यह मानवीय तत्त्वों को ध्यान में रखते हुए मुद्रा की मात्रा से कीमत स्तर में होने वाले परिवर्तनों की व्याख्या करता है।

(2) फिशर का समीकरण एकपक्षीय है। यह मुद्रा की माँग की उपेक्षा करता है तथा मुद्रा की पूर्ति को ध्यान में रखते हुए कीमत स्तर तथा मुद्रा के मूल्य की व्याख्या करता है। कैम्ब्रिज समीकरण मुद्रा की माँग और इसकी पूर्ति दोनों को साथ लेकर कीमत स्तर तथा मुद्रा के मूल्य की व्याख्या करता है।

(3) कैम्ब्रिज समीकरण व्यापक है। यह आय स्तर तथा इसमें होने वाले परिवर्तनों की कीमत स्तर तथा मुद्रा के मूल्य की व्याख्या करता है। फिशर ने कीमत स्तर के निर्धारक के रूप में आय स्तर की उपेक्षा की है।

(4) नकद शेष समीकरण $P = \frac{M}{KT}$ फिशर के समीकरण $P = \frac{MV}{T}$ से

अधिक महत्वपूर्ण है जो मुद्रा के मूल्य की व्याख्या करता है। एक व्यक्ति के नकद शेष की जानकारी आसान है जबकि एक व्यक्ति के द्वारा किये गये व्यय के विभिन्न सौदों की जानकारी आसान नहीं है।

(5) फिशर के अनुसार कीमत स्तर में परिवर्तन मुद्रा की मात्रा में परिवर्तन का परिणाम है जबकि कैम्ब्रिज समीकरण के अनुसार बिना मुद्रा की मात्रा में परिवर्तन के कीमत स्तर में परिवर्तन हो सकता है। यदि K में परिवर्तन होता है तो कीमत स्तर भी प्रभावित होगा। इस प्रकार K महत्त्वपूर्ण तत्व है।

(6) K महत्त्वपूर्ण उपकरण है। यह चक्रीय उच्चावचनों (Cyclical Fluctuations) की व्याख्या का महत्त्वपूर्ण उपकरण है जबकि फिशर ऐसी व्याख्या प्रस्तुत नहीं करता है। उदाहरणार्थ यदि जनता में देश की मुद्रा में अविश्वास उत्पन्न हो जावे तो वे नकद शेष की मात्रा को कम देंगे और चलन में मुद्रा की मात्रा में वृद्धि हो जावेगी और अर्थव्यवस्था में कीमत स्तर बढ़ जायेगा। अचानक K में कमी होने के कारण 1923 में जर्मनी में तेज दौड़ मुद्रा प्रसार की स्थिति उत्पन्न हो गई थी।

(7) कैम्ब्रिज समीकरण फिशर समीकरण से अधिक वास्तविकता पर आधारित है, क्योंकि यह मुद्रा की माँग को प्रभावित करने वाले व्यक्तिगत कारकों की व्याख्या करता है। फिशर का समीकरण मुद्रा के मूल्य तथा कीमत स्तर के गैर-व्यक्तिगत तत्त्वों की व्याख्या करता है।

(8) कैम्ब्रिज समीकरण ब्याज के तरलता पसंदगी सिद्धान्त का आधार है, जिसका प्रतिपादन जे.एम. कीन्स ने किया है। इसके परिणामस्वरूप आय, उत्पादन तथा रोजगार के आधुनिक सिद्धान्त का विकास हुआ है। यह सिद्धान्त एक अर्थव्यवस्था में उत्पादन, आय तथा रोजगार की व्याख्या ही नहीं करता है, बल्कि मौद्रिक उपकरणों से मौद्रिक अधिकारी द्वारा व्यावसायिक चक्रों को नियन्त्रित करने की मौद्रिक नीति की सीमाओं की व्याख्या भी करता है।

इस प्रकार उपर्युक्त विश्लेषण से स्पष्ट हैं कि फिशर की तुलना में कैम्ब्रिज समीकरण मुद्रा के मूल्य तथा कीमत स्तर की व्याख्या करने में श्रेष्ठ है।

इस प्रकार उपर्युक्त विश्लेषण से स्पष्ट है कि फिशर की तुलना में कैम्ब्रिज समीकरण मुद्रा के मूल्य तथा कीमत स्तर की व्याख्या करने में श्रेष्ठ है।

मुद्रा का आय सिद्धान्त अथवा मुद्रा का बचत विनियोग सिद्धान्त
(The Income Theory of Money/SI Theory of Money)

यह सिद्धान्त बचत निवेश सिद्धान्त भी कहलाता है क्योंकि कीमत स्तर के निर्धारण में बचत और निवेश का अध्ययन भी किया जाता है। फिशर और कैम्ब्रिज समीकरण मुद्रा के मूल्य निर्धारण का एक व्यापक विश्लेषण प्रस्तुत नहीं करते हैं। उनके द्वारा मुद्रा के मूल्य के कुछ पहलुओं का ही अध्ययन किया जाता है। उनके द्वारा एक ओर मुद्रा के मूल्य तथा दूसरी ओर मुद्रा की माँग और पूर्ति का अध्ययन किया जाता है। लेकिन अर्थव्यवस्था में कीमत स्तर में होने वाले उच्चावचनों की व्याख्या नहीं करते हैं। आय सिद्धान्त कीमतों में होने वाले उच्चावचनों का अनेक तत्त्वों, जैसे आय,व्यय, बचत, निवेश इत्यादि के साथ व्याख्या करता है।

सन् 1844 में थोमस दुके द्वारा आय सिद्धान्त को मौलिक रूप में प्रस्तुत किया गया था। लेकिन इसके विकास एवं प्रतिपादन का श्रेय प्रो. जे.एम. कीन्स को जाता है। पुराने सिद्धान्त की सबसे बड़ी सीमा यह थी कि वस्तुओं तथा सेवाओं की कुल माँग में परिवर्तन मुद्रा की मात्रा में होने वाले परिवर्तन की देन है। लेकिन इस विचार को तीसा की महान मन्दी ने गलत सिद्ध कर दिया है।

मुद्रा आय सिद्धान्त यह बताता है कि कुल माँग में परिवर्तन मुद्रा की पूर्ति से न होकर आय में परिवर्तन से होता है। इस सिद्धान्त ने इस बात पर जोर दिया है कि वस्तुओं तथा सेवाओं की कुल माँग समाज की मौद्रिक आय के आधार पर निर्भर करता हैं। समाज की मौद्रिक आय लोगों के हाथों में विद्यमान क्रयशक्ति से है जो वस्तुओं तथा सेवाओं पर खर्च की जाती है। यदि उत्पादन लोचदार नहीं है तो वस्तुओं तथा सेवाओं की माँग बढ़ेगी। उत्पादन लोचदार न होने का कारण कच्चे माल, श्रम तथा शक्ति की कमी होना हैं। कुल माँग बढ़ने से कीमत स्तर बढ़ेगा। दूसरी ओर यदि उत्पादन बढ़ता है तो कीमत स्तर पर अधिक प्रभाव नहीं पड़ेगा क्योंकि बढ़ती हुई माँग को उत्पादन तथा रोजगार द्वारा पूरा किया जा सकेगा। इस प्रकार कुल मौद्रिक आय में परिवर्तन न कि मुद्रा की पूर्ति में परिवर्तन कुल माँग, कीमत स्तर तथा मुद्रा के मूल्य को निर्धारित करते हैं। आय, कीमत तथा आर्थिक क्रियाओं में परिवर्तन के कारण मुद्रा की पूर्ति में परिवर्तन होते हैं। इस प्रकार इस सिद्धान्त के अनुसार, "मुद्रा का मूल्य (कीमत स्तर) मुद्रा की पूर्ति के स्थान पर कुल आय का परिणाम है।"

कीन्स के द्वारा इस सिद्धान्त का निम्न समीकरण दिया है :-

$$Y = C + I$$
$$Y = C + S$$
$$I = Y - C$$
$$S = Y - C \therefore I = S$$

इसमें Y आय, C उपभोग, S बचत तथा I विनियोग है। बचत निवेश के बराबर होनी चाहिए। उत्पादन और आय उपभोग व्यय से अधिक होना चाहिए।

कीन्स के अनुसार अर्थव्यवस्था में बचत विनियोग के बराबर (S = I) होने पर साम्यावस्था होगी क्योंकि समाज द्वारा बचत के रूप में कुल आय का आहरण करने पर विनियोग व्यय में वृद्धि होती है। जब बचत निवेश के बराबर (S = I) होती है तब आर्थिक क्रिया स्थिर रहती है, क्योंकि उत्पादकों के पास ऐसा कोई ठोस आधार नहीं होता है कि अर्थव्यवस्था में उत्पादन और रोजगार में परिवर्तन करे। इस प्रकार बचत और विनियोग बराबर (S = I) होना अर्थव्यवस्था में सन्तुलन प्राप्त करने की एक पूर्व शर्त है। प्रो. कीन्स क अनुसार बचत और विनियोग के बीच समानता आय के स्तर में परिवर्तन का परिणाम है। यह आय के स्तर में परिवर्तन के माध्यम से सम्भव है। यदि विनियोग बचत से अधिक (I > S) आय बढ़ेगी जब तक बढ़ी हुई आय में से बचत बढ़े हुए विनियोग के बराबर होती है। यदि विनियोग घटता है, आय भी घटेगी जब तक घटी हुई आय में से बचत घटे हुए विनियोग के बराबर नहीं हो जावे। इस प्रकार बचत और विनियोग एक-दूसरे के बराबर हो जावेगी।

कीन्स के अनुसार अल्पकाल में बचत स्थिर रहती है क्योंकि इस अवधि में बचत की प्रवृत्ति नहीं बदलती है। इस प्रकार व्यावसायिक उच्चावचन विनियोग के कारण उत्पन्न होते हैं। विनियोग एक सक्रिय तत्त्व है जिससे अर्थव्यवस्था में उच्चावचन होते रहते हैं। विनियोग में वृद्धि से कीमत स्तर बढ़ता है जिसके माध्यम से रोजगार और मौद्रिक आय में परिवर्तन होता है। इसके विपरीत विनियोग में कमी होने पर रोजगार और मौद्रिक आय में परिवर्तन के माध्यम से कीमत स्तर में कमी आती है।

यदि बचत और विनियोग में साम्यावस्था होती है तो कीमत स्तर और मुद्रा के मूल्य में स्थिरता होगी। इस प्रकार कीमत स्तर में उच्चावचन आय में परिवर्तन के कारण आते हैं न कि मुद्रा की मात्रा से।

सिद्धान्त के गुण (Merits of the Theory)

बचत विनियोग सिद्धान्त मुद्रा के परम्परागत परिमाण सिद्धान्त से निम्न आधारों पर श्रेष्ठ है : -

(1) यह सिद्धान्त सामान्य सिद्धान्त को व्यक्तिगत कीमतों तथा सामान्य कीमतों के साथ जोड़कर कीमत उच्चावचनों की व्याख्या करता है।

(2) इस सिद्धान्त ने मुद्रा की पूर्ति में परिवर्तन से ब्याज दर में परिवर्तन तथा इसके परिणामस्वरूप बचत और विनियोग को प्रभावित करते हुए कीमत स्तर तथा मुद्रा के मूल्य में होने वाले परिवर्तन की व्याख्या की है।

(3) यह सिद्धान्त कीमतों, उत्पादन तथा रोजगार में होने वाले चक्रीय उच्चावचनों को पहचानने तथा विश्लेषण करने का एक विश्वसनीय उपकरण है।

(4) बचत निवेश सिद्धान्त मुद्रा के परिमाण सिद्धान्त की तुलना में अधिक विश्वसनीय है। यह पूर्ण रोजगार से कम (Less than Full Employment) की स्थिति की मान्यता पर आधारित है।

(5) यह सिद्धान्त इस बात की व्याख्या करता है कि मुद्रा की कमी से तेजी को राका जा सकता है लेकिन मन्दी से छुटकारा पाने में मुद्रा की पूर्ति में अधिक वृद्धि सहायक नहीं होती है।

(6) यह सिद्धान्त मुद्रा के चलन में इसके चलन वेग में होने वाले परिवर्तनों की समय-समय पर व्याख्या करता है। मुद्रा के चलन वेग को संचय (Hoarding) अथवा असंचय (Dishoarding) प्रभावित करता है।

सीमायें (Limitations)

बचत विनियोग सिद्धान्त की निम्नांकित सीमायें हैं :-

(1) इस सिद्धान्त द्वारा कीमतों और रोजगार में होने वाले अल्पकालीन उच्चावचनों की व्याख्या की जाती है। लेकिन कीमतों एवं रोजगार में दीर्घकालीन उच्चावचनों की यह सिद्धान्त व्याख्या नहीं करता है।

(2) यह सिद्धान्त विकसित देशों की आवश्यकताओं के अनुकूल है। लेकिन विकासशील देशों की अर्थव्यवस्थाओं की विशेषताओं के अनुकूल नहीं होने से इसकी उपादेयता कम है।

17

अन्तर्राष्ट्रीय वित्तीय संस्थायें

(International Financial Institutions)

द्वितीय विश्व युद्ध के पश्चात् ब्रिटनवूडस सम्मेलन सन् 1944 में संयुक्त राज्य अमेरिका में हुआ था। ब्रिटनवूडस योजना दो भागों में विभाजित की गई थी :-

(1) अन्तर्राष्ट्रीय मुद्रा कोष (IMF) की स्थापना

(2) अन्तर्राष्ट्रीय पुनर्निर्माण एवं विकास बैंक (IBRD) की स्थापना।

बाद में दो सहयोगी संस्थायें अन्तर्राष्ट्रीय पुनर्निर्माण एवं विकास बैंक के लिए स्थापित की गईं। वे हैं :-

(1) अन्तर्राष्ट्रीय विकास संघ (International Development Association)

(2) अन्तर्राष्ट्रीय वित्त निगम (International Finance Corporation)

अन्य क्षेत्रीय संस्थाओं की स्थापना की गईं। जैसे एशियाई विकास बैंक (Asian Development Bank)। उपर्युक्त संस्थाओं की विवेचना निम्नांकित है :

अन्तर्राष्ट्रीय पुनर्निर्माण एवं विकास बैंक (International Bank for Reconstruction and Development - IBRD)

अन्तर्राष्ट्रीय पुनर्निर्माण एवं विकास बैंक जिसे सामान्यः विश्व बैंक (World Bank) कहा जाता है की स्थापना जुलाई, 1944 में की गई थी। इसने जून, 1946 में अपना कार्य शुरू किया। विश्व बैंक एक अन्तर्राष्ट्रीय संस्था है जिसका स्वामित्व

सरकारों में निहित है। इसके संचालन में प्रायः दार्घकालीन ऋण आता है जो सदस्य देशों में उत्पादक विनियोग के वित्त प्रबन्धन के लिए दिया जाता है।

बैंक के उद्देश्य (Objectives of the Bank)

बैंक के उद्देश्य इसके समझौते के आर्टिकल I मे दिये गये हैं। वे निम्नांकित हैं:-

(1) सदस्य देशों में पुनर्निर्माण एवं विकास के लिए सहायता देना। उत्पादक कार्यों के लिए पूँजी निवेश की सुविधा प्रदान की जाती है। इसमें :-
   (i) युद्ध में बर्बाद अर्थव्यवस्थाओं का पुनर्निर्माण करना,
   (ii) उत्पादन कार्यों में निवेश करके शान्तिकालीन आवश्यकताओं की पूर्ति करना,
   (iii) कम विकसित देशों में उत्पादक सुविधाओं एवं संसाधनों के विकास के लिए प्रोत्साहन देना।

(2) निजी विदेशी निवेश को प्रोत्साहन देना :-
   (i) निजी निवेशकर्ताओं के द्वारा ऋण तथा निवेश करने पर गारण्टी प्रदान करना, और
   (ii) जब निजी पूँजी उपलब्ध नहीं होती है तो निजी निवेश के पूरक का काम करना। स्वयं के पूँजी कोषों और अन्य संसाधनों के रूप में उत्पादक कार्यों के लिए वित्त प्रदान करना।

(3) यह दीर्घकालीन अन्तर्राष्ट्रीय व्यापार के सन्तुलित विकास को प्रोत्साहन देता है और दीर्घकालीन अन्र्राष्ट्रीय विनियोग को प्रोत्साहन देकर भुगतान सन्तुलन को बनाये रखना जिससे उत्पादकता में वृद्धि हो सके, जीवन स्तर उन्नत हो तथा श्रमिकों की दशाओं में सुधार हो।

(4) ऋणों को प्रोत्साहन देकर लाभकायक तथा अति आबश्यक परियोजनाओं लघु एवं दीर्घ शीघ्रता से पूरी की जा सके।

(5) कार्य संचालन के माध्यम से युद्धकालीन अर्थव्यवस्था को शान्तिकालीन अर्थव्यवस्था में परिवर्तन किया जा सके।

इस प्रकार विश्व बैंक (IRBD) अन्तर्राष्ट्रीय मुद्रा कोष का एक आवश्यक अंग है जो उच्च एवं स्थिर अन्तर्राष्ट्रीय विनियोग के स्तर को प्रोत्साहन कर अन्तर्राष्ट्रीय व्यापार के उच्च स्तर को बनाये रखने तथा उत्पादन एवं रोजगार में वृद्धि करती है।

सदस्यता एवं संगठन (Membership and Organisation) :

सभी सदस्य देश जो अन्तर्राष्ट्रीय मुद्रा कोष (IMF) के सदस्य हैं, वे सभी विश्व बैंक के भी सदस्य हैं। बैंक की सदस्यता बनाये रखने के लिए यह जरूरी है कि देशों के मताधिकार का 75 प्रतिशत सदस्य के पक्ष में हो।

प्रत्येक देश के पास 250 वोट होते हैं और इसके साथ ही पूँजी स्टॉक के प्रत्येक 100,000 अंशों पर एक अतिरिक्त मत प्राप्त होता है। सदस्य देश को दी जाने वाली सहायता इसके अंशदान से नहीं जुडी हुई है। जून 1999 में बैंक के 182 सदस्य थे।

बैंक का मुख्य अधिकारी अध्यक्ष कहलाता है। गवर्नर तथा कार्यकारी संचालक दोनों ही संगठनों के एक ही होते हैं। यह एक परम्परा बन गई है कि अन्तर्राष्ट्रीय मुद्रा कोष के संचालक मण्डल की वार्षिक बैठक होती है।

विश्व बैंक के अध्यक्ष को अनेक विभागों द्वारा सहायता की जाती है जिसमें प्रत्येक विभाग का एक अध्यक्ष होता है। बैंक के आन्तरिक संगठन का पुनर्गठन पहली बार 1952 में किया गया था और इसके बाद 1972 में किया गया। आधारभूत संगठनात्मक विचारों को ध्यान में रखते हुए प्रत्येक संगठन सहायता करता है जिसमें विकास के लिए उधार दिया जाता है, जिसमें परियोजनायें (Projects) प्रमुख हैं।

पूँजी संसाधन (Capital Resources) :

बैंक ने वर्ष 1946 में 10 बिलियन डॉलर अधिकृत पूँजी के साथ कार्य शुरू किया था। यह पूँजी 100,000 अंशों में विभक्त है। प्रत्येक अंश 1,00,000 डॉलर का है। सदस्य देशों द्वारा 9.4 बिलियन डॉलर का अंशदान दिया हुआ है। प्रत्येक सदस्य का पूँजी में कुल अंशदान तीन भागों में विभक्त किया हैं :-

(i) 2 प्रतिशत अंशदान स्वर्ण अथवा अमेरिकी डॉलर में देय।

(ii) 18 प्रतिशत अंशदान सदस्य देश की स्वयं की मुद्रा में देय।

(iii) 80 प्रतिशत अंशदान बैंक के दायित्वों को पूरा करने हेतु माँगने पर देय।

अधिकांश देशों में पूँजी अंशदान को सितम्बर 1959 में दुगना कर दिया गया। 17 देशों के अंशदान में 100 प्रतिशत से अधिक वृद्धि की गई है। बैंक की कुल अधिकृत पूँजी (Authorised Capital) उन देशों की जिनके अंशदान 100 प्रतिशत बढ़ाये गये थे, बढ़ाकर 21 बिलियन डॉलर कर दी गई। इसका प्रमुख उद्देश्य विश्व बैंक की पूँजी बाजार में स्थिति सुदृढ़ करना था। इस प्रकार पूँजी अंशदान केवल 10

प्रतिशत दिया गया। इसमें 1 प्रतिशत अंशदान स्वर्ण में तथा शेष 9 प्रतिशत सदस्य देशों की मुद्रा में दिया गया था।

जनवरी, 1980 में गर्वनर मण्डल ने एक प्रस्ताव स्वीकार करते हुए बैंक की अधिकृत पूँजी स्टॉक में वृद्धि 45 बिलियन डॉलर से बढ़ाकर 85 बिलियन डॉलर की गई। पूँजी अंशदान 10 प्रतिशत के स्थान पर 7.5 प्रतिशत था। अंशदानदाता सदस्यों द्वारा 0.75 प्रतिशत अंशदान का मूल्य स्वर्ण अथवा अमेरिका डॉलर में तथा शेष 6. 75 प्रतिशत सदस्य देशों की मुद्रा में देना था।

अधिकृत पूँजी में तीसरी बार वृद्धि 74.8 बिलियन डॉलर की अप्रेल, 1988 में की गई जिससे बैंक की कुल अधिकृत पूँजी बढ़कर 171.4 बिलियन डॉलर हो गई। सदस्य देशों को अपने अंशदान को 30 सितम्बर, 1993 तक पूरा करना था।

बैंक की अंशदान पूँजी 30 जून, 1998 को 186.4 बिलियन अमेरिका डॉलर थी। यह इसकी अधिकृत पूँजी का 97 प्रतिशत थी। बैंक कुल अंशदान पूँजी, आधिक्य तथा रक्षित कोषों के बराबर तक ऋण दे सकती है। पूँजी में वृद्धि से बैंक की उधार देने के कार्यक्रम में वृद्धि होती है। बैंक के उधार लेने के बाजार के कार्यक्रम की दो श्रेणियाँ हैं :-

(i) सरकार, इसकी एजेंसी अथवा केन्द्रीय बैंकों के माध्यम से प्रतिभूतियाँ बेचना,

(ii) निजी निवेश बाजार जिसमें निवेशकों को निर्गमन दिये जाते हैं जिसका माध्यम बैंकिंग फर्म, मर्चेन्ट बैंक तथा व्यापारिक बैंक होते हैं।

1998 के राजकोषीय वर्ष के अन्त तक विश्व बैंक की तरलता 24648 मिलियन डॉलर थी तथा निवेश पर वित्तीय प्रतिफल की दर 5.6 प्रतिशत थी। मध्यम तथा दीर्घकालीन ऋण विश्व बैंक द्वारा लिये गये। वे 1998 में 28080 मिलियन डॉलर थे।

उधार संचालन (Lending Operations)

प्रारम्भ में बैंक का उद्देश्य विश्व युद्ध से जर्जित अर्थव्यवस्थाओं का पुनर्निर्माण तथा विकास करना था। लेकिन अब बैंक विकासशील देशों की अर्थव्यवस्थाओं की ओर ध्यान देने लगा है। बैंक के समझौता लेख के अनुसार, "उत्पादक कार्यों के लिए पूँजी निवेश, अन्तर्राष्ट्रीय व्यापार के लिए दार्घकालीन सन्तुलित विकास के कार्य करना है। इसके साथ ही लाभदायक एवं महत्त्वपूर्ण परियोजनाओं के लिए ऋण की व्यवस्था करना।"

बैंक सदस्य देशों की सरकारों अथवा निजी उपक्रमों को ऋण प्रदान करता है जहाँ सरकार ऋण अदायगी की गारण्टी की इच्छुक है, 90 प्रतिशत से अधिक बैंक ऋण विशिष्ट विकास परियोजनाओं के वित्त प्रबन्धन के लिए दिये जाते हैं। ऋण सुदृढ़ वित्तीय और आर्थिक विश्लेषण के आधार पर स्वीकृत किये जाते हैं। परियोजना द्वारा एक स्वीकार्य प्रतिफल दर देय होनी चाहिए।

1948 से 1963 तक बैंक के ऋण कार्य आधारभूत संरचना, ऊर्जा सृजन और वितरण, रेलवे, राष्ट्रीय मार्ग, बन्दरगाह, प्रमुख सिंचाई कार्य तथा टेलीकम्यूनीकेशन आदि तक सीमित थे।

विगत वर्षो में उधार दिये जाने वाले क्षेत्रों को व्यापक कर दिया गया है। परियोजना की विषय सामग्री तथा डिजायन में भी परिवर्तन किय गये हैं। निर्धन व्रर्ग को लाभाविन्त करने वाली परियोजनाओं के लिए सरकारी, लघु उपक्रमों तथा सरकारी स्वामित्व वाली कम्पनियों के लिए विश्व बैंक ने उधार देना शुरू कर दिया है। इसने महत्वपूर्ण क्षेत्रों में भी उधार देना शुरू कर दिया हैं, जैसे - जनसंख्या नियोजन, पर्यावरण संरक्षण, प्राथमिक स्वास्थ्य देखभाल तथा ऊर्जा विकास। 1964-68 की अवधि में बैंक द्वारा दिये गये उधार का औसत 0.9 बिलियन डॉलर प्रतिवर्ष था जो बढ़ाकर 1974-78 में 44.9 बिलियन डॉलर हो गया। 1990 से 1994 तक 78 बिलियन डॉलर का उधार दिया जिसमें 60.4 बिलियन डॉलर वितरित किया गया। 1996, 1996 तथा 1997 में सकल वितरण बैंक द्वारा 12,672 मिलियन डॉलर, 13,372 मिलियन डॉलर तथा 13,998 मिलियन डॉलर था। यह बढ़कर 1998 में 21,086 मिलियन डॉलर हो गया। वितरित राशि 19,232 मिलियन डॉलर थी जो विगत वर्ष की तुलना में 37.4 प्रतिशत अधिक रही है।

1999 में ऋण 22.4 बिलियन डॉलर 131 परियोजनाओं के लिये दिये गये जबकि इसके पहले वर्ष में 21 बिलियन डॉलर 151 परियोजनाओं के लिए दिये गये थे।

तकनीकी और परामर्शदात्री सहायता
(Technical and Advisory Assistance)

विश्व बैंक ने न केवल सदस्य देशों को वित्तीय सहायता प्रदान की है बल्कि गैर-वित्तीय भूमिका का निर्वहन भी किया है। बैंक द्वारा आर्थिक प्रतिवेदन, समन्वय के रूप में सहायता, ऋणी तथा ऋणदाता के बीच बातचीत कराना जिसका सम्बन्ध क्षेत्रीय और समष्टि आर्थिक नीतियों से है तथा प्रभावी विकास व्यय पर शामिल है। यह प्रभावी पूँजी प्रवाह के लिए आवश्यक वातावरण भी तैयार करता है। यह निजी

क्षेत्र के लिए एक महत्त्वपूर्ण स्त्रोत है जिसमें सभी मध्यम एवं दीर्घकालीन बाह्य वित्त का 60 प्रतिशत सम्मिलित है। ऋण देने सम्बन्धी कार्यों में तकनीकी सहायता प्रदान करने में विश्व बैंक सदस्य देशों के लिए महत्त्वपूर्ण योगदान दे रहा है। यह तकनीकी, प्रशासनिक एवं वित्तीय कठिनाइयों का पता लगाकर परियोजनाओं को तैयार करने तथा इन समस्याओं के समाधान के लिए सुझाव देता है।

बैंक द्वारा परियोजना तैयार करने की सुविधा, परियोजना पूर्ण प्रतिवेदन तथा संचालन मूल्यांकन विभाग आदि के माध्यम से सदस्य देशों की सहायता करता है। बैंक ने विविध कार्य ले रखे हैं जिनमें शहरीकरण, जनसंख्या नियोजन तथा पर्यटन प्रमुख हैं। सन् 1955 मे आर्थिक विकास संस्थान की स्थापना की गई थी जो वरिष्ठ एवं मध्यम स्तर के अधिकारियों को आर्थिक विकास की समस्याओं के बारे मे अध्ययन का अवसर देता है और इनकी कार्यकुशलता में वृद्धि करता हैं। ये अधिकारी अधिकांश विकासशील देशों के होते हैं।

विनियोग विवादों के निपटारे हेतु अन्तर्राष्ट्रीय केन्द्र की सन् 1966 में स्थापना की गई थी। यह केन्द्र प्रसंविदा वाली सरकारों तथा विदेशी निवेशकर्ताओं के बीच उत्पन्न विवादों का निपटारा करता है।

सीमायें (Limitations)

विश्व बैंक की नीतियों तथा इसकी कार्य प्रणाली की निम्न आधारों पर आलोचना की गई है :

(1) विकासशील देशों को दिये जाने वाले ऋणों पर विश्व बैंक द्वारा ली गई ब्याज दर ऊँची (High Rate of Interest) है। उधार लेने वाले देशों को बैंक को स्थिर ब्याज अवितरित ऋण शेषों पर तथा नये ऋणों पर प्रारम्भिक फीस देनी पड़ती है। विकासशील देश विश्व बैंक से ब्याज दर कम करने के लिए दबाव डाल रहे हैं।

(2) ऋण स्वीकृत करने से पूर्व विश्व बैंक उधार लेने की क्षमता (Capacity of Borrowing) पर जोर देता है। बैंक को ऋणी देश की ऋण उपयोग के पहलू पर जोर देना चाहिए।

(3) विश्व बैंक एक गैर-राजनीतिक तथा गैर-पक्षीय संस्था है। लेकिन बैंक ने व्यवहार में ऋण योग्यता और आर्थिक आधार पर नहीं दिये हैं। एशियाई एवं अफ्रीकी देशों में अधिक जनसंख्या, बड़ा क्षेत्र तथा आर्थिक संसाधनों का उपयोग नहीं होने के कारण अधिक सहायता देना आवश्यक है।

(4) उधार नीति की इस आधार पर आलोचना की गई है कि विश्व बैंक ने सदस्य देशों को विशिष्ट परियोजनाओं के लिए ऋण दिये हैं जबकि सामान्य विकास कार्यों के लिए कम ऋण दिये गये हैं। सुदृढ़ वित्तीय और आर्थिक विश्लेषण के आधार पर ऋण देना अनेक वाणिज्यिक संस्थाओं की तुलना में कठोर शर्त है।

(5) विश्व बैंक परियोजनाओं के क्रियान्वयन पर अधिक नियन्त्रण पर जोर देता है जिसके लिए ऋण स्वीकृत किये जाते हैं। यह उधार लेने वाले देशों के आन्तरिक आर्थिक मामलों में आवश्यक हस्तक्षेप करना है।

इस प्रकार हम कह सकते हैं कि बैंक की उधार देने की नीतियां तथा प्रक्रियायें इसकी सुदृढ़ वित्तीय नीतियों के आधार पर वांछनीय नहीं हैं। बैंक एक सामाजिक कल्याण एजेंसी के रूप में कार्य नहीं करता है जिससे इन देशों की निर्धनता तथा बेरोजगारी की समस्याओं को हल किया जा सके। बैंक को अपने वित्तीय संसाधनों में वृद्धि करनी चाहिए तथा अपनी सहायक संस्थाओं के कार्यों में वृद्धि करनी चाहिए और अपनी नीतियों तथा प्राविधियों में पर्याप्त सुधार करना चाहिए।

अन्तर्राष्ट्रीय मुद्रा कोष
(International Monetary Fund)

अन्तर्राष्ट्रीय मौद्रिक सहयोग के इतिहास में अन्तर्राष्ट्रीय मुद्रा कोष की युद्धोपरान्त स्थापना एक महत्त्वपूर्ण घटना है। अन्तर्राष्ट्रीय मुद्रा कोष ने वाशिंगटन में 1 मार्च, 1947 को अपना कार्य शुरू किया था।

उद्देश्य (Objectives) : अन्तर्राष्ट्रीय मुद्रा कोष के समझौते प्रपत्र के अनुसार निम्नांकित उद्देश्य हैं :-

(1) स्थाई संस्था के माध्यम से अन्तर्राष्ट्रीय मौद्रिक सहयोग को प्रोत्साहन देना। यह संस्था अन्तर्राष्ट्रीय मौद्रिक समस्याओं के लिए सलाह एवं गठजोड़ के लिए मशीनरी प्रदान करती है।

(2) अन्तर्राष्ट्रीय व्यापार के प्रसार एवं सन्तुलित विकास हेतु सुविधा प्रदान करना जिससे कि रोजगार और वास्तविक आय के उच्च स्तर को बनाये रखना एवं प्रोत्साहन देना जिससे कि सभी सदस्य देशों के उत्पादन संसाधनों का विकास किया जा सके। यह आर्थिक नीति का प्राथमिक उद्देश्य है।

(3) विनियम स्थायित्व को प्रोत्साहन देना, सदस्य देशों में सुव्यवस्थित विनिमय

प्रबन्धन सदस्य राष्ट्रों में प्रदान करना तथा प्रतिस्पर्धी विनिमय मूल्य ह्रास को रोकना।

(4) भुगतान के बहुद्देश्यीय प्रणाली की स्थापना में चालू लेन-देन हेतु सहायता करना तथा विदेशी विनिमय प्रतिबन्धों को दूर करना जो कि विश्व व्यापार के विकास में बाधक रहे हैं।

(5) सदस्य देशों को विश्वास प्रदान करना कि कोष के कोषों/संसाधनों का उपयोग उनके समुचित हितों की रक्षा के लिए किया जावेगा। सदस्य देशों के भुगतान शेष के कुसमायोजन को सुधारना जिससे कि राष्ट्रीय अथवा अन्तर्राष्ट्रीय सफलता पर प्रतिकूल प्रभाव नहीं पड़े।

(6) सदस्य देशों के भुगतान सन्तुलन में असाम्यता उत्पन्न होने पर इसकी अवधि को कम करना।

इस प्रकार अन्तर्राष्ट्रीय मुद्रा कोष का आधारभूत उद्देश्य अन्तर्राष्ट्रीय व्यापार का विस्तार तथा सन्तुलित विकास करना जिससे कि विनिमय स्थायित्व को प्रोत्साहन मिल सके तथा बहुपक्षीय भुगतान प्रणाली की स्थापना हो सके।

संगठन एवं प्रबन्ध (Organisation and Management)

अन्तर्राष्ट्रीय मुद्रा कोष संयुक्त राष्ट्र की एक स्वायत्तशासी सम्बद्ध संस्था है। 44 राष्ट्रों में से 30 ने ब्रिटनवुड्स सम्मेलन में इसकी सदस्यता को ग्रहण कर लिया। यह 31 दिसम्बर, 1945 तक सदस्यता ग्रहण करनी थी। इस कोष के सदस्यों की संख्या 182 है। पूर्व यू.एस.एस.आर. तथा अन्य पूर्वी योरोपीय देशों के राज्यों ने भी इसकी सदस्यता स्वीकार कर ली है।

कोष के सभी अधिकार संचालक मण्डल में निहित हैं जिसमें एक गर्वनर तथा प्रत्येक सदस्य देश द्वारा नियुक्त वैकल्पिक गवर्नर प्रमुख हैं। बोर्ड ऑफ गवर्नर वर्ष में एक बार मिलते हैं और अपने अधिकार का उपयोग करते हैं। नये सदस्य, अभ्यंशों को दोहराना (Revision of Quotas), कार्यकारी संचालकों के चुनाव आदि महत्त्वपूर्ण मामलों पर विचार करते हैं।

गवर्नर बोर्ड कार्यकारी संचालक मण्डल को अधिकार सौंपता है। इस बोर्ड में 24 कार्यकारी संचालक होते हैं जिनमें 5 की नियुक्ति सबसे अधिक अभ्यंशों वाले देशों - संयुक्त राज्य अमेरिका, जापान, जर्मनी, फ्रांस तथा इंग्लैण्ड द्वारा की जाती है। अन्य विभिन्न क्षेत्रीय सदस्यों समूहों द्वारा चुने जाते हैं। यह कार्यकारी बोर्ड प्रत्येक सप्ताह में दो या तीन बार बैठक करता है और रोजमर्रा की समस्याओं पर विचार

करता है। कार्यकारी संचालक मण्डल का अध्यक्ष प्रबन्ध संचालक होता है और वह कार्यकारी अध्यक्ष तथा कोष के कर्मचारियों का मुखिया होता है।

20 सदस्यों की समिति की सिफारिश पर 1974 में अन्तर्राष्ट्रीय मौद्रिक प्रणाली तथा सम्बन्धित विवादों और विकास समिति हेतु सुधार समिति का गठन किया गया था। विकास समिति विकासशील देशों के व्यापक प्रश्नों के उपायों हेतु वास्तविक संसाधनों का हस्तान्तरण करता है, विशेषकर उन विकासशील देशों को जिनके भुगतान सन्तुलन में कठिनाइयाँ उत्पन्न हो गई हैं। यह समिति अन्तर्राष्ट्रीय मुद्रा कोष तथा विश्व बैंक द्वारा प्रायोजित होती है। अन्तर्राष्ट्रीय मुद्रा कोष सामान्य खाता (General Account) तथा विशेष खाते (Special Drawing Account) के माध्यम से कार्य संचालन करता है। यह विशेष खाते तथा ट्रस्ट्स (Trusts) के माध्यम से प्रशासन का कार्य करता है।

कोष के संसाधन (Resources of the Fund) : अन्तर्राष्ट्रीय मुद्रा कोष का वित्त प्रबन्धन सदस्य देशों द्वारा किया जाता है। एक सदस्य का कुल अंशदान इसके अभ्यंश (Quota) के बराबर होता हैं जिसके द्वारा ऋण लेने का अधिकार तथा मताधिकार का निर्धारण किया जाता है। इस कोष के समझौता प्रपत्र के अनुसार प्रत्येक देश को अपना अंशदान अभ्यंश में आंशिक रूप से स्वर्ण तथा आंशिक रूप से अपनी मुद्रा में देना पड़ता है। अभ्यंश का 25 प्रतिशत स्वर्ण में तथा 10 प्रतिशत इसकी विशुद्ध स्वर्ण कोष और अमरीकी डॉलर में देय होता है। 1971 तक अन्तर्राष्ट्रीय मुद्रा कोष का अभ्यंश और सभी लेन-देन अमरीकी डॉलर में व्यक्त किये जाते थे जिसकी स्वर्ण से एक निश्चित समता दर निर्धारित थी। एक औंस स्वर्ण 35 डॉलर मूल्य के बराबर था। दिसम्बर 1977 से विशेष आहरण अधिकार (Special Drawing Rights) सभी अन्तर्राष्ट्रीय मुद्रा कोष के सौदों और खाते में व्यक्त किया जाता है। विशेष आहरण अधिकार (SDR) का मुद्रा मूल्य पाँच विशिष्ट देशों की मुद्राओं से निर्धारित होता है।

अन्तर्राष्ट्रीय मुद्रा कोष के समझौता प्रस्ताव के अनुसार गवर्नर मण्डल अन्तः मूल्यों को पाँच वर्ष के लिए व्यक्त करते हैं। इस पर पुनर्विचार तथा समायोजन किया जा सकता है।

30 जनवरी, 1998 को ग्यारहवें पुनरीक्षण की अनुमति पर अन्तर्राष्ट्रीय मुद्रा कोष द्वारा इसके अभ्यंश को 45 प्रतिशत बढ़ाया गया जो कि 146 बिलियन डॉलर से बढ़कर 212 बिलियन डॉलर हो गया। प्रस्तावित अभ्यंश की वृद्धि निम्न प्रकार से रहेगी। 75 प्रतिशत वृद्धि सभी सदस्य देशों के विद्यमान अभ्यंश के अनुपात में

वितरित होगा। 15 प्रतिशत सदस्य देश के अंश का इसके गणना किये गये अभ्यंश का होगा। विश्व व्यापार में सदस्यों की सापेक्षिक स्थिति तथा 10 प्रतिशत वर्तमान अभ्यंश विश्व अर्थव्यवस्था में स्थान के अनुसार होगा। प्रत्येक देश के अभ्यंश का 25 प्रतिशत विशेष आहरण अधिकार (SDRs) के रूप में अथवा अन्य सदस्य देशों की मुद्राओं में देय होगा। अभ्यंश (Quota) में यह वृद्धि 22 जनवरी, 1999 से लागू हुई है। 30 अप्रेल, 1999 तक 182 सदस्यों में से 156 सदस्यों ने अपने अभ्यंश का भुगतान कर दिया है।

उधार की सामान्य व्यवस्था (General Arrangements of Borrow—GAB) 1962 में स्थापित की गई जिसमें 10 औद्योगिक देश कोष आवश्यकता पड़ने पर उधार देने के लिए तत्पर होंगे। यह नवीनीकरण 25 दिसम्बर, 2003 तक प्रभावी रहेगा। इससे मुद्रा कोष 18.5 बिलियन डॉलर तक उधार ले सकेगा जब पूरक संसाधनों की आवश्यकता होगी।

कोष के संसाधन बढ़ाने के लिए 17 नवम्बर 1998 से उधार लेने की नई व्यवस्था (New Arrangements to Borrow - NAB) शुरू की गई। सामान्य तथा नई उधार व्यवस्था (GAB and NAB) कोष 34 बिलियन विशेष आहरण अधिकार ले सकता है। इनके अतिरिक्त मुद्रा कोष अस्थाई रूप से भी उधार ले सकता है। दोनों ही व्यवस्थाओं (GAB तथा NAB) के अन्तर्गत जुलाई, 1998 तथा दिसम्बर, 1998 में कोष ने उधार लिया है। अभ्यंश में वृद्धि के पश्चात् इनके अन्तर्गत लिये गये उधार को चुका दिया गया है। कोष ने उधार लेने के लिए मार्ग दर्शक बिन्दु तैयार कर दिये हैं जिससे कोष कुल उधार अभ्यंश का 50 से 60 प्रतिशत से अधिक नहीं होगी।

अन्तर्राष्ट्रीय मुद्रा कोष के कार्य (Functions of the IMF)

अन्तर्राष्ट्रीय कोष की स्थापना विनिमय स्थायित्व तथा मुद्राओं के बहुपक्षीय परिवर्तनशीलता के उद्देश्यों के लिए की गई थी। यह अपने सदस्य देशों को उनके भुगतान सन्तुलन में आधारभूत असन्तुलन उत्पन्न होने पर उसको सही करने के लिए विदेशी विनिमय प्रदान करता है। मुद्रा कोष के प्रमुख कार्य निम्नांकित हैं :-

(1) **समता मूल्यों को निर्धारित करना तथा विनिमय स्थायित्व को प्रोत्साहन** (Fixation of Per Values and Promotion of Exchange Stability) : अधिकांश समता मूल्य अक्टूबर, 1946 में प्रचलित विनिमय दरों पर आधारित है।

विनिमय दरें कार्यालय समता मूल्यों पर स्थापित थीं। सदस्य देश समता दरों में 1 प्रतिशत से अधिक परिवर्तन नहीं हो सकता है।

आधारभूत असन्तुलन को ठीक करने के लिए समता दरों में परिवर्तन की व्याख्या संचालन मण्डल द्वारा की जाती है। अन्तर्राष्ट्रीय मुद्रा कोष के नियमानुसार एक सदस्य देश मूल समता दर से 10 प्रतिशत तक मूल्य ह्रास कर सकता है। यदि यह 20 प्रतिशत से कम है तो कोष 72 घण्टों में सदस्य देश को अपने निर्णय से अवगत करवायेगा और 20 प्रतिशत से अधिक होने पर ऐसे निर्णय से अधिक समय ले सकता है।

कुछ सदस्य देशों ने अपनी मुद्राओं के समता मूल्यों का परित्याग कर दिया था और मई, 1971 से अपनी विनिमय दरों को स्वतन्त्र छोड़ दिया था।

15 अगस्त 1971 को अमरीका ने डॉलर को स्वर्ण में परिवर्तित करना बन्द कर दिया। 18 दिसम्बर 1971 को दस समूह (Group of Ten) ने स्मिथसोनियन समझौते को स्वीकार कर नई विनिमय दर देशों की मुद्राओं से स्थापित कर दी। एक अस्थाई व्यवस्था शुरू की गई जिसमें सीमान्तर 1 प्रतिशत से बढ़ाकर 2.25 प्रतिशत कर दी गई। जुलाई, 1972 में पाउण्ड स्टार्लिंग को स्वतन्त्र छोड़ दिया तथा 16 अन्य देशों की मुद्राओं को स्टर्लिंग से जोड़ दिया। 1973 के पश्चात् अधिकांश मुद्राओं को स्वतन्त्र छोड़ दिया गया।

(2) **कोष की स्वतन्त्रता** (Fund Surveillance) : सदस्य देशों को स्वतन्त्रता देकर वर्तमान व्यवस्था को वैधानिक रूप दे दिया है जिससे कि वे अपनी विनिमय दरों का चयन कर सकें। कम सीमान्तर की समता मूल्य पूर्णतः समाप्त हो गया है। सदस्य देशों तथा कोष का यह दायित्व है कि विनिमय दरों के निर्धारण के लिए कोष के नियामक महत्त्व को स्वीकार करेंगे। कोष और सदस्य देशों की सामान्य नीतियों के अन्तर्गत दो स्तरों पर कार्यवाही की जा सकेगी। एक ओर विनिमय दरों पर प्रभाव तथा दूसरी ओर वैश्वीकरण में आर्थिक प्रणाली पर नीतियों का पड़ने वाला प्रभाव।

व्यापक नीति के ढाँचा अक्टूबर, 1994 में मैड्रिड घोषणा के आधार पर लागू किया गया जिससे कि वैश्विक विस्तार हो सके और इसका पुनरीक्षण (Review) 1996 में किया गया। इस घोषणा के सिद्धान्तों में पूरक एवं पारस्परिक समग्र अर्थशास्त्र की भूमिका पर लागू करने का निर्णय लिया गया और इससे संरचनात्मक नीति में परिवर्तन हो सकेगा। इसके लिए निम्न कार्य करने होंगे।

(i) सुदृढ़ समष्टिगत आर्थिक नीतियों को लागू करना जिससे स्फीतिकारी दबावों को कम करना, राजकोषीय अनुशासन को सुदृढ़ करना, बजटीय पारदर्शिता तथा राजकोषीय समायोजन की किस्म को सुधारा जा सकेगा।

(ii) वित्तीय और विनिमय दर स्थायित्व में वृद्धि करना तथा कुसमायोजन को दूर करना।

(iii) व्यापार उदारीकरण तथा चालू खाता परिवर्तनशीलता को बनाये रखना।

(iv) राजकोषीय समायोजन के सम्मिश्रण को सुधारना।

(v) श्रम और उत्पाद बाजार सुधारों को सुलझाना।

(vi) बैंकिंग प्रणाली की सुदृढ़ता को बनाये रखना।

(vii) सभी पहलुओं से अच्छे प्रशासन को प्रोत्साहन देना।

(3) **उधार कार्य प्रणाली (Lending Operations) :** कोष की स्थापना सदस्य देशों को अल्पकालीन ऋण देना जिनमें भुगतान घाटे की समस्या विद्यमान है। इस भुगतान कठिनाई को बिना अवमूल्य के ठीक किया जा सके। प्रत्येक सदस्य देश की उधार लेने की क्षमता सम्बन्धित देश के विशेष आहरण अधिकार (SDRs) पर निर्भर करती है। विशेष आहरण अधिकार सदस्य देश के अभ्यंश (Quota) से परिभाषित है। इसके अन्तर्गत आहरण करते समय सम्बन्धित देश की वांछित मुद्राओं का क्रय कोष से किया जाता है और इसके बदले सम्बन्धित देश की मुद्रा उधार ली जाती है। वापिस भुगतान के समय सम्बन्धित देश कोष से अपनी मुद्रा का क्रय करता है।

एक सदस्य देश कोष से कितनी मात्रा में ऋण ले सकता है यह इसके अभ्यंश के आधार तथा कोष के पास रखी मुद्रा पर निर्भर करता है।

नियमित सुविधाओं के रूप में कोष अपने सदस्यों को साख प्रदान करता है जिसमें प्रत्येक सदस्य अपने अभ्यंश का 25 प्रतिशत उधार ले सकता है।

कोष से सदस्य देश कितने संसाधन ले सकता है यह निम्न शर्तों पर निर्भर करता है :-

(i) सदस्य देश कोष से उधार लेने वाली मुद्रा के भुगतान के लिए आवश्यकता को कोष के समझौता प्रस्ताव के अनुसार सिद्ध करना होगा।

(ii) कोष को इस प्रकार का नोटिस नहीं देना होगा कि वांछित मुद्रा दुर्लभ मुद्रा हो गई है।

(iii) निर्धारित सीमा से क्रय की गई राशि अधिक नहीं होनी चाहिए।

(iv) कोष द्वारा कोष के संसाधनों के लिए अयोग्य घोषित नहीं करना होगा।

(v) उधार लेने वाले देश को वांछित संसाधनों का उपयोग भुगतान सन्तुलन के समायोजन में करना होगा।

इस प्रकार निर्धारित नीति कोष के संसाधनों के उपयोग के लिए एक शर्त है।

सहायक व्यवस्था (Stand by Arrangements) : यह कोष का निर्णय है कि एक सदस्य देश को आश्वस्त किया जाता है कि यह सामान्य संसाधन लेखा से क्रय करेगा जैसा कि विशिष्ट अवधि में निर्णय क्रिया गया है। इस व्यवस्था के अन्तर्गत सदस्य देशों को तुरन्त वित्तीय सहायता दी जा सकेगी। इस व्यवस्था में तीन वर्ष की अवधि तक सहायता दी जा सकेगी।

यह व्यवस्था 1952 में लागू की गई थी और वर्तमान में भी यह व्यवस्था लागू है। यह सदस्य देश की स्थिति, नीतियों तथा आकार जो कि कोष के उद्देश्यों से सम्बन्धित है, का पुनरीक्षण करता रहता है। इन संसाधनों का उपयोग सदस्य देशों के मध्यमकालीन भुगतान सन्तुलन की समस्याओं को सही करने के लिए किया जाता है।

विस्तारक कोष सुविधा (Extended Fund Facility) : इस सुविधा का प्रारम्भ 13 सितम्बर, 1974 को विकासशील देशों के लाभ के लिए किया गया था। यह महमय काल की सदस्य देशों को कोष सहायता देता है। यह संरचनात्मक एवं समष्टि आर्थिक समस्याओं के कारण उत्पन्न भुगतान सन्तुलन की समस्या को सही करने के लिए सहायता दी जाती है। निष्पादन कसौटी के आधार पर $4\frac{1}{2}$ से 10 वर्ष तक क्रय किये जाते हैं। विस्तारित कोष सुविधा तथा सहायक व्यवस्था के अन्तर्गत अभ्यंश का 100 प्रतिशत सहायता प्राप्त कर सकता है तथा संचयी आधार पर प्रत्येक सदस्य देश को अपने अभ्यंश का 300 प्रतिशत तक प्राप्त हो सकता हैं।

विशेष सुविधायें (Special Facilities) : अन्तर्राष्ट्रीय मुद्रा कोष अपने सदस्य देशों को निम्नांकित विशेष सुविधायें भी प्रदान करता है :-

(i) **क्षतिपूरक एवं आकस्मिक वित्त प्रबन्धन सुविधा** (Compensatory and Contingency Financing Facility) : कोष द्वारा इस प्रकार की सुविधा की स्थापना 23 अगस्त 1988 में की गई थी जिसके निम्नांकित उद्देश्य हैं :-

(a) प्राथमिक वस्तुओं के निर्यातक देशों की आय में स्थायित्व प्राप्त करना।

(b) कोष द्वारा सहायता मूलक सदस्य देशों की आर्थिक नीतियों को बाह्य प्रभावों से बचाना।

(ii) **पूरक वित्त प्रबन्धन सुविधा** (Supplementary Financing Facility) : यह सुविधा एक अस्थाई प्रकृति की है जिसके माध्यम से कोष अपनी वित्तीय सहायता से उन देशों की अर्थव्यवस्था को अनेक वर्षों से प्रभावित भुगतान असन्तुलनों को सुधारता है। अगस्तश 1977 इस सुविधा के लिए 14 देश सहमत हो गये थे जिनके द्वारा 7.8 बिलियन विशेष आहरण अधिकार (SDRs) की सुविधा कोष को दी जायेगी।

(iii) **विस्तारित पहुँच पर नीति** (Policy on Enlarged Access) : इस नीति को 11 मार्च 1981 को स्वीकार किया गया जिसके अन्तर्गत कोष पूरक वित्त प्रबन्धन सुविधा के लिए संसाधन दे सकेगा। कोष ने 15.3 बिलियन एस.डी.आर. के बराबर संसाधन जुटाये। इस सुविधा को नवम्बर, 1992 में वापिस ले लिया गया।

(iv) **संरचनात्मक समायोजन सुविधा** (Structural Adjustment Facility) : इस सुविधा की स्थापना मार्च, 1986 में की गई थी जिसके अन्तर्गत मध्यमकालीन रियायती सहायता उन निम्न आय वाले विकासशील देशों को दी जाती है जो भुगतान सन्तुलन की समस्या का सामना कर रहे हैं।

(v) **वृद्धिमान संरचनात्मक समायोजन सुविधा** (Enhanced Structural Adjustment Facility) : इस सुविधा के उद्देश्य, योग्यता की दशाएँ तथा कार्यक्रम की विशेषतायें संरचनात्मक समायोजन सुविधा के समान ही है। इस सुविधा का प्रशासन कोष द्वारा स्थापित 1987 के ट्रस्ट द्वारा किया जाता है। इस ट्रस्ट का कार्य संचालन ऋण खाते, निधि खाते तथा अनुदान खाते द्वारा किया जाता हैं। लक्षित उधार राशि विशेष आहरण अधिकार के द्वारा विस्तृत की गई है जिसके द्वारा 10.1 बिलियन एस.डी.आर. के बराबर कुल ऋण दिया जायेगा।

(vi) **सुव्यवस्थित बदलाव सुविधा** (Systematic Transformation Facility) : यह सुविधा अप्रेल, 1993 में सृजित की गई थी जिससे संक्रान्ति से प्रभावित रूस तथा अन्य सोवियत संघ के राज्यों को सहायता दी जा सके।

इस सुविधा का उद्देश्य सदस्य देशों को भुगतान सन्तुलन की कठिनाइयों को दूर कर परम्परागत व्यापार तथा भुगतान व्यवस्थायें की जा सकें।

(vii) **पूरक निधि सुविधा** (Supplemental Reserve Facility) : इस सुविधा का अनुमोदन 17 दिसम्बर, 1997 को किया गया था जिसके द्वारा विस्तृत व्यवस्था के अन्तर्गत वित्तीय सुविधा प्रदान की जा सके। यह सुविधा एक वर्ष के लिए दी जाती है।

(4) **बहुपक्षीय भुगतान प्रणाली** (Multilateral System of Payment) : जैसा कि हम जानते हैं अन्तर्राष्ट्रीय मुद्रा कोष बहुपक्षीय भुगतान प्रणाली की स्थापना करने का उद्देश्य रखता है जिससे कि विभिन्न सदस्य देशों के चालू लेन-देन सम्भव होते हैं। कोष के समझौता प्रस्ताव के अन्तर्गत भुगतान के प्रतिबन्ध तथा चालू लेन-देन के हस्तान्तरण के लिए बहु विनिमय दर के व्यवहार को छोड़ देना है जिससे के भेदात्मक चलन व्यवस्था से बचा जा सके।

अन्तर्राष्ट्रीय सौदों के भुगतान के लिए स्वतन्त्र रूप से मुद्रा का व्यापक रूप से उपयोग किया जा सके जिसके लिए कोष क समझौता प्रस्ताव में संशोधन किया गया है। जिससे प्रमुख विनिमय बाजारों में व्यापार हो सके।

(5) **विनिमय प्रतिबन्धों का उन्मूलन** (Elimination of Exchange Restrictions) : देश भुगतान करने तथा हस्तान्तरण करने के लिए प्रतिबन्ध लगा सकता है जिससे कि किसी प्रकार का विभेद नहीं किया जा सके। बिना कोष की अनुमति के बहु-चलन व्यवहार का उपयोग नहीं किया जायेगा।

पूँजी खाता परिवर्तनशीलता का सम्बन्ध विनिमय नियन्त्रणों से छूट देना है जिससे कि सदस्य देश भुगतान सन्तुलन के पूँजीगत तथा वित्तीय लेखों में लेन-देन सम्भव हो सके। 1997 में कोष ने अन्तरिम समिति के पूँजीगत उदारीकरण को कुशल मौद्रिक प्रणाली के लिए आवश्यक माना है। इस बात पर भी जोर दिया गया है कि विदेशी प्रत्यक्ष निवेश सुरक्षा कारणों से मुद्रा कोष के क्षेत्र से बाहर होना चाहिए।

(6) **सदस्य देशों से परामर्श** (Consultation with Member Countries): अन्तर्राष्ट्रीय मुद्रा कोष के प्रस्तावित समझौते के अनुसार सदस्य राष्ट्र प्रतिवर्ष कोष से परामर्श करेंगे और उन्हें परम्परागत व्यवस्थाओं के अन्तर्गत नियमित परामर्श का अनुसरण करना होगा। इस प्रकार के परामर्श से कोष शीघ्रता से सदस्यों के निवेदन के अनुसार कोष के संसाधनों तथां नीतियों में प्रस्तावित परिवर्तन का उपयोग कर सकेंगे। विगत वर्षों में नियमित परामर्श के साथ-साथ चुनींदा देशों से विशेष परामर्श भी किया जाता है।

(7) **प्रशिक्षण तथा तकनीकी सहायता** (Training and Technical Assistance) : विभिन्न रूपों में सदस्य देशों को अन्तर्राष्ट्रीय मुद्रा कोष द्वारा प्रशिक्षण एवं तकनीकी सहायता सुलभ की गई है। इस प्रकार की सहायता सदस्य देशों के निवेदन पर की जाती है और यह सहायता मुख्यालय, स्टाफ मिशन तथा स्टाफ कर्मचारियों तथा बाहरी विशेषज्ञों को भी दी जाती है। जिस प्रकार की सेवायें दी गई हैं उनमें राजकोषीय, मौद्रिक और भुगतान सन्तुलन नीतियाँ बैंकिंग, विनियम एवं व्यापार प्रणालियाँ, सरकारी वित्त और सांख्यिकी आदि हैं।

सन् 1964 में वाशिंगटन में एक संस्थान स्थापित किया है जिसके द्वारा सदस्य देशों के अधिकारियों को प्रशिक्षण दिया जाता है और वर्ष 1963 में केन्द्रीय बैंकिंग सेवा का गठन किया गया था जिसके द्वारा सदस्य देशों को संगठन और केन्द्रीय बैंकों की कार्य प्रणाली के बारे में प्रशिक्षण दिया जाता है।

अन्तर्राष्ट्रीय तरलता तथा अन्तर्राष्ट्रीय मुद्रा कोष
(International Liquidity and the IMF)

अन्तर्राष्ट्रीय तरलता में उन सभी वित्तीय संसाधनों तथा सुविधाओं को शामिल किया जाता है जो विभिन्न देशों के मौद्रिक अधिकारियों को प्राप्त होते हैं जिनसे उनकी अन्तर्राष्ट्रीय भुगतानों की आवश्यकताओं की पूर्ति की जाती है। इनमें में सभी परिसम्पत्तियाँ सम्मिलित हैं जिन्हें अन्तर्राष्ट्रीय स्तर पर विभिन्न सौदों को निपटाने हेतु आसानी से स्वीकार किया जाता है। विश्व की तरलता के दो प्रमुख संसाधनों में स्वर्ण तथा यू.एस. डॉलर रहे हैं। दूसरे महायुद्ध के पश्चात् उन दोनों स्त्रोतों के माध्यम से अन्तर्राष्ट्रीय तरलता में वृद्धि की जाती रही है। 1950 से 1965 की अवधि में स्वर्ण परिसम्पत्तियों में 1 प्रतिशत वार्षिक की दर से वृद्धि हुई है। विदेशी विनिमय कोषों में 1950-60 की अवधि में 4 प्रतिशत वृद्धि हुई है।

अन्तर्राष्ट्रीय मुद्रा कोष से ही अन्तर्राष्ट्रीय तरलता प्राप्त नहीं हुई है बल्कि अमरीकी भुगतान सन्तुलन में घाटे से भी तरलता प्राप्त हुई है। अमरीका तथा अन्य औद्योगिक देशों ने एक-दूसरे को सहायता दी है जिससे कि देश की मुद्राओं का लेन-देन हुआ है।

समय-समय पर विभिन्न प्रस्तावों तथा सुझावों के माध्यम से अन्तर्राष्ट्रीय मुद्रा कोष की कार्य प्रणाली में सुधारने के प्रयास किये गये हैं जिससे कि कोष के संसाधनों के आकार तथा अन्तर्राष्ट्रीय तरलता की आवश्यकतओं के बीच अच्छा समायोजन किया जा सके। इस दिशा में एक महत्वपूर्ण कदम शर्तहीन अन्तर्राष्ट्रीय तरलता के

रूप में विशेष आहरण अधिकार (Special Drawing Rights) के सृजन के रूप में उठाया गया है। यह सन् 1969 में सृजित संसाधन है। तीन वर्ष से अधिक समय के लिए 1970 तथा 1979 में दो बार इन विशेष आहरण अधिकारों (SDRs) का सृजन किया गया था।

विगत वर्षों में अर्न्राष्ट्रीय मुद्रा कोष ने अन्तर्राष्ट्रीय तरलता के प्रावधान में एक महत्त्वपूर्ण भूमिका का निर्वहन किया है। कुल अन्तर्राष्ट्रीय निधियों में कोष से सम्बद्ध परिसम्पत्तियों में कोष के कोषों की स्थिति तथा विशेष आहरण का अधिकार (SDRs) हैं। सदस्य देशों के कोष की स्थिति सदस्य देशों द्वारा कोष से आहरण का अधिकार है और सदस्य देशों द्वारा अन्य रक्षित परिसम्पत्तियां हैं और कोष को दिया गया साख है। विशेष आहरण अधिकार (SDRs) आवण्टन के माध्यम से सृजित किये जाते हैं। विशेष आहरण अधिकारों की उपलब्धता सदस्य देशों को आवंटित कोषों पर निर्भर करती हैं।

मार्च, 1999 अन्त तक कुल अन्तर्राष्ट्रीय कोषों का अनुमान 1194.8 बिलियन SDRs है और विदेशी विनिमय कोष 111.6 बिलियन SDRs है। इस प्रकार कोष से सम्बद्ध परिसम्पत्तियाँ कुल कोषों का 7 प्रतिशत है जिसमें स्वर्ण सम्मिलित नहीं है। यह विगत वर्षों की तुलना में औसत से 11 प्रतिशत अधिक है। औद्योगिक देशों के पास कुल गैर-स्वर्ण कोषों का 42 प्रतिशत है तथा शेष 58 प्रतिशत विकासशील देशों के पास है। उनके कोष से सम्बद्ध परिसम्पत्तियों में हिस्सा 84.5 प्रतिशत तथा गैर-स्वर्ण कोषों में हिस्सा 15.5 प्रतिशत था।

विशेष आहरण अधिकार (Special Drawing Rights - SDRs)

विशेष आहरण अधिकार योजना 28 जुलाई, 1969 को प्रारम्भ की गई। विशेष आहरण लेखा सभी लेन-देनों तथा विशेष आहरण अधिकार के संचालन के लिए स्थापित किया गया था। विशेष आहरण अधिकारों की प्रमुख विशेषतायें निम्नांकित हैं :-

(1) यह एक अन्तर्राष्ट्रीय निधि परिसम्पत्ति के रूप में होती है जिसका आवंटन अन्तर्राष्ट्रीय मुद्रा कोष अपने सदस्य देशों को करता है जिसके माध्यम से सम्बन्धित देश उनके अभ्यंशों (Quota) के अनुपात में विशेष आहरण लेखा का संचालन करते हैं।

(2) इसके अन्तर्गत भाग लेने वाले सदस्य देश बिना शर्त के विशेष आहरण

अधिकारों का उपयोग करते हैं। कोष के संसाधन शर्त पर आधारित होते हैं।

(3) विशेष आहरण अधिकारों (SDRs) के पीछे किसी प्रकार की परिसम्पत्तियाँ नहीं रखी जाती हैं। सदस्य देशों को आवंटित (SDRs) के बदले किसी प्रकार की मुद्रा अथवा संसाधन हस्तान्तरित नहीं करने पड़ते हैं।

(4) विशेष आहरण अधिकारों (SDRs) के आवंटन से सदस्य देश कोष से किसी प्रकार की मुद्रा माँग का अधिकार नहीं रखते हैं।

(5) विशेष आहरण अधिकारों का उपयोग सदस्य देशों द्वारा तीन प्रमुख तरीकों से किया जा सकता है। वे हैं :-

(i) सदस्य देश विशेष आहरण अधिकारों के बदले दूसरे सहभागी (नामित सदस्य) सदस्य से मुद्रा प्राप्त कर सकता है।

(ii) लेन-देन तथा संचालन में विशेष आहरण अधिकारों को भाग लेने वाले देश को अपने देश की मुद्रा को वापिस लेना पड़ता है।

(iii) संचालन तथा लेन-देन में सामान्य संसाधन लेखा के अन्तर्गत भुगतान के खर्चे तथा पुनर्खरीद करनी पड़ती है।

(6) नामित सदस्य विशेष आहरण अधिकारों के कोष से अधिक मुद्रा नहीं दे सकता है। संचयी विशुद्ध आवंटन से दो गुना अधिक मुद्रा की आपूर्ति नहीं की जा सकती है।

(7) एक-दूसरे को विशेष आहरण अधिकारों की धारित राशि पर ब्याज देना पड़ता है और कोष उसी दर पर सहभागी पर खर्चे लागू किये जाते हैं।

(8) कोष को कुछ विशेष आहरण अधिकारों (SDRs) के लिए अधिकार दिये गये हैं। इन निर्धारित विशष आहरण अधिकारों के धारकों को किसी प्रकार का आवंटन नहीं किया जा सकता है तथा विशेष आहरण अधिकार नामित होने पर भी प्राप्त नहीं हो सकता है।

(9) कोष को यह भी अधिकार है कि किसी भी देश के विशेष आहरण अधिकार को रद्द किया जा सकता है यदि विशेष आहरण अधिकार विभाग के दायित्वों का निर्वहन नहीं किया जाता है।

(10) विशेष आहरण अधिकार के अतिरिक्त उपयोग के लिए कोष भाग लेने वाले देश को अनुमति दे सकता है और धारक देशों को भी इसकी अनुमति दी जा सकती है।

विशेष आहरण अधिकार योजना की कार्य प्रणाली
(The Operation of the SDRs Scheme)

विशेष आहरण अधिकारों SDRs का आवंटन जनवरी, 1970, 1971 तथा 1972 में किया गया था जिसकी राशि 9.3 बिलियन SDRs थी। 1973 के अन्त तक विशेष आहरण अधिकारों का कुल आवंटन अन्तर्राष्ट्रीय कोषों का 5 प्रतिशत था। विकासशील देशों का विशेष आहरण अधिकारों में हिस्सा 2.3 बिलियन (SDRs) था। यह कुल का 24.7 प्रतिशत है। इस आवंटन से समता तथा कुशलता के आधारों का पालन नहीं किया है। कुल आवंटन का 24 प्रतिशत केवल संयुक्त राज्य अमेरिका को किया गया है। 1979, 1980 तथा 1981 में तीन आवंटन 4 बिलियन SDRs प्रति वर्ष किये गये थे जिनका योग 12.1 बिलियन SDRs रहा है। विशेष आहरण अधिकार (SDR) का मूल्य मुद्राओं की टोकरी (Basket of Currencies) से जोड़ा गया है।

भारत और अन्तर्राष्ट्रीय मुद्रा कोष (India and IMF)

भारत अन्तर्राष्ट्रीय मुद्रा कोष का संस्थापक सदस्य रहा है। मार्च, 1947 तक भारत ने 400 मिलियन डॉलर का कोष में अंशदान दिया है। अभ्यंश (Quota) में समय-समय पर वृद्धि हुई है। नवें पुनरीक्षण में अभ्यंश बढ़ाकर 3055.5 मिलियन SDRs किया गया तथा इसका कुल अंशदान में हिस्सा 2.98 प्रतिशत से घटकर 2.1 प्रतिशत रह गया है। 11वें पुनरीक्षण में इसमें वृद्धि करने से 4158.2 मिलियन SDRs हो गई तथा अंशदान में हिस्सा घटकर 2 प्रतिशत रह गया हैं।

भारतीय रुपये का कोष के साथ 18 दिसम्बर, 1946 से सम मूल्य (Par Value) 0.28601 ग्राम विशुद्ध स्वर्ण अथव प्रति रुपये 30.2250 अमरीकी सेण्ट्स ($ 1 = Rs. 3.508) रखा गया था। 6 जून, 1966 को भारतीय रुपये का अवमूल्यन करने से समता मूल्य घटकर 0.118489 ग्राम विशुद्ध स्वर्ण अथवा 13.33 अमरीकी सेन्टस ($ 1 = Rs. 7.50) हो गया था। दिसम्बर, 1971 में अमरीकी डॉलर का अवमूल्यन होने से विनिमय दर परिवर्तित होकर $ 1 = Rs. 7.279 हो गई।

भारतीय अर्थव्यवस्था के बाहरी क्षेत्र के 1990-91 में संकट के दबाव में आने से प्रथम 1991-92 के भाग में स्थिति और खराब हो गई 1990-91 तथा 1998-99 को अवधि में अन्तर्राष्ट्रीय मुद्रा कोष के साथ लेन देन को निम्न तालिका से देखा जा सकता है :-

तालिका - 1
अन्तर्राष्ट्रीय मुद्रा कोष से लेन-देन

(यू.एस. मिलियन डॉलर)

वर्ष	आहरण	पुनः क्रय	पुनः क्रय दायित्व की बकाया
1990-91	1858	647	2623
1992-92	1240	460	3451
1992-93	1623	335	4799
1993-94	325	134	5040
1994-95	-	1148	4300
1995-96	-	1715	2374
1996-97	-	975	1313
1997-98	-	618	695
1998-99	-	393	302

भारत सरकार को अनुदान, अनुत्पादक व्यय तथा राजकोषीय घाटे में काफी कटौती कर क्रियान्वयन करने की आवश्यकता है। इसकी शर्त को अनेक आलोचक सदस्य देश की आर्थिक नीतियों में बड़ा हस्तक्षेप मानते हैं। इसी आधार पर औद्योगिक, व्यापार तथा विनिमय दरों में सरकारी उदारीकरण के उपयों की भी आलोचना इसी आधार पर की जाती है।

विशेष आहरण अधिकार योजना के अन्तर्गत अन्तर्राष्ट्रीय मुद्रा कोष के सदस्य देशों को 1970-72 की अवधि में 9.3 बिलियन SDRs का आवंटन किया था। कुल आवंटन में भारत का हिस्सा 326.22 मिलियन SDRs रहा है। विशेष आहरण अधिकार SDRs के दूसरे आवंटन में 12.1 बिलियन SDRs तीन वर्ष को अवधि (1979-81) के आवंटित किये गये। भारत का इसमें हिस्सा 358 मिलियन SDRs रहा है। भारत को SDRs के आवंटन में प्रतिवर्ष 119 मिलियन SDRs प्राप्त हुए हैं तथा 1981 के अन्त में 469 मिलियन SDRs आरक्षित (Reserve) रहें हैं। सरकार के द्वारा मार्च 1998 के अन्त में 469 मिलियन SDRs आरक्षित (Reserve) रहे हैं। सरकार के द्वारा मार्च, 1998 के अन्त तक 0.79 मिलियन SDRs का शेष रहा है। (US $ 8 मिलियन)। इन शेषों में 5.94 मिलियन SDRs वृद्धि हुई है, मार्च 1999 के अन्त तक।

कोष की सफलतायें (Achievements of the Fund)

अन्तर्राष्ट्रीय मुद्रा कोष की निम्नांकित सफलतायें हैं :-

(1) 1950 तथा 1960 के दशक में अन्तर्राष्ट्रीय मुद्रा कोष ने प्रबन्धकात्मक लोचदार विनिमय स्थायित्व को प्रोत्साहन दिया है।

(2) कोष ने सफलतापूर्वक सदस्य देशों द्वारा प्रतिस्पर्धाक विनिमय ह्रास को रोका है तथा बहुचलन व्यवहारों को समाप्त किया है।

(3) अन्तर्राष्ट्रीय मुद्रा कोष ने अपने संधासनों को सदस्यों के अभ्यंशों में वृद्धि तथा सामान्य उधार हेतु व्यवस्था (General Agreements to Borrow - GAB) के विस्तार से वृद्धि करने में सफलता प्राप्त की है।

(4) 1974 के पश्चात् कोष ने अपने संसाधनों के उपयोग का बड़े पैमाने पर विस्तार किया है।

(5) कोष से आहरण के प्रावधान काफी व्यापक कर दिये गये हैं जिससे विकासशील देशों की आवश्यकताओं को पूरा किया जा सके। अभ्यंशों (Quotas) में अधिक वृद्धि क्षतिपूरक वित्तीय व्यवस्थायें आदि अधिक उदार किये गये हैं तथा नयी व्यवस्थाओं का अनुमोदन किया गया है, जिनके बफर स्टॉक के लिए वित्तीय योगदान देकर आहरण किया जा सके।

(6) कोष द्वारा नई निधि का सृजन विशेष आहरण अधिकारों (SDRs) के रूप में की गई है जिसके लिए प्रथम संशोधन करके इसे 28 जुलाई, 1969 को लागू किया गया।

(7) कोष द्वारा विश्व व्यापार के विस्तार में भी योगदान दिया है। यह बहुपक्षीय भुगतान प्रणाली के माध्यम से चालू लेन-देनों को सुगम करके स्थिर प्रगति को प्रोत्साहित करता है।

(8) अन्तर्राष्ट्रीय मुद्रा कोष ने एक विशेषज्ञ संस्था के रूप में अन्तर्राष्ट्रीय मौद्रिक मामलों में परामर्श तथा मार्गदर्शक का कार्य किया है तथा सदस्य देशों की आर्थिक नीतियों के विचार-विमर्श का एक श्रेष्ठ मंच साबित हुआ है विशेषकर उनकी भुगतान सन्तुलन की समस्या के निपटारे के लिए।

(9) कोष ने सभी सदस्य देशों को बिना हानि के स्वर्ण मान के लाभ प्रदान करने का प्रयास किया है।

कोष की कमियाँ (Shortcomings of the Funds)

अन्तर्राष्ट्रीय मुद्रा कोष की अनेक उपलब्धियों के बावजूद भी इसकी निम्नांकित कमियाँ हैं :

(1) युद्धोत्तरकालीन स्थिति अन्तर्राष्ट्रीय भुगतान में कुसमायोजन तथा भुगतानाशेष में काफी अन्तर से सम्बन्धित रही है। कोष अपने सदस्य देशों को पर्याप्त संसाधन प्रदान करने में विफल रहा है।

(2) कोष द्वारा प्रारम्भ में समता मूल्यों पर दी गई सलाह गलत रही है क्योंकि उस समय सदस्य देशों ने अपनी विनिमय दरों को निर्धारित किया तब अधिकांश मुद्राओं का अधिमूल्यन होता रहा है।

(3) अन्तर्राष्ट्रीय भुगतान सन्तुलन में साम्यावस्था की प्रक्रिया क्रियान्वयन कम प्रभावी रहा है।

(4) किसी भी असाम्यावस्था को सही करने पर भार सम्बन्धित देशों पर ही डाल दिया गया जो कि अपने आप असाम्यावस्था में घाटे की समस्या से ग्रसित थे। विस्तारवादी घरेलू नीतियों के कारण इन देशों में स्फीतिकारी समस्या उत्पन्न हो गई थी।

(5) अन्तर्राष्ट्रीय मुद्रा कोष चलनों की स्वतंत्र परिवर्तनशीलता तथा विनिमय नियंत्रणों एवं प्रतिबन्धों को समाप्त करने के प्रमुख उद्देश्य थे, लेकिन कोष इन उद्देश्यों को प्राप्त करने में असफल रहा है।

(6) कोष द्वारा सदस्य के अभ्यंश (Quota) मनमाने तरीके से निश्चित किये गये हैं। संयुक्त राज्य अमेरिका तथा यू.के. के अभ्यंश उनके राजनीतिक प्रभावों के कारण अधिक निर्धारित किये गये हैं।

(7) कोष की कार्य प्रणाली में अमरीकी डालर को सर्वोपरि माना गया है लेकिन मुद्रा कोष ने कभी भी अन्तर्राष्ट्रीय बाजार में डालर की पूर्ति बढ़ाने में अपने प्रभाव का उपयोग नहीं किया। डालर संकट के कारण ब्रिटन वुड्स प्रणाली का पतन हो गया।

(8) ब्रिटन वुड्स प्रणाली में अन्तर्राष्ट्रीय तरलता गें वृद्धि करने का कोई व्यावहारिक प्रावधान नहीं है। अमरीकी डालर ने अन्तर्राष्ट्रीय तरलता को सुगम बना दिया है। लेकिन सन् 1971 में डालर संकट से 40 वर्ष बाद ब्रिटन वुड्स प्रणाली का पतन हो गया।

निष्कर्ष (Conclusion) : विश्व की बदलती परिस्थितियों में कोष को अपने प्रयास निम्न रूपों में लागू करने चाहिएं :-

(1) वैश्विक आर्थिक समन्वय पर अधिक जोर दिया जाना चाहिए।

(2) विनिमय दर संयंत्र (Exchange Rate Mechanism) को सुदृढ़ करना तथा आर्थिक एवं मौद्रिक संघ की प्रगति के लिए कदम उठाये जाने चाहिएं।

(3) विनिमय प्रतिबंधों का पूर्णतः उन्मूलन किया जाना चाहिए।

(4) कोष को अन्तर्राष्ट्रीय तरलता की पूर्ति की कमी में विद्यमान उपकरणों का उपयोग करके सुधार करना होगा।

विगत वर्षों से यह स्पष्ट हो गया है कि विकासशील देश वैश्विक अर्थव्यवस्था के विकास में महत्वपूर्ण भूमिका का निर्वहन कर रहे हैं और यह विश्व व्यापार के विस्तार का एक महत्त्वपूर्ण आदान (Input) प्रदान करता है। विकासशील देशों को ब्रिटन वुड्स संस्थाओं की प्रक्रिया में निर्णयन हेतु अधिक सहभागिता दी जानी चाहिए।

अन्तर्राष्ट्रीय विकास संघ (International Development Association)

यह विश्व बैंक की सहायक संस्था है। इसकी स्थापना सन् 1960 में की गई थी। इस संस्था की भूमिका विश्व बैंक की गरीबी उन्मूलन कार्यक्रम में महत्त्वपूर्ण रही है। यह गरीब देशों को जिनकी प्रति व्यक्ति आय 500 डॉलर से कम है, को सहायता प्रदान करती है। इन देशों को बिना ब्याज के ऋण, तकनीकी सहायता तथा नीति सलाह के रूप में सहायता प्रदान करती है।

अन्तर्राष्ट्रीय विकास संघ (IDA) अपने अधिकांश वित्तीय संसाधनों के लिए कुछ विकासशील देशों सहित धनी सदस्य देशों पर निर्भर करता है। प्रशासनिक लागत के लिए 1 प्रतिशत से कम पर उधार राशि दी जाती है। इस उधार का भुगतान 35-40 वर्ष की अवधि के लिए होता है तथा इसमें 10 वर्ष अनुग्रह अवधि अतिरिक्त होती है।

इसके द्वारा 62 निम्न आय वाले देशों को 133 परियोजनाओं के लिए वर्ष 2002 में 8.18 बिलियन डॉलर की वित्त व्यवस्था की गई थी। विश्व बैंक के ऋण तथा अन्तर्राष्ट्रीय विकास संघ की निवेश परियोजनाओं एवं कार्यक्रम आर्थिक और सामाजिक आवश्यकताओं, स्वास्थ और शिक्षा, ग्रामीण विकास तथा आधारभूत संरचना जैसे प्राथमिकता वाले क्षेत्रों के लिए महत्त्वपूर्ण सिद्ध हुए हैं। सरकारों द्वारा

संरचनात्मक एवं सामाजिक नीतियों में सुधार हेतु वित्तीय सहायता प्रदान की जाती है जो कि निजी एवं सार्वजनिक क्षेत्र के विकास तथा निर्धनता उन्मूलन के लिए प्रभावी है।

अन्तर्राष्ट्रीय वित्त निगम (International Finance Corporation)

अन्तर्राष्ट्रीय वित्त निगम (IFC) भी विश्व बैंक की एक सहायक संस्था है। इस वित्तीय संस्था की स्थापना 25 जुलाई, 1956 को विकासशील देशों में निजी क्षेत्र को जोखिम पूँजी प्रदान करने के लिए की गई थी। विश्व बैंक निजी उपक्रमों को ऋण पूँजी प्रदान करती है। यह सदस्य देशों के निजी उपक्रमों को जोखिम पूँजी प्रदान नहीं करती है। निजी उपक्रमों को विकास समुचित जोखिम पूँजी की कमी के कारण रुक जाता है। इसके परिणामस्वरूप कुछ अन्तर्राष्ट्रीय वित्तीय संस्थाओं की आवश्यकता महसूस की गई थी जो विकासशील देशों में निजी औद्योगिक उपक्रमों को जोखिम पूँजी प्रदान कर सके। इस निगम की स्थापना निजी औद्योगिक उपक्रमों की आवश्यकताओं की पूर्ति के लिए की गई थी।

सदस्यता (Membership)

अन्तर्राष्ट्रीय वित्त निगम (IFC) विश्व बैंक की एक सहायक संस्था है। इसकी सदस्य संख्या विश्व बैंक से भिन्न है लेकिन विश्व बैंक के सदस्य इस संस्था के सदस्य बन सकते हैं। विश्व बैंक के सदस्य इस संस्था के सदस्य ऐच्छिक रूप से बन सकते हैं।

नये देशों के सदस्यता - एसटोनिया, कजाकिस्तान, लाटविया, यूक्रेन ग्रहण करने से अन्तर्राष्ट्रीय वित्त निगम की संख्या 43 से बढ़कर 175 हो गई हैं।

यह संस्था 78 देशों में निवेश करती है तथा इसके अधिकांश 40 प्रतिशत निवेश वित्तीय क्षेत्र में हैं जिससे स्पष्ट है कि आर्थिक विकास के स्वस्थ एवं अभिवृद्धि को महत्त्व दिया गया है।

प्रमुख विशेषतायें (Salient Fatures)

अन्तर्राष्ट्रीय वित्त निगम की प्रमुख विशेषतायें निम्नांकित हैं :-

(1) यह संस्था निजी क्षेत्र में ही सहभागी है।

(2) यह अन्य निवेशकर्ताओं की तरह जोखिम झेलता है तथा समता अंशों में निवेश करता है।

(3) यह बाजार आधारित कीमत नीतियों पर आधारित है तथा सरकार की गारण्टी स्वीकार नहीं करता है एवं यह लाभोन्मुखी (Profit Oriented) संस्था है।

(4) सह निजी निवेशकर्ताओं को सूचना, ज्ञान तथा विश्वास देकर निवेश प्रोत्साहन करता है। विदेशों में विभिन्न कम्पनियों तथा क्षेत्रों में निवेश करता है।

संगठनात्मक संरचना (Organisation Structure) :

अन्तर्राष्ट्रीय वित्त निगम की सभी शक्तियाँ बोर्ड ऑफ गवर्नर में निहित हैं। प्रत्येक देश की सरकार द्वारा मनोनीत एक-एक गवर्नर इस मण्डल में होते हैं। निगम की सामान्य नीति का निर्धारण करने हेतु प्रतिवर्ष एक बार बोर्ड ऑफ गर्वनर्स बैठक में भाग लेते हैं। 21 कार्यकारी संचालक होते हैं जिनसे संचालक मण्डल (Board of Governors) का गठन किया जाता है। विश्व बैंक का अध्यक्ष इसका कार्यकारी अध्यक्ष होता है। यह निगम की कार्य प्रणाली का पर्यवेक्षण करता है जबकि दिन प्रतिदिन का कार्य इसके कार्यकारी उपाध्यक्ष द्वारा किया जाता है।

पूँजी संसाधन (Capital Resources)

अन्तर्राष्ट्रीय वित्त निगम जुलाई, 1956 में 100 मिलियन डॉलर अधिकृत पूँजी के साथ शुरू किया गया था। समय-समय पर निगम की आवश्यकताओं की पूर्ति के लिए इसकी पूँजी में वृद्धि की गई है। संचालक मण्डल ने एक प्रस्ताव का अनुमोदन करके 21 जून, 1984 में इसकी पूँजी दुगुनी करके 1300 मिलियन डॉलर कीं है। इस पूँजी वृद्धि के कारण निगम के विकास तथा विविध कार्यों के लिए वित्तीय सहायता प्रदान की जाती है।

महानिगम अपने वित्तीय संसाधनों को पूरक के रूप में विश्व बैंक से भी उधार लेता है। जून, 1986 तक निगम ने विश्व बैंक से 400 मिलियन डॉलर उधार लिया हैं।

निगम के उद्देश्य (Objectives of the Corporation)

अन्तर्राष्ट्रीय वित्त निगम के निम्नांकित उद्देश्य हैं :-

(1) यह निगम निजी निवेशकर्ताओं के साथ बिना सरकार की गारण्टी निजी उत्पादक उपक्रमों में निवेश करता है।

(2) निवेश के अवसरों तथा पूँजी को एक साथ जोड़ने का कार्य करता है।
(3) किसी भी एकाकी उपक्रम में 22 मिलियन डॉलर से अधिक निवेश करता है।
(4) निगम एक निजी उपक्रम में केवल निवेश उस स्थिति में कर सकता है जब 50 प्रतिशत पूँजी उस उपक्रम की अपनी होती है।
(5) उधार लेने वाले उपक्रम की अंश पूँजी में 25 प्रतिशत से अधिक निवेश निगम नहीं करता है।

निगम की वित्तीय प्रक्रिया (Financial Procedure of the Corporation)

अन्तर्राष्ट्रीय वित्त निगम सदस्य देशों के निजी उपक्रमों को वित्त प्रदान करता है। निजी औद्योगिक उपक्रमों को निगम ऋण पूँजी एवं जोखिम पूँजी प्रदान करता है। प्रारम्भ में निगम को निजी औद्योगिक उपक्रमों के समता अंशों के क्रय की अनुमति नहीं थी। यह निजी औद्योगिक उपक्रमों के ऋण पत्र तथा अन्य प्रतिभूतियों का क्रय कर सकता है। निगम अपनी पूँजी वापिस लेने के लिए इन ऋण पत्रों तथा प्रतिभूतियों को स्थानीय अथवा विदेशी निजी निवेशकर्ताओं को बेचता है। जब एक बार अन्तर्राष्ट्रीय वित्त निगम ने अपने ऋण पत्रों को निजी निवेशकर्ताओं को बेच देता हैं तब ऐसे ऋण पत्र साधारण समता अंशों में क्रेताओं के हित में परिवर्तन किया जा सकता है। इस प्रकार निगम एक कम्पनी के प्रोत्साहनदाता की भूमिका तथा सदस्य देशों में निजी औद्योगिक उपक्रमों के विकास और अभिवृद्धि को प्रोत्साहन का कार्य करता है।

इसके अतिरिक्त यह निगम घरेलू तथा विदेशी पूँजी नये निजी औद्योगिक उपक्रमों के हित में गतिशील करता है। जिन औद्योगिक उपक्रमों को वित्त दिया जाता है। उन्हें अपनी वार्षिक सन्तुलन पट्टी, लाभ और हानि विवरण तथा समय-समय पर प्रगति प्रतिवेदन निगम को भेजना पड़ता है। निगम ऐसे उपक्रमों का निरीक्षण भी कर सकता है।

निगम द्वारा नये औद्योगिक उपक्रमों को दीर्घकालीन ऋण भी दिये जाते हैं। निगम द्वारा खरीदे गये समता अंश (Equity Shares) बाद में निजी निवेशकर्ताओं को बेच दिये जाते हैं। ऐसा तब किया जाता है जब ऐसे उपक्रम एक विकास की अवस्था को प्राप्त कर लेते हैं। इस प्रकार निगम अपने कोषों का प्रवाह करता रहता है जिससे कि सदस्य देशों के औद्योगिक उपक्रमों को अधिकतम सहायता दी जा सके।

निगम की कार्य प्रणाली का पुनरीक्षण
(Review of the Working of the Corporation)

निगम द्वारा 80 विकासशील देशों में 302 निजी क्षेत्र की विकास परियोजनाओं को 2300 मिलियन डॉलर वित्तीय सहायता दे चुका है। इस वित्तीय सहायता में 39.4 प्रतिशत लेटिन अमेरिका, 28 प्रतिशत एशिया, 17.5 प्रतिशत अफ्रीका तथा 15 प्रतिशत यूरोप के विभिन्न सदस्य देशों को दिया जाने वाला हिस्सा है। जिन उद्योगों को निगम द्वारा सहायता प्रदान की गई है उनमें कागज, सीमेन्ट, सूती वस्त्र, लोहा एवं इस्पात, खाद्य, रासायनिक, खनन खाद्य प्रसंस्करण, जनोपयोगी सेवायें, प्रिन्टिंग, प्रकाशन तथा पर्यटन आदि प्रमुख हैं। मुद्रा एवं पूँजी बाजारों के विकास के लिए विकासशील देशों को निगम द्वारा कोष प्रदान किये गये हैं।

विश्व बैंक तथा अन्तर्राष्ट्रीय वित्त निगम के प्रस्ताव समझौते में संशोधन अक्टूबर, 1966 में करके इसे विश्व बैंक से उधार लेने के लिए अनुमति दे दी है। विश्व बैंक से यह निगम 400 मिलियन डॉलर तक उधार ले सकता है, जिससे कि यह अपनी पूर्ण अंश पूँजी तथा आरक्षित कोष निजी औद्योगिक उपक्रमों में समता अंशों में निवेश कर सके।

निगम द्वारा भारत में कुछ परियोजनाओं, जैसे—बजाज ऑटो लि. (मोटर साईकिल व स्कूटर निर्माण), बिहार स्पोन्डा आयरन लि. ग्वालियर, रेयन सिल्क निर्माणकारी कम्पनी लि. तथा खोर (म.प्र.) सीमेन्ट प्लान्ट हेतु 43 मिलियन डॉलर का निवेश किया है।

निगम का पाँच वर्षीय कार्यक्रम (1985-89) 7000 मिलियन डॉलर प्रस्तावित था। इस कार्यक्रम में उप-सहारा, अफ्रीका, तेल और गैस अन्वेषण तथा विकास, निगम पुनर्संरचना सहायता एवं निगम की तकनीकी का विस्तार तथा वित्तीय पूँजी बाजार सहायता आदि कार्यों पर जोर दिया गया है।

निगम की आलोचना
(Criticism of the Corporation)

अन्तर्राष्ट्रीय वित्त निगम की कार्य प्रणाली की निम्न आलोचना की गई है :-

(1) **अपर्याप्त संसाधन** (Inadequate Resources) : निगम के पास निवेश योग्य संसाधन पर्याप्त नहीं हैं। निगम सदस्य देशों की ऋण आवश्यकताओं की पूर्ति करने की स्थिति में नहीं है। निगम द्वारा दी गई कुल सहायता

2300 मिलियन डॉलर है। सदस्य देशों को दिया जाने वाला वित्त पर्याप्त नहीं है।

(2) **ऋण की कठोर शर्तें** (Hard Conditions of Loans) : निगम उधार लेने वाले सदस्य देशों पर ऋण देने की समय-समय पर कठोर शर्तें लागू करता है। उधार लेने वाले देशों को मूल धन तथा ऋण पर ब्याज डॉलर के रूप में देना पड़ता है जिससे विकासशील देशों को विदेशी विनिमय की समस्या का सामना करना पड़ता है।

(3) **ऊँची ब्याज दरें** (High Interest Rate) : निगम द्वारा ली जाने वाली ब्याज दर 6 से 7 प्रतिशत वार्षिक होती है। यह ब्याज दर विकासशील देशों के लिए ऊँची है। निगम का उद्देश्य लाभ कमाता नहीं है, बल्कि सदस्य देशों को तीव्र आर्थिक विकास के लिए वित्तीय सहायता प्रदान करना है।

(4) **भेदपूर्ण** (Discrimination) : निगम की इस आधार पर भी आलोचना की जाती है कि विश्व में एशिया तथा अफ्रीका के देशों के साथ विभेद किया जाता है। वित्तीय सहायता का बड़ा हिस्सा लेटिन अमेरिकन देशों को चला जाता है जो अमरीकी पक्ष के हैं।

इस प्रकार हम कह सकते हैं कि अन्तर्राष्ट्रीय वित्त निगम ने पूँजी प्रवाह को बढ़ाने में महत्त्वपूर्ण भूमिका का निर्वहन किया है और विकासशील देशों के निजी व्यावसायिक उपक्रमों को विदेशी सहायता प्रदान करता है।

एशियाई विकास बैंक (Asian Development Bank - ADB)

एशियाई विकास बैंक (ADB) की स्थापना 1966 में संयुक्त राष्ट्र के एशिया एवं प्रशान्त हेतु आर्थिक आयोग (U.N. Economic Commission for Asia and Pacific) की सिफारिश के आधार पर की गई थी। इस बैंक का प्रमुख उद्देश्य एशिया एवं प्रशान्त देशों में निर्धनता में कमी तथा आर्थिक विकास को तीव्र करना एवं सहयोग स्थापित करना है। बाह्य स्रोतों से इस क्षेत्र में पूंजी प्रवाह को प्रोत्साहन देना है। यह 61 सदस्यों वाली बहुपक्षीय वित्तीय संस्था है।

एशियाई विकास बैंक के उद्देश्य (Objectives of ADB)

एशियाई विकास बैंक के निम्नांकित उद्देश्य हैं :-

(1) **गरीबी कम करना** (Reducing Poverty) : इस बैंक का उद्देश्य एशिया एवं प्रशांन्त क्षेत्र में निर्धनता में कमी करना है। प्रारम्भ में इसके

द्वारा आर्थिक विकास और सहयोग पर बल दिया था लेकिन यह अपर्याप्त समझा गया तथा निर्धनता उन्मूलन को इसके अन्तर्गत लाया गया है।

(2) **आर्थिक विकास को प्रोत्साहन** (Promoting Economic Growth) : इस बैंक का उद्देश्य क्षेत्र में आर्थिक विकास को प्रोत्साहन देना है। यह ऐसी परियोजनाओं को क्षेत्र में लेता है जिससे देश का आर्थिक विकास हो सके। ऊर्जा, यातायात, संदेशवहन तथा कृषि एवं उद्योग एवं वित्त से सम्बन्धित परियोजनायें इस बैंक द्वारा ली गई हैं।

(3) **मानवीय विकास में मददगार** (Supporting Human Development): मानवीय विकास के उद्देश्य के अन्तर्गत स्वास्थ्य में सुधार, जीवन स्तर तथा लोगों के जीवनयापन में सुधार करके सदस्य देशों में गरीबी कम करना है। ये कार्य सुदृढ़ीकरण, संस्थाओं, क्षमता में वृद्धि, नीति में सुधार आदि के लिए ऋण एवं तकनीकी सहायता के माध्यम से शिक्षा, स्वास्थ्य तथा पोषाहार, जल आपूर्ति एवं सफाई जैसे कार्य करने हैं।

(4) **महिला सशक्तिकरण** (Women Empowerment) : इस बैंक का कार्य लिंग पक्षपात में कमी करना तथा सदस्य देशों में महिलाओं के स्तर में सुधार करना है। पोषाहार तथा स्वास्थ्य देशभाल कार्यक्रम, महिला उद्यमी प्रशिक्षण, शिशु और परिवार देखभाल कार्यक्रम आदि इस बैंक द्वारा करवाये जाते हैं।

(5) **पर्यावरण संरक्षण** (Protection of Environment) : इस बैंक का उद्देश्य पर्यावरण का संरक्षण तथा विभिन्न प्रकार के सदस्य देशों में प्रदूषण को नियन्त्रित करना है। एशियाई विकास बैंक उन परियोजनाओं को वित्तीय सहायता प्रदान करता है जो सभी प्रकार के प्रदूषण से मुक्त हैं।

एशियाई विकास बैंक के कार्य (Functions of ADB)

एशियाई विकास बैंक के निम्नांकित कार्य हैं :-

(1) सदस्य देशों के आर्थिक एवं सामाजिक विकास के लिए ऋण एवं समता निवेश प्रदान करने का कार्य यह बैंक करता है।

(2) यह बैंक विकास परियोजनाओं तथा कार्यक्रमों के लिए नियोजन एवं क्रियान्वयन के लिए तकनीकी सहायता प्रदान करता है। यह परामर्श सेवायें भी प्रदान करता है;

(3) यह बैंक सार्वजनिक एवं निजी पूँजी विकास हेतु निवेश प्रदान करता है।

(4) विकास नीतियों तथा विकासशील देशों की योजनाओं के लिए निवेदन करने पर समन्वय करने की सहायता देता है।

एशियाई विकास बैंक के वित्त (Finances of ADB)

61 सदस्य देशों द्वारा इसके अंश रखे जाते हैं। जापान और संयुक्त राज्य अमेरिका के सर्वाधिक अंश प्रत्येक के 15.9 प्रतिशत हैं।

सदस्य देशों के अंशदान के अतिरक्त इसके द्वारा बॉण्ड्स निर्गमित किये जाते हैं तथा भुगतानों का पुनः प्रवाह किया जाता है।

एशियाई विकास बैंक की कार्य प्रणाली (Operations of ADB)

यह बैंक अपने क्षेत्र में विभिन्न प्रकार की परियोजनाओं को संचालित करता है। ये निम्नांकित हैं :-

(i) कृषि

(ii) ऊर्जा,

(iii) वित्त

(iv) उद्योग और गैर-ईंधन खनिज पदार्थ

(v) सामाजिक संरचना, यातायात एवं संदेशवहन,

(vi) बहुक्षेत्रीय क्रियाओं को शामिल करना।

एशियाई विकास बैंक कुछ परियोजनाओं को प्रत्यक्ष रूप से लेता है तथा अन्यों के लिए यह वित्तीय और तकनीकी सहायता प्रदान करता है। यह सदस्य देशों की सरकारों को भी उधार देता है तथा सार्वजनिक एवं निजी उपक्रमों को भी उधार देता है। वित्तीय सहायता प्रदान करने का आधार प्राथमिकता वाले क्षेत्र तथा विकास का अधिकतम प्रभाव आदि है। आर्थिक औचित्य, तकनीकी औचित्य परियोजना की वित्तीय सुदृढ़ता तथा विकास कार्यों पर पड़ने वाले प्रभाव विशेषकर सम्बन्धित देश की गतिविधियों का आधार मानकर सहायता प्रदान की जाती है।

2001 में बैंक ने 5.4 बिलियन डॉलर की राशि उधार दी है। ऋण की औसत राशि 70 मिलियन डॉलर रही है। सबसे बड़ा क्रेता भारत रहा हैं। इसके बाद चीन, पाकिस्तान तथा इण्डोनेशिया आदि देश आते हैं। एशियाई विकास बैंक ने विशेष कोष शुरू कर दिये हैं। वे निम्नांकित हैं :-

(i) एशियाई विकास कोष।

(ii) तकनीकी सहायता विशेष कोष।

(iii) जापान विशेष कोष—एशियन मुद्रा सहायता सुविधा एवं एशियाई विकास बैंक की विशेष कोष का संस्थान।

(iv) निर्धनता उन्मूलन हेतु जापानी कोष।

एशियाई विकास बैंक ने 2001 में 146.4 बिलियन यू.एस. डालर तकनीकी सहायता दी गई है। निजी क्षेत्र को दी जाने वाली प्रत्यक्ष उधार 37.5 मिलियन डॉलर रही है।

18

भारत में विकास बैंक

(Development Banks in India)

विकास बैंक विशिष्ट बैंकिंग संस्थायें हैं जिनके द्वारा आर्थिक विकास को तीव्र करने के लिए देश में वित्त की व्यवस्था की जाती है। इन संस्थाओं द्वारा कृषि, उद्योग, व्यापार, यातायात तथा आधारभूत संरचना हेतु दीर्घकालीन वित्त प्रदान किया जाता है जिससे कि वित्तीय संसाधनों के अभाव में देश के आर्थिक विकास पर प्रतिकूल प्रभाव नहीं पड़े।

आजादी के पूर्व विकास वित्त की कमी थी। उस समय दार्घकालीन औद्योगिक वित्त प्रदान करने वाली कोई संस्था नहीं थी। व्यापारिक बैंकों द्वारा अल्पकालीन वित्त प्रदान किया जाता था। ऐसी स्थिति में औद्योगिक इकाइयों द्वारा स्वयं अपने द्वारा अथवा मध्यस्थों के माध्यम से वित्तीय संसाधनों की व्यवस्था की है। औद्योगिक आयोग, 1918 के द्वारा भारतीय उद्योगों को दीर्घकालीन वित्त प्रदान करने के लिए औद्योगिक बैंकों के गठन की सिफारिश की थी। औद्योगिक क्षेत्र की दीर्घकालीन आवश्यकताओं की पूर्ति के लिए केन्द्रीय बैंकिंग जाँच समिति, 1929 ने भी विशिष्ट वित्तीय संस्थाओं के गठन की सिफारिश की थी। लेकिन स्वतंत्रता के पूर्व ऐसी विशिष्ट संस्थाओं की स्थापना की दिशा की कोई प्रभावी कदम नहीं उठाये गये।

स्वतंत्रता प्राप्ति के पश्चात् इस प्रकार की विशिष्ट संस्थाओं की स्थापना के बारे में विचार किया गया। विद्यमान औद्योगिक इकाइयों के आधुनिकीकरण तथा बेकार पड़ी मशीनों को ठीक करने के लिए बड़ी मात्रा में औद्योगिक वित्त की आवश्यकता

थी। भारत सरकार ने औद्योगिक क्षेत्र को औद्योगिक वित्त प्रदान करने की दिशा में अनेक ठोस कदम उठाये। ऐसी संस्थायें औद्योगिक क्षेत्र को औद्योगिक वित्त प्रदान करने में रुचि ले रही हैं तथा प्रोत्साहन मूलक एवं विकासात्मक गतिविधियों को बढ़ावा दे रही हैं। इन संस्थाओं के द्वारा वित्त प्रदान करना, औद्योगिक इकाइयों को प्रोत्साहन देना, कम्पनी की प्रतिभूतियों का अभिगोपन करना तथा इनके अंशपत्रों तथा ऋण-पत्रों में पूँजी निवेश करना आदि कार्य किये जाते हैं। तकनीकी एवं प्रबंधकीय परामर्श भी इन संस्थाओं द्वारा दिया जाता है। इसके अतिरक्त कृषि, निर्यात, आयात तथा लघु उद्योगों के लिए भी विशिष्ट संस्थायें स्थापित की गई हैं।

विशिष्ट वित्तीय संस्थाओं की आवश्यकता एवं महत्त्व
(Need and Importance of Special Financial Institutions)

भारत जैसे विकासशील देश में विशिष्ट वित्तीय संस्थाओं की आवश्यकता एवं महत्त्व का अध्ययन निम्नांकित बिन्दुओं के अन्तर्गत किया जा सकता है।

(1) **अपर्याप्त पूँजी** (Inadequate Capital) : हमारे देश में उद्योगों को प्राप्त पूँजी अपर्याप्त है और जो भी पूँजी गतिशील की जाती है उसको व्यवसाय में निवेशित कर दिया जाता है जहाँ पर जोखिम कम से कम है तथा प्रतिफल की गारण्टी है। ऐसी स्थिति में नई औद्योगिक इकाइयों को अपर्याप्त पूँजी की समस्या का सामना करना पड़ता है। ऐसी स्थिति में विशिष्ट वित्तीय संस्थाओं की स्थापना की आवश्यकता है।

(2) **सुविकसित एवं सुसंगटित पूँजी बाजार की कमी** (Lack of Well Developed and Well Organised Capital Market) : हमारे देश में मैनेजिंग एजेन्सी प्रणाली एक महत्त्वपूर्ण बाधा थी जिससे देश में पूँजी बाजार सुदृढ़ आधार पर विकसित नहीं हुआ। यह प्रणाली 1970 में समाप्त कर दी गई। इसके बावजूद भी देश में पूँजी निर्गमन के अभिगोपन, वितरण तथा विपणन की कोई व्यवस्था नहीं की गई। औद्योगिक वित्त प्रबन्धन में जनता की बचतों का अनुकूलतम उपयोग नहीं हुआ है। ऐसी स्थिति में विशिष्ट वित्तीय संस्थाओं का गठन करना आवश्यक था।

(3) **व्यापारिक बैंकों की अनिपुणता** (Incompetence of Commercial Banks) : हमारी बैंकिंग प्रणाली ब्रिटिश प्रणाली पर आधारित है जो कि विकास के लिए अनुकूल नहीं है। व्यापारिक बैंक अल्पकालीन साख प्रदान करती हैं तथा दीर्घकालीन वित्त औद्योगिक क्षेत्र को प्रदान करने में सक्षम

नहीं है। इस आवश्यकता की पूर्ति के लिए विशिष्ट संस्थाओं का गठन आवश्यक है।

(4) **पूँजी निर्माण की नीची दर** (Low Rate of Capital Formation) : भारत में पूँजी निर्माण की निम्न दर है और लोगों की बचत करने की प्रवृत्ति भी कम है क्योंकि लोगों की उपभोग प्रवृत्ति ऊँची है तथा जीवन स्तर निम्न है। इससे पूँजी निर्माण निम्न पाया जाता है। ऐसी स्थिति में सरकार को आगे आकर विशिष्ट वित्तीय संस्थाओं की स्थापना करने की आवश्यकता पड़ती है।

(5) **सन्तुलित औद्योगिक विकास** (Balanced Industrial Development) : ब्रिटिश शासकों ने हमारे देश को उनके उत्पादों का विस्तृत बाजार बनाये रखा तथा कच्चे माल के स्त्रोत को जारी रखा। इससे औद्योगिक दृष्टि से देश पिछड़ा बना रहा। प्रतिरक्षा तथा उपभोग उद्योगों का विकास किया गया। देश का तीव्र आर्थिक विकास एवं सन्तुलित विकास करने के लिए भारी एवं आधारभूत उद्योगों की स्थापना करना आवश्यक होता है। द्वितीय पंचवर्षीय योजना औद्योगिक विकासोन्मुखी थी और सर्वोच्च प्राथमिकता भारी एवं आधारभूत उद्योगों की दी गई थी। भारी आधारभूत उद्योगों में बड़ी मात्रा में पूँजी निवेश आवश्यक है जिसमें दीर्घकालीन निवेश करना पड़ता है। यह विशिष्ट वित्तीय संस्थाओं की स्थापना के माध्यम से ही संभव होता हैं।

(6) **औद्योगिक प्रोत्साहन** (Industrial Promotion) : भारत में औद्योगिक प्रोत्साहन का अभाव रहा है। प्रबंधन एजेन्सी की समाप्ति तक औद्योगिक प्रोत्साहन की भूमिका इस पद्धति के अन्तर्गत संभव रही है। प्रोत्साहन मूलक भमिका की अपनी सीमायें हैं। प्रस्तावित योजनाओं की जाँच का अभाव, दोषपूर्ण वित्तीय योजनायें तथा परियोजना प्रतिवेदनों की सही तैयारी का अभाव आदि इसकी सीमायें रही हैं। इन सब दोषों को दूर करने तथा प्रोत्साहन मूलक योजनाओं के लिए विशिष्ट वित्तीय संस्थाओं की स्थापना आवश्यक है।

(7) **आधुनिकीकरण एवं विवेकीकरण** (Modernisation and Rationalisation) : हमारे देश में एक बड़ी संख्या में पुरानी घिसीपिटी मशीनों तथा पुराने उत्पादन के तरीकों वाली औद्योगिक इकाइयाँ विद्यमान हैं। परम्परागत उद्योगों के सामने पुरानी मशीनों तथा उनके रख-रखाव की

समस्या है। उत्पादन तथा उत्पादकता में वृद्धि करने के लिए औद्योगिक इकाइयों का आधुनिकीकरण तथा विवेकीकरण आवश्यक है। यह तभी संभव है जब देश में विशिष्ट वित्तीय संस्थाओं का गठन करके आधुनिकीकरण एवं विवेकीकरण अपनाया जावे।

(8) **लघु उद्योग-धन्धों को प्रोत्साहन** (Promotion of Small Scale Industries) : लघु उद्योग क्षेत्र श्रम प्रधान होता है जिससे अधिक रोजगार के अवसर सृजित होते हैं। लघु उद्योगों को बड़े पैमाने की इकाइयों से कड़ी प्रतिस्पर्धा का सामना करना पड़ता है। इस क्षेत्र की वित्तीय आवश्यकताओं की पूर्ति विशेष वित्तीय संस्थाओं का गठन करके की जा सकती है।

(9) **नियोजित आर्थिक विकास** (Planned Economic Development): वर्ष 1951 से हमारे देश में नियोजित आर्थिक विकास का मार्ग अपनाया है। सरकार द्वारा भारी एवं आधारभूत उद्योग तथा जनोपयोगी सेवाओं की स्थापना की जा रही है। हमारे देश में औद्योगिक विकास के लक्ष्यों की प्राप्ति में विशिष्ट वित्तीय संस्थायें महत्वपूर्ण सहायता प्रदान कर सकेंगी।

(10) **श्रेष्ठ समन्वय** (Better Coordination) : केन्द्र तथा राज्य सरकारों द्वारा स्वतंत्रता के पश्चात् अनेक वित्तीय संस्थाओं की स्थापना की गई है। लेकिन विभिन्न वित्तीय संस्थाओं के कार्यकलापों में पुनरावृत्ति देखने को मिलती है। ऐसी स्थिति में अच्छा समन्वय स्थापित करने के लिए विशिष्ट वित्तीय संस्थाओं की आवश्यकता पड़ती है।

उपर्युक्त विश्लेषण से स्पष्ट है कि आर्थिक विकास की दर को तीव्र करने, पूँजी निर्माण की दर में वृद्धि करने, सन्तुलित औद्योगिक विकास तथा विकसित एवं संगठित मुद्रा एवं पूँजी बाजार के लिए विशिष्ट वित्तीय संस्थाओं की स्थापना आवश्यक है।

आर्थिक विकास के लिए संस्थागत वित्त प्रबंधन
(Institutional Financing for Economic Development)

देश में औद्योगिक क्षेत्र को दीर्घकालीन वित्तीय सहायता प्रदान करने के लिए भारत सरकार ने अनेक वित्तीय संस्थाओं की स्थापना की है। देश में लगभग 70 विशिष्ट वित्तीय संस्थायें हैं जिनके द्वारा औद्योगिक वित्त, प्रशिक्षण, तकनीकी सलाह, प्रबंधकीय सेवायें, परियोजना प्रतिवेदन, वांछनीय प्रतिवेदन आदि प्रदान किये जाते हैं। औद्योगिक वित्त प्रबंधन में लगी विशिष्ट वित्तीय संस्थायें निम्नलिखित हैं :-

(1) भारतीय औद्योगिक वित्त निगम (IFCI)
(2) भारतीय औद्योगिक विकास बैंक (IDBI)
(3) भारतीय औद्योगिक साख एवं निवेश निगम (ICICI)
(4) भारतीय औद्योगिक पुनर्निर्माण बैंक (IRBI)
(5) भारत का निर्यात आयात बैंक (EXIM)
(6) राष्ट्रीय कृषि एवं ग्रामीण विकास बैंक (NABARD)
(7) भारत का लघु उद्योग विकास बैंक (SIDBI)
(8) भारत का राष्ट्रीय उद्योग निगम लि. (NSICI)
(9) राज्य वित्त निगम लघु (SFCs)
(10) भारत का औद्योगिक निवेश बैंक (IIBI)
(11) जोखिम पूँजी एवं तकनीकी निगम लि. (RCTC Ltd.)

स्वतंत्रता प्राप्ति के समय से ही उपर्युक्त वित्तीय संस्थायें महत्वपूर्ण योगदान दे रही हैं।

इस संस्थाओं को विभिन्न वर्गों में विभाजित किया जा सकता है :-

(1) **अखिल भारतीय विकास बैंक** (All India Level Development Banks)
   (i) भारतीय औद्योगिक वित्त निगम (IFCI)
   (ii) भारतीय औद्योगिक विकास बैंक (IDBI)
   (iii) भारतीय औद्योगिक साख एवं निवेश निगम (ICICI)
   (iv) भारतीय लघु उद्योग विकास बैंक (SIDBI)

(2) **विशिष्ट वित्तीय संस्थायें** (Special Financial Institutions)
   (i) जोखिम पूँजी एवं तकनीकी निगम लि. (RCTC Ltd.)
   (ii) तकनीकी विकास एवं सूचना कम्पनी (TDIC)
   (iii) भारत का पर्यटन वित्त निगम (TFCI)

(3) **विनियोग संस्थायें** (Investment Institutions)
   (i) भारत का यूनिट ट्रस्ट (UTI)
   (ii) भारतीय जीवन बीमा निगम (LIC)
   (iii) भारतीय सामान्य बीमा निगम (GICI)

(4) **राज्य स्तरीय संस्थायें** (State Level Institutions)
   (i) राज्य वित्त निगम (SFCs)
   (ii) राज्य औद्योगिक विकास निगम (SIDCs)

इस अध्याय में हम विकास बैंकों का विश्लेषण करेंगे।

भारत का औद्योगिक वित्त निगम
(Industrial Finance Corporation of India - IFCI)

इस निगम की स्थापना विशिष्ट अधिनियम के अन्तर्गत जुलाई 1948 में की गई थी। भारतीय औद्योगिक विकास बैंक, अनुसूचित व्यापारिक बैंक, बीमा कम्पनियाँ, निवेश ट्रस्ट तथा सहकारी बैंक इस निगम के अंशधारी हैं। भारत सरकार ने पूँजी की अदायगी तथा न्यूनतम वार्षिक लाभांश देने की गारण्टी दे रखी है। निगम बॉण्ड्स तथा ऋण पत्र खुले बाजार में निर्गमित करने के लिए अधिकृत है। विश्व बैंक से विदेशी मुद्रा तथा जनता से अन्य संगठनों के जमा स्वीकार करने तथा रिजर्व बैंक से उधार लेने का कार्य करता है।

निगम के कार्य (Functions of the Corporation)

इस निगम के महत्वपूर्ण कार्य निम्नांकित हैं :-

(1) यह औद्योगिक संस्थानों की ऋण अग्रिम स्वीकृत करता है तथा इनके द्वारा निर्गमित ऋण पत्रों में अंशदान देता है।

(2) औद्योगिक संस्थानों द्वारा बाजार में से ऋण लेने पर गारण्टी देता है।

(3) यह औद्योगिक संस्थानों के निर्गमित स्टॉक, अंशपत्र, बॉण्ड्स तथा ऋण पत्रों के अभिगोपन का कार्य भी करता है बशर्ते ऐसे स्टॉक, अंशपत्र सात वर्ष की अवधि में निगम द्वारा पूरे कर लिये जाते हैं। इसके द्वारा समता, पसंदगी अंश पत्र तथा ऋण पत्रों में अंशदान किया जाता है।

(4) यह सार्वजनिक कम्पनियों, सहकारिताओं तथा निजी सीमित दायित्व वाली कम्पनियों अथवा साझेदारी को ऋण स्वीकृत कर सकता है।

(5) यह दीर्घकालीन एवं मध्यमकालीन वित्त उन कम्पनियों को देने के लिए अधिकृत है जो निर्माणकारी, खनन, जहाजी तथा विद्युत सृजन एवं वितरण में लगी हुई हैं।

(6) यह किसी एक संस्थान को एक करोड़ रुपये स्वीकृत कर सकता है तथा सरकार से अनुमति लेकर इससे भी अधिक राशि स्वीकृत कर सकता है तथा ऋण की अवधि 25 वर्ष से अधिक नहीं होगी।

ऋण स्वीकृत करने की प्रक्रिया (Procedure of Granting Loans)

वित्तीय सहायता के लिए औद्योगिक संस्थान द्वारा आवेदन करने पर उसे ऋण स्वीकृत करने के पूर्व निगम उसके आवेदन की जाँच करता है तथा निम्न बिन्दुओं का मूल्यांकन करता है।

(1) राष्ट्रीय अर्थव्यवस्था में उद्योग का महत्व
(2) योजना की लागत तथा वांछनीयता जिसके लिए वित्तीय सहायता चाही गई है
(3) प्रबंध की निपुणता
(4) जांच की प्रकृति
(5) तकनीकी कर्मियों, कच्चा माल आदि की समुचित पूर्ति
(6) उत्पाद की किस्म तथा उत्पाद की देश में आवश्यकता।

निगम की कार्य प्रणाली (Working of IFCI)

व्यापारिक बैंकों द्वारा औद्योगिक वित्त प्रदन करने में बड़ी सावधानी रखी गई है। औद्योगिक संस्थान बड़ी समयावधि के लिए वित्त बाजार से वित्त प्राप्त करने में सफल नहीं रहे हैं। इस निगम के 65 वर्ष पूरे हो गये हैं। इसकी स्थापना के समय से ही व्यापार वाणिज्य तथा उद्योगों के वित्त प्रबंधन के लिए माँग पूर्ति की तुलना में अधिक रही है। इन परिस्थितियों में भारतीय उद्योगों को अनेक तरह की सेवायें प्रदान की हैं।

निगम द्वारा विगत वर्षों में अनेक प्रोत्साहन मूलक नई योजनायें शुरू की हैं जो निम्नांकित हैं :-

(1) महिला उद्यमियों को ब्याज अनुदान योजना
(2) परामर्श शुल्क अनुदान योजनायें लघु औद्योगिक इकाइयों के विपणन सहायता के लिए
(3) अति लघु, लघु तथा सहायक इकाइयों के आधुनिकीकरण को प्रोत्साहन
(4) लघु एवं मध्यम स्तर की इकाइयों में प्रदूषण का नियन्त्रण।

निगम द्वारा दी गई वित्तीय सहायता को निम्नांकित तालिका से स्पष्ट किया जा सकता है :-

तालिका - 1
निगम द्वारा सहायता (करोड़ रु.)

	1980 - 81	1990 - 91	1999 -2000	2000 -01	2001 -02	2003 - 04	2004 - 05	2008 - 09
स्वीकृत ऋण	210	2,430	2,080	1,858.5	798.6	1,392	-	4,014.9
वितरण	110	1,570	3,272.1	2,120.9	1,093.8	278	91	3311.5

स्त्रोत : आर्थिक सर्वेक्षण भारत सरकार 2010 - 2011, पृ. 4 - 61

उपर्युक्त तालिका से स्पष्ट है कि वर्ष 1980-81 में निगम द्वारा स्वीकृत ऋण 210 करोड़ रुपये थे जो वर्ष 1999-2000 में बढ़कर 2080 करोड़ रुपये हो गये जो कि लगभग 10 गुनी वृद्धि हुई है। वितरित राशि 110 करोड़ रुपये से बढ़कर 3272.1 करोड़ रुपये हो गई है। इस प्रकार स्वीकृत धनराशि से वितरित राशि 1999-2000 में अधिक रही है। यह 29 गुना बढ़ी है। निगम द्वारा स्वीकृत राशि वर्ष 2003-04 में 1392 करोड़ रुपये तथा वितरित राशि 278 करोड़ रुपये थी। इसके पश्चात् 2004-05 तथा 2005-06 में ऋण स्वीकृत नहीं किया गया जबकि वितरित राशि दोनों वर्षों में क्रमशः 91 करोड़ रुपये तथा 187 करोड़ रुपये थी। विगत वर्षों में निगम की गैर-निष्पादन परिसम्पत्तियों में भारी वृद्धि हुई है। यह सोचा जा रहा है कि निगम का पुनर्वास करना संभव नहीं है और इसे भारतीय औद्योगिक विकास बैंक में विलीन कर दिया जाता है।

निगम की पूँजी समुचित अनुपात को सुधारने के लिए भारत सरकार ने 20 वर्षीय परिवर्तनशील बॉण्ड के रूप में 400 करोड़ रुपये का योगदान दिया है। यह एक विशेष समिति के गठन पर आधारित सिफारिश का परिणाम है। इस निगम के प्रमुख अंशधारी भारतीय औद्योगिक विकास बैंक, स्टेट बैंक ऑफ इण्डिया तथा भारतीय जीवन बीमा निगम हैं जिन्होंने ने 200 करोड़ रुपये देने की सहमति प्रदान की है जिससे कि पूँजी समुच्य अनुपात ऊँची रखा जा सके।

इस निगम द्वारा यह प्रयत्न किया जा रहा है कि जितने भी मामले औद्योगिक वित्त पुनर्निर्माण बोर्ड के सम्मुख हैं उन्हें शीघ्र निपटाया जावे तथा निगम द्वारा किसी भी कम्पनी को दी जाने वाली वित्तीय सहायता की अधिकतम सीमा 100 करोड़ रुपये होगी। इससे गैर-निष्पादन परिसम्पत्तियां (NPAs) को कम किया जा सकेगा।

भारत का औद्योगिक विकास बैंक
(Industrial Development Bank of India - IDBI)

विशिष्ट संस्थाओं द्वारा दीर्घकालीन वित्त की पूर्ति की जाती है। इसमें निरन्तर वृद्धि हो रही है लेकिन औद्योगिक उपक्रमों की बढ़ती हुई आवश्यकताओं की पूर्ति के लिए यह वित्त पर्याप्त नहीं था। इस आवश्यकता की पूर्ति के लिए और तीव्र औद्योगीकरण के लिए एक संस्था जिसके संसाधन अधिक हों, की स्थापना की आवश्यकता महसूस की गई। भारतीय औद्योगिक विकास बैंक की स्थापना वर्ष 1964 में की गई थी।

उद्देश्य (Objectives)

भारतीय औद्योगिक विकास बैंक के निम्न उद्दश्य हैं :-

(1) भारत में तीव्र औद्योगीकरण के लिए बड़े वित्तीय संसाधनों की आपूर्ति करने वाली नई संस्था की स्थापना करना आवश्यक था।

(2) औद्योगिक विकास हेतु वित्त प्रदान करने वाली संस्थाओं की गतिविधियों में समन्वय करने हेतु इस संस्था की स्थापना आवश्यक थी।

यह वित्त प्रदान करने वाली शीर्ष संस्था है तथा 1976 तक यह पूर्णतया रिजर्व बैंक ऑफ इण्डिया की स्वामित्व वाली सहायक संस्था थी। सामान्य निर्देश, प्रबंध तथा पर्यवेक्षण करने के लिए भारतीय औद्योगिक विकास बैंक के लिए एक संचालक मण्डल का गठन किया गया जैसा कि रिजर्व बैंक का केन्द्रीय संचालक मण्डल है। रिजर्व बैंक के गवर्नर तथा डिप्टी गवर्नर भारतीय औद्योगिक विकास बैंक के अध्यक्ष तथा उपाध्यक्ष थे। 1976 में इस बैंक का रिजर्व बैंक से सम्बन्ध विच्छेद कर दिया तथा भारत सरकार ने इसे अपने अधीन ले लिया है।

भारतीय औद्योगिक विकास बैंक के कार्य (Functions of IDBI)

भारतीय औद्योगिक विकास बैंक, औद्योगिक उपक्रमों के निर्माणकारी, खनन, प्रसंस्करण, होटल, जहाजी, यातायात आदि कार्यों के लिए वित्त प्रदान करता है। भारतीय औद्योगिक विकास बैंक के निम्नांकित कार्य हैं :-

(1) **प्रत्यक्ष सहायता (Direct Assistance) :** यह बैंक परियोजना ऋण औद्योगिक प्रतिभूतियों में अंशदान एवं अभिगोपन, आसान ऋण, तकनीकी वापसी ऋण तथा औजार वित्त ऋण आदि के लिए प्रत्यक्ष सहायता स्वीकृत करता है। स्टॉक, अंश पत्र, बॉण्ड्स तथा ऋण पत्रों में अंशदान करने का कार्य यह बैंक करता है। भारतीय औद्योगिक विकास बैंक की इच्छा से किसी भी औद्योगिक संस्थान को दिये गये ऋण एवं अग्रिमों को समता स्टॉक और अंश पत्रों में परिवर्तित किया जा सकता है। औद्योगिक संस्थाओं द्वारा खुले बाजार में अनुसूचित बैंक, राज्य सहकारिता बैंकों, भारतीय औद्योगिक वित्त निगम तथा अन्य मान्यता प्राप्त वित्तीय संस्थाओं से लिये जाने वाले ऋणों पर गारण्टी देने का कार्य भी यह बैंक करता है।

(2) **परोक्ष सहायता** (Indirect Assistance) : अनुसूचित बैंकों तथा राज्य सहकारी बैंकों द्वारा दिये गये निर्यात साख के पुनर्वित्त का कार्य भी यह बैंक करता है। औद्योगिक संस्थाओं को देने वाली बैंक एवं वित्तीय संस्थाओं का वित्त प्रबंधन का कार्य भी किया जाता है। यह भारतीय औद्योगिक वित्त निगम तथा राज्य वित्त निगमों के स्टॉक, अंशपत्र बॉण्ड्स तथा ऋण पत्रों में अंशदान देने का कार्य करता है। यह 3 से 25 वर्ष के लिए औद्योगिक संस्थानों को पुनर्वित्त के रूप में ऋण प्रदान करता हैं।

(3) **विशेष सहायता** (Special Assistance) : भारतीय औद्योगिक विकास बैंक अधिनियम, 1964 के अन्तर्गत एक विशेष कोष का गठन किया गया है जिसे विकास सहायता कोष कहा जाता है। इस कोष का उपयोग उन औद्योगिक संस्थानों के लिए किया जाता है जिन्हें निम्न प्रतिफल क़ी दर के कारण सामान्य स्थिति में आसानी से कोषों की प्राप्ति नहीं होती है।

(4) **विदेश मुद्रा की आपूर्ति** (Supply of Foreign Currency) : बैंक अन्तर्राष्ट्रीय मुद्रा बाजार तथा निजी संगठनों से कोष एकत्रित करता है तथा उन औद्योगिक संस्थाओं को देता है जिनकी कोषों की आवश्यकता होती है। बैंक कोई प्रतिबंध नहीं लगाता है कि प्रतिभूति की प्रकृति तथा प्रकार कैसा है।

बैंक का कार्य संचालन (Operations of the Banks)

भारतीय औद्योगिक विकास बैंक औद्योगिक संस्थानों को प्रत्यक्ष ऋण, औद्योगिक ऋणों के पुनर्वित्त, निर्यात साख, बिलों के पुनः बट्टा, अंश पत्रों के अभिगोपन तथा अंशदान करने का कार्य भी किया जाता है। औद्योगिक इकाइयों को सहायता देने वाली एक महत्वपूर्ण संस्था का कार्य करती है।

बैंक ने नई सेवायें प्रदान करना शुरू कर दिया है जिसके अन्तर्गत अपने ग्राहकों को प्रत्यक्ष सहायता देकर आवश्यकताओं की पूर्ति करता है। इसके द्वारा वेन्चर केपीटल फण्ड तथा तकनीकी उन्नयन, औजार वित्त, परिसम्पत्ति साख तथा औजार किराये पर देने सम्बन्धी कार्य भी किये जाते हैं।

पिछड़े क्षेत्रों को सहायता (Assistance to Backward Areas)

भारतीय औद्योगिक विकास बैंक ने जुलाई 1969 में छोटी एवं मध्यम परियोजनाओं के माध्यम से पिछड़े क्षेत्रों में औद्योगिक विकास प्रोत्साहित करने के लिए एक

सहायता योजना शुरू की गई थी। इस योजना की विशेषताओं में रियायती ब्याज दरें, दीर्घकालीन छूट तथा अदायगी की छूट प्रमुख हैं।

इस योजना का संशोधन तथा उदारीकरण किया गया है। इसी उदारीकृत योजना के अन्तर्गत भारतीय औद्योगिक साख एवं विनियोग निगम की सहभागिता से 2 करोड़ रुपये की रियायती दर पर रुपये सहायता तथा अभिगोपन सहायता 1 करोड़ रुपये देने का प्रावधान है। पिछड़े क्षेत्रों में इस प्रकार के आवेदन तथा स्वीकृत एवं उपयोग की जाने वाली राशि में निरन्तर वृद्धि हुई है।

पुनर्वित्त सुविधायें (Refinance Facilities)

इस बैंक द्वारा भारतीय पुनर्वित्त निगम का अधिग्रहण नवम्बर 1964 में कर लिया गया है तथा सदस्य बैंकों के माध्यम से औद्योगिक इकाइयों को पुनर्वित्त की सुविधायें दी जा रही हैं। यह शीर्ष संस्था होने के कारण राज्य वित्त निगमों, भारतीय औद्योगिक वित्त निगम, उधार देने वाली कम्पनियों तथा अन्य संस्थायें जो औद्योगिक वित्त के क्षेत्र में अंश पत्रों तथा बॉण्डूस में अंशदान देती है की सहायता करता है। इस बैंक द्वारा एक योजना शुरू की गई है जिसके अन्तर्गत ऋण तथा गारण्टी देकर अन्य संस्थाओं के साथ जोखिम वहन करने का कार्य करती है।

वित्तीय मध्यस्थों को भी बैंक संसाधन प्रदान कर सहायता करता है। ऋण तथा अंश पत्रों एवं बॉण्डूस में धन लगाने का कार्य करके राज्य वित्त निगम, भारतीय औद्योगिक वित्त निगम तथा अन्य संस्थाओं की सहायता करता है।

लघु उद्योग क्षेत्र की सहायता (Assistance to Small Scale Sector)

औद्योगिक ऋण के पुनर्वित्त के रूप में यह बैंक लघु उद्योगों तथा लघु सड़क यातायात चालकों को राज्य स्तरीय संस्थाओं तथा व्यापारिक बैंकों के माध्यम से परोक्ष रूप से सहायता प्रदान करता है। यह प्रतिज्ञा पत्रों के माध्यम से ट्रक एवं जीप की बिक्री के माध्यम से सड़क यातायात चालकों की सहायता करता है।

वर्ष 1988 में एक राष्ट्रीय समता कोष योजना शरू की गई है जिससे अति अल्प तथा छोटे पैमाने की इकाइयों को सहायता प्रदान की जाती है जिनकी निर्माणकारी लागत 5 लाख रुपये से अधिक नहीं हैं। यह योजना राष्ट्रीयकृत बैंकों के माध्यम से चलाई जाती है। अति लघु एवं लघु औद्योगिक इकाइयों को सावधि ऋण एवं कार्यशील पूँजी देने के लिए एकल खिड़की योजना शुरू की गई है। इसके द्वारा एक ऐच्छिक कार्यकारी दल प्रकोष्ठ की स्थापना की गई है जिससे कि पेशेवर अनुभवी

लोगों से विभिन्न औद्योगिक इकाइयों को परामर्श दिया जा सके और विशिष्ट क्षेत्रों में परामर्श दिया जा सकता है।

संतुलित क्षेत्रीय विकास (Balanced Regional Development)

भारतीय औद्योगिक विकास बैंक द्वारा वर्ष 1970 में प्रोत्साहन मूलक तथा विकासात्मक गतिविधियों की शुरुआत की। इसका दोहरा उद्देश्य था–एक ओर सन्तुलित प्रादेशिक विकास हो तथा दूसरी ओर तीव्र औद्योगिक विकास हो। इसके द्वारा सभी राज्यों तथा संघ प्रदेशों में औद्योगिक सम्भावना सर्वेक्षण करवाये गये हैं।

नरम ऋण योजना (Soft Loan Scheme)

इस योजना की शुरुआत वर्ष 1976 में की गई थी जिसके अन्तर्गत चुनींदा उद्योगों–सीमेन्ट, सूती वस्त्र, जूट, चीनी तथा अन्य इंजीनियरिंग को रियायती दरों पर सहायता देकर आधुनिकीकरण, पुनर्स्थापना तथा नवीनीकरण करके कार्य शुरू किया जावे। इस योजना का प्रशासनिक कार्य बैंक के हाथ में हैं तथा भारतीय औद्योगिक वित्त निगम और भारतीय औद्योगिक साख एवं विनियोग निगम की सहभागिता है। इसके अन्तर्गत 15 वर्ष के लिए 7.5 प्रतिशत ब्याज दर पर सहायता दी जाती है। इस नरम ऋण योजना का संशोधन कर दिया गया है तथा इसे आधुनिकीकरण हेतु नरम ऋण योजना, 1984 (Soft Loan Scheme for Modernisation, 1984) कहा जाता है। विभिन्न इकाइयों के आधुनिकीकरण के लिए वित्तीय सहातया दी जाती है जिसका उद्देश्य उच्च स्तरीय प्रसंस्करण, तकनीकी तथा उत्पाद, रोकना, अपव्यय का सदुपयोग तथा इसके गौण, उत्पाद प्राप्त करना आदि हैं।

भारतीय औद्योगिक विकास बैंक का पुनर्गठन (Restructuring of IDBI)

मध्यम एवं अल्पकालीन वित्त प्रदान करने में भारतीय औद्योगिक विकास बैंक महत्वपूर्ण योगदान दे रहा है। यह बैंक प्रभावी योगदान देने में असफल रहा है और भारतीय अर्थव्यवस्था में तीव्र औद्योगीकरण की पर्याप्त गति नहीं दे सका है। इस बैंक के निष्प्रभावी योगदान के निम्न कारण रहे हैं :-

(1) यह रिजर्व बैंक से सम्बद्ध रहा है और दोनों का संचालन मण्डल एका-सा ही रहा है।
(2) गवर्नर तथा डिप्टी गवर्नर को जो दायित्व दिये हैं उनका वे सही निर्वहन करने में विफल रहे हैं।

(3) रिजर्व बैंक ऑफ इण्डिया के प्रबंधन ने इस बैंक को प्रक्रियाओं का दास बना दिया है।

फरवरी, 1976 से रिजर्व बैंक ऑफ इण्डिया ने भारतीय औद्योगिक विकास बैंक की सम्बद्धता को समाप्त कर इसे एक स्वायत्तशासी संस्था बना दिया है।

नरसिम्हम समिति 1991 तथा भारतीय औद्योगिक विकास बैंक (Narasimham Committee, 1991 and IDBI)

औद्योगिक वित्त के क्षेत्र में भारतीय औद्योगिक विकास बैंक एक सर्वोच्च संस्था है, इस संस्था के कुल स्वीकृति का स्वीकृति एवं वितरण का हिस्सा 36 प्रतिशत तथा सभी सावधि संस्थाओं के वितरण का 40 प्रतिशत हिस्सा रहा है।

नरसिम्हम समिति की प्रमुख सिफारिश यह है कि यह बैंक अधिक प्रतिस्पर्धी, बैंकों में अधिक कुशल और विकासात्मक वित्तीय संस्था होनी चाहिए। सभी ऋण प्रदान करने वाली संस्थायें भारतीय औद्योगिक वित्त निगम, भारतीय औद्योगिक साख एवं निवेश निगम, भारतीय औद्योगिक विकास बैंक आदि को बाजार में कोषों हेतु प्रतिस्पर्धा करनी होगी तथा निगम उधारकर्ताओं को ऋण सम्बन्धी सुविधायें प्रदान करनी होंगी। इस बैंक को प्रत्यक्ष उधार देने के कार्य को छोड़ देना तथा चाहिए प्रोत्साहन मूलक शीर्ष संस्था तथा पुनर्वित्त के रूप में कार्य करना चाहिए जैसा कि राज्य वित्त निगम तथा भारतीय लघु उद्योग विकास बैंक कर रहे हैं। भारत सरकार ने समिति की इस सिफारिश को स्वीकार नहीं किया है। सरकार ने भारतीय औद्योगिक विकास बैंक अधिनियम 1964 में संशोधन कर इसकी अंश पूँजी का पुनर्गठन किया है तथा बैंक को पूँजी बाजार से समता पूँजी जुटाने की अनुमति दी है।

भारतीय औद्योगिक विकास बैंक की प्रगति (Progress of IDBI)

इस बैंक ने सर्वोच्च संस्था के रूप में दीर्घकालीन औद्योगिक वित्त प्रदान करने में महत्वपूर्ण योगदान दिया है। इसके द्वारा अन्य वित्तीय संस्थाओं के अंशपत्र तथा ऋण पत्र क्रय करने का कार्य किया है। अन्य वित्तीय संस्थाओं को इसके द्वारा पुनर्वित्त तथा पुनः बट्टा काटने की सुविधायें दी हैं। यह अन्य वित्तीय संस्थाओं के कार्यों का समन्वय भी करता है। इस बैंक ने देश के आर्थिक विकास में प्रोत्साहन मलक एवं विकासात्मक भूमिका का निर्वहन किया गया है। इस बैंक की प्रगति निम्न तालिका से देखी जा सकती है :-

तालिका - 2

भारतीय औद्योगिक विकास बैंक द्वारा सहायता (करोड़ रु.)

मदें	1980 - 81	1990 - 91	1999 -2000	2000 -01	2001 -02	2004 - 05	2010 - 11
स्वीकृत ऋण	1,280	6,250	28,310	28711.1	16,034.1	10,799	NA
वितरण	1,010	4,460	17,060	17,498.3	11,157.9	6,183	NA

स्त्रोत : आर्थिक सर्वेक्षण भारत सरकार 2010 - 2011, पृ. 4 - 61

उपर्युक्त तालिका से स्पष्ट है कि पिछले दो दशकों में स्वीकृत ऋण राशि दुगुनी हो गई है जबकि वितरित राशि की मात्रा कम रही है। इस प्रकार बैंक द्वारा दीर्घकालीन औद्योगिक वित्त प्रदान करने में शीर्ष संस्था के रूप में योगदान दिया है। भारतीय औद्योगिक विकास बैंक द्वारा स्वीकृत ऋण राशि 2004-2005 में 10,799 करोड़ रुपये तथा 2005-2006 में 27,442 करोड़ रुपये थी जबकि ऋण वितरण राशि क्रमश 6,183 करोड़ रुपये तथा 12,984 करोड़ रुपये थी।

भारतीय औद्योगिक साख एवं विनियोग निगम
(Industrial Credit & Investment Corporation of India - ICICI)

इस निगम का प्रायोजन विश्व बैंक के एक मिशन द्वारा किया गया था जिसका उद्देश्य निजी क्षेत्र में लघु एवं मध्यम उद्योगों का विकास करना था। इसका पंजीयन भारतीय कम्पनी अधिनियम 1955 के अन्तर्गत किया गया था। इसकी निर्गमित पूँजी में भारतीय बैंकों, बीमा कम्पनियों तथा व्यक्तियों एवं संयुक्त राज्य के निगमों, ब्रिटिश इस्टर विनिमय बैंक तथा अन्य कम्पनियों एवं भारत की जनता द्वारा अंशदान दिया गया है।

निगम के उद्देश्य (Objectives of ICICI)

इस निगम के निम्नांकित उद्देश्य हैं :-

(1) नये उद्योगों को प्रोत्साहित देना।

(2) मौजूदा उद्योगों के विस्तार तथा आधुनिकीकरण में सहायता प्रदान करना।

(3) उत्पादन में वृद्धि करने के लिए तकनीकी एवं प्रबंधकीय सहायता देना।

(4) निजी क्षेत्र में लघु एवं मध्यम उद्योगों को वित्तीय सहायता देकर रोजगार के अवसरों का सृजन करना।

निगम के कार्य (Functions of ICICI)

यह निगम निम्नांकित कार्य सम्पन्न करता है :-

(1) भारतीय रुपये तथा विदेशी मुद्रा के रूप में दीर्घकालीन अथवा मध्यमकालीन ऋण प्रदान करता है।

(2) यह समता पूँजी में सहभागिता करता है तथा अंशपत्रों एवं ऋण-पत्रों के अभिगोपन का कार्य करता है।

(3) यह निजी निवेश स्त्रोतों से लिये गये ऋणों पर गारण्टी देता है।

(4) यह वित्तीय सेवायें प्रदान करता है जैसे स्थगित साख, किश्त साख, परिसम्पत्ति साख तथा वेन्चर पूँजी आदि।

निगम की कार्य प्रणाली (Working of ICICI)

निगम के अनेक उद्योगों को सहायता दी है जिनमें कागज उद्योग, रासायनिक उद्योग, बिजली उपकरण, सूती वस्त्र, चीनी, धातु, कच्चा लोहा, चूना तथा सीमेण्ट तथा सीसा निर्माण आदि प्रमुख हैं। इसके द्वारा साख क्षेत्रों - निजी क्षेत्र, संयुक्त क्षेत्र, सार्वजनिक क्षेत्र तथा सहकारिता क्षेत्र आदि को सहायता दी है लेकिन निगम से लाभान्वित होने वाला प्रमुख क्षेत्र निजी क्षेत्र है। निगम द्वारा दी जाने वाली सहायता में विदेशी मुद्रा, रुपया ऋण गारण्टी तथा अंश पत्रों एवं ऋण पत्रों में अंशदान देने जैसी क्रियायें सम्मिलित हैं। इसके द्वारा पिछड़े क्षेत्रों में नई औद्योगिक इकाइयों की स्थापना हेतु सहायता दी गई है।

इसके द्वारा मर्चेन्ट बैंकिंग डिवीजन, निगम परिसम्पत्ति प्रबंधन कम्पनी लिमिटेड, निगम आपसी कोष, निगम निवेशकर्ता सेवायें लि. तथा निगम बैंकिंग निगम लिमिटेड आदि संस्थाओं की गठन किया गया है। इस संस्था द्वारा विभिन्न रूपों में प्रोत्साहन मूलक भूमिका का निर्वहन किया गया है।

(1) निगम द्वारा भारतीय यूनिट ट्रस्ट के साथ क्रेडिट रेटिंग सूचना सेवाओं की स्थापना की गई है जिसके द्वारा निगम क्षेत्र को साख रेटिंग सेवाओं की पूर्ति की जाती है।

(2) तकनीकी उन्नयन तथा तकनीकी सूचना प्रदान करने के लिए टी.डी.आई. सी.आई. (TDICI) का गठन किया गया है।

(3) वाणिज्यिक तकनीकी की उन्नयन कार्यक्रम (PACT) हेतु अमेरिका द्वारा 10 मिलियन डालर की सहायता दी गई है जिससे बाजारोन्मुखी कम्पनियाँ लाभान्वित हो सकेंगी।

(4) वाणिज्यिक ऊर्जा अनुसंधान का तीव्रतम कार्यक्रम (PACER) के लिए 20 मिलियन अमरीकी डॉलर की सहायता दी गई है जिससे निगम द्वारा

चयनित अनुसंधान एवं तकनीकी विकास प्रस्तावों को शुरू किया जा सके।

(5) इस निगम द्वारा अमरीकी सहायता से 1992-93 में दो परियोजनायें शुरू की गई हैं। वे हैं :-

(i) कृषि वाणिज्यिक तथा उपक्रम परियोजना जिसे 20 मिलियन डॉलर की सहायता दी गई है।

(ii) पर्यावरण विज्ञान तथा तकनीकी कार्यक्रम (TEST) में व्यापार करने के लिए 25 मिलियन डालर सहायता दी गई है।

निगम की प्रगति (Progress of ICICI)

औद्योगिक वित्त प्रदान करने में इस निगम द्वारा महत्वपूर्ण योगदान दिया गया है। इसके द्वारा सभी क्षेत्रों–निजी, सार्वजनिक तथा सहकारिता को सहायता में विदेशी मुद्रा ऋण, रुपया ऋण, गारण्टी ऋण तथा अंशपत्रों एवं ऋण पत्रों में अंशदान आदि प्रमुख हैं। निगम की प्रगति निम्न तालिका से स्पष्ट है :-

तालिका - 3

निगम द्वारा वित्तीय सहायता (करोड़ रु.)

	1980 - 81	1990 - 91	1999 -2000	2000 -01	2001 -02	2010 - 11
स्वीकृत ऋण	310	3,740	43,522.8	56,092	36,229.2	NA
वितरण	180	1,970	25,835.7	31,964.6	25,831	NA

स्त्रोत : आर्थिक सर्वेक्षण भारत सरकार 2010 - 2011, पृ. A-61

उपर्युक्त तालिका से स्पष्ट है कि वर्ष 1980-81 में निगम द्वारा 310 करोड़ के ऋण स्वीकृत किये गये थे। यह राशि 2000-01 में बढ़कर 56,092 करोड़ रुपयें हो गई अर्थात् इस अवधि में 180 गुना वृद्धि हुई है। ऋण वितरण की राशि जो 180 करोड़ रुपये थी वह 2000-01 में बढ़कर 31,964.6 करोड़ रुपये हो गई जो कि 172 गुना वृद्धि है।

रिजर्व बैंक ने निगम को निगम बैंक में विलय करने की अनुमति 30 मार्च 2002 से दे दी है जिसके पास 1,00,000 करोड़ रुपये की परिसम्पत्तियाँ हैं और निजी क्षेत्र का सबसे बड़ा बैंक है। भारतीय जहाजी साख एवं विनियोग कम्पनी (SCICI) लि. जहाजों के अधिग्रहण करने के लिए ऋण देने वाली विशिष्ट संस्था है। 1 मार्च

1996 तक इस संस्था द्वारा 12,750 करोड़ रुपये का ऋण स्वीकृत किया है तथा 6,160 करोड़ रुपये का ऋण वितरित किया है। अप्रेल 1996 में इस संस्था का विलीनीकरण निगम में कर दिया है।

भारतीय लघु उद्योग विकास बैंक
(Small Industries Development Bank of India - SIDBI)

संसद के विशिष्ट अधिनियम द्वारा अप्रेल 1990 में भारत सरकार ने इस बैंक की स्थापना की है और यह भारतीय औद्योगिक विकास बैंक की पूर्ण स्वामित्व वाली सहायक संस्था है। इसके द्वारा लघु उद्योग क्षेत्र को दिये गये ऋणों की बकाया राशि 4,500 करोड़ रुपये ले ली गई हैं जो कि भारतीय औद्योगिक विकास बैंक की थी। इस बैंक की अधिकृत पूँजी 250 करोड़ रुपये थी जो बढ़कर 1,000 करोड़ रुपये कर दी गई है।

बैंक की भूमिका (Role of the Bank)

यह देश में लघु उद्योगों को प्रोत्साहन, वित्त प्रबंधन तथा उद्योगों को प्रोत्साहन, वित्त प्रबंधन तथा विकास देने वाली प्रमुख वित्तीय संस्था है। समान कार्य करने वाली संस्थाओं में समन्वय का कार्य भी इस बैंक द्वारा किया जाता है। इसके द्वारा लघु उद्योग विकास कोष तथा राष्ट्रीय समता कोष के प्रशासन का दायित्व भी ले लिया है।

यह समूचे देश में लघु इकाइयों को वित्तीय सहायता देने का कार्य करता है तथा विद्यमान बैंकिंग एवं वित्तीय संस्थाओं - व्यापारिक बैंक, सहकारिता बैंक, क्षेत्रीय ग्रामीण बैंक, राज्य वित्त निगम तथा राज्य औद्योगिक विकास निगम आदि का उपयोग करता है।

बैंक के कार्य (Functions of SIDBI)

इस बैंक के प्रमुख कार्य निम्नांकित हैं :-

(1) लघु औद्योगिक इकाइयों को प्राथमिक ऋणदायी संस्थाओं द्वारा दिये जाने वाले ऋणों, अग्रिमों को पुनर्वित्ति का कार्य करता है।

(2) यह मशीनरी के बेचने से बिलों का बट्टा काटने तथा पुनः बट्टा करने का कार्य करता है।

(3) यह बैंक राष्ट्रीय समता कोष, महिला उद्यम निधि तथा महिला विकास निधि के लिए नरम ऋण प्रदान करता है।

(4) यह प्रत्यक्ष सहायता देता है तथा प्राथमिक ऋण दायी संस्थाओं के संदर्भ को वित्त प्रबंधन का कार्य करता है जिससे कि निर्यात किया जा सकें।

(5) इसके द्वारा लघु उद्योग क्षेत्र को विभिन्न प्रकार की सेवायें जैसे लीजिंग, फैक्टिंग प्रदान की जाती हैं।

(6) राज्य लघु औद्योगिक इकाइयों को वित्तीय सहायता प्रदान कर कच्चे माल की आपूर्ति तथा औद्योगिक इकाइयों के विपणन का कार्य भी करता है।

(7) यह राष्ट्रीय लघु उद्योग सहकारिता को लीजिंग, हायर परचेज तथा विपणन सहायता के रूप में वित्तीय सहायता प्रदान करता है।

बैंक की प्रगति (Progress of SIDBI)

इस बैंक की प्रगति का विवरण इस प्रकार है :-

(1) लघु उद्योग विकास बैंक चुनींदा क्षेत्रों में खिड़की योजना के अन्तर्गत कार्य करता है। नकद साख स्वीकृति के अन्तर्गत बैंक ने पुनर्वित्त की सीमा 50 से 70 प्रतिशत तक कर दी है। यह विद्यमान इकाइयों को पुनर्वास, आधुनिकीकरण तथा तकनीकी उन्नयन के लिए भी सहायता प्रदान करता है।

(2) यह बैंक स्वतः पुनर्वित्त योजना के अन्तर्गत पुनर्वित्त की सुविधा प्रदान करता है। प्रारम्भ में सावधि ऋण की राशि 10 लाख रुपये थी जिसे बढ़ाकर 50 लाख रुपये कर दी गई है और पुनर्वित्त की सीमा 50 लाख रुपये कर दी गई है। पुनर्वित्त की सीमा 75 से 90 प्रतिशत कर दी गई है।

(3) तकनीकी उन्नयन अथवा आधुनिकीकरण के लिए विद्यमान लघु पैमाने की इकाइयों को औजार वित्त प्रबंध योजना के अन्तर्गत वित्तीय सहायता प्रदान की जाती है।

(4) बैंक ने पुनर्वित्त योजना की शुरुआत की है जिससे कि राष्ट्रीय सूती वस्त्र निगम की ऐच्छिक रूप से रिटायरमेंट लेने वाले श्रमिकों का पुनर्वास किया जा सके।

(5) उद्यमियों को सहायता देने के लिए इस बैंक द्वारा वेन्चर केपिटल फण्ड की स्थापना की है। बैंक की प्रगति निम्न तालिका से स्पष्ट है :-

तालिका - 4

बैंक द्वारा वित्तीय सहायता (करोड़ रु.)

	1990-91	1999-2000	2000-01	2001-02	2004-05	2010-11
स्वीकृत ऋण	2,410	10,264.7	10,820.6	9,025.5	9,091	24,644.9
वितरण	1,840	6,963.5	6,441.4	5,919.3	6,188	28,293.1

स्त्रोत : आर्थिक सर्वेक्षण भारत सरकार 2010 - 2011 पृ. 4 - 61

उपर्युक्त तालिका से स्पष्ट है कि स्वीकृत ऋण राशि 2,410 करोड़ रुपये से बढ़कर 10,820.6 करोड़ रुपये हो गई है जो कि एक दशक में चार गुना बढ़ी है जबकि वितरित ऋण 1,840 करोड़ रुपये से बढ़कर 6,441.4 करोड़ रुपये हो गया है अर्थात् 3.5 गुना वृद्धि हुई है। बैंक द्वारा स्वीकृत ऋण राशि 2004-05 तथा 2010-11 में क्रमशः 9,091 करोड़ रुपये तथा 24,644.9 करोड़ रुपये थी। इसमें ऋण वितरित राशि क्रमशः 6,188 करोड़ रुपये तथा 28,293.1 करोड़ रुपये रही है।

भारत का औद्योगिक निवेश बैंक
(Industrial Investment Bank of India—IIBI)

देश के पूर्वी क्षेत्रों में कई औद्योगिक इकाइयों को कठिनाइयों का सामना करना पड़ रहा था तथा ये इकाइयाँ बन्द होने के कगार पर थीं। पर्याप्त माँग की कमी, प्रबंधकीय बुद्धिहीनता, श्रम संकट, कच्चे माल की कमी तथा आयात प्रतिबंध आदि के कारण ऐसी स्थिति थी। इन औद्योगिक इकाइयों की सहायता करने के लिए भारत सरकार ने वर्ष 1971 में भारतीय कम्पनी अधिनियम के अन्तर्गत भारतीय औद्योगिक पुनर्वित्त निगम (IRCI) की स्थापना की थी। इसका कार्य रुग्ण इकाइयों की समस्याओं को देखना तथा उनके तीव्र पुनर्गठन एवं पुनर्वास करने हेतु सहायता देना था और इसके लिए यातायात, विपणन आदि की सुविधायें प्रदान कर आधारभूत संरचना तैयार करना था।

भारत सरकार ने एक अधिनियम पारित करके अगस्त 1984 में इस निगम को भारतीय औद्योगिक पुनर्निर्माण बैंक में परिवर्तित कर दिया। यह अखिल भारतीय साख और पुनर्निर्माण संस्था के रूप में औद्योगिक इकाइयों के पुनरुत्थान, औद्योगिक विकास को प्रोत्साहन देने का कार्य करना था। इस बैंक द्वारा आधुनिकीकरण, विविधता, विस्तार तथा सुधार करने हेतु सहायता देना है।

इस बैंक द्वारा विविध गतिविधियों के लिए कार्य किया जैसे परामर्श सेवायें, मर्चेन्ट बैंकिंग तथा औजार उधार देना।

मार्च 1997 में भारत सरकार ने इस बैंक को कम्पनी के रूप में बदल दिया तथा इसका नामकरण भारतीय औद्योगिक निवेश बैंक कर दिया है। इस बैंक की वित्तीय सहायता की प्रगति निम्न तालिका से स्पष्ट है :-

तालिका - 5

बैंक द्वारा वित्तीय सहायता (करोड़ रु.)

	1980 - 81	1990 - 91	1999 -2000	2000 -01	2001 -02	2003 -04	2004 -05	2010 -11
स्वीकृत ऋण	19	235	2,338.1	2,102.3	1,320.7	2,412	-	NA
वितरण	17	154	1,439.6	1,709.8	1,070	2,252	-	NA

स्त्रोत : आर्थिक सर्वेक्षण भारत सरकार 2010-2011, पृ. 4 - 61

उपर्युक्त तालिका से स्पष्ट है कि वर्ष 1980-81 में इस बैंक द्वारा स्वीकृत ऋण एवं वितरित ऋण क्रमशः 19 करोड़ रुपये तथा 17 करोड़ रुपये था जो एकादशक में बढ़कर क्रमशः 2,338 करोड़ रुपये तथा 1439.6 करोड़ रुपये हो गया है। यह वृद्धि क्रमशः 123 एवं 84 गुना रही है। इस बैंक द्वारा स्वीकृत ऋण राशि एवं वितरित ऋण 2003-04 में क्रमशः 2,412 करोड़ रुपये तथा 2,252 करोड़ रुपये था। लेकिन 2004-05 तथा 2005-06 में किसी प्रकार की राशि स्वीकृत एवं वितरित करने के आँकड़े उपलब्ध नहीं हैं।

19

अनियमन साख बाजार तथा गैर-बैंकिंग वित्तीय संस्थायें

(Unregulated Credit Markets and Non-banking Financial Institution)

हमारे देश के आर्थिक विकास में सबसे बड़ी बाधा साख सुविधाओं की कमी है। भारतीय अर्थव्यवस्था कृषि प्रधान है और इसे अल्पकालीन एवं मध्यमकालीन साख की आवश्यकता पड़ती है। साख की कमी और ऐसी परिस्थितियों के कारण संस्थागत साख प्रणाली के साथ-साथ गैर-साख प्रणाली का विकास हुआ है। हमारी परम्परागत उद्योग और व्यापार प्रणाली के कारण संस्थागत साख के स्थान पर अनियमित साख प्रद्धति का विकास हुआ है। मानसून की अनिश्चितता, उत्पादक कार्य के लिए साख की व्यवस्था तथा संगठित साख संस्थाओं का अभाव आदि के कारण ऐसी साख प्रणाली का विकास हुआ है जिस पर रिजर्व बैंक ऑफ इण्डिया का नियन्त्रण नहीं है।

जब कुछ व्यक्तियों, संस्थाओं, संगठनों आदि द्वारा कृषि, उद्योग तथा व्यापार को अपनी जोखिम से साख प्रदान की जाती है तो ऐसी क्रियाओं से अनियन्त्रित साख बाजार का प्रादुर्भाव होता है। ऐसी संस्थाओं के संचालन को साख बाजार में गैर-बैंकिंग साख संस्थायें कहा जाता है। अखिल भारतीय ग्रामीण साख सर्वेक्षण समिति 1951 के अनुसार 71.2 प्रतिशत देश की साख आवश्यकताओं की पूर्ति साहकारों द्वारा की जाती है। वर्तमान में यह प्रतिशत घटकर 30 हो गया है। इस समिति के अनुसार हमारे देश की साख प्रणाली में महत्वपूर्ण योगदान अनियमित साख बाजार का रहा है। यह साख प्रणाली रिजर्व बैंक ऑफ इण्डिया के नियमन एवं नियन्त्रण से बाहर है।

सभी व्यक्तियों, संगठनों, फर्मो आदि द्वारा गैर-बैंकिंग साख बाजार में सहभागिता है और सभी साख अग्रिम देने का कार्य करते हैं। गैर-संस्थागत स्त्रोत अपने धन का अनियन्त्रित साख बाजार में गैर-बैंकिंग संस्थाओं के रूप में निवेश करते हैं। इनमें देशी बैंकर, साहूकार तथा अन्य गैर-बैंकिंग वित्तीय संस्थायें हैं।

अनियन्त्रित साख बाजार की विशेषतायें
(Salient Features of Unregulated Credit Market)

अनियन्त्रित साख बाजार की प्रमुख विशेषतायें निम्नांकित हैं :-

(1) इस बाजार पर रिजर्व बैंक ऑफ इण्डिया का कोई प्रभावी नियन्त्रण नहीं है।

(2) इस बाजार में देशी बैंकर्स तथा साहूकारों का प्रभुत्व है।

(3) अर्थव्यवस्था में ब्याज दर उधार देय कोषों की माँग और पूर्ति पर निर्भर करती है।

(4) ब्याज, साख की शर्तें तथा मात्रा व्यक्तिगत स्तर पर निर्धारित होती है।

(5) इस बाजार में ऋण तथा ऋणदाता के बीच पारिवारिक सम्बन्ध पाये जाते हैं।

(6) कोई निश्चित नियम एवं नियमन नहीं हैं। संस्था के संचालक आवश्यकता पर आधारित नियमों की अनुपालना करते हैं।

(7) कागजी औपचारिकताओं की कमी है और कागजी ऋण प्रदान किये जाते हैं।

(8) ऋणदाता का ऋणी द्वारा शोषण किया जाता था।

औद्योगिक तथा कृषि ऋण दूसरी जगह नहीं मिलने पर दिये जाते हैं। भारतीय अर्थव्यवस्था में अनियन्त्रित मुद्रा बाजार का महत्वपूर्ण योगदान होता है।

अनियन्त्रित साख बाजार के अंग
(Components of Unregulated Credit Market)

अनियन्त्रित साख बाजार के विभिन्न अंग निम्न चार्ट से स्पष्ट किये जा सकते हैं :

चार्ट I

अनियन्त्रित साख बाजार

- देशी बैंकर्स एवं साहूकार
- व्यक्ति एवं सम्बन्धी
- गैर-बैंकिंग वित्तीय संस्थायें

उपर्युक्त अनियन्त्रित साख बाजार के अंगों का वर्णन इस प्रकार हैं :-

I. देशी बैंकर्स तथा साहूकार

(Indigenous Bankers and Money Lenders)

साख की पूर्ति बैंकर्स तथा साहूकारों द्वारा की जाती है। यह प्रणाली ग्रामीण भारत में संस्थागत वित्त के विकास के अभाव प्रणाली ग्रामीण भारत में संस्थागत वित्त के विकास के अभाव में विकसित हुई है। ग्रामीण साख की आपूर्ति करने वाले बाजार को साहूकार, महाजन तथा देशी बैंकर्स के रूप में जाना जाता है।

देशी बैंकर्स अथवा साहूकार वे हैं जो समय-समय पर उधारकर्ताओं को साख की आपूर्ति करते हैं। प्रोफेसर एल.सी.जैन ने साहूकार तथा देशी बैंकर्स के बीच अन्तर को स्पष्ट किया है। एक व्यक्ति जो ऋण देने का कार्य करता है, साहूकार कहलाता है जबकि वह व्यक्ति जो ऋण देने के साथ-साथ जमायें स्वीकार करता है, देशी बैंकर कहलाता है। व्यवहार में साहूकार तथा देशी बैंकर्स में कोई अन्तर नहीं पाया जाता है। जब जनसाधारण को बिना किसी औपचारिकताओं के साख प्रदान किया जाता है, तो उन्हें साहूकार तथा देशी बैंकर्स कहा जाता है।

देशी बैंकर्स तथा साहूकारों की कार्य प्रणाली

(Working System of Indigenous Bankers and Money Lenders)

देशी बैंकर्स तथा साहूकारों की कार्य प्रणाली सबसे सरलतम है। काई भी व्यक्ति इनके पास जा सकता है। व्यक्ति की आवश्यकताओं के अनुसार इन साख बाजार में उसे ऋण प्राप्त हो जाता है। जो व्यक्ति साख लेना चाहता है उसका खाता देशी बैंकर्स तथा साहूकार द्वारा खोलकर ऋण की राशि तथा व्याज दर लिख दी जाती है। उधारकर्ता के खाते में हस्ताक्षर करवा लिये जाते हैं। ऋण व्यक्तिगत साख अथवा जायदाद के आधार पर दिये जाते हैं।

ऋण देने के अनेक तरीके हैं। साहूकारों तथा देशी बैंकर्स द्वारा दिये जाने वाले ऋण किश्तों पर आधारित ऋण होते हैं। इस प्रणाली के अन्तर्गत उधार ली गई राशि

ब्याज के साथ किश्तों में दी जाती है। बंधक के आधार पर भी साख प्रदान की जाती है और ऋण ब्याज सहित चुकाने पर इसका भुगतान कर दिया जाता है। अचल सम्पत्ति को गिरवी रख दिया जाता है और इसकी जमानत पर उधारकर्ता को साहूकार तथा देशी बैंकर्स ऋण देते हैं। साख वाले व्यवसायियों को अल्पकाल के लिए ऋण दिये जाते हैं। इस प्रकार विभिन्न प्रकार के उधारकर्ताओं को विभिन्न तरीकों से ऋण दिये जाते हैं।

प्रणाली के दोष (Defects of the System)

यद्यपि साहूकारों तथा देशी बैंकर्स द्वारा दिये जाने वाले ऋण अधिक आसान तथा लोकप्रिय हैं। फिर भी इस प्रणाली के अनेक दोष विभिन्न समितियों तथा आयोगों ने बताये हैं। इस प्रणाली के प्रमुख दोष निम्नांकित हैं :-

(1) **ऊँची ब्याज दर** (High Rate of Interest) : साख पर ऊँची ब्याज दर ली जाती है तथा यह एक व्यक्ति के दूसरे व्यक्ति से भिन्न वसूल की जाती है। बाजार में जो ब्याज दर ली जाती हैं। उसमें स्थिरता नहीं पाई जाती है। ब्याज में साख की आवश्यकता पर निर्भर करती है।

(2) **साख अग्रिम देते समय पहली किश्त की कटौती** (Instalment at the Time of Advancing of Credit): साहूकार साख प्रदान करते समय की उधारकर्ता से प्रथम किश्त की कटौती कर लेते हैं। ऐसी स्थिति में उधारकर्ता को मूलधन की राशि कम मिलती है जो अनुचित हैं।

(3) **खातों की गोपनीयता** (Secrecy of Accounts) : साहूकारों तथा देशी बैंकर्स द्वारा दिये गये साख अग्रिम के खाते बड़े गोपनीय रखे जाते हैं तथा खातों की सही जानकारी ऋण को भी नहीं दी जाती हैं। अनियमित साख बाजार में कार्य प्रणाली तथा खातों का रख रखाव दोषपूर्ण है।

(4) **वसूली का अमानवीय तरीका** (Inhuman Method of Recovery): व्यवहार में ऋणियों से मूलधन तथा ब्याज वसूल करने का तरीका अमानवीय है। कई बार साहूकारों द्वारा सारी फसल ब्याज के रूप में ले जाई जाती है। ऋणी मानसिक तथा शारीरिक रूप से परेशान किये जाते हैं और विभिन्न रूपों में उनका शोषण किया जाता है। ग्रामीण क्षेत्रों में उधार देने की यह प्रणाली बड़ी दोषपूर्ण है।

इस प्रकार हम कह सकते हैं कि साहूकार तथा देशी बैंकर्स हमारे देश में अनियन्त्रित साख बाजार में महत्वपूर्ण योगदान देते हैं। लेकिन इस बाजार की कार्य-

प्रणाली बड़ी दोषपूर्ण है जिससे ग्रामीण क्षेत्र में दिये जाने वाले साख का उद्देश्य ही खत्म हो जाता हैं।

II. व्यक्ति तथा रिश्तेदार (Individuals and Relatives)

हमारे देश में अनियन्त्रित साख बाजार का अन्य अंग व्यक्ति तथा रिश्तेदार हैं। निम्न एवं मध्यम आय वर्गीय लोग अपनी बचत को उधार देकर ब्याज कमाने का कार्य करते हैं। आवश्यकता पड़ने पर एक व्यक्ति कृषि, उद्योग तथा व्यापार में नियोजित लोगों को उधार देने का कार्य करते हैं। मध्यमकालीन साख की आपूर्ति व्यक्तियों तथा रिश्तेदारों द्वारा दी जाती है। अनियमित साख बाजार में छोटी बचतों में से प्रत्यक्ष रूप से उधार देने का कार्य किया जाता है। यद्यपि व्यक्ति तथा रिश्तेदार उधार देने वाली आधारभूत संस्थायें नहीं हैं, लेकिन वे बड़े पैमाने पर साख विस्तार करते हैं। अध्यापक, व्यवसायी, व्यापारी, किसान, डॉक्टर, वकील तथा वेतन भोगी अपनी बचतों का उपयोग अपने मित्रों, रिश्तेदारों तथा लघु उद्यमियों को अग्रिम देने में करते हैं। यह अनियन्त्रित साख बाजार का अंग ऐसा है जिसके बारे में पूर्ण जानकारी प्राप्त नहीं होती है। इसका कार्य क्षेत्र इतना विस्तृत है कि सही जानकारी प्राप्त नहीं होती है। यह क्षेत्र रिजर्व बैंक के नियंत्रण एवं नियन्त्रण से दूर है। देश में इस बाजार की तथ्यों की पूर्ण जानकारी प्राप्त नहीं है। लेकिन हमारे देश में ग्रामीण एवं शहरी भाग पर इस अनियन्त्रित साख बाजार का बड़ा व्यापाक प्रभाव पड़ता है।

III. गैर-बैंकिंग वित्तीय संस्थायें (Non-Banking Financial Institutions)

वे वित्तीय कम्पनियाँ जो कम्पनी अधिनियम 1956 के अन्तर्गत पंजीकृत हैं तथा जनता से जमा स्वीकार करती हैं एवं ऋण तथा अग्रिम देती हैं वे कम्पनियाँ गैर-बैंकिंग वित्तीय संस्थायें कहलाती हैं। इस कम्पनियों द्वारा छोटे बचत कर्ताओं से बचतें एकत्रित करने का कार्य किया जाता है तथा इन बचतों को वे औद्योगिक और व्यावसायिक उपक्रमों में निवेश करती हैं। आकर्षक योजनाओं के अन्तर्गत बचतें एकत्रित की जाती हैं। परोक्ष प्रतिभूतियों का निर्गमन करके भी ये कम्पनियाँ धन संग्रह का कार्य करती हैं। स्थाई जमा योजना, ऋण पत्र, अंश पत्र तथा पारस्परिक कोषों के माध्यम से इन गैर-बैंकिंग संस्थाओं द्वारा धन एकत्रित किया जाता है तथा इस धन का उत्पादक कार्यों में उपयोग किया जाता है। ये वित्तीय संस्थायें निजी सीमित दायित्व वाली विलीनीकृत कम्पनियाँ होती हैं जो निजी क्षेत्र में कार्य करती हैं। इन पर रिजर्व बैंक ऑफ इण्डिया का कोई नियमन तथा नियन्त्रण नहीं है।

आकर्षक योजनाओं एवं ब्याज दरों के कारण निवेशकर्ता इनकी ओर आकर्षित होते हैं। निवेशकर्ताओं की साख लाभदायकता तथा तरलता पर आधारित होती है। कोषों का लाभकारी उपयोग होने से लोगों में निवेश करने की आदत पनपती हैं। इस प्रकार हमारे देश में बड़ी संख्या में निजी दायित्व वाली कम्पनियाँ गैर-बैंकिंग संस्थाओं के रूप में कार्य कर रही हैं। यद्यपि इन संस्थाओं की कार्य प्रणाली बैंकों जैसी है लेकिन वे बैंक नहीं हैं क्योंकि वे बैंकिंग नियमन अधिनियम तथा रिजर्व बैंक ऑफ इण्डिया द्वारा नियन्त्रित नहीं हैं।

गैर-बैंकिंग संस्थाओं तथा व्यापारिक बैंकों में कुछ आधारभूत अन्तर हैं। यह निम्नांकित हैं :-

(1) व्यापारिक बैंक अर्थव्यवस्था में साख सृजन का कार्य करते हैं जबकि गैर-बैंकिंग संस्थाओं द्वारा साख सृजन नहीं किया जाता है।

(2) व्यापारिक बैंकों द्वारा नकद कोषानुपात (CRR) तथा वैधानिक तरलतानुपात (SLR) रखे जाते हैं जबकि गैर-बैंकिंग संस्थायें ऐसे अनुपात नहीं रखती हैं।

(3) व्यापारिक बैंकों की विनियोग संरचना रिजर्व बैंक ऑफ इण्डिया द्वारा जारी दिशा निर्देशों के अनुरूप होती हैं। अब इन संस्थाओं द्वारा रिजर्व बैंक ऑफ इण्डिया से कोई दिशा निर्देश प्राप्त नहीं करने पड़ते हैं।

(4) व्यापारिक बैंक समाज के विभिन्न वर्गों तथा अर्थव्यवस्था के विभिन्न क्षेत्रों को ऋण तथा अग्रिम देते समय दिये हुए नियमों की अनुपालना करते हैं जबकि गैर-बैंकिंग संस्थाओं द्वारा ऐसे कोई नियमों का पालन नहीं किया जाता है। वे अधिक जोखिम वाले क्षेत्रों में भी निवेश करने को तत्पर होते हैं।

(5) ऋण एवं ब्याज की बसूली का तरीका व्यापारिक बैंकों तथा गैर-बैंकिंग संस्थाओं का बिल्कुल भिन्न है।

(6) गैर-बैंकिंग संस्थाओं द्वारा जमानत के रूप में आगे की तिथि के चैक (Post dated cheques) स्वीकार किये जाते हैं जबकि व्यापारिक बैंक व्यक्तिगत तथा स्वामित्व संबंधी कागजों को गिरवी के रूप में रखकर जमानत स्वीकार करते हैं।

गैर-बैंकिंग वित्त कम्पनियाँ तथा भारत में पूँजी बाजार

(Non-Banking Finance Companies and Capital Markets in India)

गैर-बैंकिंग वित्त कम्पनियाँ अनेक नामों से जानी जाती हैं जैसे ऋण कम्पनी, वित्त निगम, वित्त कम्पनियाँ आदि। देश भर में हाल ही के वर्षों में अनेक कम्पनियों

का प्रादुर्भाव हुआ है और इन कम्पनियों ने काफी प्रगति की है। इन कम्पनियों की स्वयं की पूँजी बहुत कम है। यह 1 लाख रुपये से भी कम है। यह कम्पनियाँ ऊँची ब्याजदर पर जनता से जमायें स्वीकार करती हैं और विभिन्न प्रेरणायें देती हैं। थोक और फुटकर व्यापारियों, लघु उद्योगों तथा स्वरोजगार व्यक्तियों को ऋण देने का कार्य करती हैं। अधिकांश ऋण उन लोगों को दिये जाते हैं जो बैंकों के पास नहीं जाते हैं अथवा व्यापारिक बैंकों ने ऋण देने से मना कर दिया है। अधिकांश ऋण अनुरक्षित होते हैं और इन ऋणों पर वसूल की जाने वाली ब्याज दरें 24 से 36 प्रतिशत हैं ऋण एवं अग्रिमों के अतिरिक्त इन वित्तीय कम्पनियों द्वारा चिट फण्ड, हुण्डियों का क्रय एवं बट्टा तथा मर्चेन्ट बैंकिंग, पारस्परिक कोष, हायर परचेज (Higher Purchase), लीजिंग (Leasing) इत्यादि कार्य किये जाते हैं।

रिजर्व बैंक ऑफ इण्डिया ने गैर-बैंकिंग वित्त कम्पनियों के आकर्षण के बारे में बताया है, "सरलतम स्वीकृति प्रक्रियायें, ग्राहकोन्मुखी, जमाओं पर आकर्षक प्रतिफल दर तथा विशिष्ट क्षेत्रों के लिए लोचपूर्ण तथा कम समय में साख की आवश्यकताओं की पूर्ति आदि ऐसे तत्व हैं जिनसे इस क्षेत्र की ओर आकर्षण में वृद्धि हुई हैं।

इन कम्पनियों को बैंक भी कहा जा सकता है क्योंकि इनके द्वारा व्यापारिक बैंकों के परम्परागत कार्य किये जाते हैं जैसे - जनता से जमायें स्वीकार करना तथा समाज के विभिन्न वर्गों को ऋण एवं अग्रिम प्रदान करना। गैर-बैंकिंग वित्तीय कम्पनियाँ बैंकिंग कम्पनियों के रूप में स्वीकार नहीं की जाती हैं क्योंकि इनका नियन्त्रण रिजर्व बैंक द्वारा नहीं किया जाता है। इनके द्वारा नकद कोषानुपात तथा वैधानिक तरलतानुपात जैसा बंधन भी नहीं है तथा इनके कोषों एवं जमाओं के बीच कोई विशेष अनुपात नहीं है।

इन कम्पनियों के जमाकर्ता सर्वाधिक आनुरक्षित हैं जो निम्नांकित तथ्यों से स्पष्ट है :-

(1) उनके अधिकांश ऋण असुरक्षित हैं तथा जोखिम वाले उपक्रमों को दिये जाते हैं और इसके कारण ऐसे ऋणों पर ऊँची ब्याज दर प्राप्त की जाती है।
(2) यद्यपि ऋण अल्पावधि के लिए दिये जाते हैं लेकिन उनको नये ऋण में परिवर्तित कर दिया जाता है।
(3) विभिन्न कम्पनियों तथा व्यक्तियों के बीच संवाद का अभाव पाया जाता है और एक व्यक्ति एक से अधिक कम्पनियों से उधार ले सकता है।
(4) इन कम्पनियों के जमाकर्ताओं को जीवन बीमा निगम के द्वारा कोई सुरक्षा प्रदान नहीं की जाती है।

रिजर्व बैंक ऑफ इण्डिया द्वारा इस गैर-बैंकिंग क्षेत्र का वर्गीकरण किया है जिसे निम्न चार्ट से प्रदर्शित किया जा सकता है :

चार्ट II

गैर-बैंकिंग क्षेत्र

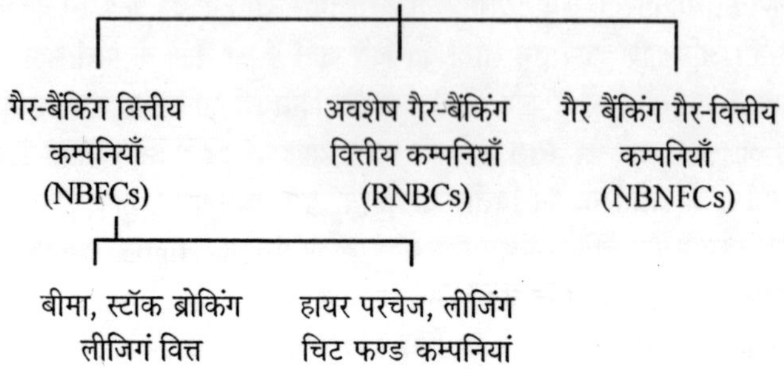

अवशेष गैर-बैंकिंग वित्तीय कम्पनियाँ (Residual Non-Banking Financial Companies) : इनके द्वारा जनता से किसी भी योजना के अन्तर्गत जमायें स्वीकार की जाती हैं लेकिन इन्हें किसी गैर-बैंकिंग वित्तीय कम्पनियों की श्रेणी में नहीं रखा जा सकता है।

गैर-बैंकिंग गैर-वित्तीय कम्पनी (Non-Banking Non-Financing Company) : ऐसी कम्पनी की परिभाषा भारतीय औद्योगिक विकास बैंक अधिनियम 1964 के अन्तर्गत दी गई है। एक कम्पनी जिसकी प्रमुख गतिविधि कृषि, व्यापार करने की होती है जिसे वित्तीय गतिविधि के अन्तर्गत नहीं रखा जा सकता है।

गैर-बैंकिंग वित्तीय कम्पनियों की वित्तीय स्थिति
(Financial Position of NBFCs)

इन कम्पनियों द्वारा अनेक प्रकार की वित्तीय सेवायें प्रदान की जाती हैं जैसे लीजिंग (Leasing) तथा मर्चेन्ट बैंकिंग आदि। वित्तीय क्षेत्र में ऐसी कम्पनियाँ 40,000 हैं तथा प्रतिवर्ष 4,000 कम्पनियाँ बनती जा रही हैं। इस गैर-बैंकिंग वित्तीय कम्पनियों की वित्तीय स्थिति निम्न तालिका से स्पष्ट है :

उपर्युक्त तालिका से स्पष्ट है कि इन गैर-बैंकिंग वित्तीय कम्पनियों की परिसम्पत्तियाँ 34,790 करोड़ रुपये से बढ़कर 51,370 करोड़ रुपये हो गई है जो दो वर्ष में 1.5 गुनी हुई है। जनता की जमायें 13,570 करोड़ रुपये से बढ़कर 20,430 करोड़ रुपये हो गई है। गैर-बैंकिंग वित्तीय कम्पनियों की संख्या 13,014 तथा कुल

तालिका 1

गैंर-बैंकिंग क्षेत्र की वित्तीय संरचना (करोड़ रु.)

	1998	2000	2010
संख्या	1,430	1,005	13,198
कुल परिसम्पत्तियाँ	34,790	51,370	1,09,324
सार्वजनिक जमायें	13,570	20,430	17247

स्त्रोत : आर्थिक सर्वेक्षण 2010-11, पृ. 113

परिसम्पत्तियाँ 2006 में 35,561 करोड़ रुपये थी। वर्ष 2010 में इसकी परिसम्पत्तियाँ 1,09,324 करोड़ रुपये सार्वजनिक जमायें 17,247 करोड़ रुपये बढ़ी है।

निष्कर्ष (Conclusion)

भारतीय वित्तीय संरचना की एक महत्वपूर्ण विशेषता यह है कि अनियन्त्रित वित्तीय बाजार संगठित वित्तीय बाजार की तुलना में तेजी से बढ़ा है। यद्यपि आजादी के पश्चात् देश में बड़ी संख्या में व्यापारिक बैंक, विकास बैंक तथा निवेश बैंक स्थापित किये गये हैं और संगठित वित्तीय बाजार को गतिशील किया है लेकिन व्यावहारिक दृष्टि से अनियन्त्रित एवं असंगठित वित्तीय बाजार अधिक गतिशील रहा है। इस बाजार का जाल ग्रामीण क्षेत्रों में अधिक फैला हुआ है। यह बड़े पैमाने पर चलाया जाने वाला बाजार हैं।

साहूकार देशी बैंकर्स, मित्रगण, व्यक्ति तथा रिश्तेदार गैर-बैंकिंग संस्थाओं के साथ अनियन्त्रित साख बाजार में कार्य कर रहे है। यह एक छोटा सा संगठन है लेकिन इसका संचालन क्षेत्र बड़ा विस्तृत हैं। रिजर्व बैंक ऑफ इण्डिया ने इस बिखरे हुए वित्तीय स्त्रोतों को संगठित करने का प्रयास किया है। एक सुदृढ़ आधार पर कार्य करने के लिए इस अनियन्त्रित साख बाजार की रिजर्व बैंक ने सुविधायें प्रदान की की हैं लेकिन इस बाजार की भारतीय अर्थव्यवस्था में जड़ें गहरी हैं और यह बाजार रिजर्व बैंक के नियन्त्रण में आने से कोई रुचि नहीं दिखा रहा है।

अनेक समितियों तथा आयोगों ने इस भाग को नियन्त्रित एवं संगठित बाजार के अन्तर्गत लाने की सिफारिश की है। गैर-बैंकिंग वित्तीय संस्थायें असंगठित साख बाजार का अभिन्न अंग हैं। रिजर्व बैंक को निरन्तर इस क्षेत्र पर ध्यान रखना चाहिए जिससे कि यह भाग धन जमाकर्ताओं को धोखा न दे तथा उनके कोषों को अपने व्यक्तिगत स्वार्थों की पूर्ति में उपयोग नहीं कर सके।

20

रिजर्व बैंक ऑफ इण्डिया
(Reserve Bank of India)

किसी भी देश की मौद्रिक एवं बैंकिंग प्रणाली में केन्द्रीय बैंक का एक महत्वपूर्ण स्थान होता है। यह देश की मौद्रिक प्रणाली में सर्वोच्च संस्था होती है जिसको मौद्रिक नीति का निर्माण तथा इसके क्रियान्वयन का दायित्व होता है जिससे कि नीति के उद्देश्यों की प्राप्ति की जा सके।

केन्द्रीय बैंक की परिभाषा (Definition of Central Bank)

एक केन्द्रीय बैंक की विभिन्न अर्थशास्त्रियों ने विभिन्न परिभाषायें दी है जिनमें प्रमुख परिभाषायें निम्न हैं :

(1) **वीरा स्मिथ** (Vera Simith) के अनुसार, "केन्द्रीय बैंकिंग की प्राथमिक परिभाषा एक ऐसी बैंकिंग पद्धति से है जिसमें एक बैंक को या तो पूर्णतया एकाधिकार या अल्पाधिकार प्राप्त होता हैं जिससे नोट निर्गमन किया जाता है। इस नोट निर्गमन के एकाधिकार के आधार पर ही हमारी आधुनिक केन्द्रीय बैंकिंग के गौण कार्य तथा विशेषतायें प्राप्त होती हैं।"

(2) **प्रो. आर.एस सेयर्स** (Prof. R.S. Sayers) के अनुसार, "एक केन्द्रीय बैंक का कार्य व्यापारिक बैंक से बिल्कुल भिन्न है। यह व्यापारिक बैंकों का नियन्त्रण इस प्रकार से करता है कि सरकार की सामान्य मौद्रिक नीति को प्रोत्साहित किया जा सके।"

(3) **प्रो. आर.जी. हाट्रे** (Prof. R.G. Hawtrey) के अनुसार, "केन्द्रीय बैंक की आवश्यक विशेषताओं में अन्तिम ऋणदाता के कार्य के रूप में मानी जाती है।"

(4) **प्रो. आर.पी. केण्ट** (Prof. R.P. Kent) के अनुसार, "केन्द्रीय बैंक एक

संस्था है जिसका दायित्व सामान्य जनकल्याण के हित में मुद्रा की मात्रा का विस्तार एवं संकुचन करना है।"

उपर्युक्त परिभाषाओं के आधार पर यह कहा जा सकता हैं कि केन्द्रीय बैंक बैंकिंग एवं मौद्रिक संस्था का शीर्ष है जिसका मुख्य कार्य देश की बैंकिंग और मौद्रिक प्रणाली का नियमन एवं नियन्त्रण करना, इसके स्थायित्व को प्राप्त करना है जिससे कि राष्ट्रीय हित की पूर्ति की जा सके। हमारे देश का केन्द्रीय बैंक रिजर्व बैंक ऑफ इण्डिया है।

रिजर्व बैंक ऑफ इण्डिया (Reserve Bank of India)

एक लम्बे समय से हमारे देश में केन्द्रीय बैंक की स्थापना की आवश्यकता महसूस की गई थी क्योंकि सरकार द्वारा मुद्रा के नियन्त्रण तथा इम्पीरियल बैंक द्वारा साख निर्धारण का कार्य सन्तोषजनक नहीं रहा है। हिल्टन यंग कमीशन 1926 ने देश में केन्द्रीय बैंक की स्थापना की सिफारिश की थी, लेकिन इस प्रस्ताव को 1926 में स्थगित कर दिया गया क्योंकि तत्कालीन सरकार तथा विधानसभा के बीच सहमति नहीं थी।

केन्द्रीय बैंकिंग जाँच समिति ने 1931 में केन्द्रीय बैंक की स्थापना की सिफारिश की थी। संवैधानिक सभा ने इस पर विचार किया और 1935 में इसे पारित कर दिया। 1 अप्रेल 1935 में रिजर्व बैंक ऑफ इण्डिया अधिनियम, 1934 के प्रावधानों के अन्तर्गत रिजर्व बैंक ऑफ इण्डिया की स्थापना की गई।

रिजर्व बैंक ऑफ इण्डिया की स्थापना के उद्देश्य एवं कारण (Objectives and Reasons for Establishment of the Reserve Bank of India)

रिजर्व बैंक की स्थापना के उद्देश्य तथा कारण निम्नांकित हैं :-

(1) **मौद्रिक तथा साख नीतियों के बीच समन्वय** (Coordination between Monetary and Credit Policies) : रिजर्व बैंक की स्थापना के पूर्व भारत सरकार द्वारा मुद्रा के निर्गमन का कार्य किया जाता था। साख नियन्त्रण का कार्य इम्पीरियल बैंक ऑफ इण्डिया द्वारा किया जाता था। मुद्रा एवं साख नियन्त्रण की इस दोहरी पद्धति के कारण उचित समन्वय नहीं रहा है। मौद्रिक एवं साख नीतियों के समन्वय के लिए रिजर्व बैंक की स्थापना आवश्यक थी।

(2) **मुद्रा के मूल्य की आन्तरिक एवं बाह्य स्थिरता** (Internal and Externals Stability of Value of Money) : मुद्रा एवं साख पर दोहरे नियन्त्रण के कारण भारतीय मुद्रा के आन्तरिक तथा बाह्य मूल्य में स्थिरता बनाये रखना कठिन था। मुद्रा तथा साख की मात्रा पर एकाकी नियन्त्रण की आवश्यकता महसूस की गई और इसके परिणामस्वरूप रिजर्व बैंक की स्थापना की गई।

(3) **संगठित मुद्रा बाजार** (Organised Money Market) : रिजर्व बैंक ऑफ इण्डिया की स्थापना के पूर्व भारतीय मुद्रा बाजार बड़ा असंगठित तथा अविकसित था। मुद्रा बाजार के विभिन्न भागों में समन्वय तथा सहयोग का अभाव था। अतः असंगठित मुद्रा बाजार के स्थान पर संगठित मुद्रा बाजार की स्थापना के रिजर्व बैंक ऑफ इण्डिया की स्थापना आवश्यक हो गई थी।

(4) **बैंकिंग क्षेत्र का विकास** (Development of Banking Sector) : बीसवीं शताब्दी के प्रारम्भ में भारतीय बैंकिंग प्रणाली का विकास सन्तोषजनक नहीं था। केन्द्रीय बैंक बैकों का बैंक तथा अन्तिम ऋणदाता होता है। बैंकिंग क्षेत्र का सुदृढ़ विकास करने के लिए रिजर्व बैंक की स्थापना आवश्यक थी।

(5) **नकद कोषों का केन्द्रीयकरण** (Centralisation of Cash Reserves): रिजर्व बैंक की स्थापना के पूर्व प्रत्येक बैंक नकद कोष अलग से ही रखते थे तथा इनका उपयोग जनहित में नहीं होता था। जन विश्वास की कमी थी। रिजर्व बैंक की स्थापना से सभी बैंकों के नकद कोष रिजर्व बैंक के पास रखे जाते हैं जिन पर ब्याज प्राप्त होता है। रिजर्व बैंक इन नकद कोषों का उपयोग जनहित में कर सकता है।

(6) **कृषि साख का प्रबंधन** (Management of Agricultural Credit) : रिजर्व बैंक ऑफ इण्डिया की स्थापना के पूर्व कृषि साख पर पर्याप्त ध्यान नहीं दिया गया। रिजर्व बैंक की स्थापना के पश्चात् कृषि साख की आपूर्ति विभिन्न स्त्रोतों—सरकारी बैंक, व्यापारिक बैंक, क्षेत्रीय ग्रामीण बैंक, नाबार्ड, से की जाने लगी है।

(7) **औद्योगिक साख का प्रबंधन** (Management of Industrial Credit): रिजर्व बैंक की स्थापना के पूर्व औद्योगिक क्षेत्र को साख की पूर्ति पर्याप्त मात्रा में नहीं हो रही थी। व्यापारिक बैंकों द्वारा भी औद्योगिक साख पर्याप्त

मात्रा में नहीं दी जाती थी। व्यापारिक साख भी अपर्याप्त थी क्योंकि व्यापारिक बिलों पर पुनर्कटौती नहीं होती थी। इन समस्याओं के निवारण के लिए रिजर्व बैंक की स्थापना आवश्यक थी।

(8) **अन्तर्राष्ट्रीय मौद्रिक सम्बन्ध** (International Monetary Relations): विदेशी व्यापार में वृद्धि करने तथा अन्तर्राष्ट्रीय आर्थिक सम्बन्धों को सुधारने के लिए देश में केन्द्रीय बैंक की स्थापना आवश्यक थी। इससे पारस्परिक सम्बन्धों की समस्या का समाधान हुआ है।

(9) **सार्वजनिक ऋण का प्रबंधन** (Management of Public Borrowing): सरकार प्रतिभूतियों तथा बॉण्ड्स का निर्गमन करती है तथा साथ ही सार्वजनिक ऋण का प्रबंधन करती है। सार्वजनिक ऋण का प्रबंधन केन्द्रीय स्तर पर किया जाना चाहिए। इन सभी आवश्यकताओं को ध्यान में रखते हुए रिजर्व बैंक की स्थापना की गई।

रिजर्व बैंक ऑफ इण्डिया के कार्य
(Functions of the Reserve Bank of India)

रिजर्व बैंक ऑफ इण्डिया देश का केन्द्रीय बैंक है। रिजर्व बैंक ऑफ इण्डिया के प्रमुख कार्य निम्नांकित हैं :-

(1) **नोट निर्गमन का एकाधिकार** (Monopoly of Note Issue) : रिजर्व बैंक का नोट निर्गमन पर एकाधिकार है। इस कार्य को पूरा करने के लिए बैंक के पास एक पृथक् विभाग—निर्गमन विभाग है जिसकी अपनी परिसम्पत्तियाँ तथा दायित्व होते हैं। रिजर्व बैंक ऑफ इण्डिया अधिनियम, 1934 के अन्तर्गत बैंक को विभिन्न आकारों के नोट निर्गमन करने का अधिकार है जैसे दो रुपया, पाँच रुपया, दस रुपया, बीस रुपया, पचास रुपया, सौ रुपया, पाँच सौ रुपया, एक हजार रुपया तथा दस हजार रुपया आदि। सन् 1957 से रिजर्व बैंक नोट निर्गमन की न्यूनतम निधि पद्धति का अनुसरण कर रहा है जिसके अन्तर्गत 200 करोड़ रुपये के कोष—115 करोड़ रुपये स्वर्ण कोष था तथा 85 करोड़ रुपये विदेशी प्रतिभूतियाँ रखे जाते हैं। सरकार की आवश्यकतानुसार बैंकिंग विभाग देश में मुद्रा के संकुचन तथा विस्तार निर्गमन का कार्य करता है।

(2) **सरकारी बैंकर** (Banks to Government) : रिजर्व बैंक केन्द्र तथा राज्य सरकारों का बैंकर है। बैंक केन्द्र तथा राज्यों के खातों में मुद्रा स्वीकार

करता है तथा उनकी ओर से भुगतान का कार्य भी करता है। इसके द्वारा भुगतान, विनिमय तथा अन्य बैंकिंग क्रियाकलापों के साथ-साथ सार्वजनिक ऋण प्रबन्धन का कार्य भी किया जाता है। यह तीन महीनों में किये जाने वाले भुगतानों की व्यवस्था केन्द्र तथा राज्य सरकारों के लिए की जाती है। यह केन्द्र तथा राज्यों की ओर से ऋण प्रबंधन का कार्य करता है। रिजर्व बैंक न केवल मौद्रिक तथा बैंकिंग विषयों पर सरकार को परामर्श देता है बल्कि बड़े व्यापक स्तर पर आर्थिक मामलों तथा नियोजन तथा संसाधन गतिशीलता पर सलाह देता है। इस प्रकार केन्द्रीय बैंक सरकारी कोषों का संरक्षक है। यह सरकार को ऋण जुटाने तथा ऋण प्रबंधन में मदद करता है।

(3) **बैंकों का बैंक तथा अन्तिम ऋणदाता** (Banker's Bank and Lender of the Last Resort) : रिजर्व बैंक ऑफ इण्डिया अधिनियम, 1934 तथा बैंकिंग नियमन अधिनियम 1949 के अन्तर्गत रिजर्व बैंक को व्यापारिक बैंकों तथा सहकारी बैंकों के पर्यवेक्षण तथा नियन्त्रण के बड़े व्यापक अधिकार प्राप्त हैं। सभी अनुसूचित व्यापारिक बैंकों को अपने कुल जमाओं का 4.75 प्रतिशत न्यूनतम नकद कोषानुपात (CRR) रिजर्व बैंक के पास रखना पड़ता है। रिजर्व बैंक ऑफ इण्डिया अधिनियम, 1934 के अन्तर्गत सभी व्यापारिक बैंकों को रिजर्व बैंक से पुनर्वित्त की सुविधा प्राप्त होती है। नकद कोषानुपात के माध्यम से रिजर्व बैंक व्यापारिक बैंकों की साख सृजन की क्षमता को प्रभावित करता है। आवश्यकता पड़ने पर व्यापारिक बैंक रिजर्व बैंक से प्रतिभूतियों अथवा वित्तीय समायोजनों के आधार पर उधार लेने का कार्य करती है। विनिमय बिलों पर बट्टा काटकर ऋण प्रदान किया जाता है। वित्तीय संकट में रिजर्व बैंक व्यापारिक बैंकों के अन्तिम ऋणदाता का कार्य करता है।

(4) **विदेशी विनिमय कोषों का संरक्षक** (Custodian of Foreign Exchange Reserves) : रिजर्व बैंक के कार्यों में रुपये के बाह्य मूल्य को बनाये रखना है। इसके लिए विदेशी विनिमय कोषों का संरक्षण का कार्य किया जाता है। देश के विदेशी विनिमय के कोषों का संरक्षक केन्द्रीय बैंक होता है। इन कोषों का प्रबंधन किया जाता हैं तथा इनका अधिकतम उपयोग किया जाता है। अधिकृत व्यवसायी ही इन कोषों में व्यवसाय कर सकते हैं तथा इनका नियमन विदेशी विनिमय प्रबंध अधिनियम के

अन्तर्गत किया जाता है। रिजर्व बैंक समय-समय पर निर्धारित विनिमय दरों पर विभिन्न मुद्राओं का क्रय-विक्रय करता है।

(5) **साख का नियन्त्रण** (Controller of Credit) : रिजर्व बैंक का प्रमुख कार्य मौद्रिक नीति का निर्माण तथा क्रियान्वयन करना होता है। मुद्रा की कुल पूर्ति तथा साख का नियमन मौद्रिक नीति के उपकरणों के माध्यम से किया जाता है जैसे बैंक दर, खुले बाजार की प्रक्रियायें, नकद कोषानुपात, वैधानिक तरलतानुपात, साख की राशनिंग, तथा चयनात्मक साख नियन्त्रण आदि। इन उपकरणों के परिणामस्वरूप अर्थव्यवस्था में साख का विस्तारण अथवा संकुचन होता है और रिजर्व बैंक देश की स्थितियों को ध्यान में रखकर ही मौद्रिक नीति का अनुसरण करता है।

(6) **कृषि साख का प्रावधान** (Provision for Agricultural Credit) : रिजर्व बैंक के गठन के समय से ही कृषि साख विभाग की स्थापना की गई है। यह विभाग कृषि साख के सम्बन्ध में अनुसन्धान करता है। ग्रामीण साख के विकास के लिए रिजर्व बैंक केन्द्रीय सरकार, राज्य सरकार तथा सहकारी बैंकों को सलाह देने का कार्य करता है। यह विभाग राज्य तथा केन्द्र सरकार को देश के विभिन्न भागों में गोदामों के निर्माण के लिए साख प्रदान करता है।

(7) **समाशोधन गृह के रूप में बैंक** (Bank Acts as the Clearing House) : केन्द्रीय बैंक के रूप में रिजर्व बैंक ऑफ इण्डिया सदस्य बैंकों के समाशोधन गृह का कार्य करता है। यह सम्बद्ध बैंकों के बीच कोषों के हस्तान्तरण का कार्य करता है।

(8) **आर्थिक समंकों का संग्रहण एवं प्रकाशन** (Collection and Publication of Economic Statistics) : रिजर्व बैंक ऑफ इण्डिया देश में चलन, साख, बैंकिंग, वित्त, कृषि तथा औद्योगिक उत्पादन से सम्बन्धित आँकड़े एकत्रित करता है। इन आँकड़ों का अध्ययन एवं विश्लेषण करके विभिन्न प्रतिवेदनों तथा वार्षिक, मासिक प्रतिवेदन, चलन एवं वित्त पर वार्षिक प्रतिवेदन तथा स्टाफ पेपर्स आदि के रूप में ये प्रकाशन रिजर्व बैंक द्वारा किये जाते हैं।

रिजर्व बैंक द्वारा साख नियन्त्रण (Control of Credit by the Reserve Bank):

साख नियन्त्रण का कार्य रिजर्व बैंक के कार्यों में एक प्रमुख कार्य है। प्रोफेसर

डीकॉक (Professor Dekock) ने इस कार्य की महत्वपूर्ण व्याख्या हुए कहा हैं "सभी प्रकार के मौद्रिक एवं व्यापारिक सौदों के सम्पादन में साख एक महत्वपूर्ण भूमिका का निर्वहन करता है और इस प्रकार यह एक शक्तिशाली हथियार के रूप में अच्छा अथवा बुरा कार्य करता है।" साख नियन्त्रण के निम्नांकित उद्देश्य होते हैं :-

(1) सामान्य कीमत स्थायित्व (General Price Level Stability)
(2) अल्पकालीन मुद्रा बाजार स्थायित्व (Short Term Money Market Stability)
(3) विनिमय दर स्थायित्व (Exchange Rate Stability)
(4) आर्थिक विकास को प्रोत्साहन (Promotion of Economic Growth).

साख नियन्त्रण के उपकरण (Instruments of Credit Control)

रिजर्व बैंक ऑफ इण्डिया साख नियन्त्रण के दो प्रमुख प्रकार के उपकरण अपनाता है जो निम्नांकित हैं :-

(I) साख नियन्त्रण की मात्रात्मक विधियाँ
(Quantitative Techniques of Credit Control)
(II) साख नियन्त्रण की गुणात्मक/चयनात्मक विधियाँ
(Qualitative/ Selective Credit Control Measures)

साख नियन्त्रण की उपर्युक्त दोनों प्रकार की विधियों का विवेचन नीचे किया जा रहा है :

I. साख नियन्त्रण की मात्रात्मक विधियाँ
(Quantitative Techniques of Credit Control)

साख नियन्त्रण की इन विधियों से बैंकिंग प्रणाली में साख की कुल मात्रा प्रभावित होती है। साख नियन्त्रण की इन विधियों के उपयोग करने के परिणामस्वरूप अर्थव्यवस्था में या तो साख विस्तार (Expansion of Credit) होगा अथवा साख का संकुचन (Contraction of Credit) होगा। जब देश में रिजर्व बैंक ऑफ इण्डिया 'सस्ती मुद्रा नीति' (Cheap Money Policy) अपनाती है तो साख का विस्तार होता है तथा महँगी मुद्रा नीति (Dear Money Policy) अपनाने पर साख का संकुचन होगा।

साख नियन्त्रण की विभिन्न मात्रात्मक विधियों का विवेचन इस प्रकार है :-

(1) **बैंक दर (Bank Rate)** : "रिजर्व बैंक ऑफ इण्डिया अधिनियम की धारा 49 के अन्तर्गत वह प्रमाणित दर जिस पर बैंक विनिमय बिलों के क्रय या बट्टा काटने का कार्य करती है अथवा अन्य व्यापारिक पत्र क्रय करती हैं, बैंक दर कहलाती है।" यह वह दर है जिस पर रिजर्व बैंक कुछ निश्चित बिलों पर पुर्नकटौती का कार्य करता है। बैंक दर के उपकरण के माध्यम से रिजर्व बैंक व्यापारिक बैंक साख, सामान्य साख स्थिति तथा मुद्रा प्रसार के नियन्त्रण का कार्य करता है। बैंक दर से उधार लेने की लागत तथा बैंक साख की कुल आपूर्ति प्रभावित होती है।

जब बैंक दर में वृद्धि की जाती है तो उधार लेना महँगा हो जाता है तथा व्यापारिक बैंकों की साख सृजन की क्षमता पर प्रतिकूल प्रभाव पड़ता है। इससे बैंकों के ऋण में वृद्धि होगी तथा वे अपनी प्रतिभूतियों को बेचकर ऋणभार कम करने लगते हैं। बैंक दर में कमी करने पर प्रतिभूतियों के क्रय में वृद्धि होती है तथा बैंक जमाओं में वृद्धि होगा तथा उधार लेने वालों के लिए संसाधन आसानी से उपलब्ध हो जावेंगे। मुद्रा प्रसार की स्थिति में बैंक दर में वृद्धि की जाती है जिससे बढ़ती हुई कीमतों पर नियन्त्रण लगाया जा सके तथा व्यापारिक बैंकों की साख सृजन की क्षमता पर अंकुश लगाया जा सके। मुद्रा संकुचन के काल में बैंक दर में कटौती की जाती है जिससे उधार लेना आसान हो जाता है तथा व्यापारिक बैंक आसानी से साख सृजन कर सकते हैं क्योंकि वे रिजर्व बैंक से उधार लेकर साख का विस्तार कर सकते हैं। सन् 1935 में भारत में बैंक दर 3.5 प्रतिशत थी जो अक्टूबर 1991 में बढ़कर 12 प्रतिशत हो गई। विगत वर्षों में बैंक दर में कटौती की जाने लगी है। अक्टूबर 2002 में बैंक दर 6.25 प्रतिशत थी जिसे 29 अप्रेल 2003 में घटाकर 6 प्रतिशत कर दिया गया है। 2005-2006 तथा 2006-07 की मौद्रिक नीति में बैंक दर में कोई परिवर्तन नहीं किया गया है। बैंक दर साख नियन्त्रण के उपकरण के रूप में निम्न तत्वों के कारण निम्नांकित सीमाओं के अन्तर्गत क्रियाशील हैं:-

(i) बाजार में साख की मात्रा का एक बड़ा हिस्सा गैर-बैंकिंग संस्थाओं द्वारा आपूर्ति की जाती है। इन संस्थाओं द्वारा वसूल की जाने वाली ब्याजदर बैंक दर से भिन्न होती है।

(ii) सट्टेकारी सौदों के अन्तर्गत लाभ की सीमान्तर दरें बड़ी आकर्षक होती हैं। बैंक दर में परिवर्तन का इन संस्थाओं द्वारा वसूल की जाने वाली दरों पर कोई प्रभाव नहीं पड़ता है।

(iii) बैंक दर में परिवर्तन स्फीतिकारी दबावों पर नियन्त्रण के लिए किया जाता है।

(iv) प्राथमिकता क्षेत्र को दिये जाने वाले ऋण बैंक दर में होने वाले परिवर्तनों से दूर हैं।

इस प्रकार बैंक दर मौद्रिक नीति के उद्देश्यों की पूर्ति के लिए अन्य उपकरणों के पूरक के रूप में लागू की जाती है।

(2) **खुले बाजार की प्रक्रियाएँ** (Open Market Operations) : देश में साख के नियमन एवं नियन्त्रण के लिए रिजर्व बैंक खुले बाजार की प्रक्रियाओं को अपनाता है। खुले बाजार की प्रक्रियाओं के अन्तर्गत रिजर्व बैंक द्वारा सरकारी प्रतिभूतियों का क्रय तथा विक्रय किया जाता है। मुद्रा प्रसार की स्थिति में रिजर्व बैंक सरकारी प्रतिभूतियों का विक्रय करती है जिससे लोगों की क्रय शक्ति कम हो जाती है और एक सीमा तक वस्तुओं तथा सेवाओं पर बढ़ते दबाव को कम किया जा सकता है। मुद्रा संकुचन की स्थिति में रिजर्व बैंक सरकारी प्रतिभूतियों का क्रय करता है। इससे लोगों की क्रय शक्ति में वृद्धि होती है, प्रभावी माँग बढ़ती है, वस्तुओं की कीमतें बढ़ने से उत्पादन तथा रोजगार में वृद्धि संभव होती है। व्यापारिक बैंकों की साख सृजन क्षमता में वृद्धि होती है।

खुले बाजार की प्रक्रियाओं की सफलता सुविकसित एवं सुसंगठित मुद्रा बाजार पर निर्भर करती है। हमारे देश में द्वितीयक बाजार (Secondary Market) का स्थान नगण्य है। सरकारी ऋण बाजार का क्षेत्र भी सीमित है। बैंक और अन्य वित्तीय संस्थायें बड़ी मात्रा में सरकारी प्रतिभूतियों का क्रय करते हैं। इस साख नियन्त्रण के उपकरण का प्रमुख उद्देश्य अर्थव्यवस्था में मौसमी साख की कमी दूर करना है।

(3) **परिवर्तनशील नकद कोषनुपात** (Variable Cash Reserve Ratio): रिजर्व बैंक ऑफ इण्डिया अधिनियम की धारा 42 (i) के अन्तर्गत सभी अनुसूचित व्यापाररिक बैंकों को अपने कुल माँग और समय जमाओं का एक निश्चित प्रतिशत नकदी के रूप में रिजर्व बैंक के पास रखना पड़ता है। यह प्रारम्भ में माँग और समय जमाओं का क्रमशः 5 प्रतिशत तथा 2 प्रतिशत था जिसे बढ़ाकर 20 प्रतिशत तथा 8 प्रतिशत करना था। 1962 में एक संशोधन के अन्तर्गत कुल जमाओं का 3 प्रतिशत निश्चित किया गया था जिसे बढ़ाकर 15 प्रतिशत तक किया जा सकता था। इस नकद कोषानुपात से व्यापारिक बैंकों की तरलता को नियन्त्रित किया जा सकता

है। व्यापारिक बैंकों की साख सृजन क्षमता के नियमन तथा नियन्त्रण के लिए इस उपकरण में समय-समय पर अनेक बार परिवर्तन किये गये हैं। मुद्रा प्रसार में इस अनुपात में वृद्धि की जाती है जिससे व्यापारिक बैंकों की साख सृजन क्षमता घट जाती है। लोग उधार कम लेते हैं तथा वस्तुओं एवं सेवाओं पर बढ़ते दबाव को कम करने में सफलता मिलती है। मुद्रा संकुचन में इस अनुपात में कमी की जाती है। बैंक साख सृजन अधिक करती है जिससे लोग आसानी से अधिक साख का उपयोग वस्तुओं तथा सेवाओं के क्रय में करते हैं। देश में साख की आवश्यकताओं को ध्यान में रखते हुए इस उपकरण का उपयोग किया जाता है। इस उपकरण में अनेक बार परिवर्तन किये गये हैं। 15 नवम्बर 2002 को यह अनुपात 4.75 प्रतिशत था। 14 जून 2003 में यह दर घटाकर 4.50 की दी गई थी। नकद कोषानुपात में कमी से बैंकिंग क्षेत्र में 4500 करोड़ रुपये की अतिरिक्त तरलता बढ़ी। 2006-07 में नकद कोषानुपात बढ़ाकर 6.5 प्रतिशत कर दिया हैं। इससे तरलता की कमी हुई।

(4) **वैधानिक तरलतानुपात** (Statutory Liquidity Ratio) : बैंकिंग नियमन अधिनियम, 1949 की धारा 24 के अन्तर्गत प्रत्येक अनुसूचित व्यापारिक बैंक को अपनी कुल जमाओं का 20 प्रतिशत तरल रूप में रखना आवश्यक है। रिजर्व बैंक इस अनुपात में परिवर्तन करने को अधिकृत है। यह अक्टूबर 1997 को बैंकों के कुल जमाओं का 25 प्रतिशत था। यदि इस अनुपात में वृद्धि की जाती है तो बैंकों को अपनी कुल जमाओं का एक बड़ा भाग तरल रूप में रखना पड़ता है जिससे उनके साख सृजन की क्षमता पर प्रतिकूल प्रभाव पड़ता है। मुद्रा स्फीतिकाल में महंगी मुद्रा नीति अपनाने पर इस अनुपात में वृद्धि की जाती है जबकि मंदीकाल में सस्ती मुद्रा नीति अपनाकर साख सृजन किया जाता है। उस समय इस अनुपात में कटौती करनी पड़ती है। इससे बैंकों की साख सृजन की क्षमता बढ़ जाती है। वर्तमान समय में वैधानिक तरलतानुपात कुल जमाओं का 20 प्रतिशत है।

II. साख नियन्त्रण की गुणात्मक विधियाँ
(Qualitative Methods of Credit Control)

रिजर्व बैंक अधिनियम की धारा 21 के अन्तर्गत रिजर्व बैंक व्यापारिक बैंकों को दिये जाने वाले अग्रिम एवं ऋणों के नियमन, नियन्त्रण तथा निर्देशन करने का कार्य

करता है। साख नियन्त्रण की गुणात्मक विधियाँ अर्थव्यवस्था में साख की मात्रा को प्रभावित नहीं करते हैं बल्कि साख की दिशा, वितरण एवं उपयोग को प्रभावित करती हैं। इन विधियों से राष्ट्रीय आय, रोजगार तथा उत्पादन पर पड़ने वाले दुष्प्रभावों पर रोक तथा अनुकूल प्रभावों को प्रोत्साहित किया जाता है। रिजर्व बैंक द्वारा साख नियन्त्रण के निम्नांकित गुणात्मक उपाय अपनाये जाते हैं:-

(1) **चयनात्मक साख नियन्त्रण** (Selective Credit Control) : बैंकिंग नियमन अधिनियम, 1949 की धारा 36 (1) के अन्तर्गत रिजर्व बैंक को अधिकार है कि वह किसी भी बैंकिंग कम्पनी को किसी प्रकार के सौदे करने के लिए मना कर सकता हैं तथा बैंकिंग कम्पनी को सलाह दे सकता है। इन उपायों का उद्देश्य कुछ क्रियाओं को प्रोत्साहित करना है तथा अन्यों को हतोत्साहित करना है। इन विधियों का प्रयोग कृषि सम्बन्धित उन वस्तुओं पर लागू किया जाता है जिनमें संग्रह की प्रवृत्ति तथा सट्टेकारी प्रवृत्तियों की संभावना रहती है। बैंकिंग कम्पनियों को रिजर्व बैंक इस बैंकिंग नियमन अधिनियम के अन्तर्गत दिशा निर्देश भी दे सकता है। निम्न उद्देश्यों की पूर्ति हेतु अग्रिमों के सम्बन्ध में रिजर्व बैंक दिशा निर्देश देता है :-

(i) अग्रिमों के सम्बन्ध में उद्देश्य नहीं दिये गये हों।

(ii) प्रत्येक वस्तु के बदले दिये गये अग्रिमों की सीमान्तर दरें निर्धारित करना।

(iii) विशिष्ट उधारकर्ता को दिये जाने वाले अग्रिम की अधिकतम सीमा निर्धारित करना।

(iv) अग्रिमों की अन्य शर्तों तथा बैंक दर/ब्याज दर का निर्धारण करना।

(v) फर्म की ओर से ऋणों पर दी जाने वाली अधिकतम गारण्टी।

(vi) पुस्तिका ऋणों तथा स्पष्ट साख के विरुद्ध किसी प्रकार के अग्रिम नहीं देना।

चयनात्मक साख नियन्त्रण के कुछ महत्वपूर्ण उपायों का विवेचन इस प्रकार है :-

(क) **विभिन्न बट्टा दरें** (Different Discount Rates) : विभिन्न क्षेत्रों के बिलों के लिए अलग-अलग बट्टा दरें निर्धारित की जाती हैं। जिस क्षेत्र में अधिक साख दिया जाता है वहाँ विनिमय बिलों की बट्टा दरें कम रखी जाती हैं जबकि अन्य क्षेत्रों के लिए बट्टा दरें ऊँची रखी जाती हैं।

(ख) **साख अधिकृत योजना** (Credit Authorised Scheme) : बड़े उधारकर्ताओं पर वित्तीय अनुशासन लागू करने के लिए इस प्रकार की योजना शुरू की गई थी। व्यापारिक बैंकों को किसी एक ऋणी को 6 करोड़ रुपये से अधिक का ऋण स्वीकृत करने से पूर्व रिजर्व बैंक से अनुमति लेना आवश्यक है। इससे साख की मात्रा ही नियमित नहीं होती है बल्कि साख प्रवाह की शर्त भी प्रभानित होती है। इरा प्रकार की सीमा परिवर्तनशील होती है।

(ग) **सीमान्तर निर्धारण** (Fixation of Margin) : व्यापरिक बैंक प्रतिभूति की आड़ में ऋण तथा अग्रिम प्रदान करते हैं। रिजर्व बैंक द्वारा विशिष्ट प्रतिभूतियों के लिए सीमा निर्धारित की जाती है। देश की मुद्रा एवं साख नीति के अनुसार इस सीमान्तर दरों में परिवर्तन किया जाता है। सीमान्तर दरों में वृद्धि से मुद्रा तथा साख का विस्तार नहीं होता है जबकि इसके विपरीत कम सीमान्तर दरों पर अधिक उधार प्राप्त होता है।

(घ) **विभेदात्मक ब्याज दरें** (Discriminating Rates of Interest) : रिजर्व बैंक व्यापारिक बैंकों को दिशा निर्देश देकर विभिन्न ऋणों एवं अग्रिमों के लिए विभेदात्मक ब्याज दरें वसूल करने को कह सकता है।

(ङ.) **साख सीमाबन्दी** (Ceiling on Credit) : कुछ उद्देश्यों के लिए दिये जाने वाले ऋण एवं अग्रिम की सीमा का निर्धारण भी किया जा सकता हैं। इससे अर्थव्यवस्था में साख का उपयोग, वितरण तथा दिशा प्रभावित होती है।

(च) **विशिष्ट अग्रिमों पर रोक** (Ban on Certain Types of Advances): रिजर्व बैंक ऑफ इण्डिया मुद्रा प्रसार को रोकने के लिए विशिष्ट प्रकार के अग्रिमों पर रोक लगा सकता है।

(2) **साख की राशनिंग :** साख नियन्त्रण की इस विधि के अन्तर्गत रिजर्व बैंक साख की राशनिंग करता है। ऋण एवं अग्रिमों की एक सीमा निर्धारित की जाती है। पूँजी एवं कुल परिसम्पत्तियों को ध्यान में रखते हुए एक न्यूनतम सीमा का निर्धारण करके ऋण एवं अग्रिम स्वीकृत किये जाते हैं।

(3) **नैतिक दबाव** (Moral Suasion) : बैंकिंग संस्थाओं पर अपने प्रतिनिधियों के माध्यम से दिये हुए उद्देश्य की पूर्ति की जाती है। इसके लिए रिजर्व

बैंक अपने अधिकारों तथा नैतिक दबावों का उपयोग करता है। बैंकों का बैंक तथा बैंकों का अन्तिम ऋणदाता होने के कारण व्यापारिक बैंकों पर नैतिक दबाव डालता है तथा अपने द्वारा घोषित नीति का अनुसरण करने को कहता हैं। साख के अनुत्पादक उपयोग पर रोक लगाने के लिए भी रिजर्व बैंक आवश्यक कदम उठाता हैं।

(4) **प्रचार** (Publicity) : रिजर्व बैंक साख के विस्तार अथवा संकुचन के बारे में अपनाई जाने वाली नीति का प्रचार करता है जिससे जनता को जानकारी प्राप्त होती है। यह व्यापारिक बैंकों तथा जनता को प्रचार के माध्यम से आवश्यक चेतावनी देता है जिससे कि मौद्रिक नीति के उद्देश्यों की पूर्ति हो सके।

(5) **प्रत्यक्ष कार्यवाही** (Direct Action) : बैंकिंग नियमन अधिनियम, 1949 के अन्तर्गत रिजर्व बैंक को अधिकृत किया गया है कि किसी भी बैंकिंग तथा वित्तीय संस्था के विरुद्ध प्रत्यक्ष कार्यवाही की जा सकती है जो रिजर्व बैंक की सलाह की अनुपालना नहीं करते हैं। ऐसी स्थिति में रिजर्व बैंक ऋण एवं अग्रिमों की स्वीकृति पर रोक लगा सकता है। बैंक अपनी शाखायें नहीं खोल सकते हैं तथा कमजोर बैंकों के सुदृढ़ बैंकों के विलीनीकरण पर भी पाबन्दी लगाई जा सकती है।

रिजर्व बैंक ऑफ इण्डिया की आर्थिक विकास में भूमिका
(Role of the RBI in Economic Development)

रिजर्व बैंक ऑफ इण्डिया एक सर्वोच्च बैंकिंग संस्था हैं। देश की अर्थव्यवस्था में इसका महत्वपूर्ण योगदान रहा है। यह बैंकिंग और वित्तीय संस्थाओं के समन्वयक, नियन्त्रक, नियामक तथा संचालक के रूप में कार्य करता है जिससे कि देश की साख और मौद्रिक नीति के उद्देश्यों की पूर्ति की जा सके। भारत में पूँजी निर्माण की दर निम्न है क्योंकि लोगों की आय का स्तर निम्न तथा उपयोग प्रवृत्ति ऊँची हैं। देश के आर्थिक विकास के लिए रिजर्व बैंक घाटे की वित्त व्यवस्था के माध्यम से वित्तीय संसाधनों की आपूर्ति करता है। यह मुद्रा एवं साख के उत्पादक कार्यों में उपयोग को देखता है जिससे कि स्फीतिकारी दबावों की स्थिति उत्पन्न नहीं हो। देश में रिजर्व बैंक की अर्थिक विकास में भूमिका का अध्ययन निम्नांकित बिन्दुओं के अन्तर्गत किया जा सकता है–

(1) **चलन का निर्गमन एवं मुद्रा का नियन्त्रण** (Issue of Currency and

Control of Money) : रिजर्व बैंक को चलन का निर्गमन का एकाधिकार प्राप्त है। यह साख की नियन्त्रण तथा मौद्रिक नीति के निर्माण एवं क्रियान्वयन का कार्य करता है। आर्थिक विकास की प्रक्रिया के लिए चलन की माँग बढ़ती है। विकास के वित्त प्रबंधन के लिए रिजर्व बैंक चलन का निर्गमन करता है। यह पूँजी की कमी को दूर करता है, विकास दर को तीव्र करता है तथा इससे रोजगार के अवसरों से वृद्धि होती है।

(2) **बैंकिंग एवं वित्तीय संस्थाओं का विकास** (Development of Banking and Financial Institutions) : किसी भी देश के विकास के लिए साख और बैंकिंग सुविधाओं की आवश्यकता पड़ती है। रिजर्व बैंक देश के आर्थिक विकास में महत्वपूर्ण योगदान बैंकिंग एवं वित्तीय संस्थाओं के विकास के माध्यम से देता है। इसके द्वारा औद्योगिक वित्त प्रदान करने के लिए विकास बैंक गठित किये हैं जैसे भारतीय औद्योगिक वित्त निगम, भारतीय औद्योगिक साख एवं निवेश निगम, भारतीय औद्योगिक विकास बैंक, लघु उद्योग बैंक, भारतीय कृषि एवं ग्रामीण विकास बैंक, राज्य औद्योगिक वित्त निगम आदि। रिजर्व बैंक ऑफ इण्डिया के दिशा निर्देशन, पर्यवेक्षण तथा नियन्त्रण के अन्तर्गत राष्ट्रीयकृत व्यापारिक बैंक, क्षेत्रीय ग्रामीण बैंक तथा सहकारी बैंक आदि ने ग्रामीण क्षेत्रों में बैंकिंग सुविधायें प्रदान की हैं। शाखाओं का विस्तार, साख और जमाओं, ऋण एवं अग्रिमों में वृद्धि जनता में बढ़ते विश्वास का परिणाम है और यह रिजर्व बैंक का योगदान है।

(3) **पूँजी निर्माण में वृद्धि** (Increase in Capital Formation) : रिजर्व बैंक ने ग्रामीण क्षेत्रों में बिखरी हुई बचतों को एकत्रीकरण एवं गतिशील करके पूँजी निर्माण में वृद्धि की है। इससे उत्पादक कार्यों में इन बचतों का उपयोग हुआ है। मुद्रा एवं पूँजी बाजार के विकास में भी रिजर्व बैंक का महत्वपूर्ण योगदान रहा है।

(4) **विदेशी कोषों का प्रबंधन** (Management of Foreign Reserves): रिजर्व बैंक देश के विदेशी विनिमय कोषों का संरक्षक है। देश के निर्यात आयातों की तुलना में कम होने से विदशी मुद्रा की आवश्यकता पड़ती है। यह विदेशी विनिमय कोषों के संग्रह तथा विनिमय दर निर्धारण का कार्य करता है। ब्याज में वृद्धि करके विदेशी विनिमय को आकर्षित किया जाता है तथा विदेशी पूँजी के बाह्य प्रवाह पर रोक लगाता है।

(5) **सहकारिताओं का विकास** (Development of Cooperatives) : भारत कृषि प्रदान देश है। कृषि क्षेत्र को अल्पकालीन, मध्यमकालीन तथा दीर्घकालीन वित्त की आवश्यकता पड़ती है। रिजर्व बैंक ने सहकारी बैंकों का विकास करके कृषि साख की आपूर्ति के स्त्रोतों को प्रवाहित किया है। लघु एवं कुटीर उद्योगों को सहकारी संस्थाओं से साख प्रदान की जाती है। इस क्षेत्र के विकास से रोजगार के अवसरों का सृजन होगा।

(6) **सार्वजनिक ऋण का प्रबंधन** (Management of Public Debt) : भारत एक विकासशील देश है जिसे औद्योगिक, कृषि तथा अन्य विकास कार्यक्रमों के लिए वित्त की आवश्यकता होती है। रिजर्व बैंक देश का केन्द्रीय बैंक है। यह देश के सार्वजनिक ऋण के प्रबंधन का कार्य करता है। सरकारों, निजी निवेशकर्ताओं तथा अन्तर्राष्ट्रीय वित्तीय संस्थाओं से सार्वजनिक ऋण की व्यवस्था करता है।

(7) **सन्तुलित विकास** (Balanced Development) : देश के सन्तुलित एवं सर्वांगीण विकास में रिजर्व बैंक का महत्वपूर्ण योगदान है। यह ग्रामीण एवं शहरी क्षेत्र के उद्योगों के लिए बचतों को आकर्षित करता है और इससे सन्तुलित विकास में सहायता प्राप्त होती है। रिजर्व बैंक देश की अर्थव्यवस्था के विभिन्न क्षेत्रों को वित्तीय संसाधनों की आपूर्ति करता है।

(8) **साख नियन्त्रण** (Credit Control) : रिजर्व बैंक देश की आवश्यकताओं के अनुरूप साख का विस्तार तथा साख का संकुचन करता है। स्फीतिकारी दबावों में महँगी मुद्रा नीति अपनाकर साख का संकुचन करता है तथा मंदी काल में सस्ती मुद्रा नीति अपनाकर साख का विस्तार करता है। इसके लिए साख नियन्त्रण के विभिन्न उपकरणों का उपयोग किया जाता है।

(9) **निरीक्षण एवं नियन्त्रण** (Inspection and Control) : आर्थिक नीतियों के उद्देश्यों की पूर्ति के लिए रिजर्व बैंक ऑफ इण्डिया बैंकिंग एवं वित्तीय संस्थाओं के निरीक्षण, नियमन, निर्देशन तथा नियन्त्रण का कार्य करता है। शाखा विस्तार, बैंकों का विलीनीकरण, बैंकों की तरलता की स्थिति आदि रिजर्व बैंक द्वारा देखी जाती है।

उपर्युक्त विवेचना से स्पष्ट है कि देश के आर्थिक विकास में रिजर्व बैंक महत्वपूर्ण योगदान रहा है। आधारभूत वित्तीय संरचना तथा आर्थिक विकास हेतु आवश्यक वित्तीय संसाधनों की आपूर्ति इस सर्वोच्च बैंकिंग संस्थान ने की है।

21

भारत की मौद्रिक नीति
(Monetary Policy of India)

मौद्रिक नीति आर्थिक नीति का एक अभिन्न अंग है। इसके अन्तर्गत वे सभी उपाय सम्मिलित हैं जिनसे आर्थिक नीति के उद्देश्यों की पूर्ति होती है। देश के आर्थिक विकास की दिशा एवं दर इसके द्वारा निर्धारित होती है। यह देश की केन्द्रीय बैंक की नीति है जिसके माध्यम से अर्थव्यवस्था में विशिष्ट उद्देश्यों की पूर्ति के लिए मुद्रा एवं साख की उपलब्धता, इसकी लागत एवं उपयोग के लिए विभिन्न मौद्रिक उपाय काम में लिए जाते हैं।

मौद्रिक नीति की परिभाषा (Definition of Monetary Policy)

मौद्रिक नीति आर्थिक नीति का एक भाग हैं जिससे देश के आर्थिक विकास की दर एवं दिशा प्रभावित होती है। विभिन्न अर्थशास्त्रियों ने इसकी विभिन्न परिभाषायें दी हैं जिसमें निम्नांकित प्रमुख हैं :-

(1) **पॉल एन्जिंग** (Paul Einging) के अनुसार, " मौद्रिक नीति के अन्तर्गत सभी मौद्रिक निर्णय एवं उपाय आते हैं जिनके उद्देश्य चाहे मौद्रिक हों अथवा गैर-मौद्रिक और सभी गैर-मौद्रिक निर्णय एवं उपाय जिनसे मौद्रिक प्रणाली प्रभावित हैं।"

(2) **प्रो. हेनरी जी. जोहन्सन** (Prof. Henry G. Johnson) के अनुसार, "मौद्रिक नीति केन्द्रीय बैंक की मुद्रा की आपूर्ति को नियोजित करती है जिससे सामान्य नीति के उद्देश्यों की पूर्ति की जा सके।"

(3) **प्रो. आर.पी. केन्ट** (Prof. R.P. Kent) के शब्दों में, "चलन में मुद्रा की

मात्रा के प्रवाह के विस्तार एवं संकुचन के प्रबंधन की विशिष्ट उद्देश्यों जैसे पूर्ण रोजगार की पूर्ति करने से है।"

उपर्युक्त परिभाषों से स्पष्ट हैं कि केन्द्रीय बैंक प्रत्येंक क्षेत्र में मौद्रिक नीति का अभिप्रेरक है। यह मौद्रिक तथा गैर-मौद्रिक उपायों से मुद्रा की पूर्ति की मात्रा और मिश्रण, साख का आकार तथा वितरण, ब्याज दर के स्तर एवं संरचना को प्रभावित करती है जिससे कि विभिन्न नीति उद्देश्यों की पूर्ति की जा सके। प्रत्यक्ष एव परोक्ष रूप से मौद्रिक तत्व बचत एवं निवेश तथा इसके परिणामस्वरूप उत्पादन, आय एवं कीमत स्तर पर अर्थव्यवस्था में अनुकूल प्रभाव पड़ता है। मौद्रिक नीति एक लोचदार मौद्रिक पूर्ति वाली होना आवश्यक है जिससे कि आर्थिक क्रियाओं में बढ़ोतरी हो और मौद्रिक क्षेत्र का विस्तार संभव हो सके।

मौद्रिक नीति के उद्देश्य (Obejectives of Monetary Policy)

मौद्रिक नीति आर्थिक नीति का एक अंग है। इस नीति के उद्देश्य आर्थिक नीति के उद्देश्यों पर आधारित हैं। यह एक आवश्यक दिशा निर्देश देने वाला उपकरण है जिससे सरकार हस्तक्षेप करती है तथा देश में आर्थिक क्रियाओं के लिए आवश्यक दिशा प्रदान करती है। प्रो. जे.एम. कीन्स के अनुसार, मौद्रिक नीति का एकमात्र उद्देश्य कीमत स्थायित्व प्राप्त करना है लेकिन देश में समय एवं वातावरण के अनुसार इस नीति के उद्देश्यों में परिवर्तन होते रहते हैं। विभिन्न विद्वान इस नीति के उद्देश्यों के बारे में एकमत नहीं हैं, फिर भी मोटे तौर पर मौद्रिक नीति के महत्वपूर्ण उद्देश्य निम्नांकित हैं–

(1) मूल्य स्थायित्व (Price Stability)
(2) विनिमय दर स्थायित्व (Exchange Rate Stability)
(3) मुद्रा की तटस्थता (Neutrality of Money)
(4) पूर्ण रोजगार (Full Employment)
(5) आर्थिक विकास (Economic Development)।

(1) **मूल्य स्थायित्व** (Price Stability) प्रो. गस्टव कैसेल एवं प्रो. जे.एम. कीन्स (Prof. Gustave Cassel & Prof. J.M. Keynes) के अनुसार, मौद्रिक नीति का एक महत्वपूर्ण उद्देश्य देश में मूल्य स्थायित्व बनाये रखना है। मुद्रा एवं साख की मात्रा देश में केवल केन्द्रीय बैंक पर ही निर्भर नहीं करते हैं बल्कि व्यापारिक बैंक तथा मुद्रा बाजार पर भी निर्भर करते हैं। कीमतें मुद्रा की मात्रा तथा गैर-आर्थिक तत्वों से प्रभावित होती है। केन्द्रीय

बैंक विभिन्न मौद्रिक उपायों के माध्यम से कीमत स्थायित्व बनाये रखने का प्रयास करता है। मूल्य स्थायित्व के अभाव में अर्थव्यवस्था में मुद्रा प्रसार एवं मुद्रा संकुचन की स्थितियाँ उत्पन्न हो जाती हैं जिससे अर्थव्यवस्था के विभिन्न क्षेत्र तथा समाज के विभिन्न वर्ग प्रभावित होते हैं। मूल्य स्थायित्व के अन्तर्गत मूल्यों के उच्चावचनों को इस प्रकार नियन्त्रित एवं नियमित किया जाता है कि देश में उत्पादन, आय एवं रोजगार सृजन पर अकुशल प्रभाव पड़ सके।

(2) **विनिमय दर स्थायित्व** (Exchange Rate Stability) : विदेशी विनिमय स्थायित्व मौद्रिक नीति का एक परम्परागत उद्देश्य है क्योंकि देश के अन्तर्राष्ट्रीय व्यापार के विकास के लिए विदेशी विनिमय स्थायित्व आवश्यक है। आधुनिक युग उदारीकरण एवं वैश्वीकरण (Liberalisation & Globalisation) का युग है। यदि विनिमय अस्थिरता उत्पन्न हो जाती है तो इसका प्रभाव पूँजी का बहिर्गमन तथा विदेशी निवेश कर्ता हतोत्साहित होते हैं एवं सट्टेकारी प्रवृत्तियों को बढ़ावा मिलता है। मौद्रिक नीति के नियन्त्रण के माध्यम से भुगतान सन्तुलन की प्रतिकूलता को रोका जा सकता है। मौद्रिक नीति के उद्देश्य की निम्न आधारों पर आलोचना की गई है :-

(i) विनिमय स्थायित्व कीमत स्थायित्व पर निर्भर करती है जिसके द्वारा अर्थव्यवस्था में असन्तुलन की स्थिति पैदा होती है।

(ii) विदेशी विनिमय स्थायित्व अन्य देशों की नीति पर निर्भर करता है क्योंकि इससे मुद्रा प्रसार अथवा मुद्रा संकुचन का आयात होता है।

(iii) विदेशी विनिमय स्थायित्व दूसरे देशों पर निर्भर करता है। इस प्रकार मौद्रिक नीति का यह एक महत्वपूर्ण उद्देश्य नहीं माना जा सकता है क्योंकि कीमत स्थायित्व के माध्यम से इस उद्देश्य की पूर्ति की जा सकती है।

(3) **मुद्रा की तटस्थता** (Neutrality of Money) : प्रो. हॉग, विक्सटीड तथा रोबर्टसन ने मौद्रिक नीति के इस उद्‌देश्य पर जोर दिया है। इन अर्थशास्त्रियों के अनुसार मुद्रा एक निष्क्रिय तत्व है तथा इसका प्रमुख कार्य विनिमय माध्यम है। अतः आर्थिक क्रियाओं में मुद्रा का हस्तक्षेप वांछनीय नहीं है। तटस्थता के उद्देश्य से आशय मुद्रा को निष्प्रभावित करना है जिससे कि कीमत,आय रोजगार आदि मुद्रा की पूर्ति में परिवर्तन

होने पर प्रभावित नहीं हो। मुद्राकी पूर्ति शून्य रखी जाती है जिससे मूल्य स्तर भी शून्य रहेगा। देश की उत्पादन क्षमता पर ही कीमत स्तर निर्भर करेगा और मुद्रा एक तटस्थता का कार्य करेगी। इस प्रकार देशकी उत्पादन क्षमता तथा कीमत स्तर भी बीच विपरीत सम्बन्ध पाया जाता है।

मुद्रा की तटस्थता से आशय मुद्रा की पूर्ति का पूर्वतया बेलोचदार तथा स्थिरहोने से नहीं बल्कि मुद्रा की प्रभावशीलता को नियन्त्रित करना है। मुद्रा की तटस्थताअनेक आन्तरिक विरोधाभासों से प्रभावित होती है। इन विरोधाभासों के कारण नीति को प्रभावी ढंग से लागू नहीं किया जा सकता है। यह स्वतंत्र व्यापार की अवधारणा पर आधारित उद्देश्य है जबकि देश में मुद्रा की पूर्ति को प्रभावी रखने के लिए सरकार का हस्तक्षेप आवश्यक है।

आधुनिक समय में सभी अर्थव्यवस्थायें खुली एवं गतिमान है। ऐसी स्थिति में व्यवहार में इस नीति का क्रियान्वयन संभव नहीं है।

(4) **पूर्ण रोजगार** (Full Employment) : विगत वर्षों में पूर्ण रोजगार प्राप्ति मौद्रिक नीति का प्राथमिक उद्देश्य है जबकि मूल्य स्थायित्व तथा विनिमय दर स्थायित्व मौद्रिक नीति के गौण उद्देश्य हो गये हैं। तीसा की महान मंदी तथा कीन्सवादी अर्थशास्त्र के विकास से विकसित तथा विकासशील देशों की आर्थिक नीतियाँ दूसरे महायुद्ध काल तथा इसके पश्चात् प्रभावित हुई हैं। आर्थिक नीतियों का आधारभूत उद्देश्य पूर्ण रोजगार की स्थिति प्राप्त करना है। पूर्ण रोजगार से आशय बेरोजगारी का न होना है बल्कि संसाधनों का अधिकतम उपयोग की स्थिति का होना है जिससे कि राष्ट्रीय आय का उच्च स्तर प्राप्त किया जा सके। वर्तमान दशा में स्फीतिकारी दबावों को न्यूनतम करते हुए न्यूनत्तम बेरोजगारी की स्थिति प्राप्त करना हैं। पूर्ण रोजगार की स्थिति प्रभावी माँग पर निर्भर करती है, जो कि उपभोग व्यय तथा निवेश व्यय पर निर्भर करती है। प्रो. क्राउथर के अनुसार पूर्ण रोजगार की स्थिति बचत एवं निवेश की साम्यावस्था (S = I) के माध्यम से प्राप्त की जा सकती है।

(5) **आर्थिक विकास** (Economic Development) : मौद्रिक नीति के उद्देश्य विकसित तथा विकासशील अर्थव्यवस्थाओं में अलग-अलग होते हैं। मौद्रिक नीति का उद्देश्य विकासशील अर्थव्यवस्था में तीव्र आर्थिक विकास की स्थिति प्राप्त करना है जबकि विकसित देशों में आर्थिक

स्थायित्व के साथ पूर्ण रोजगार की स्थिति बनाये रखना है। मौद्रिक नीति के माध्यम से कुल मौद्रिक पूर्ति और माँग के बीच सन्तुलन स्थापित करके आर्थिक विकास के लिए वातावरण को तैयार करना है। आर्थिक विकास तथा पूँजी निर्माण में घनिष्ठ सम्बन्ध पाया जाता है। मौद्रिक नीति वर्तमान आय को उपभोग और निवेश के बीच प्रभावी ढंग से वितरित करती है। इससे बचत एवं निवेश प्रभावित होते हैं।

देश के तीव्र आर्थिक विकास के लिए मौद्रिक नीति एक घाटे की वित्त व्यवस्था के उपकरण के रूप में पर्याप्त संसाधनों की आपूर्ति करती है।

भारत में मौद्रिक नीति (Monetary Policy in India)

रिजर्व बैंक ऑफ इण्डिया देश का केन्द्रीय बैंक है। मौद्रिक नीति रिजर्व बैंक द्वारा तैयार की जाती है। भारत में मौद्रिक नीति के निम्नांकित उद्देश्य होते हैं :-

(1) बचतों को प्रोत्साहन देना तथा संभाव्य बचतों को संग्रहण करना।

(2) पूँजी निर्माण एवं विकास के लिए बचतों का गतिशील करना।

(3) निवेश को प्रोत्साहन देना तथा नियोजित कार्यक्रमों के लिए निवेश हेतु वातावरण तैयार करना।

(4) कृषि, उद्योग, व्यापार, वाणिज्य तथा अन्य उत्पादक कार्यों के लिए साख की पर्याप्त मात्रा में पूर्ति करना जिससे कि सम्पूर्ण आर्थिक विकास संभव हो सके।

(5) स्फीतिकारी दबावों को नियन्त्रित करना जिससे सापेक्षिक कीमत संरचना तथा सामान्य कीमत स्थायित्व को बनाये रखा जा सकें।

(6) बिना किसी वित्तीय बाधा के आर्थिक विकास को प्रोत्साहित करना।

मौद्रिक नीति के उपकरण (Instruments of Monetary Policy)

देश का केन्द्रीय बैंक मौद्रिक नीति का निर्माता तथा क्रियान्वयन कर्ता होता है। मौद्रिक नीति के उद्देश्यों की पूर्ति इसके उपकरणों के माध्यम से होती है। मौद्रिक नीति के उपकरणों को मौटे तौर पर दो वर्गों में विभाजित किया जा सकता है। वे निम्नांकित हैं :-

(1) सामान्य अथवा मात्रात्मक विधियाँ (General or Quantitative Techniques)

(2) गुणात्मक अथवा चयनात्मक विधियाँ (Qualitative or Selective Techniques) उपर्युक्त मौद्रिक नीति के उपकरणों का विस्तार से विवेचन इस प्रकार है :-

I. सामान्य अथवा मात्रात्मक विधियाँ
(General or Quantitative Techniques) :

मौद्रिक नीति के मात्रात्मक उपकरणों से अर्थव्यवस्था में साख की कुल पूर्ति का नियन्त्रण किया जाता है तथा साख एवं मुद्रा की मात्रा नियन्त्रित होती है। इन उपकरणों से 'साख का विस्तार' (Expansion of Creidt) अथवा 'साख का संकुचन' (Contraction of Credit) होता है। अर्थव्यवस्था में इन दोनों स्थितियों में निम्नांकित उपकरणों का उपयोग किया जाता है :

(1) बैंक दर (Bank Rate) : यह वह दर है जिस पर व्यापारिक बैंक केन्द्रीय बैंक से उधार लेते हैं। इसे बट्टा दर (Discount Rate) भी कहा जाता है क्योंकि व्यापारिक बैंकों के बिल अथवा प्रथम श्रेणी की प्रतिभूतियों पर केन्द्रीय बैंक बट्टा काटकर ऋण तथा अग्रिम देता है और उधार लेने की लागत प्रभावित होती है। जब बैंक दर में वृद्धि की जाती है तो व्यापारिक बैंक भी ऋण तथा अग्रिमों पर वसूल की जाने वाली ब्याज दर में वृद्धि कर देते हैं जो कि अर्थव्यवस्था के विभिन्न क्षेत्रों तथा समाज के विभिन्न वर्गों की दिये जाते हैं। साख महँगा हो जाता है। इससे विनियोंग हतोत्साहित होता है। उत्पादन तथा रोजगार प्रभावित होते हैं। लोगों की आय घट जाती है और कुछ सीमा तक कीमत स्तर पर अंकुश लगाया जा सकता है। इसके विपरीत बैंक दर में कमी करने पर साख सस्ता हो जाता है। व्यापारिक बैंक केन्द्रीय बैंक से नीची ब्याजदर पर उधार लेने की स्थिति में होते हैं और इसके परिणामस्वरूप उनके द्वारा दिये जाने वाले अग्रिम तथा ऋणों पर नीची ब्याज प्राप्त होती हैं। इससे विनियोग प्रोत्साहित होता है, उत्पादन मे वृद्धि होती है और इसके परिणामस्वरूप आय बढ़ती है और लोगों की क्रय शक्ति बढ़ने से कीमत स्तर में वृद्धि होने लगती हैं। बैंक दर कम करने से आर्थिक क्रियाओं में वृद्धि होने लगती है।

बैंक दर से साख की लागत प्रभावति होती है और उधार लेने की लागत से व्यापारिक बैंकों की उधार तथा जनता द्वारा व्यापारिक बैंकों से उधार प्रभावित होती है।

बैंक दर नीति की सीमायें (Limitations of Bank Rate Policy) : साख नियन्त्रण के रूप में बैंक दर नीति की निम्नांकित सीमायें हैं :-

(1) यदि बैंक दर में परिवर्तन से ब्याज दर परिवर्तन होती है तो इससे साख का विस्तार तथा संकुचन संभव होता है। यदि व्यापारिक बैंकों के पास पर्याप्त कोष हैं तो वे केन्द्रीय बैंक पर कम निर्भर रहेंगे और इससे उधार देय कोषों की लागत तथा बैंकों से उधार लेने की लागत प्रभावित नहीं होगी।

(2) बैंक दर की सफलता की पूर्व शर्त सुसंगठित एवं सुविकसित मुद्रा बाजार का होना आवश्यक है। अधिकांश विकासशील देशों में देशी बैंकर पाये जाते हैं और उन पर केन्द्रीय बैंक की बैंक दर नीति का कोई प्रभाव नहीं पड़ता है।

(3) बैंक दर नीति की सफलता इस बात पर निर्भर करती है कि अर्थव्यवस्था लोचदार हो। ऐसा होने पर ब्याज दरें, विनियोग, उत्पादन, मजदूरी दर, रोजगार, आय तथा कीमतें प्रभावित होंगी।

(4) देश की आर्थिक दशा पर भी बैंक दर की प्रभावशीलता निर्भर करती है। यदि अर्थव्यवस्था में आधारभूत वस्तुओं की कमी है तो कीमतें निरन्तर बढ़ेंगी और बैंक दर सफल नहीं होगी।

(5) देश में वित्त प्रबंधन की प्रकृति पर भी बैंक दर की सफलता निर्भर करती है। यदि अधिकांश वित्त प्रबंधन उधार कोषों से किया जाता हैं तो बैंक दर का अधिक प्रभाव पड़ेगा।

सन् 1997 में बैंक दर 11 प्रतिशत थी। विगत वर्षों में इसमें कटौती की जाती रही है। 22 अक्टूबर 2001 को भारत सरकार ने अपनी मौद्रिक और साख नीति की घोषणा की थी और बैंक दर 7 प्रतिशत से घटाकर 6 प्रतिशत कर दी थी। 2002-03 की मौद्रिक तथा साख नीति में बैंक दर में कोई परिवर्तन नहीं किया गया। 30 अप्रैल 2003 को बैंक दर 6.25 प्रतिशत से घटाकर 6 प्रतिशत कर दी गई। 2005-06 तथा 2006-07 की मौद्रिक नीति में बैंक दर में कोई परिवर्तन नहीं किया गया। 2010-11 की नीति में यह 6 प्रतिशत थी।

(2) खुले बाजार की प्रक्रियाएँ (Open Market Operations) : इन प्रक्रियाओं के अन्तर्गत केन्द्रीय बैंक सरकारी प्रतिभूतियों का क्रय और विक्रय करता है। जब जनता सरकारी प्रतिभूतियों का क्रय करती है तो क्रय शक्ति जनता के केन्द्रीय बैंक के पास हस्तान्तरित हो जाती है। इससे साख का संकुचन होता है। इसके विपरीत सरकारी प्रतिभूतियाँ जनता द्वारा बेचने पर जनता एवं व्यापारिक बैंकों की क्रय शक्ति बढ़ जाती है। इससे जमायें बढ़ती हैं और साख के विस्तार को

प्रोत्साहन मिलता है। इस प्रकार जब केन्द्रीय बैंक सरकारी प्रतिभूतियां खरीदती है तो साख का विस्तार होता है और सरकारी प्रतिभूतियों के बेचने पर साख का संकुचन होता है। बैंक दर नीति को प्रभावी बनाने के लिए मौद्रिक नीति के उपकरण के रूप में खुले बाजार की प्रक्रियाओं का सहारा लिया जाता है।

सीमायें (Limitations) : खुले बाजार की प्रक्रियाओं की सफलता निम्न दशाओं पर निर्भर करती है :-

(1) केन्द्रीय बैंक द्वारा सरकारी प्रतिभूतियों के क्रय के कारण मुद्रा की मात्रा तथा व्यापारिक बैंकों के तरल कोषों में वृद्धि हो जाती है। इसके विपरीत सरकारी प्रतिभूतियों की बिक्री से मुद्रा की मात्रा तथा व्यापारिक बैंकों के तरल कोष घट जाते हैं। लेकिन ऐसा हमेशा नहीं होता है क्योंकि सरकारी प्रतिभूतियों के विक्रय से नोटों का बहिर्गमन हो सकता है और प्रवाह का संचय हो सकता है। प्रतिभूतियों के क्रय के कारण नोटों का आहरण हो सकता है अथवा संचय संभव हो सकता है।

(2) यह सामान्यतः सोचा जाता है कि जब व्यापारिक बैंकों के तरल कोष बढ़ते अथवा घटते हैं तो ऋण एवं अग्रिम भी बढ़ते और घटते हैं। इसके विपरीत जब तरल कोष घटते हैं तो ऋण एवं अग्रिमों की माँग भी घट जाती है। लेकिन ऐसा संभव नहीं होता है।

खुले बाजार की प्रक्रियायें मौद्रिक नीति का एक उपकरण है और विकसित देशों में यह उपकरण सफल रहा है। ऐसा इसलिए हुआ है कि व्यापारिक बैंकों के तरल कोष सरकारी प्रतिभूतियों के क्रय एवं विक्रय के साथ बढ़ते अथवा घटते हैं। इस उपकरण के माध्यम से व्यापारिक बैंकों के कोषों में वृद्धि या कमी की जाती रही है। लेकिन भारत जैसे विकासशील देश में प्रतिभूतियों का बाजार सीमित है और इससे यह मौद्रिक नीति का उपकरण अधिक प्रभावी नहीं रहा है। इस उपकरण का उपयोग सरकारी प्रतिभूतियों पर उचित प्रतिफल देने के लिए किया जाता है।

लाभदेयता (Usefulness) : खुले बाजार की प्रक्रियायें निम्न दशाओं मे लाभदेय होती हैं :-

(1) साख नियन्त्रण के बैंक दर के पूरक के रूप में इस उपकरण का उपयोग किया जा सकता है। उदाहरणार्थ तेजी से सरकारी प्रतिभूतियों की बिक्री ऊँची ब्याज दर पर की जा सकती है।

(2) सरकारी प्रतिभूतियों की कीमतों में स्थायित्व बनाये रखने के लिए इस उपकरण का उपभोग किया जाता है। जब इनकी कीमतें नीची होती हैं

इनका क्रय किया जाता है तथा जब इनकी कीमतें ऊँची होती हैं केन्द्रीय बैंक इन्हें बेचता है।

(३) वांछनीय उच्चावचन बनाये रखने के लिए भी इस उपकरण का उपयोग किया जाता है। व्यस्त मौसम में इनका क्रय किया जाता है तथा सुस्ती काल (Slack Season) में इनका विक्रय किया जाता है।

(३) नकद कोषानुपात में परिवर्तन (Change in Cash Reserve Ratio): मौद्रिक नीति के साख नियन्त्रण के उपकरण के रूप में नकद कोषानुपात में समय-समय पर परिवर्तन किया जाता है। व्यापारिक बैंकों को अपनी कुल जमाओं का एक निश्चित प्रतिशत नकदी के रूप में केन्द्रीय बैंक के पास रखना पड़ता है। इन जमाओं पर व्यापारिक बैंकों को ब्याज प्राप्त होता है। केन्द्रीय बैंक साख का विस्तार अथवा संकुचन करने के लिए सस्ती मुद्रा नीति अथवा महंगी मुद्रा नीति अपनाता है। व्यापारिक बैंकों की साख सृजन की क्षमता इस नकद कोषानुपात में परिवर्तन से प्रभावित होती है। 22 अक्टूबर 2001 को नकद कोषानुपात 7.5 प्रतिशत से घटाकर 5.5 प्रतिशत किया गया था। 2002-2003 की मुद्रा एवं साख नीति की घोषणा के अन्तर्गत नकद कोषानुपात अप्रेल, 2002 में 5.5 प्रतिशत से घटाकर 5 प्रतिशत किया गया। इससे व्यापारिक बैंकों के तरलता कोषों में 5,500 करोड़ रुपये की वृद्धि हो गई। इन नकद कोषानुपात पर ब्याज दर 6.5 प्रतिशत कर दी गई। 29 अक्टूबर, 2002 को इस नकद कोषानुपातों को घटाकर 4.75 प्रतिशत दिया गया है। इससे अर्थव्यवस्था में 3,000 करोड़ रुपये के तरल कोष प्रवाहित होंगे। 14 जून, 2003 को नकद कोषानुपात में 4.75 प्रतिशत से कमी करके 4.50 प्रतिशत कर दिया गया है। 2006-07 को मौद्रिक नीति में नकद कोषानुपात 6 प्रतिशत से बढ़ाकर 6.5 प्रतिशत कर दिया गया है। 2010-11 की नीति में यह 6 प्रतिशत था।

(4) वैधानिक तरलतानुपात में परिवर्तन (Change in Statutory Liquidity): व्यापारिक बैंक अपनी कुल जमाओं का एक निश्चित भाग तरल कोषों में रखते हैं। यह तरलता नकद कोषों तथा सहकारी प्रतिभूतियों के रूप में रखी जाती है। मौद्रिक नीति का साख नियन्त्रण का यह उपकरण भी व्यापारिक बैंकों की साख सृजन की क्षमता को प्रभावित करता है। जब वैधानिक तरलतानुपात में वृद्धि की जाती है तो व्यापारिक बैंकों को अपने कोषों का एक बड़ा भाग तरलता के रूप में रखना पड़ता हैं। और इससे बैंकों की साख सृजन की क्षमता पर प्रतिकूल प्रभाव पड़ता है। यह जब महंगी मुद्रा नीति अपनाई जाती है तब किया जाता है। सस्ती मुद्रा नीति अपनाने पर इस अनुपात में कमी की जाती है। जिससे व्यापारिक बैंक अपनी साख सृजन

की क्षमता में वृद्धि करने की स्थिति में होते हैं। भूतकाल में इस अनुपात में वृद्धि की गई थी और यह अनुपात बढ़कर कुल जमाओं का 38.5 प्रतिशत हो गया था। विगत वर्षों में वैधानिक तरलतानुपात में केन्द्रीय बैंक द्वारा कमी की जाती रही है, जो वर्तमान में घटकर 24 प्रतिशत हो गई है।

वैधानिक तरलतानुपात की निम्नांकित सीमायें (Limitations) हैं :-

(i) जब बैंकों के पास कोषों की आधिकता नहीं होती है तो कोषों में परिवर्तन से इनकी माँग घट जाती है। जब बैंकों के पास कोषों की अधिकता होती है तो साख का संकुचन संभव नहीं होगा।

(ii) वैधानिक तरलतानुपात में परिवर्तन के साथ-साथ उधारकर्ताओं में भी परिवर्तन होता है। जब साख का विस्तार होता है तो उधारकर्ता अधिक उधार नहीं लेते हैं और मौद्रिक नीति के उपकरण के रूप में यह पूर्णतया विफल रहता है।

(iii) बार-बार इस अनुपात में परिवर्तन होने से बैंकों के कार्य संचालन तथा साख समायोजन में कठिनाई उत्पन्न होती है।

वैधानिक तरलतानुपात में बार-बार परिवर्तन के निम्न कारण रहे हैं :-

(i) इस अनुपात में साख संरचना के सभी भाग प्रभावित होते हैं तथा यह खुले बाजार की प्रक्रियाओं से अधिक प्रभावी होता हैं।

(ii) वांछित प्रभावों की प्राप्ति में मौद्रिक नीति का यह उपकरण अधिक प्रभावी होता हैं।

II. गुणात्मक/चयनात्मक साख नियन्त्रण
(Qualitative Selective Credit Controls)

मात्रात्मक साख नियन्त्रण की विधियों से अर्थव्यवस्था में साख का विस्तार अथवा साख का संकुचन होता है। रिजर्व बैंक ऑफ इण्डिया देश में स्फीतिकारी अथवा अवस्फीतिकारी परिस्थितियों को ध्यान में रखते हुए महँगी तथा सस्ती मुद्रा नीति अपनाता है।

गुणात्मक/चयनात्मक साख नियन्त्रण के द्वारा साख का उपयोग तथा दिशा प्रभावित होती है। साख नियन्त्रण के इन उपयोग से अनावश्यक साख उपयोग से आवश्यक साख उपयोग तथा अनुत्पादक साख उपयोग से उत्पादक साख उपयोग संभव होता है। चयनात्मक साख नियन्त्रण के निम्नांकित उपकरण हैं :-

(1) **साख का राशनिंग** (Rationing of Credit) : इस साख नियन्त्रण के तरीके के अन्तर्गत उधारकर्ता के लिए साख की मात्रा निर्धारित कर दी

जाती है। जब मुद्रा की मात्रा की कमी होती है तो रिजर्व बैंक साख की राशनिंग का कार्य करता है। इसके अन्तर्गत प्रत्येक बैंक द्वारा दिये जाने वाले ऋण एवं अग्रिमों तथा अर्थव्यवस्था के विभिन्न क्षेत्रों एवं समाज के विभिन्न वर्गों को दिये जाने वाले विशेष ऋण तथा अग्रिमों की सीमा निर्धारित कर दी जाती है।

(2) **जमानत के आधार पर दिये जाने वाले अग्रिमों का सीमा निर्धारण** (Determination of Margin Requirements against Security): सीमान्तर का अर्थ साख प्रदान की जाने वाली मात्रा तथा इसके विरुद्ध रखी जाने वाली जमानत का अन्तर होता है। इस चयनात्मक साख नियन्त्रण के उपाय के अन्तर्गत सहकारी प्रवृत्तियों को रोकने के लिए आवश्यक कदम उठाये जाते हैं। सामाजिक उद्देश्यों की प्राप्ति के लिए केन्द्रीय बैंक साख के प्रवाह को सीमान्तर दरों के माध्यम से प्रभावित करता है।

(3) **उपभोक्ता साख का नियमन** (Regulation of Consumer Credit) : उपभोक्ताओं द्वारा विभिन्न उपभोग की वस्तुओं का क्रय किया जाता है। ऐसे क्रयों पर रोक लगाने के लिए साख नियन्त्रण की यह विधि काम में ली जाती है। इसके अन्तर्गत उपभोक्ता वस्तुओं के क्रय पर रोक लगाई जाती है, भुगतान के लिए समय निर्धारित किया जाता है तथा किश्तों को कम कर दिया जाता है।

(4) **प्रत्यक्ष कार्यवाही** (Direct Action) : यदि केन्द्रीय बैंक द्वारा जारी निर्देशों की व्यापारिक बैंकों द्वारा अनुपालना नहीं की जाती है तो इन बैंकों के विरुद्ध आवश्यक कार्यवाही की जा सकती है। इसके अन्तर्गत केन्द्रीय बैंक व्यापारिक बैंकों के बिलों पर बट्टा काटने की सुविधा बन्द कर सकती है तथा दण्डित ब्याज दर भी व्यापारिक बैंकों से वसूल की जा सकती है।

(5) **नैतिक दबाव** (Moral Suasion) : प्रत्यक्ष कार्यवाही के स्थान पर परोक्ष रूप से व्यापारिक बैंकों पर केन्द्रीय बैंक नैतिक दबाव डालकर भी आवश्यक दिशा निर्देशों की अनुपालना करवा सकता है। देश में व्यापारिक बैंकों से आवश्यक सहयोग एवं सक्रियता केन्द्रीय बैंक इस साख नियन्त्रण के तरीके से प्राप्त कर सकता है।

मौद्रिक नीति की सीमायें (Limitations of Monetary Policy)

मौद्रिक नीति की निम्नांकित सीमायें होती हैं :

(1) विगत वर्षों में मौद्रिक नीति जटिल व्यवसायिक समस्याओं के समाधान में निष्प्रभावी रही है। उदाहरणार्थ बैंक दर की सफलता इस बात पर निर्भर करती है कि इसमें किस सीमा तक परिवर्तन किया जावे। बैंक दर में छोटे परिवर्तन से आर्थिक प्रणाली प्रभावित नहीं होती है जबकि बड़े परिवर्तन से जनता का विश्वास डगमगाने लगता है।

(2) सामान्यतया जनता का दृष्टिकोण उनके उपभोग तथा बचत पर निर्भर करता है और यह उनके आय तथा संस्थागत ढ़ाँचे पर निर्भर करता है।

(3) विनियोग निर्णयन कई तत्वों से प्रभावित होता है। देश में भावी अनिश्चिततायें, व्यावसायिक जोखिमें, तथा आर्थिक वातावरण द्वारा यह प्रभावित होते हैं।

(4) चयनात्मक साख नियन्त्रण के उपाय असफल रहते हैं क्योंकि कोषों की आपूर्ति न केवल व्यापारिक बैंकों द्वारा की जाती है बल्कि इनकी आपूर्ति बीमा कम्पनियों, देशी बैंकर्स तथा व्यापारियों द्वारा भी की जाती है।

(5) अधिकांश विकासशील देशों में मुद्रा बाजार असंगठित तथा अविकसित है जिसके कारण परम्परागत मौद्रिक नीति आर्थिक नीति के उपकरणों की तरह प्रभावी नहीं होती है।